Roger Shattuck
Tabu

W0070143

SERIE
PIPER

Zu diesem Buch

Mit dem Verlust der Unschuld bei Adam und Eva fing alles an. Was dürfen Menschen wissen, was sollte Tabu bleiben? Gibt es überhaupt Dinge, von denen wir nichts wissen sollten? Diese Fragen haben bis in die Gegenwart nichts von ihrer Brisanz verloren, wenn man etwa an die aktuellen Auseinandersetzungen um die Gentechnik denkt. Der Literaturwissenschaftler und Historiker Roger Shattuck, einer der originellsten Denker Amerikas, hat eine eindrucksvolle Kulturgeschichte des Tabus geschrieben. Wie ein roter Faden zieht sich der Tabubruch durch die Geschichte der Menschheit – ob in den Mythen von Prometheus und dem Feuer, in der Weltliteratur bei Faust oder Frankenstein, in der Pornographie, in der modernen Naturwissenschaft mit der Atombombe oder der Gentechnik. Shattuck präsentiert in seinem fesselnd erzählten Buch ein aufregendes Panorama menschlicher Überheblichkeit.

Roger Shattuck, geboren 1923 in New York, studierte in Yale und in Harvard, lehrte an der University of Texas, an den Universitäten Virginia, Dakar/Senegal und zuletzt in Boston. Er schrieb zahlreiche Bücher, unter anderem über Proust und die Belle Epoque.

Roger Shattuck
Tabu

Eine Kulturgeschichte des verbotenen Wissens

Aus dem Amerikanischen von
Harald Stadler und Thorsten Schmidt

Piper München Zürich

Mit Ausnahme von Kapitel VI, das Thorsten Schmidt übersetzt hat, wurde die Übersetzung von Harald Stadler besorgt.

Der Abdruck des Textes von Francis Bacon (Anhang III) erfolgt mit freundlicher Genehmigung des Fischer Taschenbuch Verlags, Frankfurt am Main.

Ungekürzte Taschenbuchausgabe
Februar 2003
© 1996 Roger Shattuck
Titel der amerikanischen Originalausgabe:
»Forbidden Knowledge«, St. Martin's Press, New York 1996
© der deutschsprachigen Ausgabe:
2000 Piper Verlag GmbH, München
Umschlag/Bildredaktion: Büro Hamburg
Isabel Bünermann, Julia Martinez/
Charlotte Wippermann, Katharina Oesten
Umschlagabbildung: Getty Images
Foto Umschlagrückseite: Patricia Lambert
Satz: Uhl + Massopust, Aalen
Druck und Bindung: Clausen & Bosse, Leck
Printed in Germany   ISBN 3-492-23766-5

www.piper.de

Für Nora
und im Gedenken an
Tari Elizabeth Shattuck
1951–1993

Alle Menschen streben von Natur nach Wissen.
Aristoteles, *Metaphysik*

Verbietet man uns etwas, so begehren wir es.
Chaucer, *Frau von Bath, Prolog*

Individuum est ineffabile.
Goethe, Brief an Lavater

■

Inhalt

Teil II
Fallgeschichten

Anhang

Vorbemerkung der Übersetzer

Im Original lautet der Titel dieses Buches *Forbidden Knowledge*, was sich nicht ohne weiteres als »Verbotenes Wissen« übersetzen läßt, da *knowledge* nicht nur »Wissen«, sondern auch »Erkenntnis« bedeutet, vor allem aber weil es sich bei *forbidden* hier selten um das handelt, was das deutsche Wort »verboten« bezeichnet. Im Anhang II erläutert der Autor, daß es ihm nicht um jenes Wissen geht, das traditionell als »okkultes« oder »hermetisches Wissen« umschrieben wird, das nur Eingeweihten zugänglich und anderen verboten ist. In erster Linie geht es dem Autor um Wissen, das *tabu* ist, das *sich verbietet* – aus Gründen der Moral, der Schicklichkeit oder der Menschlichkeit.

Im Anhang I nennt der Autor sechs Kategorien von *Forbidden Knowledge*, wovon sich die zweite Kategorie (»knowledge prohibited«) mit dem deckt, was im Deutschen als »verbotenes Wissen« zu bezeichnen wäre. Die übrigen Kategorien machen es erforderlich, daß *Forbidden Knowledge* – im Einzelfall und als Oberbegriff, wie ihn der Autor für alle sechs Kategorien verwendet – mit einem allgemeineren Begriff wiedergegeben wird. Je nach Kontext ist es daher sinnvoll, den Sachverhalt mit unterschiedlichen Begriffen zu fassen: *verbotenes, tabuisiertes* oder *verschlossenes Wissen, begrenzte Erkenntnis, Erkenntnisbegrenzung* oder *Erkenntnistabu*.

Diese Umschreibungen werden dem breiten thematischen Spektrum des Autors gerecht, das um die Frage kreist: Gibt es Dinge, die wir nicht wissen können oder nicht wissen sollten?

Vorwort

1

Gibt es Dinge, die wir *nicht* wissen sollten? Kann irgendein Mensch oder irgendeine Institution in unserer Kultur des freien Unternehmertums und des unbegrenzten Wachstums dem Wissen ernstlich Grenzen setzen? Können wir die moralischen Dimensionen solcher Fragen überhaupt noch würdigen und ermessen?

Unsere kühnen Enthüllungen der Geheimnisse der Natur sind vielleicht schon so kühn geworden, daß uns dieses Wissen mehr Probleme denn Lösungen beschert. Solch gegensätzliche Bedrohungen wie Überbevölkerung und AIDS scheinen sich direkt auf die Wirkungen des »Fortschritts« zurückführen zu lassen. Es ist unübersehbar, daß die fortschrittlichsten Nationen der Erde unvorstellbare Waffen der Zerstörung entwickelt und gleichzeitig eine Medienwelt kultiviert haben, die in Bildern von destruktiver Gewalt nur so schwelgt. Muß uns solch eine Kombination nicht zwangsläufig in die Barbarei und Selbstvernichtung treiben?

Dagegen vollbringen wir unsere wahrlich wunderbarsten Leistungen als menschliche Wesen regelrecht unwissentlich und unbemerkt, weit entfernt von Laboratorien und Studios und elektronischen Bildschirmen – fast in einem anderen Universum. Denn wir lernen gewisse Dinge, lange bevor wir wissen, was wir überhaupt tun, und zwar auf eine Weise, die sich im Grunde gar nicht hinreichend erklären läßt. Ein kleines Kind lernt innerhalb von vierundzwanzig Monaten, die Elemente seiner Umgebung zu erkennen und zu unterscheiden, es lernt, sich aufzurichten und zu gehen, Sprache zu verstehen und selbst zu sprechen. Ist es denkbar, daß wir all diese Leistungen besser bewältigen, gerade weil wir nicht wissen, wie wir sie vollbringen? Können wir überhaupt irgend etwas unwissentlich wissen? Mit solchen Fragen gibt man sich keineswegs als ignorant, unaufgeklärt oder rückschrittlich zu erkennen. In jeder Sprache weisen Sprichwörter darauf hin, daß man unter Umständen mehr wissen kann, als einem guttut. Viele berühmte Mythen und Legenden thematisieren die Gefahren der Erkenntnis und des Wissens. Zum Glück lernen Kleinkinder weiterhin laufen und sprechen. Viele Erwachsene sehen der Zukunft unserer boomenden Kultur indes besorgt entgegen.

Diese sondierenden Bemerkungen bilden *einen* Zugang zum Thema dieses Buches. Ich glaube, sie überzeichnen das Bild keineswegs. Die Gefahren, die unserer natürlichen Umwelt aufgrund der Ausbeutung und Verwüstung durch den Menschen drohen, haben wir endlich erkannt. Weniger bewußt sind uns jedoch die möglichen Gefahren für unsere intellektuelle, künstlerische und moralische Lebenswelt. Auf diese drei Bereiche werde ich mich im folgenden immer wieder beziehen.

Einen zweiten – und etwas freudvolleren – Zugang zu meinem Thema bilden faszinierende Geschichten von gewöhnlichen und ungewöhnlichen Menschen, deren Leben uns auch heute noch berührt. Bevor wir weiter in die Vergangenheit zurückgehen, möchte ich in der Mitte des neunzehnten Jahrhunderts ansetzen.

Eine viktorianische Matrone, die Frau eines anglikanischen Bischofs, wurde berühmt durch eine Bemerkung, die sie über die Evolution fallenließ. Ihre Worte bezogen sich nicht sosehr auf Charles Darwins vorsichtig formulierte Abhandlung *Über den Ursprung der Arten* (1859) als vielmehr auf Thomas Henry Huxleys provokatives Werk *Man's Place in Nature* (1863, *Die Stellung des Menschen in der Natur*). Darwins junger Anhänger verkündete lautstark, zwischen Mensch und Tier bestehe »keine größere morphologische Kluft als zwischen den Tieren untereinander«. Als die genannte Dame dies vernahm, gab sie dem herrschenden Zeitgeist Ausdruck: »Von den Affen abstammen?! Wir wollen hoffen, daß das nicht stimmt, aber falls es stimmt, sollten wir beten, daß es nicht allgemein bekannt wird.«[1]

Diese Frau wollte sich dem Vormarsch der Naturwissenschaften entgegenstellen und nötigenfalls eine unangenehme Wahrheit einfach unterschlagen. Wir bespötteln ihre Zimperlichkeit, weil wir der Überzeugung sind, daß dem Streben nach Erkenntnis und dem Verbreiten von Wissen nichts im Wege stehen sollte. Doch die Lehren aus der Geschichte und die Erfahrungen der Gegenwart geben dieser Überzeugung nicht immer recht. Die naive Reaktion der Viktorianerin offenbart eine Sorge, die wir nicht einfach als unbegründete Voreingenommenheit abtun können. Sie artikuliert ein elementares Verständnis der Tabus, die für das Streben nach Erkenntnis gelten sollten.

Nachrichten von Kriegen, Katastrophen und Verbrechen erschütterten die Menschen zu allen Zeiten. Wir haben diese uralten Geißeln längst nicht besiegt und leiden längst unter ganz neuen. Am Ausgang des zwanzigsten Jahrhunderts erwarten wir oft Wunder und erhoffen einen Segen, der sich nicht selten als Fluch erweist, allerdings nicht etwa aufgrund von Rückständigkeit und Unwissenheit, sondern gerade aufgrund des Fortschritts der Erkenntnis und deren Anwendung. Nicht nur die barbarischsten, sondern auch die zivilisiertesten Nationen setzen immense Ressourcen ein, um atomare und biologische Waffen von unvorstellbarer Zerstörungskraft zu entwickeln. Die Genforschung eröffnet uns die vage Aussicht, dereinst die körperlichen und geistigen Gaben unserer Kinder wie Tapetenmuster auszusuchen. Die penetrante Allgegenwart audiovisueller Medien in unserem Lebensalltag von frühester Kindheit an droht den menschlichen Charakter und das Verhalten indes ebenso massiv zu formen wie die Genmanipulation. Bei unserer Jagd nach Energiequellen verringern wir möglicherweise die Lebensspanne unseres Planeten. Die Redefreiheit und die Autonomie der Forschung, Wissenschaft und Kunst tragen gemeinsam dazu bei, so argumentiere ich im zweiten Teil des Buches, daß der Menschheit die Fähigkeit entrissen wird, ihr eigenes Schicksal selbst zu lenken. Unsere größten Segnungen werden uns vernichten.

Dieses schwierige Ringen mit den genialsten und fortschrittlichsten Seiten in uns thematisieren auf höchst unterschiedliche Weise zwei Werke der modernen Literatur, die im Laufe der Zeit sogar noch an Bedeutung gewonnen haben, nämlich *Alice im Wunderland* (1865) sowie *Dr. Jekyll und Mr. Hyde* (1886). Beide entstammen jener Zeit, in der England eine technologische und wirtschaftliche Führungsrolle in der Welt innehatte und in der sich im westlichen Imperialismus Ausbeutung und Philanthropie aufs engste verbanden. Auf der Höhe der viktorianischen Zeit spähte Lewis Carroll in die Traumwelt eines jungen Mädchens und entdeckte dort zahlreiche groteske Kreaturen, die Alices guten Absichten Merkwürdiges abverlangen. In dieser Welt klappt nichts so richtig, allerdings geht auch nichts heillos schief. Alice nimmt keinerlei Schaden und wacht mit der Erkenntnis auf, daß die Gestalten in uns hinter der Maske ihrer schrecklichen Verschrobenheiten im Grunde gutartig sind. Und hinter Carroll, dem Freund und Porträtisten vorpubertärer Mädchen, verbirgt sich kein Kinderschänder, sondern ein tugendhafter Dichter, der die Rätsel und Paradoxe der Natur besingt. Alice bezähmt ihre Angst und kehrt schließlich in eine sichere Existenz zurück.

Robert Louis Stevenson liefert uns ein völlig anderes Bild von der Welt. Er begibt sich auf die Spuren von Dr. Jekyll, einem angesehenen Londoner Arzt mit einem Hang zu unorthodoxen medizinischen Experimenten. Die Freunde des Doktors kommen dahinter, daß er in den Räumen hinter seinem Haus einen verdächtigen Halunken beherbergt. Dieser geheimnisvolle Mr. Hyde begeht einen schrecklichen Mord und verschwindet spurlos. Monate später findet man Hyde tot in seiner Wohnung; er hat selbst Hand an sich gelegt. Inzwischen ist Dr. Jekyll verschwunden. Im letzten Kapitel wird das Rätsel durch einen Brief, in dem Jekyll ein volles Geständnis ablegt, schließlich gelöst.

Jekyll und Hyde sind zwei gegensätzliche äußere Erscheinungsformen ein und derselben Person. Der Arzt hat eine Droge entdeckt, die die Doppelnatur des Menschen zum Vorschein bringt. Die

Substanz verwandelt Dr. Jekyll in sein absolut böses Selbst, in Mr. Hyde, in dessen Gestalt er »unwürdigen Vergnügungen« bis hin zu den unbeschreiblichsten Exzessen frönen kann. Mit einem zweiten Trank läßt sich Hyde wieder zurückdrängen, so daß der Arzt wieder in seine normale Existenz zurückkehren kann. Doch schließlich gewinnt der monströse Charakter Hydes die Oberhand. Hyde läßt sich mit Drogen nur noch für kurze Zeit unterdrücken, und auch diese Stoffe werden allmählich knapp. In den letzten Zeilen, die Jekyll niederschreibt, bevor er sich seinem dämonischen Anteil unterwirft, ist er bestrebt, die Verantwortung für das Ungeheuer, das er aus sich selbst erschaffen hat, abzulehnen und zu bestreiten, daß Hydes Missetaten Dr. Jekylls Seele besudelt haben.

Stevensons schmale Novelle beginnt wie ein relativ gesetzter Kriminalroman, entwickelt sich aber schon bald zu einem regelrechten Schauerroman mit Anspielungen auf Vampirismus und übermenschliche Kräfte, die mit Hilfe geheimer Stoffe das Leben aus dem Gleichgewicht bringen. Stevensons Geschichte, die sowohl auf einem intensiv erlebten Alptraum als auch auf Zeitungsmeldungen über einen kriminellen Geschäftsmann aus Edinburgh beruht, packt unsere Phantasie gleichsam von zwei Seiten. Zum einen empfinden wir ein gewisses Mitgefühl für den innerlich gespaltenen Menschen, den geachteten Bürger, der an ein verderbtes Alter ego gefesselt ist. Unsere heutige Zeit steht immer mehr im Zeichen einer gesellschaftlichen Anonymität, eines modernen Nomadentums und einer hypnotischen Bilderflut, die ein verlockendes inneres Phantasieleben nähren und uns ständig ermutigen, im Verborgenen brutale Exzesse auszuleben. Aus diesem Blickwinkel schildert die Novelle nicht etwa einen »sonderbaren Fall«, sondern die allzu vertraute Versuchung, ein Doppelleben zu führen. Zum anderen reagieren wir mit Besorgnis auf die Figur des fanatischen Arztes, der den Geheimnissen des Lebens und der menschlichen Identität auf die Spur gekommen ist. Dieser wahrlich »absonderliche Fall« macht uns Angst, denn die Experimente des Arztes setzen normale Bürger der Vernichtung aus. Ferner gibt die Geschichte zu verstehen, daß Dr. Jekyll nicht sosehr mit der konventionellen Verkörperung des Bösen in der Gestalt des Mr. Hyde ringt, sondern vielmehr mit seinem eigenen tieferen Wissen und den geheimnisvollen Kräften in ihm selbst. Dr. Jekyll entdeckt das Böse, indem er den Verlockungen seines eigenen genialischen Geistes erliegt.

Die meisten von uns haben sowohl Alice als auch Dr. Jekyll in ihre Phantasiewelt aufgenommen. Alice beruhigt uns. Dr. Jekyll führt uns dagegen in ein verhängnisvolles Dilemma – die Konfrontation mit der Wahrheit und deren Konsequenzen. Denn mit seinen Selbstexperimenten beweist dieser besessene Forscher, daß die Erkenntnis der Wahrheit unvorhergesehene und verheerende Folgen zeitigen kann. Die offenkundigen Risiken seiner Experimente bremsen ihn nicht etwa, sondern spornen ihn erst recht an. Die Begabung, die Jekyll zur Suche nach der Wahrheit befähigt, zerstört letztlich sein sittliches Wesen.

Die viktorianische Matrone, die die Wahrheit gar nicht wissen wollte, und Dr. Jekyll, der geradezu besessen ist von dem Spiel mit den gefährlichsten und kompromittierendsten Formen der Wahrheit, liefern meine beiden ersten Parabeln vom tabuisierten Wissen.

»Tabu«, »okkult«, »heilig«, »unaussprechlich« – mit solchen Begriffen markierten frühere Kulturen Grenzen, die dem menschlichen Wissen und Forschen gesetzt waren. Was ist mit dem ehrwürdigen Begriff des »verbotenen Wissens« geschehen? Im praktischen Alltagsleben akzeptieren wir alle möglichen Auflagen und Zwänge, von Naturschutz über Schulpflicht bis hin zu Verkehrsregeln. Im geistigen Bereich dagegen lehnen westliche Denker und Institutionen jede Art von Beschränkung als unbegründet und entmündigend ab. Heute ist es nicht mehr nötig, Ketzerei und Gotteslästerung zu bestrafen. Sowohl im Bereich der Wissenschaft als auch in der Welt der Kunst und der Unterhaltung setzt man stillschweigend voraus, daß die absolute Freiheit im Austausch geistiger Produkte das Alltagsleben kaum negativ, sondern eher vorteilhaft beeinflußt.

Unser Verhalten wird durch Gesetze und Sitten eingeschränkt, auch wenn diese nur allzu oft von Gesetzesbrechern, kriminellen Banden und Syndikaten mit Füßen getreten werden. Für symbolische Geistesprodukte – Worte, Bilder, Filme, Fernsehsendungen und Tondokumente – gelten keine entsprechenden Beschränkungen, und vermeintlich sollen dafür auch keine gelten. Diese Divergenz liefert die grundlegende Dynamik der westlichen Kultur in der langen Geschichte ihrer Expansion auf allen Gebieten. Diese Divergenz verdient es, näher unter die Lupe genommen zu werden.

2

Sokrates: »… daß alles Wissen ist, die Gerechtigkeit und Besonnenheit und die Tapferkeit, auf welche Art sich die Tüchtigkeit am ehesten als lehrbar erweisen könnte.«
Platon, *Protagoras*

Dann werdet ihr die Wahrheit erkennen, und die Wahrheit wird euch befreien.
Evangelium des Johannes, 8,32

Wird Wissen unsere menschlichen Probleme lösen? Wird eine »Explosion« des Wissens das Leid auf Erden lindern und uns gerecht, tugendsam und frei machen? Aus der Geschichte wissen wir, daß sich der Mensch des Abendlandes hier trotz gewisser Zweifel und böser Omen stets optimistisch zeigte. Wir glauben, daß die ungehemmte Entwicklung und Verbreitung von Ideen, Meinungen und Produkten in allen Bereichen der Gesellschaft (Bildung, Forschung, Wissenschaft, Kunst, Handel und Medien) uns auf lange Sicht zum Wohl gereichen. Wir glauben auch, daß wir all die sozialen und politischen Umwälzungen eindämmen können, die eben jene kulturellen Aktivitäten immer wieder auslösen. Am Ende des zweiten Jahrtausends der christlichen Zeitrechnung sind wir, so glaube ich, in unserem langwierigen Unterfangen, Befreiung und Beschränkung in Einklang zu bringen, an einem kritischen Punkt angelangt.

In den beiden oben angeführten Zitaten ist von »Wissen« und »Wahrheit« die Rede. Was Sokrates und Jesus dazu äußerten, paßt jedoch kaum noch in eine Gesellschaft, in der traditionelles Wissen eher angezweifelt und der Begriff der »Wahrheit« von vielen gebildeten Skeptikern eher belächelt wird. In den dreihundert Jahren seit der Aufklärung haben wir uns das Leben gerade in bezug auf

Wahrheit und Wissen schwergemacht. Nachdem wir den Glauben an absolutes oder offenbartes Wissen weitgehend abgelegt haben, stellt sich die Frage, wie wir zwischen dem Wahren und dem Unwahren unterscheiden können. Und während wir versuchen, diese Unterscheidung mit empirischen oder pragmatischen Mitteln zu treffen, taucht eine weitere – umfassendere und präzisere – Frage vor uns auf: Können wir klar sagen, ob es irgendwelches Wissen gibt, sei es wahr oder unwahr, über das wir aus irgendeinem Grund *nicht verfügen sollten?*

In dem Gedicht »The Oxen« spielt Thomas Hardy auf ein altes englisches Volksmärchen an, in dem es heißt, in der Christnacht knie das Vieh um Mitternacht in den Ställen.

> *Heiligabend, und zwölf in der Nacht.*
> *»Nun sind sie alle auf den Knien«,*
> *Sprach ein Alter, als wir uns sacht*
> *Um die Glut des Feuers scharten.*

Seltsamerweise bleibt in Hardys Gedicht ausgerechnet die interessanteste Stelle des Märchens unerwähnt: »Jeder, der in den Stall geht, um sich des Wahrheitsgehalts der phantastischen Geschichte zu vergewissern, wird sterben, bevor das Jahr zu Ende geht« – vermutlich völlig unabhängig davon, was er im Stall vorfindet. Ja nicht schauen! Die Dinge auf sich beruhen lassen! Dies ist eine verzwickte Lage für den Glaubenden. Wirkt Zweifel korrumpierend oder erhellend? Gedeiht der Glaube besser auf dem Boden der Unwissenheit oder auf dem Terrain des Wissens? Müssen wir alle traditionellen Anschauungen rational überprüfen? Die Bauern in Hardys Gedicht scheinen dies nicht für nötig zu halten.

In einer bekannten Kindergeschichte wird der Neugier etwas mehr Verständnis entgegengebracht. Rudyard Kipling, der Weltreisende und Barde des British Empire, besaß einen scharfen Blick für die menschliche Natur und einen trockenen Humor, was sich unter anderem in seinen *Just So Stories for Little Children* (1902, *Genauso-Geschichten*) niederschlug. In der Geschichte »Wie das Elefantenkind seinen Rüssel bekam« beschreibt er einen wohlerzogenen jungen Elefanten, der es schließlich satt hat, von seiner Sippe immer nur geprügelt zu werden. Er folgt dem Rat des Vogels Kolokolo und beschließt wegzugehen – »an den großen graugrünen glitschigen Limpopo-Fluß« –, um seine Wißbegier zu befriedigen und zu erfahren, was das Krokodil wohl zum Abendessen speist. Zu jener Zeit haben Elefanten noch keinen Rüssel, sondern nur eine Schnauze. Als das Elefantenkind versehentlich auf ein Krokodil tritt, wird es von diesem an der Schnauze gepackt und unter Wasser gezogen. Die zweifarbige Pythonschlange, der das Elefantenkind sehr freundlich begegnet war, rettet ihren neuen Freund. Bei dem Zerren und Ziehen wird die kurze Schnauze zu einem langen Mehrzweckrüssel verlängert. Mit diesem Rüssel macht der junge Elefant seine Autorität geltend, als er wieder heimkehrt, und viele seiner Verwandten ziehen aus, um selbst diese Erfahrung zu machen. Die Kultur der Elefanten wird durch die Expedition des Jungen ungeheuer bereichert. Kiplings heitere Geschichte vermittelt den Eindruck, daß Neugier bei der gehörigen Wahrung des Respekts vor anderen auf jeden Fall Vorteile bringt, die alle Risiken überwiegen.

Wir täten gut daran, solchen Geschichten Aufmerksamkeit zu schenken. Heute akzeptieren wir praktisch keine Beschränkungen unserer Freiheit und unseres Anspruchs auf Wissen. Ist Neugier der eine große menschliche Trieb, der niemals unterbunden werden sollte? Oder stellt Wißbegier die größte Gefahr für das Überleben der Menschheit dar? Kipling beantwortete diese Fragen mit seiner lustigen Parabel, die Neugier innerhalb gewisser Grenzen empfiehlt. Der Begriff »Erkenntnistabu« impliziert eine rigorosere Haltung gegenüber diesen Fragen. Er repräsentiert eine Kategorie des Denkens, die auf eine lange Tradition zurückblickt und nachweislich den Stoff für viele fesselnde Geschichten liefert.

Im folgenden will ich das »verbotene Wissen« näher untersuchen. Es soll dies eine Untersuchung mit klarem Ergebnis sein, keine Theorie des Erkenntnistabus mit anschaulichen Beispielen.

3

Die beiden Atombomben, die im August 1945 über Japan abgeworfen wurden, haben mir wahrscheinlich das Leben gerettet. Das habe ich zumindest lange geglaubt. Nach einem Jahr als Kampfpilot im Südwestpazifik wurde ich zu einem Bombergeschwader nach Okinawa versetzt, das mit einer ersten Staffel von Landungsbooten die Besetzung Japans plante. Wir hatten den Auftrag, in der Nähe des Landekopfs eine Behelfslandebahn anzulegen. Wir erfuhren nicht, wo die Invasion stattfinden sollte, und wurden ausdrücklich darauf vorbereitet, uns auf mehr als fünfzig Prozent Verluste einzustellen. Eines Abends kam durch die Lautsprecheranlage, die über den pyramidenförmigen Zelten hing, eine rätselhafte Meldung über »eine neue Art von Bombe« und eine Stadt namens Hiroshima. Einer aus dem Lager schrie: »Der Krieg ist zu Ende!«

Ein paar Wochen später – wir waren nicht in Japan einmarschiert, sondern hatten Korea befreit – flog ich mit einer B-25 das Japanische Binnenmeer hinauf, um mir Hiroshima anzuschauen. In der eisigen Stille des Cockpits, aus tausend Fuß Höhe, sahen wir die eingeebnete, schwelende Stadt. Wir wußten nichts über die Zahl und die Art der Opfer und die Intensität der Strahlung, der wir uns leichtsinnigerweise aussetzten. All das erfuhren wir erst ein Jahr später aus der Ausgabe des *New Yorker*, die John Hersheys *Hiroshima* gewidmet war.

Fünfzehn Jahre später konnte sich niemand mehr über die globalen Folgen der beiden Bomben täuschen. Die Welt befand sich im »Gleichgewicht des Schreckens«. Am Ostersonntag des Jahres 1961 beteiligte ich mich an einem dreistündigen Protestmarsch von den Stufen des Kapitols in Austin, Texas, zur Bergstrom Air Force Base, um gegen die Herstellung und den Einsatz atomarer Waffen zu demonstrieren. Die Insassen vorbeifahrender Autos und Lastwagen spuckten uns an und bewarfen uns mit Bierflaschen. Meine Überzeugung geriet dadurch jedoch nicht ins Wanken.

Solche Ereignisse begleiteten mich bis in mein biblisches Alter, und immer hat irgendwo am Rande meines Blickfeldes ein Warnsignal geblinkt. Es signalisiert unentwegt, daß wir vom Kurs abgekommen sind, daß irgendein Mechanismus versagt hat. Wie war es möglich, daß ein so humaner Präsident wie Truman den Befehl gab, zwei Atombomben auf dichtbesiedeltes Gebiet abzuwerfen? Wie war es möglich, daß wir mit der Entwicklung der Wasserstoffbombe noch weitere Menschenleben und ganze Gesellschaften bedrohten? Aufgrund welcher perversen menschlichen Logik gelang es mit Hilfe dieser unvorstellbaren Waffen, fast ein halbes Jahrhundert lang den Frieden zwischen zwei befeindeten Supermächten zu sichern? Steht zu befürchten, daß wir – alle Bürger dieser Erde – an der Schwelle zum nächsten Jahrtausend durch die drohende Verbreitung atomarer Waffen die Kontrolle über unsere Zukunft verlieren?

Das Warnlicht blinkt noch immer. Inzwischen glaube ich, daß uns das Warnsignal nicht nur auf die zerstörerischen Kräfte hinweist, die wir aus dem Atom heraufbeschworen haben, sondern auf ein Phänomen, mit dem der Mensch seit Urzeiten vertraut ist, nämlich die Versuchungen und Gefahren des verbotenen Wissens.

Dieses Buch hat ganz persönliche Wurzeln, doch ich werde meine eigene Lebensgeschichte ausklammern und mich meinem Thema mit Hilfe der – wie ich glaube – besten Dokumente nähern, die wir überhaupt von uns haben: *Geschichten* aller Art – wahren, ausgeschmückten, erfundenen. Oft wird uns eingetrichtert, *Ideen* als höchste Form des Wissens anzusehen. Doch der Vorgang der Abstraktion, bei dem die Idee aus der empirischen Erfahrung abgeleitet wird, eliminiert zwei wesentliche Aspekte des Lebens, die ich keinesfalls unter den Tisch fallen lassen möchte: die Zeit und das Individuum als handelndes Subjekt. Ideen sind in ihrer reinsten Form entkörperlicht und zeitlos. Wir brauchen Ideen, um logisch zu argumentieren und um den Nebel der Ungewißheit zu durchdringen, der die unmittelbare Erfahrung des alltäglichen Lebens umgibt. Doch zugleich brauchen wir Geschichten, um dem Medium Zeit eine Dimension zu verleihen, in der das menschliche Wesen Form annehmen und sich uns offenbaren kann und in der wir unsere eigene Sterblichkeit entdecken können. Die folgenden Seiten bieten weniger eine Ideengeschichte als eine Geschichte des Geschichtenerzählens.

4

Der erste Teil dieses Buches befaßt sich mit literarischen Werken. Im einleitenden Kapitel wird ein breites Spektrum von Texten zusammengetragen, um die Dimensionen des Themas abzustecken. Das sind die anspruchsvollsten Seiten. Jedes der anschließenden vier Kapitel konzentriert sich nur auf ein oder zwei Werke. Der erste Teil skizziert eine historische Gesamtschau des Erkenntnistabus und liefert umfangreiche Beispiele für dessen unterschiedliche Spielarten.

Der zweite Teil wendet sich zwei aktuellen Fragen zu: der Herausforderung der Naturwissenschaften und dem Problem der Pornographie, wie es sich im Zusammenhang mit der jüngsten Rehabilitierung des Marquis de Sade darstellt. Das abschließende Kapitel behandelt die praktischen und moralischen Implikationen der gebotenen Beschränkung im Streben nach Erkenntnis und deren Relevanz für unsere Zukunft. Einige Leser werden vielleicht versucht sein, sich direkt dem zweiten Teil zuzuwenden. In diesem Fall hoffe ich, daß sie anschließend in den ersten Teil einsteigen, denn die dort besprochenen Werke bilden einen passenden Hintergrund für die brisanten Probleme, die im zweiten Teil aufgegriffen werden.

Teil I

_____

Literarische Geschichten

■

Kapitel I

Die Kehrseite der Neugier

■

Vor einigen Jahren wurde bei einer Konferenz mit bedeutenden Wissenschaftlern und Autoren in Boston während einer Sitzung die Frage diskutiert, welche Motive sie dazu bewogen hätten, sich mit den Naturwissenschaften zu befassen. Sämtliche Teilnehmer (darunter Isaac Asimov, Freeman Dyson, Murray Gell-Mann und Gunther Stent) nannten als Hauptfaktor die Neugier bezüglich der Wirkungsmechanismen der Natur. Ruhm, Reichtum, die Suche nach der Wahrheit und die Verherrlichung Gottes wurden nicht genannt.

Wir besitzen keine historischen Aufzeichnungen darüber, wie beziehungsweise warum der Mensch überhaupt damit begann, Erklärungen für die auffallenden Regelmäßigkeiten in der Natur zu suchen, wie zum Beispiel die Wanderungen von Tieren, die Bewegungen von Himmelskörpern und den Wandel der Jahreszeiten. Prähistorische Höhlenmalereien veranlassen uns jedoch zu der Vermutung, daß es neben dem Überlebensinstinkt und dem Selbsterhaltungstrieb auch so etwas wie bloße Neugier gab – wie bei unserem Elefantenkind. Zumindest ein paar Höhlenmenschen wollten mehr wissen, als für ihre unmittelbar vorherzusehenden Bedürfnisse nötig war. Nachdem sich organisierte Gesellschaften gebildet hatten, wurde die Wißbegier in bestimmten Epochen zu einer besonderen Triebkraft, so etwa im sechsten Jahrhundert v. Chr. in Griechenland, während der italienischen Renaissance und im Zeitalter der europäischen Aufklärung. Wie die Armut hat uns auch die Neugier zu allen Zeiten begleitet.

Um die Ursprünge des Erkenntnistabus zu beleuchten und zu zeigen, wie eng es im zentralen Gedankengut der abendländischen Kultur mit dem Phänomen der Neugier verknüpft ist, werde ich mich zunächst mit der griechischen Mythologie und mit Geschichten aus dem Alten Testament befassen. Lange bevor und nachdem sich diese beiden fruchtbaren Ströme im christlichen Zeitalter vereinigt hatten, entstanden durch sie zwei in Wechselbeziehung stehende Einstellungen zum Wissen: Befreiung und Beschränkung. Folgen wir nun diesen Einstellungen durch eine Reihe von Geschichten aus drei Jahrtausenden.

Hybris: Prometheus und Gefolge

Einige der besten Schilderungen der griechischen Götter und ihrer Beziehungen zu den Sterblichen liefert uns Hesiod, der vermutlich um 700 v. Chr. als Bauer und Dichter in Böotien lebte. In seine Werke bezog er alte, mündlich überlieferte Mythen ein, die er frei ausschmückte. So schrieb er auch zwei größere Passagen über den Halbgott Prometheus, der dem Göttervater Zeus das Feuer stahl, um die Menschen vor dem Untergang zu bewahren. Der gerissene Menschenfreund Prometheus überlistete Zeus, indem er die besten Teile eines geopferten Ochsen zurückbehielt. »Aus diesem Grund ersann sich Zeus Mühen und Plagen für den Menschen. Er versteckte das Feuer. Doch Prometheus, der edle Sohn des Iapetos, stahl es für den Menschen zurück« (*Werke und Tage*). Zeus war so tief getroffen, daß er Prometheus an einen Felsen fesselte und einem Geier befahl, dessen Leber auszupicken. Das gestohlene Feuer wurde im Laufe der Zeit auf unterschiedliche Weise gedeutet, meist als Symbol für wichtige menschliche Fähigkeiten, wie zum Beispiel Mechanik, Wissenschaft, Sprache, Phantasie, ja sogar Bewußtsein. Prometheus wurde zum Wohltäter am Menschen, indem er sich des Wissens bemächtigte, das Zeus dem Menschen in seiner Wut vorenthielt. Mit seiner Revolte rettete Prometheus den Menschen.

Diese Geschichte widerlegt scheinbar das Sprichwort »Unwissenheit ist ein Segen«. Doch es wäre unklug, die Fortsetzung der Prometheus-Geschichte in Hesiods Fassungen zu unterschlagen. Als Rache für den Ungehorsam des Prometheus schickte Zeus die erste Frau, Pandora, auf die Erde. Sie sollte Prometheus' naiven Bruder Epimetheus verführen. Epimetheus erlag ihren Reizen und führte damit den Menschen die Frau zu, deren Name »die Gabenreiche«, »die alles schenkt« bedeutet. Was Pandora den Menschen bescherte, als sie den Deckel der Büchse öffnete, die ihr die Götter mitgegeben hatten, war jedoch Kummer, Sorge und alles Böse. Ihre Neugier auf den Inhalt der Büchse stand Epimetheus' Begierde nach einer neuen Gefährtin, einem bescheidenen Mädchen »mit dem Wesen einer Hexe« (Hesiod), in nichts nach. Die schrecklichen Folgen ihrer »Geschenke« machten all die Wohltaten wieder zunichte, die Prometheus dem Menschen durch seinen Widerstand gegen die Götter verschafft hatte.

In späteren Versionen des Prometheus-Mythos, die uns überliefert sind, findet die eng damit verbundene Gestalt der Pandora gewöhnlich keinerlei Erwähnung. Prometheus' kühner Raubzug auf dem Olymp brachte unseren Vorfahren ein befreiendes Feuer ein, doch die weiteren Folgen dieses Handstreichs werden verschwiegen. Die bekanntesten literarischen Bearbeitungen des Prometheus-Mythos – ein Abschnitt in Platons *Protagoras*, Aischylos' *Der gefesselte Prometheus* und Shelleys *Prometheus Unbound (Der entfesselte Prometheus)* – lassen Pandora als lästiges Beiwerk oder als überflüssige Komplikation aus dem Spiel. Überspielt werden damit aber auch die Konsequenzen, die das von Prometheus gebrachte Wissen für die Menschheit hat, wie es Hesiod in seinen frühen Versionen noch schilderte. Und so ist auch dies ein Beispiel dafür, wie Erkenntnis – in Form von Prometheus' Feuer – von ihren Konsequenzen – Pandoras zerstörerischem Wirken unter den Menschen – abgespalten wird. Der vollständige Mythos mag uns mißfallen, doch wir entstellen ihn, wenn wir ihn in zwei Teile zerlegen. In der klassischen Malerei des Abendlandes lebte Pandora immerhin als allegorische Verkörperung des »schönen Bösen« fort.[2]

Doch selbst in der vollständigen Version des Mythos von Prometheus und Pandora verschmelzen die Themenkomplexe Neugier, Erkenntnis, Sexualität und Sterblichkeit nicht annähernd so dramatisch wie in der Geschichte von Adam und Eva. In der heiligen Schrift der Hebräer findet die trotzige Gestalt des Prometheus aus der griechischen Mythologie allerdings keine Entsprechung – weder in Adam, noch in der Schattengestalt des Satans, noch in einem der Propheten. Engere Parallelen zeigen sich indes zwischen Eva, die Versuchung und Sünde ins Paradies einläßt, und Pandora, die alles Übel über die Menschheit bringt. In der Folge dieser beiden zutiefst menschlichen Geschichten, die trotz ihrer ernüchternden Botschaft nicht eines komischen Untertons entbehren, nimmt das Motiv der hochmütigen Neugier einen festen Platz in der Geschichte der abendländischen Kultur ein.

Adam und Eva spare ich mir für das nächste Kapitel auf. Doch auch abgesehen von diesen beiden Figuren enthalten die biblischen Bücher Genesis und Exodus zahlreiche Episoden, in denen es um Grenzen der Erkenntnis geht. Die bekannten Verse über den Turmbau zu Babel schildern ebenfalls eine Parabel von Hochmut und Fall. Man kann diese Geschichten kaum überinterpretieren. Sie handeln von der Stadt, von maßlosem Ehrgeiz, von den Gefahren der Technik und vom Ursprung der Sprachen, Kulturen und Rassen. Nach der Sintflut gab es nur ein einziges Volk. Nach den Ereignissen von Babel geht die Thora nicht mehr »dem ganzen Stamm Adams« nach, sondern widmet sich einem »schmalen Bächlein«, wie es in der Scofield-Bibel heißt – dem Volke Israel. Diesmal öffnet Gott, der Herr, selbst den Deckel der Büchse und straft die Erde mit dem Übel der Sprachverwirrung. Ich zitiere den gesamten Abschnitt.

Alle Menschen hatten die gleiche Sprache und gebrauchten die gleichen Worte. Als sie von Osten aufbrachen, fanden sie eine Ebene im Land Schinar und siedelten sich dort an. Sie sagten zueinander: Auf, formen wir Lehmziegel, und formen wir sie zu Backsteinen. So dienten ihnen gebrannte Ziegel als Steine und Erdpech als Mörtel. Dann sagten sie: Auf, bauen wir uns eine Stadt und einen Turm mit einer Spitze bis zum Himmel, und machen wir uns damit einen Namen, dann werden wir uns nicht über die ganze Erde zerstreuen. Da stieg der Herr herab, um sich Stadt und Turm anzusehen, die die Menschenkinder bauten. Er sprach: Seht nur, ein Volk sind sie, und eine Sprache haben sie alle. Und das ist erst der Anfang ihres Tuns. Jetzt wird ihnen nichts mehr unerreichbar sein, was sie sich auch vornehmen. Auf, steigen wir hinab, und verwirren wir dort ihre Sprache, so daß keiner mehr die Sprache des anderen versteht. Der Herr zerstreute sie von dort aus über die ganze Erde, und sie hörten auf, an der Stadt zu bauen. Darum nannte man die Stadt Babel (Wirrsal), denn dort hat der Herr die Sprache aller Welt verwirrt, und von dort aus hat er die Menschen über die ganze Erde zerstreut.

(*Genesis*, 11, 1–9)

Im Garten Eden hatte Gott Adam und Eva ausdrücklich verboten, die Früchte vom Baum der Erkenntnis von Gut und Böse zu essen. Doch die Bürger von Babel oder Babylon hat niemand ermahnt, bei ihrer Eroberung der Welt gewisse Grenzen zu wahren. Sie haben eine neue Bautechnik unter Verwendung von Ziegeln und Mörtel entdeckt und wandten diese ganz konsequent an, indem sie den Versuch unternahmen, einen hohen Turm zu bauen. Der Baum der Erkenntnis wurde von Gott wahrscheinlich als Schmuck und zur Prüfung gepflanzt. Der gottlose Turm von Babel ist ein Ausdruck des Wunsches der Babylonier, sich selbst auf ein Podest zu stellen: »Machen wir uns einen Namen« (11,4). Würde dieses großspurige Projekt bis »in den Himmel« reichen, wären Gottes Größe und Geheimnis entweiht. Gott bestraft Babylon nicht, indem er die Stadt zerstört; er bezwingt es durch Teilung und macht aus einem Volk viele Völker mit unterschiedlichen Sprachen und Sitten.

In eben diesen Versen über die Vereitelung menschlichen Ehrgeizes taucht in der englischen King-James-Übersetzung des Buches Genesis zum dritten Mal der Begriff einer bedeutsamen Fähig-

keit auf: *imagination* – Vorstellung, Einbildung(skraft), Phantasie.
In der deutschen Einheitsübersetzung heißt es: »Jetzt wird ihnen
nichts mehr unerreichbar sein, was sie sich auch vornehmen«
(11,6). Geeint durch eine gemeinsame Technologie und eine uni-
verselle Sprache erlangt die Menschheit eine unselige Macht. Die
Macht an sich stellt indes noch keine Gefahr dar. Doch die Verbindung von Macht und Phantasie droht die Grenzen der *conditio
humana* zu sprengen, denn sie verleitet dazu, nach dem Göttlichen
zu streben.

Das erste Mal erleben wir dies vor der Sintflut. »Der Herr sah,
daß auf der Erde die Schlechtigkeit des Menschen zunahm und daß
alles Sinnen und Trachten seines Herzens (*every imagination of
the thoughts of his heart*) immer nur böse war« (6,5). Da bereute
Gott seine irdische Schöpfung und befand allein Noah für würdig,
als »untadeliger Mann« zu überleben. Zwei Kapitel später, nachdem die Flut zurückgegangen ist, läßt sich Gott durch Noahs
Brandopfer besänftigen und nimmt sich vor, die Erde des Menschen
wegen nicht noch einmal zu verfluchen. Der entsprechende Vers
enthält jedoch dieselben Bedenken ob der Natur des Menschen:
»Denn das Trachten des Menschen ist böse von Jugend an« (8, 21).
Beide Abschnitte weisen auf die Episode vom Turm zu Babel voraus, in der die gesteigerte *Einbildung*, die Schattenseite der Neugier, Strafe auf sich lädt.[3] So wie ich diese drei Passagen des Alten
Testaments deute, belegen sie ganz klar den Zusammenhang zwischen Neugier und Einbildung, der alle Kapitel dieses Buches
durchzieht.

Spätere Ereignisse in der Geschichte des Volkes Israel thematisieren einen weiteren Aspekt tabuisierter Erkenntnis, der eng mit
ungezügelter Neugier und Einbildung zusammenhängt, nämlich
die Frage: Kann der Mensch Gott sehen? Betrachten wir zunächst
den Fall Jakobs: »Jakob gab dem Ort den Namen Penuël [Gottesge-
sicht] und sagte: Ich habe Gott von Angesicht zu Angesicht gesehen und bin doch mit dem Leben davongekommen« (Genesis, 32,
31). Etliche Generationen später, während der Schicksalsprüfungen
auf der Flucht aus Ägypten, erlebt Moses eine Reihe widersprüch-
licher Ereignisse. Zweimal gelingt es Moses, wie Jakob Gott zu

sehen (Exodus, 24, 10 und 33, 11). Die zweite Stelle räumt jeden Zweifel aus: »Der Herr und Mose redeten miteinander Auge in Auge, wie Menschen miteinander reden.« Doch nicht nur die Wege des Herrn, sondern auch die Worte der Heiligen Schrift sind mitunter wundersam. An einer Stelle heißt es, Moses habe sein Gesicht verhüllt (beim brennenden Dornbusch, Exodus, 3, 6), und auch am Ende des 33. Kapitels wird die Situation ganz anders geschildert. Gott erklärt Moses, daß jener zwar Gnade vor seinem Angesicht gefunden habe, stellt jedoch klare Regeln auf und veranschaulicht diese mit einer bildhaften Szenerie:

Weiter sprach er: Du kannst mein Angesicht nicht sehen; denn kein Mensch kann mich sehen und am Leben bleiben. Dann sprach der Herr: Hier, diese Stelle da! Stell dich an diesen Felsen! Wenn meine Herrlichkeit vorüberzieht, stelle ich dich in den Felsspalt und halte meine Hand über dich, bis ich vorüber bin. Dann ziehe ich meine Hand zurück, und du wirst meinen Rücken sehen. Mein Angesicht aber kann niemand sehen.

(Exodus, 33, 20–23)

In seinen Erläuterungen zu Exodus in *The Literary Guide to the Bible* nennt J. P. Fokkelman »das zentrale Thema des Buches: die Frage, ob der Mensch Gott sehen kann oder nicht«. Indem Gott im Garten Eden den Baum der Erkenntnis von Gut und Böse pflanzt, scheint er seinen Geschöpfen insgeheim die Möglichkeit zu geben, ihm als Gefährten zur Seite zu stehen oder als Rivalen zu begegnen. Aber wir dürfen nicht vergessen, daß der Genuß des Apfels Adam und Eva nicht das Wesen der Dinge, geschweige denn das Wesen Gottes offenbarte. Dante unterstreicht dies in der *Göttlichen Komödie* im »Fegefeuer«.

Laßt, Sterbliche, genügen eurem Wahn
Am Wie![4] *Denn so ihr alles wolltet wissen,*
Nicht brauchte dann Maria zu empfahn.

(Fegefeuer, III, 37–39)

Wäre Adam und Eva durch den Apfel alles enthüllt worden, wäre keine weitere Offenbarung nötig gewesen. Der gesamte Handlungsbogen der beiden biblischen Testamente und der späteren Menschheitsgeschichte gründet sich darauf, daß der menschliche Geist nur zu einer *partiellen* Erkenntnis befähigt wird und imstande ist. Im Alten Testament scheint Gott abwechselnd die Rolle eines wohlwollenden Prometheus, einer heimtückischen Pandora und eines furchteinflößend strengen Zeus einzunehmen.

In unglaublich vielen Erzählungen aus dem Alten Testament und auch aus der heidnischen Mythologie geht es um Verbote, die dem menschlichen Blick auferlegt werden. In diesen Geschichten äußert sich im Blick das menschliche Bedürfnis nach sinnlich wahrnehmbaren Beweisen, die einen schwindenden Glauben stärken sollen – oft mit fatalen Folgen. Als Lot und seine Familie vor der Vernichtung Sodoms fliehen, hören sie den ausdrücklichen Befehl: »Sieh dich nicht um« (Genesis, 19, 17). Als sich Lots Frau nach dem schrecklichen Regen von Schwefel und Feuer umsah, »wurde sie zu einer Salzsäule« (Genesis, 19, 26). Eine ganz ähnliche Willensschwäche zeigt Orpheus, als er Eurydike aus der Unterwelt führt. Trotz gegenteiliger Anweisungen muß er sich mit eigenen Augen überzeugen, daß seine Frau unterwegs nicht untergeht. Dieser Mangel an Glaubensstärke raubt ihm Eurydike zum zweiten Mal und damit endgültig.

Geschichten um ein Blickverbot enden jedoch nicht immer tragisch. Perseus gehorcht dem Befehl, nicht das schreckliche Gorgohaupt der Medusa anzuschauen, und entrinnt der drohenden Versteinerung, indem er nur Medusas Spiegelbild auf seinem Schild ansieht. Mit Hilfe weiterer magischer Mittel kann er das Ungeheuer enthaupten. Er beherrscht seine Neugier, Medusas Häßlichkeit unmittelbar wahrzunehmen; anderen Sterblichen hätte diese Versuchung wahrscheinlich das Schicksal von Lots Frau beschert. Sem und Jafet gehen rückwärts und wenden den Blick ab, als sie ihrem von Wein berauschten Vater Noah die Blöße bedecken (Genesis, 9, 21–23). Der Apostel Thomas, der an der Auferstehung Jesu zweifelt, bis er sichtbare und fühlbare Beweise erhält, kommt ungestraft davon, allerdings nicht ohne einen scharfen Tadel: »Selig sind, die nicht sehen und doch glauben« (Johannes, 20, 29). Die Zahl der ungläubigen Thomasse unter uns ist inzwischen dramatisch gestiegen.

Eine reizvolle Abwandlung dieser Ereignisse überlieferte uns Apuleius in seinem Roman *Der goldene Esel*. Psyche, eine weitere Verkörperung Evas und Pandoras, hat die Bürde so großer Schönheit zu tragen, daß Venus eifersüchtig wird. Venus' Lieblingssohn Amor folgt nicht etwa den Anweisungen seiner Mutter, Psyches Liebe für einen gemeinen und häßlichen Mann entbrennen zu lassen, sondern verliebt sich selbst in sie. Durch das Eingreifen des Orakels wird Psyche in einen wunderschönen Palast eingeschlossen, in dem Amor sie des Nachts besuchen kann, ohne sein Aussehen und seine Identität zu erkennen zu geben. Eine Zeitlang ist Psyche mit ihrem Los zufrieden. Als ihre eifersüchtigen Schwestern sie warnen, ihr Liebhaber könne ein Ungeheuer sein, will sie seine wahre Gestalt erblicken. Von der Lampe, mit der sie die Schönheit des schlafenden Amor entdeckt, fällt ein Tropfen heißen Öls auf ihn, von dem er erwacht. Er flieht und klagt: »Liebe kann ohne Vertrauen nicht bestehen.« Nun sucht Psyche überall nach Amor; sie setzt sich den schrecklichen Prüfungen aus, die dessen noch immer eifersüchtige Mutter, Venus, ihr auferlegt und die sie mit Hilfe verschiedener Naturwesen besteht. Psyches letzte Aufgabe besteht darin, aus der Unterwelt ein Gefäß mit einem Zeichen der Schönheit Proserpinas zu holen, mit dem Venus ihren Glanz wiederherstellen kann. Es wird Psyche untersagt, in das Behältnis zu spähen, doch wieder kann sie ihre Neugier und ihre Eitelkeit nicht bezähmen. Sie schaut in das Gefäß und wird auf der Stelle von einem stygischen Schlaf überwältigt. Die Geschichte nimmt dennoch einen glücklichen Ausgang, denn Amor erlöst Psyche, setzt sich bei Jupiter dafür ein, daß sie Unsterblichkeit erlangt, und besiegelt ihre Vereinigung im Himmel.

Psyche gefährdet ihr Glück also zweimal durch ihren Wunsch, mehr zu wissen, als sie wissen soll. Anders als Lots Frau und Orpheus wird sie von einem liebenden Gott errettet, der sie über das menschliche Los emporhebt und von ihrer Neugier heilt. Milton, La Fontaine, Molière, Keats, César Franck und unzählige Maler verewigten die Geschichte von Amor und Psyche als modernisierter und säkularisierter Version von Adam und Eva mit Happy End.[5]

Was indes König Ödipus über sich erfährt, treibt ihn dazu, sich entsetzt das Augenlicht zu nehmen. Insofern erscheint Ödipus als Extrembeispiel für eine Figur, die dafür bestraft wird, daß sie Verbotenes wahrnimmt. Doch im Grunde paßt die Tragöde des Sophokles nicht so recht in diesen Rahmen. Einerseits ist Ödipus das unwissende und unschuldige Opfer zweier teuflisch verquickter delphischer Orakel, die über die beiden Königspaare verhängt sind, die ihn in die Welt setzten beziehungsweise großzogen. Wie also können wir Ödipus irgendeine Schuld zuweisen? Andererseits wird er aufgrund seines typisch griechischen (natürlich mythischen) Charakters (stolz, intelligent, arrogant) durch ein drittes Orakel (über einen Mörder, der in Theben anzutreffen sein soll und als Ursache der Pest gilt) dazu getrieben, die Wahrheit aufzudecken, die ihn und seine Familie vernichtet. Ödipus beweist weder Mut noch Entscheidungsfreiheit, wenn er nach der schrecklichen Erkenntnis trachtet. Aufgrund seiner Persönlichkeit und der göttlichen Fügung hat er gar keine andere Wahl. Er lebt einfach das Schicksal aus, das die Orakel vorgeben, die über alle Beteiligten einschließlich ihn selbst verhängt worden sind. Die »Tragödie« wäre nur zu vermeiden gewesen, wenn er einen anderen Charakter gezeigt hätte (der ihn beispielsweise davor bewahrt hätte, so in Wut zu geraten, daß er einen alten Mann tötete, der auf dem Vorfahrtsrecht seines Reisewagens bestand) oder wenn sich die Götter nicht in die Geschicke der Sterblichen eingemischt hätten.

Meiner Meinung nach ist dies ein ganz anders gelagerter Fall. Während Lots Frau, Perseus, Orpheus und Psyche frei über ihr Verhalten entscheiden können, ist Ödipus so eingeengt durch die geheimnisvollen Orakel und die überlebensgroßen Erwartungen an den typischen Griechen, daß er sein Schicksal einfach so ausagiert wie eine für ihn geschriebene Rolle. In seiner schonungslosen Suche nach der Wahrheit, die ihn schließlich zerstört, offenbart sich ebensoviel Mut wie Anmaßung. »Vermessenheit pflanzt den Tyrannen« (873), klagt der Chor. Und am Ende zeigt Ödipus keinerlei Reue und kaum eine Spur von Gram. »Und gibt's ein Übel, das alles

Übel übertrifft: das hat sich Ödipus erlost!« (1365–66). In den zuvor genannten Geschichten läuft es anders: Orpheus und Psyche bestehen ihre Prüfungen nicht und müssen dafür die Konsequenzen tragen. Ödipus' egozentrische Fügung in sein Schicksal hat dagegen etwas Kindliches und zugleich Hysterisches, doch die von den Göttern verfügten Katastrophen, die er durchmacht, erhöhen seine Arroganz schließlich zu tragischer Größe und Verblendung. Wir wollen hoffen, daß diese Schrecken nur ihm beschieden sind, wie er stolz erklärt. Faust und Frankenstein, so werden wir später sehen, streben eine etwas andere Form dieser schrecklichen Größe an.

Behandeln orientalische Erzählungen das Dilemma unbotmäßiger Wißbegier anders? Eigentlich nicht. Die bekanntesten Geschichten stammen aus *Tausendundeiner Nacht*, einer Sammlung arabischer Texte, die auch Eingang in die abendländische Literatur fanden. In seiner zu Recht gerühmten Übersetzung und Bearbeitung spürte der Orientalist Antoine Galland zu Beginn des achtzehnten Jahrhunderts Quellen auf und nahm Deutungen vor, die sich wiederum auf das Verständnis dieser Texte im Orient selbst auswirkten. Von zentralem Interesse ist hier die Figur des Dschinn, des dienstbaren Geistes, und seiner Beziehung zu den Menschen. Dschinnen sind im Unterschied zu unseren Engeln grobe Wesen, die in der islamischen Literatur als unbestimmte Götter oder Götzen dargestellt werden und in ihrem Verhalten jenen Wesen gleichen, die wir als Geister oder Dämonen bezeichnen. Dschinnen tauchen in vielen arabischen Märchen in den unterschiedlichsten Erscheinungsformen als übernatürliche Mächte auf, die mit einem bestimmten Ort oder Objekt in Beziehung stehen.

In der zehnten und elften Nacht erzählt Scheherazade die Geschichte eines armen Fischers, der seine Netze viermal auswirft und bloß ein verschlossenes Gefäß herausfischt. Als er das Gefäß öffnet, entsteigt diesem ein riesiger Dschinn, der den Fischer zu töten beabsichtigt. Mit ein wenig Schmeichelei läßt sich der Dschinn dazu bewegen, seine Fähigkeit zu demonstrieren, so klein zu werden, daß er (wieder) in das Gefäß paßt. Als der Geist in dem Gefäß verschwindet, schlägt der Fischer den Deckel zu. Schließlich schwört der Dschinn, dem Fischer zu großem Reichtum zu verhelfen, wenn er das Gefäß wieder öffnet und nicht ins Meer zurückwirft. Der Fischer läßt den Dschinn frei. Sechzehn Nächte später erfahren wir, daß der Fischer und seine Familie den Rest ihres Lebens reich und glücklich zubringen. In diesem Beispiel wird der böse Geist, eine Satansgestalt, die gegen Gott und Salomo aufbegehrt (10. Nacht), so lange unter Verschluß gehalten, bis er durch einen so starken Druck gezähmt ist, daß er seine Zerstörungskraft nicht gegen Menschen richten kann. Der gerissene Fischer macht ihn gefügig, indem er seiner Eitelkeit schmeichelt, und zwingt ihn dann, dem Menschen zu dienen, anstatt ihn zu vernichten. Man hört gelegentlich die Wendung: »Der Geist muß in der Flasche bleiben.« Diese Redensart taucht heutzutage häufig als Metapher für eine notwendige Kontrolle von Wissenschaft und Technologie auf. Das Märchen beinhaltet eine Reihe von Ereignissen (Entdeckung, Bedrohung, Überlisten, längeres Zähmen und vorsichtiges Freilassen), die sich nicht zu einer formelhaften Maxime oder einem knappen Sprichwort verdichten lassen. Einer weniger optimistischen Darstellung dieser Ereignisse begegnen wir in der Geschichte Frankensteins.

Analysiert man die Allegorien von Adam und Eva, Prometheus und Pandora, Amor und Psyche und auch die vom Flaschengeist in ihrem vollständigen Wortlaut, so erkennt man, daß sie anscheinend mehr von den Gefahren als von den Vorteilen menschlicher Erkenntnis handeln und sich eher für eine Beschränkung als für eine Freisetzung unkontrollierten Wissens aussprechen. Unwissenheit muß nicht unbedingt ein Segen sein, doch die Wahrung vernünftiger Grenzen hätte Unseligen wie Orpheus, Lots Frau und auch Ikarus ihr trauriges Los erspart.

In keiner dieser Geschichten geht es ausschließlich um den Gegensatz von Wissen und Unwissenheit. Wie Eva und Pandora fehlt es auch Orpheus und Psyche am Glauben an die Fülle des Lebens. Sie können nicht warten. Sie können sich nicht bescheiden. Sie zweifeln an ihrem persönlichen Wohlergehen. Die beiden Begriffe *Glaube* und *Zweifel* begleiten und verfolgen jedes *Wissen*, ob verboten oder erlaubt.

Es bedurfte eines Dichters von epischem Weitblick und tiefer Frömmigkeit, um die Motive des Glaubens und des Zweifels angemessen darzustellen. Dante, der vom turbulenten öffentlichen Leben im Florenz des vierzehnten Jahrhunderts ausgeschlossen war und sich statt dessen in die theologischen Dispute des ausgehenden Mittelalters vertiefte, imaginiert in seiner *Göttlichen Komödie*, wie er in Gestalt eines Pilgers sozusagen auf einer Tour mit Sondergenehmigung durch die Sperrgebiete der Schöpfung geführt wird. Auf dem Weg durch die Hölle, das Fegefeuer und den Himmel nähren die Schrecken und Wunder, die Dante in Gestalt des Pilgers wahrnimmt, mehr und mehr seine Zweifel. Doch Vergil und Beatrice halten ihn auf dem Pfad des Glaubens, und auf wundersame Weise überlebt er die lange Reise durch Sphären, die für den Sterblichen tabu sind. Die *Göttliche Komödie* setzt sich scheinbar aus den naiven Fragen eines Außenseiters zusammen, der nicht glauben kann, was er sieht – aber glauben muß. Hat er nicht zuviel gesehen?

In der *Göttlichen Komödie* bleiben Dante als Pilger und der Leser ständig jenem Universum verhaftet, das von den vier Begriffen *Wissen*, *Unwissenheit*, *Glaube* und *Zweifel* abgesteckt wird. Im Paradies, durch das Dante von Beatrice geführt wird, wandert Dante bis in die siebte Sphäre, das Reich der Beschaulichen, wo er seinem Ziel so nahe kommt, daß es ihn zu blenden droht. Petrus Damianus, ein demütiger Sünder, der später ein reformierender Kardinal wurde, steigt eine goldene Leiter herab und empfängt Dante. Dieser fühlt sich willkommen und erdreistet sich, Damianus zu fragen: »Doch hart zu lösen ist mir das geblieben: / Warum dir Vorbestimmung solche Pflicht / Allein von den Gefährten vorgeschrieben?« Diese Frage nach der göttlichen Vorsehung – ist sie naiv oder unverfroren? – wird durch eine Gardinenpredigt abgewürgt, und Petrus Damianus schickt durch seinen noch immer sterblichen Besucher Dante eine klare Botschaft in Sachen tabuisiertes Wissen auf die Erde hinab:

Wonach du fragst, in Tiefen ohnegleichen
Verbirgts der ewige Ratschluß allezeit,
Wo's kein erschaffnes Auge kann erreichen.
Das künde dort der Welt der Sterblichkeit,
Kehrst du zurück, daß sie den Fuß zu heben
Sich hüten nach dem Ziel, das allzu weit!

(*Paradies*, XXI, 94–102)

Der dreiste Pilger Dante darf seine Reise in die höheren Sphären fortsetzen – ein Aufstieg, in dem sich die heraufdämmernde Renaissance in Italien mit ihrem Durst nach neuer Erkenntnis spiegelt. Die Zurechtweisung stellt die unangebrachte Neugier des Pilgers heraus. Schließlich gelten immer noch Grenzen für die Erkenntnis, auch wenn sich der Dichter bereits so weit hat vorwagen dürfen.

Andererseits feiert das Werk mit seinen drei Büchern, einhundert Gesängen und über 14 000 Versen Dantes Streben nach Erkenntnissen, die weit über das gewöhnliche menschliche Wissen hinausgehen. Den einzigen Tadel erfährt sein Erkenntnisdrang in der Begegnung mit Petrus. Auf seinem Weg, besonders auf den letzten Seiten des »Inferno«, schildert Dante weitere Ereignisse, die eine differenzierte Einstellung gegenüber der Wißbegier zu erkennen geben. Im achten Kreis der Hölle begegnet Dante dem homerischen Helden Odysseus, der dort dafür büßt, daß er mit einer ausgeklügelten List, dem hölzernen Pferd, Troja zu Fall brachte. Der Pilger überredet Odysseus zu erzählen, wie er denn gestorben sei, was uns das ursprüngliche Epos nicht verrät. Dante erdichtet zu diesem Zweck eine ganz neue Geschichte, wonach der alte Krieger und Seefahrer zu weiteren Reisen aufbricht. Odysseus ist demnach zu ruhelos, um allzu lange zu Hause bei seiner Familie zu verweilen, und durchstreift mit seinen Mannen die Meere bis über die Säulen des Herkules und den Äquator hinaus, wo sie in einem riesigen Strudel den Tod finden. Kurz davor erläutert Odysseus seinen Leuten noch das Motiv ihrer endlosen Suche.

Wollt ihr nicht nützen, was am Grabesrand
Den wachen Sinnen noch verbleibt an Jahren,
Der Sonne nach, auf Kundschaft nun bedacht,
Vom Land, das ohne Menschen, auszufahren?
... Auf Mannheit und auf Wissen habet acht!

(*Hölle*, XXVI, 114–117, 120)

Wie sollen wir diese ausgedehnte Abschweifung verstehen, in der Odysseus mehr Raum einnimmt als jede andere Figur, der wir unterwegs begegnen? Denkt sich Dante ein ganz neues Ende für Odysseus aus, weil die unverbesserliche Rastlosigkeit des alten Abenteurers seine eigene Haltung spiegelt?

Bevor wir diese Frage beantworten, sollten wir die Episode betrachten, die zwei Gesänge weiter und einen Kreis tiefer stattfindet, in der jener große Unruhestifter, Mahomet persönlich, Dante seinen ausgeweideten Leib zeigt und ihn dann plötzlich zur Rede stellt: »Doch wer bist du? Bleibst ob dem Bogen stehn / Und gaffest?« Vergil interveniert mit einer knappen Zusammenfassung des gesamten Unternehmens und erklärt, was Dante im Schlund der Hölle zu suchen hat.

»Nicht Tod«, beschied mein Meister seine Frage,
»Noch Sünde führt ihn her zur Marter hier;
Auf daß ihm Fülle der Erkenntnis tage,
Muß ich, der tot, durchs höllische Revier
Hier unten ihn von Kreis zu Kreis geleiten ...«

(*Hölle*, XXVIII, 46–50)

Nichts überrascht hier – außer dem Wort »*esperienza*«, wie es im italienischen Original heißt. Mit diesem Wort hat Dante auch die fatale Mission des Odysseus umschrieben. Im Italienischen wie im Französischen und im Mittelenglischen bezeichnet das Wort sowohl eine objektive Erprobung oder Prüfung, ein Experiment, als auch den subjektiven Eindruck durchlebter Ereignisse, die sogenannte »Erfahrung«, Sinn des Lebens an sich. In den zahllosen Gesängen der *Göttlichen Komödie* gibt Dante immer wieder zu verstehen, daß er uns – wohlgesinnt, wenn auch unbesonnen – »verbotenes« Wissen über Dinge zur Verfügung stellt, die über das normale menschliche Verständnis weit hinausgehen. Wer sich wie er einer solchen Aufgabe verschreibt, verdient sowohl Bewunderung als auch Bestrafung. Wie so oft bemerkt man bei diesem tief mittelalterlich geprägten Autor jenen Drang nach neuer Erkenntnis, der auf die Umwälzungen der Renaissance hinauslaufen sollte.

Zwischen die vier Worte, die ich als Eckpfeiler des menschlichen Trachtens und Strebens genannt habe – Wissen, Unwissenheit, Glaube und Zweifel –, stellt Dante ein Mittelwort: *Erfahrung*. Das freundliche Wort *esperienza* (das die Hand ausstreckt zu dem verwandt klingenden *speranza*, »Hoffnung«) deutet eine weltliche Rechtfertigung jener Vermessenheit an, die Forscher und Abenteurer wie Odysseus und Dante angestachelt hat. Der Verweis auf »Erfahrung« verbindet Dante – über Alfred Tennysons Gedicht zum Odysseus-Thema – sogar mit der Neuzeit.

> *Yet all experience is an arch wherethro'*
> *Gleams that untravelled world, whose margin fades*
> *Forever and forever when I move.*

[Doch alle Erfahrung ist ein Bogen, durch welchen
Jene unbereiste Welt schimmert, deren Rand schwindet
Für immer und immer, während ich mich fortbewege.]

Tennysons Held ist ebenso rastlos wie Dantes Pilger. Zum Begriff der »Erfahrung« haben wir noch nicht das letzte Wort gehört. Doch bei Dante vernehmen wir einen unterschwelligen und zugleich bemerkenswert scharfsinnigen Kommentar zum Thema Erkenntnistabu.

Sieben Jahrhunderte nach Dante, nach der Erfahrung der Aufklärung und anschließender Revolutionen scheint der abendländische Mensch zu glauben, in einem Klima unbeschränkter Erkenntnis und ungezügelter Phantasie überleben zu können. Wir maßen uns an, Prometheus willkommen zu heißen und über Pandora hinwegzusehen; wir scheuen uns nicht, in Gottes Angesicht zu blicken.

Ich werde diesen Themen auf den folgenden Seiten weiter auf den Grund gehen und später aus einer anderen Perspektive auf sie zurückkommen, und zwar im sechsten Kapitel im Zusammenhang mit den modernen Naturwissenschaften und im siebten Kapitel im Kontext von Pornographie und de Sade.

Vom Tabu zur Wissenschaft

Zu Beginn des sechzehnten Jahrhunderts überschnitten sich zwei historische Entwicklungen, die in Europa weitreichende Folgen hatten. Das Bestreben, die katholische Kirche zu reformieren, führte zu den Schriften und Übersetzungen Martin Luthers und zur Gründung der ersten protestantischen Kirchen in Deutschland. Und die Einführung beweglicher Lettern machte es möglich, Bücher in ungeahnten Mengen zu drucken und zu verbreiten. Selbst die Aussicht, daß nun auch das einfache Volk die Bibel selbst lesen konnte – ganz zu schweigen von den Werken der neuen Häresie –, bedrohte die Autorität der Kirche. Vor diesem Hintergrund wurde im Jahre 1559 der *Index Librorum Prohibitorum* eingeführt. Im Mittelalter waren immer wieder Bücher verboten und verbrannt worden. Manchmal stellten die Universitäten eigene Listen verbotener Bücher auf. Nun war die Kirche selbst darum bemüht zu kontrollieren, was von den Druckpressen kam und was gelesen werden durfte.

Im Lichte späterer, aufklärerischer Ideen zur Redefreiheit und Religionsfreiheit erwies sich der *Index* nicht als wirksames Mittel, die Kirche gegen ihre Feinde zu verteidigen. Aber wir sollten ihn nicht vorschnell abtun. Man kann es auch so sehen, daß ein Index gewissen Ideen und Texten mehr Bedeutung und Wirksamkeit und somit eine noch größere potentielle Gefährlichkeit verleiht, als es eine Politik der uneingeschränkten Meinungsfreiheit tut. Toleranz verharmlost. Exilanten aus autoritär regierten Ländern bemerken oft, daß die Freiheit mutiges Denken bagatellisiert. Außerdem hat der *Index* in der Regel nicht zur Vernichtung von Werken geführt; er beschränkte den Zugang zu verbotenen Büchern für Gelehrte – sicherlich nicht das gehorsamste Lesepublikum.

Mittlerweile hat sich die Kultur des Abendlandes jedoch in eine ganz andere Richtung entwickelt. Der *Index* und andere Formen der Zensur wurden durch den freien Austausch von Ideen und eine liberale Bildung verdrängt. Und wir haben beinahe vergessen, welch kühnes gesellschaftliche Experiment wir dabei eingegangen sind und wieviel Besonnenheit erforderlich ist, damit dieses Experiment gelingt.

Ein Kind desselben sechzehnten Jahrhunderts, das den *Index* hervorbrachte, war Michel de Montaigne, der mit der gleichen unerschrockenen Offenheit, mit der er fremde Ideen diskutierte, eigene Schwächen beschrieb. Der Gesellschafter von Königen und spätere Bürgermeister von Bordeaux zog sich im Alter von vierzig Jahren wieder in die Studierstube seines Schlosses zurück. Durch Montaignes ständig erweiterte *Essais*, die er als Gattung überhaupt erst ins Leben rief, wissen wir über sein Innenleben und seine Neigungen wahrscheinlich mehr als über jede andere historische Persönlichkeit, einschließlich Augustinus und Rousseau. Vor allem verachtete er Menschen, die sich aufblähten. Der lange Essai »Apologie des Raimond Sebond« klingt zwar an vielen Stellen spielerisch und locker, verrät jedoch wenig Verständnis für übersteigerte menschliche Ambitionen. »Anmaßung ist unsere eigentliche angeborene Krankheit. ... [Des Menschen] leere Einbildung führt ihn dazu, sich Gott gleich zu achten.« Der menschliche »Dünkel« bildet den Titel eines späteren Essays (Buch II, Kapitel 17) und ein wiederkehrendes Leitmotiv, das sich bis zum letzten großen Aufsatz »Über die Erfahrung« (Buch III, Kapitel 13) durch sein Werk zieht. In der »Apologie« behandelt Montaigne die Gefahren der menschlichen Phantasie [*imagination*], die er, in Anklängen an das Buch Genesis, mit der Neugier vergleicht. Die Christenmenschen, so meint Montaigne, wüßten genau, bei welchem Ausmaß Neugier ein angeborenes Übel [*mal*] sei. Das Vokabular verrät, wie tief und fest Montaigne davon überzeugt ist, daß die menschliche Einbildung dünkelhaft und anmaßend ist. So verwundert es kaum, daß er nach Verweisen auf die Versuchung Adams und Evas und auf Odysseus, dem die Sirenen die Gabe der Erkenntnis anboten, wie ein Feind der Philosophie klingt: »Unsere Unwissenheit, nicht unser

Wissen, ist der Weg, auf dem wir dieser göttlichen Weisheit teilhaftig werden.« Deswegen, so Montaigne, empfiehlt uns die Religion die Unwissenheit als den richtigen Weg zum Glauben. Nach seitenlangen Ausführungen über die Unvollkommenheit unserer Sinne und unseres Urteilsvermögens kommt Montaigne wie Sokrates zu dem Schluß, daß Unwissenheit, die sich ihrer bewußt wird, das einzig wahre Wissen ist. Sein letzter Essay, der zehn Jahre später entstand, zeigt, daß er von seinem Standpunkt kein bißchen abgerückt ist. »Unwissenheit und Sorglosigkeit, ach, was bilden sie doch für ein weiches, angenehmes und zugleich gesundes Kissen zum Ausruhen für einen Menschen mit guten Anlagen!« (361).

Wie die meisten Geistesmenschen konnte Montaigne die Devise, die er aus seiner eigenen Erfahrung formulierte, selbst nicht befolgen. Wie die meisten Gestalten in diesem Buch verfügte er über eine schier grenzenlose Neugier. Dieser Widerspruch sollte uns nicht überraschen. Der Anti-Intellektualismus eines Intellektuellen (dem sechzehnten Jahrhundert waren diese Begriffe allerdings ungeläufig) ist wahrscheinlich eine Form der Anmaßung in der zweiten Potenz.

Was die Religion betrifft, so hing Montaigne dem katholischen Glauben nicht aus rationalen Gründen an, sondern aufgrund einer ironischen Anpassung an traditionelle Anschauungen. Zu Montaignes Lebzeiten störte sich kaum jemand an dieser Haltung. In der Mitte des folgenden Jahrhunderts war die katholische Theologie jedoch rationalistisch genug, um ihm aufgrund seines Fideismus (seines übersteigerten Vertrauens auf den Glauben allein) und seines Mißtrauens gegen die menschlichen Fähigkeiten selbst einen Platz auf dem *Index* zuzuweisen. Trotz seiner tiefen Skepsis gegenüber der menschlichen Vernunft hat Montaigne ein Leben lang gelesen, geschrieben und nachgedacht. Die Offenheit, in der er sich mit diesem Widerspruch auseinandersetzte, spricht uns heute unmittelbar an.

Montaignes widerwilliger Schüler, Blaise Pascal, machte sich im siebzehnten Jahrhundert auf vielen Gebieten einen Namen: Er war Mathematiker (Pascalscher Satz), Erfinder des Roulettrades, Mystiker, Verfasser einflußreicher Religionsschriften und – in den

fragmentarischen *Pensées* – ein einzigartiger Psychologe. Wie
Montaigne begegnete Pascal der menschlichen Phantasie eher
skeptisch. Bekräftigt wird diese gemeinsame Haltung durch die
Metapher, die sie beide wählten, um unser Verhalten auf dem Gebiet der Erkenntnis zu beschreiben. Das Wort, das sie verwendeten,
hieß *portée* – »Reichweite«, wie in der Reichweite eines Arms, der
Schußweite einer Waffe oder der Tragweite einer Idee oder eines
Ereignisses. Unsere »Reichweite« bestimmt sowohl unsere Fähigkeiten als auch unsere Grenzen – beides komplementäre Aspekte
unseres Wesens. Wir müssen beide kennen und unterscheiden. Was
ein Mensch sein kann und was er sich vorstellen kann, hänge allein
von seiner Reichweite [*portée*], von seinem Fassungsvermögen ab,
schreibt Montaigne in seiner »Apologie«. Das Wort »kann« läßt
sich durchaus als ein »soll« verstehen. Am Ende desselben Essays
stellt Montaigne klar, daß *portée* – als richtiger Maßstab verwendet
– vor jeder Vermessenheit bewahrt. »Denn es ist unmöglich und
widernatürlich, mit Hand und Arm mehr greifen zu wollen, als
Hand und Arm fassen können, und die Schritte größer zu machen,
als unsere Beine es zulassen. Ebensowenig kann der Mensch über
sich und sein Menschsein hinaus« (233).[6] Pascal hatte Montaigne
aufmerksam studiert und verlieh dieser Metapher in seinem wunderbaren »Gedanken« über die zwei Unendlichkeiten zusätzliche
Größe. »Erkennen wir also unsere Fassungskraft. Wir sind etwas
und sind nicht alles. … Unser Verstand nimmt in der Reihe der ver-
ständlichen Dinge den gleichen Platz ein wie unser Körper in der
Weite der Natur.« Montaignes philosophische Skepsis gegenüber
der menschlichen Neugier und Phantasie, gegenüber unserer un-
verbesserlichen Eitelkeit und Vermessenheit prägt auch das letzte
und wohl anschaulichste Bild in den *Essays*: Selbst auf dem höchsten Thron der Welt können wir nur auf unserem eignen Hintern
[*cul*] sitzen.

In ihrer Darstellung der menschlichen Sucht, zu weit zu gehen,
bedienten sich Montaigne und Pascal eines recht unbeschwerten
Tons. In prähistorischen und primitiven Gesellschaften existierten
ähnliche Bedenken gegen Formen des verbotenen Wissens unter
dem eher ominösen Begriff *Tabu*. Das Wort selbst stammt aus dem

Polynesischen. Eine brauchbare Definition liefert James George Frazer in *The Golden Bough*. Der Begriff »Tabu« bezieht sich, Frazer zufolge, auf einen Gegenstand, einen Ort, eine Person oder eine Handlung, bei denen »noch nicht zwischen heilig und unrein unterschieden« wird. In *Totem und Tabu* folgt Freud der Definition Frazers und spricht von einer Verschmelzung des Heiligen und des Verbotenen. Frazers und Freuds endlose Aufzählungen von Tabus in primitiven Gesellschaften unterstreichen zwei komplementäre Aspekte.

> *Für* [den Wilden] *haben all diese* [tabuisierten] *Personen eines gemeinsam, nämlich daß sie gefährlich und gefährdet sind, und die Gefahr, der sie sich und andere aussetzen, ist eine, die wir als spirituell oder geisterhaft und daher als imaginär bezeichnen sollten. Die Gefahr ist jedoch nicht weniger real, weil sie imaginär ist.*
>
> (*The Golden Bough*, Kapitel XXI)

> *Die Tabu seien uralte Verbote, einer Generation von primitiven Menschen dereinst von außen aufgedrängt, das heißt also doch wohl von der früheren Generation ihr gewalttätig eingeschärft. Die Verbote haben Tätigkeiten betroffen, zu denen eine starke Neigung bestand.*
>
> (*Totem und Tabu*, Kapitel II, 2)

Jeder Mythos, jeder literarische Stoff, von dem bisher hier die Rede war, handelt vom bewußten Erkennen des Dilemmas, das durch die Neugier auf etwas Attraktives und zugleich Gefährliches entsteht. Einen Teil dieses Phänomens umschreibt Freud auch mit dem Terminus des »Unheimlichen«. All diese Begriffe verweisen auf das Prinzip des Schutzes, das Frazer mit der Funktion »elektrischer Isolatoren« vergleicht. Die Kraft des Tabus isoliert beziehungsweise schützt die »spirituelle Kraft«, die einem Gegenstand oder einer Person innewohnt; gleichzeitig schirmt das Tabu den Menschen – wenn auch nicht immer wirksam – gegen die verbotene und zugleich anziehende Kraft ab.

Montaigne und Pascal äußerten ihre Warnungen vor Neugier und Hybris – gleichsam nüchterne Formen des Tabus – in jenem historischen Augenblick, in dem sich die große Kreatur, die wir heute als »Naturwissenschaft« bezeichnen, gerade zu regen begann. Wie aber ist es der säkularen, sprengenden Kraft der Naturwissenschaft gelungen, in eine Kultur einzudringen, die in erster Linie auf Brauchtum und Glauben beruhte? Um diese Frage zu beantworten, will ich zunächst den historischen Hintergrund einer wichtigen Figur des siebzehnten Jahrhunderts beleuchten, von der noch nicht die Rede war.

Bis zum Ende des Mittelalters hegte die christliche Theologie ein böses Mißtrauen gegen alles Säkulare – ein Mißtrauen, das auch den Gläubigen eingeimpft wurde. Der wahre Eifer des Menschen sollte dem Stand der Gnade Gottes gelten. Paulus und Augustinus ermahnten unentwegt dazu, der Urneugier Adams und Evas in einer von Satan heimgesuchten Welt zu mißtrauen. Der Geisteswissenschaftler Basil Willey bemerkte einmal, daß weltliches Wissen und Naturphilosophie bis weit in das siebzehnte Jahrhundert hinein als »Verführung und Ablenkung« von einem wahrhaft religiösen Leben galten. »Die Natur zu studieren bedeutete, die Sünde Adams zu wiederholen.« Trotz alledem schleppte die christliche Theologie, wie ein sich langsam bewegender Gletscher, einige nicht assimilierbare Felsblöcke mit sich. Im Jahre 1336 stieg Petrarca, der für seine in der italienischen Volkssprache verfaßten Liebesgedichte berühmt wurde, in der Provence auf den Mont Ventoux, nur »um zu sehen, was solch eine große Erhebung zu bieten hat«. Er gestand, auf dem Gipfel fast seine Seele verloren zu haben, als er »irdische Dinge« wie etwa die Aussicht bewunderte. Später beschrieb er in einem bemerkenswerten Brief die Genüsse jenes Ausflugs in die Natur. Petrarca lernte die säkulare Welt genauso sehr zu schätzen wie Dante die spirituelle.

Der Hang zum Weltlichen, dem wir bei Petrarca begegnen, läßt sich über die geistreichen Satiren des holländischen Humanisten Erasmus und die unchristliche Staatskunst Machiavellis im fünfzehnten und sechzehnten Jahrhundert bis zur exemplarischen Laufbahn Galileis im siebzehnten Jahrhundert weiterverfolgen.

Für Galilei waren weder Aristoteles noch die Genesis noch die christliche Theologie eine maßgebliche Autorität. Diese lag vielmehr in den Erkenntnissen, die er mit Hilfe eines Instruments gewann, mit dem er Himmelskörper dreißigmal größer sehen konnte als mit dem bloßen Auge. Damit konnte er belegen, was der Pole Nikolaus Kopernikus in bezug auf das Zentrum unseres Sternsystems lediglich angenommen hatte. Galilei bekam zwangsläufig Ärger mit den kirchlichen Behörden, die ihn unter Hausarrest stellten. Seine Forschungsergebnisse ließen sich nicht mit einer christlichen Gesellschaftsform vereinbaren. Seine Erkenntnisse blieben verboten. In Italien war die wissenschaftliche Forschung zum Stillstand verurteilt. Es war erst ein Szenenwechsel erforderlich.

Zur zentralen Schlüsselfigur in der Geschichte der Wissensexpansion wurde dann ein lumpiger englischer Staatsmann, der mit einem phänomenalen Intellekt begabt war. Er ließ seinen eigenen Beschützer verfolgen und auf das Schafott bringen. Im Jahre 1621, auf dem Gipfel seiner Laufbahn als Lordkanzler, stürzte er über einen Bestechungsskandal und saß kurze Zeit im Gefängnis. Seine ersten knappen *Essays* hatte Francis Bacon – so hieß der Mann – 1597 im Alter von sechsunddreißig Jahren veröffentlicht. Er war bestens mit Montaignes *Essais* vertraut, doch er entwickelte sowohl eine eigene Form als auch eine eigene Botschaft, die seinen Absichten entsprachen. Acht Jahre später, nachdem James I. ihn befördert und geadelt hatte, schrieb Bacon *The Advancement of Learning* [*Förderung der Gelehrsamkeit*], ein Werk, das den geistigen Bestrebungen seiner Zeit eine ganz neue Ausrichtung gab und der Aufklärung den Weg ebnete. Er plädierte dafür, Aristoteles' deduktive Logik in einen induktiven Erkenntnisansatz zu verkehren. Als wissenschaftliche Methode konnte man diesen Ansatz noch nicht bezeichnen. In einem Frage-und-Antwort-Stil, der an Thomas von Aquin erinnert, zitierte Bacon die Heilige Schrift (besonders das Buch Kohelet bzw. Ecclesiastes) herauf und herunter, um zu beweisen, »daß Gott die menschliche Seele gleich einem Spiegel gemacht habe, in dem die ganze Welt sich darstelle«. Es solle sich keiner einbilden, daß man zu weit suchen oder zu gelehrt sein kann im Wort Gottes und in Werken der Theologie und der Philosophie (Buch I).

Nur das Streben nach »hochmütigem« Erkennen von Gut und Böse begehe Verrat an unserer Menschlichkeit und wetteifere mit Gott. Das »reine« Erkennen der Natur betrachte und verherrliche die Werke Gottes. Somit widerlegt Bacon die Behauptung, das Streben nach Wissen »habe etwas von der Schlange und blähe auf«. Er war schlau genug, die höhere Theologie den Theologen zu überlassen. Man könnte ihn als den großen Mittler bezeichnen.

In *The Advancement of Learning* vertrat Bacon zur richtigen Zeit und auf nachhaltige Weise die Auffassung, daß die Wissenschaft im Bund mit Gott und nicht mit dem Teufel stehe. In der unvollendeten Utopie *The New Atlantis/Nova Atlantis* (1627) widmet Bacon einige vorsichtig formulierte Seiten dem Haus Salomons, das er als halbkirchliches wissenschaftliches Forschungsinstitut beschreibt, dessen Aktivitäten eine Form von Gottesdienst darstellen und »Gott für seine wunderbaren Werke danken«. Bacon selbst machte keine nennenswerte wissenschaftliche Entdeckung, doch sein Eintreten für die naturwissenschaftliche Forschung begünstigte im siebzehnten Jahrhundert die richtungsweisende Arbeit des Physiologen William Harvey, der nachwies, daß das Blut im Körper aufgrund der Pumpentätigkeit des Herzens zirkuliert, und des Chemikers Robert Boyle, der das Prinzip der chemischen Reaktion entdeckte. Bacons Ideen führten nach seinem Tode zur Gründung der Royal Society. Mit seiner Argumentation, daß die neue Ära der geographischen und naturwissenschaftlichen Entdeckungen eine neue Philosophie erfordere, bewies Bacon, wie Basil Willey schreibt, eine »herrliche Arroganz«, sowohl in seiner politischen Tätigkeit als auch in seiner Einstellung zur Wissenschaft und nicht zuletzt in seiner facettenreichen und prägnanten Prosa in lateinischer und englischer Sprache. Er forderte die uneingeschränkte philosophische Erkenntnis für sein Gebiet und diagnostizierte auch »die tiefsten Täuschungen des menschlichen Geistes«. Für Bacon, den Propheten und ersten Poeten der modernen Naturwissenschaften, war – wie für Galilei – das unendliche Buch der Natur die wahre Heilige Schrift. Bacon brach das Tabu gegen die Naturwissenschaften. Nach seinem Sturm auf das Prinzip des Erkenntnistabus begegneten die naturwissenschaftliche Forschung und die damit einhergehende Fortschrittsdoktrin vier Jahrhunderte lang immer weniger Hindernissen.

In seiner langen Laufbahn, in der er Politik und Philosophie zu verbinden verstand, erkannte Bacon ganz klar, daß es durchaus verschiedene Formen der Erkenntnis gibt. In etlichen seiner Schriften, die auf Montaignes *Essais* anspielen, unterscheidet er drei Arten von Philosophen: die dünkelhaften Dogmatiker, die sich im Besitz der Wahrheit wähnen; die verzweifelten Skeptiker, die meinen, man könne nichts wissen; und schließlich die hartnäckigen Forscher, die ständig Fragen stellen, um das unvollständige Wissen zu erweitern. Bacon favorisierte die letztere, zwischen den beiden anderen liegende Kategorie, in der er nicht nur die Zukunft der Philosophie sah, sondern auch eine Verbindung zu den Vorsokratikern. [7] Bacon blieb dennoch seinem Glauben verhaftet und setzte sich in seiner Befreiung der Naturwissenschaften nicht über sämtliche Grenzen hinweg. Die drei genannten Kategorien – der dünkelhafte Dogmatiker, der systematische Skeptiker und der beharrliche Forscher – sind in einer Diskussion über Formen des Wissens – ob verboten oder nicht – auch heute noch relevant.

Skeptizismus, Agnostizismus, Ignorabimus

Seit Bacon wiederholt gefordert hatte, bei der Suche nach der Wahrheit *induktiv* vorzugehen, läßt sich eine aufklärerische Tradition verfolgen, die bis zu den modernen Naturwissenschaften und technologischen Errungenschaften führt. Am Ausgang des zwanzigsten Jahrhunderts sprechen wir von unseren Forschungseinrichtungen und höheren Bildungsanstalten höchst überzeugt und zuversichtlich, wie von offiziell sanktionierten Unternehmen, die durch die Eroberung der Natur einen erweiterten Blick auf das Leben eröffnen. Wir sind versessen darauf, sämtliche Geheimnisse des Atoms, des genetischen Codes sowie des Weltraums zu ergründen. Bei der Erforschung dieser Dinge hilft uns inzwischen ein »Informations-Superhighway«. Andererseits äußert sich in dem Begriff »Wissensexplosion« die Sorge vor den möglicherweise

verheerenden Folgen solcher Forschung. Uns ist in unserem neuen
Turm von Babel nicht ganz wohl. Der Hauptstrang meiner Geschichte, dem ich auf den noch verbleibenden Seiten dieses Kapitels
bis in die Gegenwart folgen möchte, bewegt sich stets in der Nähe
der Frage nach den Grenzen der Naturwissenschaften.

Eine Fülle von Sprichwörtern und Parabeln warnt uns vor den
Anmaßungen und Illusionen der Gelehrsamkeit. Bacon selbst unterschied zwischen »reiner« und »hochmütiger« Erkenntnis und
warnte davor, »die zwei unterschiedlichen Strömungen der Philosophie und der Offenbarung zu vermengen«. Im neunten Buch von
The Advancement of Learning spart er die Theologie demonstrativ
als etwas aus, das nicht dem Studium der Natur, sondern dem Wort
Gottes entspringt. Bacons eindrückliches Plädoyer für säkulare Erkenntnis und systematische Forschung endet mit einem Gebet an
die unsterbliche göttliche Macht und deren »Sohn, unseren Erlöser«.

Das delikate Gleichgewicht zwischen intellektuellem Mut, Achtung der Religion und politischem Pragmatismus, wie wir es in Bacons Werk vorfinden, blieb über ein Jahrhundert lang praktisch un-
erschüttert und tauchte noch in Alexander Popes frühen Schriften
auf. Das berühmte Reimpaar zu Beginn der zweiten Epistel in *An
Essay on Man* (1734) faßt sowohl Popes als auch Bacons Haltung
treffend zusammen. Hybris kehrt wieder wie ein alter Refrain.

> *Know then thyself, presume not God to scan;*
> *The proper study of Mankind is Man.*

> [Erkenne dich selbst, erdreiste dich nicht, Gott zu erforschen;
> Das richtige Studienobjekt der Menschheit ist der Mensch.]

Ähnlich knapp drückt sich auch Voltaire in seinem Roman *Candide*
aus. Nachdem sein Held ein Leben lang das Leiden und die Falsch-
heit des Menschen erlebt hat, kann er schließlich doch beteuern,
etwas zu wissen, doch er verwirft insgeheim alle Ansprüche auf
metaphysische Erkenntnis, wie sein Lehrer Pangloss sie erhebt, und
macht einen ganz bescheidenen Vorschlag: »Laßt uns unseren ei-

genen Garten bestellen.« Mit *Candide* schuf Voltaire eine freche
Parabel zum Thema *portée*, zu einem Leben innerhalb der eigenen
Reichweite – einem Thema, das er von Montaigne und Pascal er-
erbt hatte.

In ähnlich konkreter Weise befaßte sich auch Jonathan Swift in
seinen satirischen Werken mit dem Problem der Erkenntnis. Sein
Held Gulliver beschreibt dem König von Brobdingnag die wunderbare Erfindung von Kanonen und Schießpulver; der König ist »entsetzt« und wendet ein, »er würde lieber sein halbes Königreich hingeben, als teilzuhaben an einem solchen Geheimnis. Wenn mir
mein Leben lieb sei, fuhr er mit erhobener Stimme fort, dann
würde ich diese Sache nie wieder erwähnen« (Teil II, Kapitel 7). Wenige Geister bewegten sich so frei wie Voltaire und Swift auf dem
Gebiet der Erkenntnis, ob religiös oder weltlich. Und nur wenige
befaßten sich so eingehend mit den Irrtümern und Gefahren des
Hochmuts im menschlichen Streben und Lernen.

Wenn Voltaire und Swift uns in ihren satirischen Schriften davor warnten, allzu sehr auf die Vernunft zu vertrauen, so bezogen
sie sich nicht allein auf die zerstörerische Technologie des Krieges.
Sie mißtrauten auch dem Hang des höheren Intellekts, sublime
Spekulationen anzustellen und leere Kategorien aufzustellen. In
Candide unterbricht Voltaire zweimal – in den Kapiteln V und XXI
– eine Diskussion über den freien Willen mitten im Satz mit einer
Ellipse, so als wollte er sagen, wir verschwendeten unsere Zeit,
wenn wir versuchen, letzte metaphysische Fragen zu beantworten. In *Gullivers Reisen* beschreibt Swift im dritten Buch die ma-
thematisch begabten und ehrgeizigen Laputianer, die Gulliver in
den Wolken entdeckt. Die Laputianer haben ein merkwürdiges
Aussehen – »ein Auge war nach innen gewandt, das andere direkt
zum Himmel gerichtet« (III, 2). Da sie oft stolpern, haben sie weder
eine endgültige Wahrheit noch einen bescheidenen Garten zum Bestellen entdeckt.

Eines der umfassendsten und interessantesten Plädoyers für das
Primat der Ratio stammt von Thomas Jefferson, und zwar aus
einem Brief, in dem er sich über die Gründung der Universität von
Virginia äußerte. Dies war die erste weltliche Universität in einer

neuen Nation ohne Staatskirche. Jeffersons aufgeklärter Optimismus räumte damit ein für allemal den Verdacht aus, Erkenntnis sei ein Werk des Teufels. Er schrieb (am 27. Dezember 1820 an William Roscoe): »Dieses Institut wird sich auf die unbeschränkte Freiheit des menschlichen Geistes gründen. Denn wir hier scheuen uns weder, der Wahrheit zu folgen, wohin sie auch führen mag, noch Irrtümer zu dulden, solange die Vernunft bleibt, um dagegen anzukämpfen.« Es klingt beinahe so, als habe Jefferson beim Verfassen dieser Zeilen die erste Seite von Kants Aufsatz »Was ist Aufklärung?« aus dem Jahre 1784 vor sich gehabt. Denn im Grunde bestätigt Jefferson die Devise des Horaz – *Sapere aude* –, die Kant in seinem einleitenden Absatz zitiert und zum Wahlspruch der Aufklärung umformuliert: »Habe Mut, dich deines *eigenen* Verstandes zu bedienen!« Jefferson sieht über die notwendigen gesellschaftlichen und politischen Beschränkungen hinweg, die Kant immerhin anfügt. Auch klingt es fast so, als ahmte Jefferson die Worte Jesu an die Pharisäer nach: »Dann werdet ihr die Wahrheit erkennen, und die Wahrheit wird euch befreien« (Johannes, 8, 32). Doch die Wahrheit Jesu wird offenbart und ist ewig; sie ist kein irdisches Wissen, das wir aufgrund eigener Forschung selbst entdecken.

Obwohl Jefferson keine Republik, sondern eine höhere Lehranstalt gründete, proklamierte er ein Manifest des Rationalismus, das in der Geistesgeschichte Europas und Amerikas unübertroffen blieb. Doch dieser unerschütterliche Rationalismus mußte sich auf eine Tendenz zur Skepsis gegenüber den Naturwissenschaften einstellen, den auch die führenden Naturwissenschaftler selbst angesichts einer umfassenden neuen Theorie der Evolution nicht verhehlten. In der turbulenten Dekade nach der Veröffentlichung seines bahnbrechenden Werkes *Über den Ursprung der Arten* (1859) fand Charles Darwin seinen entschiedensten Anhänger in Thomas Henry Huxley, einem jungen Biologen, der auch Carlyle, Goethe und Schelling studiert und auf einer vierjährigen Forschungsreise durch den Pazifik ein intensives Studium der Naturwissenschaften betrieben hatte. Im Jahre 1860, im Alter von fünfunddreißig Jahren, war Huxley Professor für Bergbau. Bei einer gut besuchten Tagung der Zoologischen Sektion der British Association in Oxford saß Huxley schweigend im Publikum, als Bischof Wilberforce seine berühmte Spottfrage stellte: »Ich würde Professor Huxley gerne fragen … ob sich in der Linie seines Großvaters oder in der Linie seiner Großmutter die Abstammung vom Affen bemerkbar macht?« Der Umstand, daß Mitte des neunzehnten Jahrhunderts viele gebildete Menschen ihren christlichen Glauben ganz verloren oder die Wahrheit der Bibel nicht mehr wörtlich nahmen, trieb die Traditionalisten zum Gegenangriff. Huxley erhob sich mit strenger Miene, um darauf zu antworten. Zunächst gab er eine knappe, klare Zusammenfassung von Darwins Theorie der natürlichen Selektion und wandte sich dann mit großem Behagen der Frage der Abstammung zu:

> »… kein Mensch hat Grund sich zu schämen, einen Affen als Großvater zu haben. Wenn es einen Vorfahren gäbe, an den ich mich nur mit Beschämung erinnerte, dann wäre dies ein Mensch – ein Mensch mit einem rastlosen und unsteten Geist – der aus Unzufriedenheit über einen fragwürdigen Erfolg in seinem eigenen Tätigkeitsbereich sich auf wissenschaftliche Fragen stürzt, mit denen er im Grunde gar nicht vertraut ist und die er nur mit einer hohlen Rhetorik verschleiert, und der seine Zuhörer mit eloquenten Abschweifungen und geschickten Verweisen auf religiöse Vorurteile von der eigentlichen Frage ablenkt.«[8]

(*Life and Letters*, I, 199)

Huxleys geschickte Art, den Spieß einfach umzudrehen, zeigte sich auch bei einer Konferenz einer anderen Vereinigung von Geistlichen, Gelehrten und Naturforschern. Eines der Mitglieder drang darauf, bei den Debatten jegliche »moralische Verunglimpfung von Kollegen« und persönliche Angriffe zu unterlassen. W. G. Ward, ein ehemals anglikanischer Geistlicher, der kurz zuvor zum Katholizismus übergetreten war, erhob Einspruch. »Als allgemeine Regel würde ich dies zwar gutheißen, doch ich glaube, man kann nicht erwarten, daß christliche Denker nichts von dem Entsetzen erkennen lassen, mit dem sie die Verbreitung solch extremer Auffassungen

sehen, wie Mr. Huxley sie vertritt.« Ward betete hier die Äußerung
der viktorianischen Lady nach, die ich in meinem Vorwort zitierte.
Allen Berichten zufolge herrschte einen Augenblick lang Stille, die
Huxley mit folgender Erwiderung unterbrach: »Nach Dr. Wards
Worten muß ich fairerweise zugeben, daß es mir sehr schwerfallen
wird, meine Gefühle angesichts der geistigen Degeneration zu verbergen, welche die allgemeine Anerkennung von Ansichten bewirken würde, wie Dr. Ward sie vertritt.«

Dieses Wortgefecht ereignete sich 1869 bei einer Konferenz
der Metaphysical Society, die der aufgeschlossene Publizist James
Knowles mit Unterstützung des Dichterfürsten Alfred Tennyson
organisiert hatte. Zehn Jahre nach der Veröffentlichung von Darwins *Ursprung der Arten* wütete noch immer eine so hitzige
Debatte, daß einige ernsthaft von einer Neuen Reformation sprachen und nicht wenige den Untergang der Zivilisation und den Beginn von Atheismus und Nihilismus fürchteten. Knowles konnte
alle Seiten dafür gewinnen, an den Gesprächen der Metaphysical
Society teilzunehmen, von Erzbischof Manning bis zu dem »aus-
gesprochenen Atheisten und roten Republikaner« Roden Noel. Von
den englischen Geistesgrößen jener Zeit schlugen nur John Stuart
Mill, Kardinal Newman und Herbert Spencer die Gelegenheit aus,
ihre Ansichten zu äußern. »Es fehlten uns nur noch ein Jude und
ein Mohammedaner«, erklärte der Bischof von Peterborough; dann
wären nämlich unter den etwa sechzig Mitgliedern alle Glaubensrichtungen vertreten gewesen.

Während der organisatorischen Zusammenkünfte der Metaphysical Society reagierte Huxley äußerst ungehalten, als man ihn
drängte, seiner Denkhaltung ein Etikett anhängen zu lassen.

Als ich eine gewisse geistige Reife erlangte und mich zu fra-
gen begann, ob ich Atheist, Theist oder Pantheist, Materialist
oder Idealist, Christ oder Freidenker sei, stellte ich fest, daß die
Antwort um so schwieriger wurde, je mehr ich lernte und
nachdachte, bis ich schließlich zu der Überzeugung gelangte,
daß ich nicht das geringste mit all diesen Bezeichnungen zu
tun hatte, außer der letzten. In dem einen wesentlichen Punkt,

*in dem sich die meisten dieser wackeren Leute einig zeigten,
war ich anderer Meinung als sie. Sie waren sich so gut wie
sicher, eine bestimmte »Gnosis« erlangt zu haben – und mehr
oder weniger erfolgreich das Problem der menschlichen Existenz gelöst zu haben; wohingegen ich mir ziemlich sicher
war, es nicht gelöst zu haben und mir ziemlich sicher war, daß
es überhaupt unlösbar sei. Und zumal ich Hume und Kant auf
meiner Seite hatte, fand ich es keineswegs vermessen, diese
Haltung beizubehalten.*

(*Life and Letters*, I, 343)

Huxley nahm, mit anderen Worten, einen klaren philosophischen
Standpunkt ein, für den es keinen allgemein anerkannten Begriff
gab. Er war allerdings viel zu einfallsreich, um sich lange von diesem terminologischen Problem irritieren zu lassen. Nachdem er
den Eindruck gewonnen hatte, wie ein »Fuchs ohne Schwanz« behandelt zu werden, gelang ihm mit Hilfe der Sprache ein brillanter
strategischer Schachzug.

*Also dachte ich nach und erfand den meiner Meinung nach
geeigneten Titel des »Agnostikers«. Darin war für mich eine
Antithese zu dem »Gnostiker« der Kirchengeschichte angedeutet, der gerade über jene Dinge soviel zu wissen behauptete, über die ich nichts wußte; und ich ergriff die erstbeste Gelegenheit, den Titel in unserer Society vorzuführen und zu
zeigen, daß auch ich, wie die anderen Füchse, einen Schwanz
hatte. Zu meiner großen Befriedigung schlug der Begriff ein.*[9]

(*Life and Letters*, I, 343–344)

Es ist kaum zu glauben, daß es in den westlichen Sprachen bis in die
Mitte des neunzehnten Jahrhunderts keinen entsprechenden Ausdruck für »Agnostiker« gab. Doch Huxley hatte recht. Begriffe wie
Freidenker, libre penseur, Libertin, Deist, Theist, Atheist und *Häre-
tiker* beinhalteten allesamt eine positive Grundanschauung in bezug auf große metaphysische Fragen. Mit den Bezeichnungen
Skeptiker und *Pyrrhoniker* wurden dagegen systematische Zweifel

in allen Bereichen assoziiert. Solche Begriffe enthielten Konnotationen, die weit entfernt waren von Huxleys Ungewißheit in bezug auf letzte Fragen und seinen Überzeugungen von der »Naturgeschichte« oder Naturwissenschaft. Hier wies die Sprache buchstäblich eine Lücke auf, ähnlich wie die Periodentafel, die auf die Entdeckung neuer chemischer Elemente wartete.

Zu genau derselben Zeit spürte anscheinend auch Darwin die Notwendigkeit, seinen philosophischen Standpunkt zu bestimmen. In einem Brief an J. D. Hooker äußerte er sich 1870 ganz offen. »Meine Theologie ist schlicht und einfach verworren. Ich kann das Universum nicht als das Ergebnis eines blinden Zufalls ansehen, doch ebensowenig kann ich in den Details den Beweis eines gütigen Plans beziehungsweise überhaupt irgendeines Plans erkennen.« Sechs Jahre später bezeichnete sich Darwin in seiner Autobiographie erstmals als »Theisten« und ging dann sogar noch einen Schritt weiter. »Das Geheimnis aller Dinge ist unlösbar für uns, und ich zumindest muß mich damit abfinden, ein Agnostiker zu bleiben.« Der Begriff konnte inzwischen als allgemein anerkannt gelten. Er bezeichnete eine bescheidene, aber unumstößliche Form der Erkenntnisbegrenzung.

Dieser Neologismus fiel Huxley nicht allein durch momentane Eingebung ein. Jahre zuvor, im September 1860, hatte er seine religiösen und naturwissenschaftlichen Anschauungen überdenken müssen, als sein gesunder vierjähriger Sohn plötzlich an Scharlachfieber starb. In einem Beileidsschreiben bemühte sich Charles Kingsley, der Verfasser von *Westward Ho!* und Kaplan Königin Victorias, ihn mit der Unsterblichkeitslehre zu trösten. Huxley antwortete mit einem zehnseitigen Brief, aus dem zugleich ein tief empfundener Schmerz und eine unerschütterliche intellektuelle Integrität sprachen. In jenen Zeilen führte er seine agnostische Haltung aus, ohne allerdings den Begriff selbst zu verwenden. »Die Unsterblichkeit des Menschen werde ich weder bestreiten noch bejahen. Ich sehe keine Veranlassung, daran zu glauben, andererseits habe ich keine Mittel, sie zu widerlegen.« Trotz des tiefen persönlichen Leids klingt der Brief klar, überzeugt und aufrecht.

Im Jahre 1889, zwei Dekaden nach der Gründung der Metaphysischen Gesellschaft, wurde Huxley erneut in eine Kontroverse verstrickt, die um den weitschweifigen und dennoch ungeheuer populären dreibändigen Roman *Robert Elsmere* von Mrs. Humphry Ward, der Nichte Matthew Arnolds, entbrannt war. Der Roman zog fortwährend gegen biblische Wunder zu Felde, denen es aufgrund ungenügender Beweise an Überzeugungskraft mangele. Die Wortführer der Kirche sahen von allen Seiten einen neuen Feind aufmarschieren, der ihrer Meinung nach wie Huxley klang. »Er mag sich vielleicht lieber als Agnostiker bezeichnen, doch sein wirklicher Name ist viel älter – er ist ein Ungläubiger.« In diesem Streit meldete sich Huxley mit vier neuen Artikeln zum Agnostizismus zu Wort und zitierte zur Bekräftigung seiner Position sogar Äußerungen von Kardinal Newman über die Evolution der katholischen Kirche. Wahrscheinlich plagten Newman weit mehr Zweifel in bezug auf die Rolle des Menschen in der Schöpfung als Huxley, der auf den »unbändigen lebendigen Intellekt des Menschen« vertraute und an die Zukunft glaubte. Doch Huxleys neuer Begriff wurde tief in die religiösen Kontroversen seiner Zeit hineingezogen.

Uns interessieren in diesem Zusammenhang vor allem die beiden Bedeutungen des Wortes *Agnostiker*, die aus Huxleys Schriften hervorgehen und die der Terminus auch heute noch hat. In dem Brief an Kingsley und in den Äußerungen vor der Metaphysical Society im Jahre 1869 verwendete Huxley den Begriff *Agnostizismus* in diesem kategorischen Sinne: Der menschliche Geist allein kann die letzten Fragen der Metaphysik und der Theologie nicht beantworten und die »wahre« Wirklichkeit hinter den äußeren Erscheinungen nicht erkennen. Diese Dinge sind uns nicht zugänglich. Huxleys spätere Schriften binden andererseits den Begriff des Agnostizismus in eine größere und ältere Tradition ein, die sich in einer methodischen Linie von Sokrates bis zur lutherischen Reformation und zu Descartes verfolgen läßt. »Folge in Fragen des Intellekts deiner Vernunft, soweit diese dafür zureicht. Nimm ohne Evidenz nichts als gegeben an. Möglicherweise läßt sich damit auch die letzte Wahrheit erlangen.« Huxleys modifizierter Ansatz legt weniger Gewicht auf den Begriff der Begrenztheit und verbindet mit dem Wort eine leichte Skepsis, die fast dem ähnelt, was wir heute »Pragmatismus« nennen. Einige von Huxleys Zeitgenossen waren der Meinung, er habe einen durchaus brauchbaren Terminus später verhunzt, indem er dessen Bedeutung verwässerte.

Für den Zweck, den ich hier verfolge – die Frage des Erkenntnistabus –, hat die erstere, rigorose Bedeutung des Begriffs offensichtlich mehr intellektuelles Gewicht und sollte als primäre Bedeutung verstanden werden. Agnostizismus bedeutet nicht nur zuzugeben, daß wir auf die letzten Fragen keine Antworten besitzen, sondern zu behaupten, daß diese Probleme an sich jenseits unserer Reichweite liegen und damit »unlösbar« sind, wie sowohl Darwin als auch Huxley meinten. Dieser wortgewandte, streitlustige Biologe, der die *Gnosis*, die Gewißheit der Erkenntnis, deutlich eingrenzte, wollte weder den Vormarsch der Naturwissenschaften noch der Religion bremsen. Er forderte seine Zeitgenossen jedoch auf, die Ansprüche beider Lager nüchtern zu prüfen, und bescherte uns einen neuen Begriff als Talisman eines besonnenen Zweifels.

Drei Jahre nachdem Huxley für seinen philosophischen und religiösen Standpunkt einen erstaunlich einschlagenden neuen Begriff geprägt hatte, hielt ein deutscher Naturforscher einen mit großem Beifall bedachten Vortrag mit dem Titel »Über die Grenzen des Naturerkennens«. Emil du Bois-Reymond (1818–1896) war Physiologe, Philosoph und Wissenschaftshistoriker und fungierte zweimal als Rektor der Universität Berlin. Zusätzlich zu seiner deutschen naturwissenschaftlichen Ausbildung hatte er sich umfassende Kenntnisse über die geistige Kultur Frankreichs erworben. Auf dem Gebiet der Physiologie erntete er große Anerkennung mit seiner gründlichen Laborarbeit über elektrische Fische und mit der Entwicklung von Forschungsapparaturen wie etwa Quecksilberschaltern und Stromverstärkern. In späteren Jahren hielt er zahlreiche Vorträge über die wissenschaftliche Bedeutung von Schriftstellern wie Voltaire, La Mettrie, Diderot und Goethe.

Als du Bois-Reymond 1872 den erwähnten Vortrag hielt, galt er bei Naturwissenschaftlern und Intellektuellen bereits als vehementer Gegner des »kosmischen Bewußtseins« – einer populären Vorstellung, die den Begriff Gottes beziehungsweise des göttlichen Geistes ablöste. Anfang des neunzehnten Jahrhunderts hatte Pierre Simon de Laplace erklärt, daß er den Himmel mit einem Teleskop abgesucht und keinen Gott entdeckt habe. Auf ähnlich materialistische Weise falsifizierte du Bois-Reymond die Vorstellung vom »kosmischen Bewußtsein«; er fand, so versicherte er, nirgendwo Anhaltspunkte für kosmisches Nervengewebe, das mit arteriellem Blut versorgt werde und von der Größe her den Fähigkeiten eines solchen Geistes entspreche. Er bestritt auch die Hypothese einer »vitalen Kraft«, die seiner Meinung nach nur eine Berufung auf das Übernatürliche war, die den Schritt vom Anorganischen zum Organischen erklären sollte. Du Bois-Reymond hatte sich also eindeutig als sachlicher Naturwissenschaftler ausgewiesen, der vom natürlichen Kausalprinzip überzeugt war und nicht an metaphysische Größen glaubte. Eben wegen dieses Rufes reagierten viele seiner Kollegen schockiert auf seinen Vortrag über die Grenzen der Erkenntnis.

Seit seinen ersten Forschungsarbeiten über Elektrizität bei Tieren hatte du Bois-Reymond einen deutlichen Sinneswandel durchgemacht; inzwischen konstatierte er, er sehe gravierende Lücken in den Erklärungsmöglichkeiten der materialistischen Naturwissenschaften. Er griff aus der mittelalterlichen Philosophie den Terminus der *Insolubilia* auf – das sind erklärungsmäßig unlösbare Probleme, wie etwa das Problem der Substanz beziehungsweise die Frage »Warum gibt es überhaupt etwas?«. Du Bois-Reymond schloß seinen Vortrag mit der lateinischen Vokabel *ignorabimus* – »wir werden niemals wissen«. In dem späteren Vortrag »Die Sieben Welträthsel«, der 1880 veröffentlicht wurde, argumentierte er, daß mindestens drei Grundprobleme der Physik, der Biologie und der Psychologie die wissenschaftliche Erkenntnisfähigkeit des Menschen überstiegen.[10] Am Ende eines Jahrhunderts, das sich viel auf seine naturwissenschaftlichen Leistungen einbildete, klangen solche Worte provozierend. Von »Grenzen« der Wissenschaften zu sprechen war noch um einiges radikaler als Bacons Unterscheidung zwischen »hochmütiger« und »reiner Wissenschaft«. Der gewählte lateinische Begriff *ignorabimus* sprach den Naturwissenschaften die Fähigkeit gesicherter Erkenntnis auf bestimmten Gebieten ab, und zwar so unumstößlich wie der Begriff *Agnostizismus*. Beide

Begriffe empörten überzeugte Gläubige und überzeugte Nicht-
gläubige in gleichem Maße.

Der schärfste Angriff auf du Bois-Reymond kam von dem Zoo-
logen Ernst Haeckel. Dieser Polemiker und Apologet der Naturwissenschaften galt auf dem europäischen Kontinent als Hauptver-
fechter der Ideen Darwins und der biogenetischen Grundregel,
wonach die Ontogenese die Phylogenese wiederholt. (Heute hat
Haeckels Gesetz wieder deutlich an Geltung gewonnen.) Sein Buch
Die Welträthsel, das 1899 erschien, erlangte große Popularität und
erreichte mehrere Auflagen. Dies war immerhin die Zeit des Spiri-
tualismus und der Theosophie. Zunächst tat Haeckel das Problem
der Willensfreiheit als Pseudoproblem ab, das auf bloßer Illusion
beruhe und eigentlich gar nicht existiere, und behauptete dann, daß
alle übrigen Rätsel mit einer einzigen Ausnahme gelöst seien. Dieses noch verbleibende »Problem der Substanz«, die Frage des letzten Ursprungs der Materie und ihrer Gesetze, wurde von ihm eher
der Metaphysik als der Naturwissenschaft zugewiesen.

Eine klare Antwort auf diese Kontroverse des neunzehnten Jahrhunderts bildet das Werk des zeitgenössischen amerikanischen
Gelehrten Nicholas Rescher. Dieser unermüdliche Wissenschaftshistoriker und -philosoph hat einiges von dem vorweggenommen,
was ich in diesem Buch untersuche. In *The Limits of Science* (1984;
Die Grenzen der Wissenschaft) verurteilt Rescher beide Seiten
dieser Kontroverse. Du Bois-Reymond verfügte nur über eine
höchst unsichere Grundlage, um vom Stand des damaligen Wissens
auf die grundsätzliche Existenz »unlösbarer Probleme« zu extrapo-
lieren. Haeckel befand sich ebenfalls im Irrtum, wenn er annahm,
die Naturwissenschaften stünden am Ende des neunzehnten Jahrhunderts vor der Vollendung ihrer Aufgaben und verfügten bald
über die Antworten auf alle Fragen. Rescher weist nach, daß »die
vermeintliche Vollständigkeit der Wissenschaft« ein Mißverständnis, eine Illusion sei. Die Natur sei unerschöpflich, sozusagen ohne
Boden. Unsere Fragen finden nie ein Ende. Es gibt keine letzten
Wahrheiten.[11] Indem Rescher sowohl jede Form von Allwissenheit
in der Wissenschaft als auch du Bois-Reymonds Konzept »unlösbarer Probleme« verwirft, propagiert er im Grunde eine modifizierte

Form des Ignorabimus, die nicht weit vom Agnostizismus entfernt ist. Er postuliert nämlich eine endlose Folge von Fragen, die wir mit unseren kognitiven Fähigkeiten an die anscheinend unerschöpfliche Quelle der Natur richten. Wir können niemals ein Weltsystem vollständig kennen, das auch uns selbst und unsere fortlaufende Erforschung dieses Systems sowie unsere Eingriffe in jenes enthält.

Damit begnügt sich Rescher aber nicht. In einem seiner Artikel geht er über rein praktische Überlegungen hinaus und befaßt sich mit den moralischen und rechtlichen Grenzen, die wir der naturwissenschaftlichen Forschung vielleicht auferlegen sollten. Dabei reicht sein Blick weit über die Naturwissenschaften hinaus. Er fragt sich zwischendurch, was passieren würde, wenn wir eine Möglichkeit fänden, in den Geist anderer Menschen hineinzuschauen, um ihre Absichten und Motive zu erkennen. Seine Schlußfolgerung klingt erschreckend nüchtern.

Manche Informationen sind einfach nicht unbedenklich für uns – nicht weil es fraglich wäre, sie abstrakt zu besitzen, sondern weil sie zu den Dingen gehören, mit denen wir Menschen nicht gut umzugehen verstehen. Es gibt Dinge, die wir einfach nicht wissen sollten. Müßten wir nicht in einem Nebel der Ungewißheit bezüglich einer ganzen Reihe von Sachverhalten leben, die für uns eigentlich von grundlegendem Interesse und von Bedeutung sind, dann wäre es kein menschliches Leben mehr, das wir führten. Statt dessen würden wir Wesen einer anderen Art werden, vielleicht engelgleich, vielleicht maschinenhaft, aber sicherlich nicht menschlich.

Es gibt jedoch noch ein tieferes Problem. Existieren auch moralische Beschränkungen für den Besitz von Wissen *an sich – gibt es Dinge, die wir aus moralischen Gründen nicht wissen sollten? … Eine Unangemessenheit besteht hier lediglich in der Art des Erwerbs beziehungsweise in der Gefahr des Mißbrauchs. Der Besitz von Wissen an sich – unabhängig davon, wie es erworben und angewandt wird – kann nicht moralisch falsch sein.*

(*Forbidden Knowledge*, S. 9)

Kaum ein Autor stellte sich diesen Fragen so direkt und unerschrocken wie Rescher. Aber er entwickelte sie nicht weiter und wandte sich wieder der Wissenschaft zu, um die es ihm hauptsächlich ging. Deswegen zitiere ich seine beiden Abschnitte als Ausgangspunkt für meine eigene Untersuchung, die mit der Literatur beginnt und erst sehr viel später auf die Naturwissenschaften eingeht.

Ich widerspreche Rescher nur in einem einzigen Punkt. Das zweite, angeblich wissenschaftliche Problem des Besitzes von Wissen (gegenüber dem Erwerb und der Anwendung von Wissen) erscheint mir keineswegs »tiefer« als das erste, nämlich inwieweit sich unsere Menschlichkeit dadurch offenbart oder vielleicht sogar definieren läßt, daß wir »in einem Nebel der Ungewißheit bezüglich einer ganzen Reihe von Sachverhalten leben, die für uns eigentlich von grundlegendem Interesse und von Bedeutung sind«. Diese Worte, in denen Begriffe wie die von Johannes vom Kreuz über den »Nebel des Nichtverstehens« und von Keats über die »negative Begabung« anklingen, orten im Fundament der menschlichen Natur eine gewisse Unwissenheit. Dieser Nebel ist nun aber nichts anderes als unser Nimbus und unser schützender Schleier. Je mehr wir uns auf dieses Thema einlassen, desto öfter werden wir auf dieses Paradox stoßen.

Seinem bemerkenswerten kurzen Aufsatz gab Rescher den Titel »Forbidden Knowledge: Moral Limits of Scientific Research« (Verbotenes Wissen: Moralische Grenzen der naturwissenschaftlichen Forschung). Darin schreibt er: »… es ist die im Grunde richtige Moral der Geschichte [vom Garten Eden], daß wir für die Erkenntnis unter Umständen einen Preis in Form eines moralischen Kompromisses zahlen müssen«. Dieser kluge Wissenschaftsphilosoph wagt es, die Fachausdrücke *Insolubilia*, *Agnostizismus* und *Ignorabimus* explizit um menschliche und moralische Dimensionen zu erweitern. Die Erforschung dieser Dimensionen führt uns weit über das Terrain der Naturwissenschaften hinaus.

Die »Gelüste des Geistes«

Die berühmten Wissenschaftler, von denen einleitend die Rede war, äußerten sich übereinstimmend, daß sie in ihrer Arbeit vor allem von der Neugier angespornt worden seien. Wir wissen aus zahlreichen Mythen und Legenden – von Pandora, die eine Büchse öffnet, bis zu Petrarca, der einen Berg besteigt –, daß wir uns der Neugier nicht entziehen können. Aber ist das Bild wirklich so klar? Andere Zeugnisse mögen uns zu denken geben.

Der junge Wilde von Aveyron, der im Jahre 1800 nach jahrelanger Isolation als Zwölfjähriger aus den Wäldern kam, benahm sich wie ein Tier. Dr. Itard, der ihn in den folgenden Jahren erzog und beobachtete, betonte in seinen umfangreichen Aufzeichnungen, daß er dem Jungen erst beibringen mußte, nachzuahmen, da jener keine natürliche Neigung zeigte, das Verhalten seiner Mitmenschen instinktiv zu imitieren. Die zahlreichen Details in Itards Bericht und auch viele Dokumente über vergleichbare Fälle lassen eine klare Grundverfassung erkennen: Der junge Wilde verspürte keinerlei Neugier. Außer dem Bedürfnis nach Nahrung und Schlaf hegte er keine Wünsche. Er war es zufrieden, schaukelnde Bewegungen zu machen, wo immer er saß, und einfach so dahinzuvegetieren. Er wirkte völlig immun gegen den Fluch der Langeweile. Der Fall ist zwar nicht bis ins letzte schlüssig, doch er vermittelt ein Bild der menschlichen Natur in einem rudimentären Stadium.[12]

Wird Neugier – der Wunsch, mehr zu wissen, als für unsere unmittelbar absehbaren Bedürfnisse erforderlich ist – in der Kindheit erworben, oder ist sie dem Menschen angeboren? *Ignorabimus.* Wie dem auch sei – unsere Neugier ist längst zum Selbstzweck geworden. Vielleicht ist die vollständige und endgültige Klärung des Ursprungs der Neugier eines jener Dinge, die wir *nicht wissen sollten*, wenn wir unsere Menschlichkeit bewahren wollen – ein Teil jenes Nebels der Ungewißheit, der uns von Natur aus umgibt. Diese Haltung irritiert jedoch jene, die Jeffersons Doktrin folgen und nach Erkenntnis streben, egal wohin dies führen mag. Nur widerwillig bringen wir solch eine Haltung mit Hybris und Selbstüberhebung in Verbindung; und nur ungern befolgen wir Montaignes und Pascals Appell, unsere ganz normale Reichweite zu beachten.

Die Fragmente einer Geschichte des Erkenntnistabus, die ich in diesem Kapitel umrissen habe, führen uns noch zu weiteren bedeutenden Werken und Episoden, mit denen wir noch viel tiefer in das vorliegende Thema eindringen. Bereits die skizzierten Ansätze lassen eine gewisse Fluktuation innerhalb eines stabilen Zustands erkennen – ein dynamisches Gleichgewicht zwischen einem hochmütigen Streben nach Erkenntnis und einer vorsichtigen, skeptischen Annäherung an sie. Selbst die Denker und Epochen, die am stärksten an den Wert der Erkenntnis glaubten – beispielsweise Platon und die Aufklärung –, verfügten über eigene, höchst wirksame Ausgleichsmechanismen. Sokrates wußte am klarsten, daß er nichts weiß. Selten wurde der falsche Gebrauch des Verstandes so höhnisch verspottet wie bei Swift und Voltaire, die das Zeitalter der Aufklärung verkörpern. Bisher sind wir über die ineinander verklammerten Begriffe der Förderung und der Begrenzung der Erkenntnis nicht hinausgekommen.

Solch ein geschichtlicher Abriß zeigt auch, daß die in Sprichwörtern und Legenden enthaltene Volksweisheit nicht sehr weit von den Intellektuellenskrupeln entfernt ist, die sich hinter relativ modernen Begriffen wie Agnostizismus und Ignorabimus verbergen. »Schlafende Hunde soll man nicht wecken.« »Neugier treibt die Katz ins Netz.« Aber ist das nicht paradox? Soll ich aufhören zu fragen und ausgerechnet von dem ablassen, was mich am meisten reizt? Soll ich mich meiner Neugier schämen? Wir scheinen es mit einer Überschneidung innerer Gegensätze zu tun zu haben, mit einem Geisteszustand, der durchaus dem körperlichen Zustand vergleichbar ist, den W. B. Yeats so griffig beschrieben hat wie ein Sprichwort.

> *But Love has pitched his mansion in*
> *The place of excrement.*

[Doch Liebe hat ihr Haus gebaut
Am Ort von Exkrement.]

(Crazy Jane Talks with the Bishop;
Die tolle Hanne spricht mit dem Bischof)

Das menschliche Streben nach Erkenntnis wurde bereits vor langer Zeit als *libido sciendi* bezeichnet. Dieser Begriff unterstreicht den engen Zusammenhang zwischen Neugier und sexuellem Begehren. Im zehnten Buch seiner *Bekenntnisse*, in dem Augustinus die drei großen Versuchungen des Menschen beschreibt, verknüpft er auf das engste die »Begierlichkeit des Fleisches«, insbesondere die sexuelle Lust, mit der »Begierlichkeit des Auges«, womit er die Gier nach Erkenntnis meint, die seiner Meinung nach in vielerlei Hinsicht gefährlicher ist.

Dazu kommt eine andere Form der Versuchung, die auf versteckte Weise gefährlich ist. Außer der »Begierlichkeit des Fleisches« … wohnt in der Seele noch eine andere Art von Begier. Durch die gleichen Sinne des Leibes will sie zwar nicht im Fleische ihre Lust haben, aber durch die Mittel des Fleisches Erfahrung machen: sie bemäntelt ihren hohlen Fürwitz mit den Namen Erkenntnis und Wissenschaft. Da sie auf dem Erkenntnistrieb beruht und zum Erkennen an erster Stelle unter den Sinnen die Augen da sind, ist sie durch göttlichen Ausspruch »Begierlichkeit der Augen« genannt worden.

(Bekenntnisse, S. 571)

Der erklärte Sünder und bekehrte Christ Augustinus betont, daß die Gelüste des Geistes gefährlicher seien als die des Fleisches. Wie Dante und Tennyson verwendet er das Wort »Erfahrung«, um das Ziel dieser »hohlen Neugier« zu umschreiben. Lassen sich die ehrwürdigen Begriffe »Erkenntnis« und »Wissenschaft« so einfach und endgültig abtun? Nein, aber Augustinus' Einsicht in die Dynamik menschlicher Erkenntnis bleibt ebenfalls bestehen.

Eine ähnliche Verbindung stellte im siebzehnten Jahrhundert Thomas Hobbes her. Im sechsten Kapitel des *Leviathan*, in dem er den menschlichen Emotionen immer noch eine vorläufige Rolle beimißt, folgt auf die sinnliche Lust und die Genußsucht die Neugier: »Das Was? und Wie? zu wissen ist *Neugier, ...* ist nur eine Beschäftigung des Geistes, welche mit dem beständigen und unermüdlichen Trieb nach immer neuer Wissenschaft verbunden ist, aber jenen zwar heftigen, aber kurzen Trieb der Sinnlichkeit unendlich übertrifft.«

Augustinus und Hobbes äußerten diese strengen Worte immerhin im Rahmen ihrer Bemühungen, Kenntnis über das Wie und Warum menschlichen Tuns zu gewinnen und zu verbreiten. Der Wunsch, die Welt und andere Wesen genauso gut zu kennen wie uns selbst, nährt sowohl unsere hehrsten Bestrebungen, die Homer und Dante und andere große Dichter besungen haben, als auch unsere niedrigsten Begierden und den Ehrgeiz, über unsere Reichweite hinauszugehen. Weil uns unsere Neugier nicht nur Ehre, sondern auch Schmach und Schande bereitet, bildet sie ein Grundmotiv in vielen unserer bedeutendsten literarischen Werke über das Suchen und Erobern, Lieben und Leiden.

Kapitel II

Milton im Garten Eden

∎

Widerstand gegen Adam und Eva

Von Pandora, der ersten Frau, die auf die Erde geschickt wurde, um die Menschheit in Versuchung zu führen, bis zu den erwähnten Wissenschaftlern, die über die Grundmotive ihrer Beschäftigung diskutierten, nimmt die Neugier eine große Rolle im irdischen Leben ein. Gleichzeitig müssen wir Grenzen der Erkenntnis wahrnehmen – Begrenzungen, die dem menschlichen Geist innewohnen, und Grenzen, die der Natur des Universums selbst zu eigen sind. Keine Geschichte schildert diese gegensätzlichen Motive schlichter und überzeugender als der entsprechende Abschnitt des ältesten hebräischen Schöpfungsmythos, mit dem das erste Buch der Thora beziehungsweise das erste Buch Mosis beginnt.

Die einleitenden Episoden der Bibel liefern uns Antworten auf drei uralte, quälende Fragen. Wie hat alles begonnen? Warum bringt das Leben so viel Leid, Tücke und Unheil mit sich? Warum müssen wir sterben? Dies sind, mit anderen Worten, die Frage des Ursprungs, die Frage der Theodizee und die Frage der Sterblichkeit. Die Geschichten von der Erschaffung der Erde und von Adam und Eva zu Beginn des Buches Genesis gehen auf diese drei schwierigen Fragen ein. Ein gründliches Studium der Texte zeigt, daß in den Kapiteln mindestens zwei unabhängige Quellen miteinander verquickt beziehungsweise übereinandergeschichtet wurden, welche die Bibelforscher als »P« (Genesis, 1,1 – 2,4) und »J« (Genesis, 2,5 – 3,24) bezeichnen. Nach der formelhaften Schilderung der Erschaffung der Welt in sechs Tagen – mit einem siebten Tag der Ruhe – wird erzählt, wie Adam und Eva ins Paradies kamen. Von den Tausenden von Schöpfungsmythen, die die Völker überall auf Erden ersonnen haben, hat sich diese doppelte »Genauso-Geschichte«, die sich ein unbekannter semitischer Stamm vor Urzeiten ausgedacht hat, in den drei großen monotheistischen Weltreligionen – Judentum, Christentum und Islam – am dauerhaftesten durchgesetzt. Wir kommen immer wieder auf diese Schilderung zurück, nicht nur weil sie unsere eigene Geschichte erzählt, sondern weil sie unentwegt neue Bedeutungen offenbart.[13]

Der zusammengesetzte Mythos von Genesis 1–3 ist so alt und so beherrschend, daß viele Bibelleser gar nicht merken, daß die einmal erzählte Schöpfungsgeschichte auf den übrigen tausend Seiten des Alten Testaments nicht wieder auftaucht.[14] Erst Paulus hat in einer Reihe von Briefen, besonders in Kapitel 5 des Briefes an die Römer, den Zusammenhang zwischen Menschengeschichte und Theologie hervorgehoben, indem er Jesus Christus über alle anderen Propheten, Führer und Gesetzesgeber hinweg mit Adam in Verbindung brachte. Die Gesetzesübertretung des ersten Menschen ist durch den Gehorsam eines anderen Menschen, des fleischgewordenen Sohns Gottes, gesühnt worden. In einer symmetrischen Gleichstellung, die man in der Bibelexegese als Typologie bezeichnet, wird Jesus zu einem zweiten Adam. Der christliche Glaube propagiert unter anderem auch eine alles umfassende erzählerische Einheit.

Obwohl uns die Schöpfungsgeschichte aus dem Buch Genesis so vertraut erscheint, ist sie für viele Menschen so unsichtbar wie Luft oder so ungreifbar wie die eigene Persönlichkeit. Sie ist uns viel zu nah, und wir können keinen Abstand zu ihr einnehmen, um sie besser wahrzunehmen. Die einleitende Geschichte von der Erschaffung der Welt (nach der Quelle der sogenannten »Priesterschrift«, »P«) weist die sich wiederholende Form eines Hymnus oder Gedichts auf. Die zweite Episode, die der Quelle »J« entspringt, versetzt uns plötzlich in eine quasi häusliche Szene, in der statt allgemeiner Begriffe Eigennamen verwendet werden. Aus »Gott«

wird »Gott, der Herr« beziehungsweise »Jehova«. Und es heißt nicht mehr »der Mensch«, sondern es ist von »Adam« die Rede; das hebräische Wort *adám* für »Mensch« wird nun großgeschrieben und damit zum Eigennamen. Aus der Frau – das hebräische Wort für »Frau« bedeutet »aus dem Mann genommen« – wird schließlich »Eva«. Adam nannte seine Frau *Eva*, das heißt »Leben, Mutter aller Lebendigen« (Genesis 3,20). Diese sprunghafte Veränderung kommt auch in den Übersetzungen unvermindert zum Ausdruck. Doch die Geschichte geht weiter. Nach der Erschaffung Adams legt Gott in Eden einen Garten an, in dem er unter anderem zwei speziell benannte Bäume pflanzt, den Baum des Lebens und den Baum der Erkenntnis von Gut und Böse. Gott verbietet dem Menschen, vom Baum der Erkenntnis zu essen, und warnt ihn, sobald er davon esse, müsse er sterben. Für den Baum des Lebens gilt kein Verbot, vermutlich weil Adam als unsterblich erschaffen wurde und ihn nicht nötig hat – noch nicht. Weil Adam sich im Garten Eden allein fühlt und unter den Tieren keine Hilfe findet, die ihm entspricht, erschafft Gott ein weiteres und unterschiedliches Lebewesen aus seiner Rippe. Adam nennt sie »Frau«, denn sie ist »Bein von meinem Bein und Fleisch von meinem Fleisch«. Nun haben wir einen Gott, zwei Menschen sowie zwei besondere Bäume als Requisiten.

Das dritte Kapitel beginnt mit einem abrupten Szenenwechsel bei der Schlange, die der Frau etwas ins Ohr flüstert. Die Schlange ist einfach da; die Verführerin ist schon an Ort und Stelle, als eine nicht näher erklärte Bewohnerin des Gartens – und des menschlichen Geistes. In der Schlange scheint sich ein symbolischer Überrest aus einer älteren Religionsform zu verdichten, aus einer Zeit, bevor die Juden vom Polytheismus zum Monotheismus übergingen. Hier wird die Schlange jedoch noch in keiner Weise mit dem Satan oder Teufel in Verbindung gebracht. Sie ist einfach ungehorsam und bestreitet, daß der Mensch sterben müsse, wenn er von dem verbotenen Baum ißt. »Nein, ihr werdet nicht sterben.« Die Schlange verheißt der Frau vielmehr: »Sobald ihr davon eßt, gehen euch die Augen auf; ihr werdet wie Gott« (Genesis, 3,4). Die Frau nimmt von den Früchten und ißt und gibt auch ihrem Mann davon. Von nun an teilen sie alles miteinander.

Anfangs sind Adam und Eva unschuldig und unsterblich. Die Schlange behauptet, durch den Genuß der verbotenen Frucht würden sie Göttlichkeit erlangen, und zwar ohne ihre Unsterblichkeit einzubüßen. Die Schlange hat halb recht: Die Menschen erlangen die Erkenntnis von Gut und Böse, gleichzeitig aber verlieren sie ihre Unsterblichkeit. »Dann sprach Gott, der Herr: Seht, der Mensch ist geworden wie wir; er erkennt Gut und Böse. Daß er jetzt nicht die Hand ausstreckt, auch vom Baum des Lebens nimmt, davon ißt und ewig lebt! Gott, der Herr, schickte ihn aus dem Garten Eden weg …« (Genesis 3,22). Weil Adam und Eva jetzt sterblich sind, müssen sie vom Baum des Lebens ferngehalten werden. Beim Baum der Erkenntnis hat das Verbot nichts genützt. Verbannung ist die logische Folge.

Die cartoonhaft gezeichneten Figuren und die kantigen Episoden der Genesis schildern die erste symbolische Begegnung des Menschen mit dem Tabu. Der Bericht beschreibt jenes mächtige Empfinden des Heiligen und des Unreinen, das – wie Frazer schreibt – noch nicht unterschieden wird, jene Mischung aus Faszination und Furcht, welche die dunkelsten Episoden des menschlichen Lebens kennzeichnen. Die extreme Knappheit der Geschichte von Adam und Eva im Buch Genesis (vierzig Verse, ungefähr achthundert Worte) ist und bleibt unübertroffen. Auch ohne die spätere christliche Verknüpfung mit der historischen Figur des Jesus von Nazareth hätte diese Geschichte wahrscheinlich ihre Geltung als maßgeblicher Schöpfungsmythos der drei großen monotheistischen Offenbarungsreligionen behalten. Sie bettet ihre dramatische Handlung in das universell ansprechende Szenarium eines üppigen Lustgartens mit einem fruchttragenden Baum ein. Mit der plumpen Direktheit von Kindern agieren die Darsteller ineinandergreifende Motive wie Gehorsam und Freiheitsdrang, Versuchung und Leichtgläubigkeit, Sexualität und Gottesverehrung aus. Vor allem aber zeigen die Handlungen Adams und Evas, daß das Böse durch eine unauflösbare Verknüpfung einer bereits bestehenden äußeren Kraft (der Schlange) mit der freien Willensentscheidung, Gottes Verbot zu übertreten (wie Augustinus klar erkannte), in die Welt kommt. Kein anderer Schöpfungsmythos befaßt sich so komprimiert und so anschaulich mit dem Erkenntnistabu.

Im Vergleich dazu liegt die Geschichte von Prometheus in zahlreichen unterschiedlichen Versionen vor und dehnt sich über eine Reihe von Episoden aus. Der Altphilologe E. R. Dodds vertritt in *The Greeks and the Irrational* eine klare These: »Moralisch gesehen war die Wiedergeburt eine befriedigendere Lösung für das spätarchaische Problem der göttlichen Gerechtigkeit als die Erbsünde oder die Bestrafung nach dem Tod in einer anderen Welt« (Kapitel V). Dennoch hat keine Religion oder Kultur, die an die Wiedergeburt glaubt, einen Entstehungsmythos geschaffen, der so beständig ist wie die Geschichte von Adam und Eva. Der Auslegung bietet diese Geschichte einen fruchtbaren Boden; sie ist eine Quelle, von der stets auch eine starke Tabuwirkung ausgegangen ist. Dies erklärt sicherlich auch, weshalb kein anderer Text von dieser Kürze in der gesamten Menschheitsgeschichte Anlaß zu so vielen Kommentaren und Kontroversen gab.

Es überrascht daher vielleicht, daß in der zweiten Hälfte des zwanzigsten Jahrhunderts einer der gelehrtesten und eloquentesten christlichen Denker mit Unwillen auf die Geschichte von Adam und Eva reagiert hat. Im Gegensatz zu all jenen, die ihre Phantasie vielleicht der Urknalltheorie als der Erklärung für den Ursprung alles Seienden oder aber dem unendlich hinausgezogenen minimalistischen Drama der Darwinschen Evolutionstheorie verschrieben haben, hält Paul Ricœur nach wie vor an der Heiligen Schrift fest. In seinem großen Werk *Symbolik des Bösen* (1960) zeigt er sich jedoch immer wieder irritiert darüber, daß Paulus Adam als Ergänzung zu Christus aufgreift, und hinterfragt die christliche Doktrin auf höchst gereizte Weise.

Sonach ist es falsch, den Adamsmythos als den Schlußstein des jüdisch-christlichen Gebäudes aufzufassen; er ist nur ein Strebebogen am Kreuzgewölbe des jüdischen Bußgeistes; die Erbsünde zumal, die eine Rationalisierung zweiten Grades ist, ist nichts als eine vorgeblendete Säule. Der Schaden ist gar nicht zu ermessen, der in so vielen christlichen Jahrhunderten den Seelen angetan wurde, zuerst durch die wörtliche Interpretation der Adamsgeschichte, dann durch die Vermengung dieses wie ein historischer Bericht behandelten [sic] *Mythos mit der späteren und zwar vor allem der augustinischen Spekulation über die Erbsünde; mit der Zumutung an die Gläubigen, diesen mythisch-spekulativen Block zu bekennen und ihn als eine selbstgenügsame Erklärung hinzunehmen, haben die Theologen ungebührlicherweise ein* sacrificium intellectus *gerade da gefordert, wo es galt, die Gläubigen zu einer durch Symbolik vertieften Einsicht in ihre gegenwärtige Verfassung zu erwecken.*[15]

(*Symbolik des Bösen*, S. 272–273)

Abgesehen davon, daß der letzte Satz ziemlich unverständlich bleibt, vertritt Ricœur hier einen höchst sonderbaren Standpunkt. Ein paar Jahre später griff er die Geschichte von Adam und Eva in einer wichtigen Studie erneut auf und äußerte seinen Unwillen über die »dogmatische Steifheit« und die »falsche Logik« der Erbsünde, wie Augustinus sie definierte, nämlich sowohl als juristische wie auch als biologische Form ererbter Schuld (*Der Konflikt der Interpretationen*, 1969). Doch diesmal zeigt Ricœur deutlich, wie treffend und anschaulich die Geschichte im Buch Genesis den Dualismus von Wahl und Verführung dramatisiert. »Das Böse hat seine Bedeutung als Böses, weil es ein Werk der Freiheit ist; ich bin der Urheber des Bösen. ... Die Freiheit hat schon immer schlecht gewählt. Das Böse ist *bereits vorhanden*« (273, 278). Ricœur erliegt nicht einem naiven Glauben an die Überlegenheit des freien Willens und bezweifelt nicht die reale Existenz des Bösen als einer Macht, die als Satan oder Teufel zu bezeichnen wir durchaus berechtigt seien.

Indem Ricœur zugleich auf das Drama von Adam und Eva eingeht und dessen Doktrin ablehnt, vermittelt er ganz deutlich etwas von der Zeitlosigkeit der biblischen Verse. Dennoch bleiben seine Ausführungen zu diesem Thema unvollständig, denn er berücksichtigt in keiner Weise jene moderne Nacherzählung der Geschichte, die fast einer neuen Heiligen Schrift gleichkommt und die viel zu wichtig ist, um übergangen zu werden. John Milton hauchte der Erzählung aus der Genesis den epischen Atem und die poetische

Kraft eines Homer oder Vergil ein. Hätte Ricœur sich angemessen mit Miltons *Paradise Lost* (1667, *Das verlorene Paradies*) befaßt, hätte er Adam und Eva wohl kaum als »Strebebogen« des jüdisch-christlichen Gebäudes abtun können. Die ersten Kapitel des Buches Genesis weisen dieselbe Einfachheit auf wie gute Wandmalereien oder Wandteppiche. *Paradise Lost* dagegen entfaltet hinter seinem erhabenen Stil ein Szenarium, das ein ehrgeiziger Hollywood-Produzent zweifellos als Grundlage für ein gigantisches Weltraumspektakel mit den modernsten Spezialeffekten ansehen würde. Vielleicht werden wir diesen Film eines Tages zu sehen bekommen. Vorläufig verfügen wir jedoch über Miltons Dichtung, die aus dem rudimentären hebräischen Mythos ein großartiges christliches Epos macht.

Betrachten wir im folgenden, wie Milton das Thema des Erkenntnistabus aus dem Buch Genesis aufgreift und zu einer modernen Saga der Selbstentdeckung ausweitet. Dabei wird auch sichtbar, welch ungewöhnliche Wirkung das Versepos in seinen Details erzielt – ähnlich wie die beseelten weltlichen Schnitzwerke gotischer Kathedralen. Darüber hinaus vermittelt Miltons Werk dem aufmerksamen Leser auch einiges von dem langjährigen politischen und moralischen Konflikt, den der Dichter durchlebte.

Miltons Version

Milton hatte zwischen seinem vierzigsten und fünfzigsten Lebensjahr als Verfasser von Flugschriften und prominente Persönlichkeit eines der folgenschwersten Jahrzehnte in der englischen Geschichte durchlebt. In seinen Schriften befürwortete er die Pressefreiheit und Religionsfreiheit, das Recht auf Ehescheidung bei Unverträglichkeit und – als aufrührerischste Forderung – das Recht der Untertanen, einen unwürdigen König hinzurichten. Im Jahre 1649, als der vom Rumpfparlament eingesetzte oberste Gerichtshof Charles I. im Namen des englischen Volkes köpfen ließ, wurde Milton zum Auswärtigen Sekretär des republikanischen Staatsrates ernannt und mit einer Amtswohnung in Whitehall bedacht. Nach dem Staatsstreich von 1653 machte Cromwell ihn zum »Propagandisten«, vergleichbar mit einem heutigen Pressesprecher. Die puritanische Revolution verdankte viel von ihrem geistigen Elan und Stil der klassisch geprägten Bildung Miltons.

Im Jahre 1658 führten eine Erblindung, die Ernüchterung über Cromwell, der Tod seiner zweiten Frau und ein neu erwachter dichterischer Impuls dazu, daß Milton sich ins Privatleben zurückzog. Nach der Restauration von 1660 wurden seine Bücher öffentlich verbrannt, und sein Leben war bedroht, bis er durch die Vermittlung von Freunden in den Genuß der Generalamnestie kam. Milton war ganz nahe an das Feuer geraten, das er selbst mit angefacht hatte. Nun, mit über Fünfzig, wollte er sich wieder der Dichtkunst zuwenden und sich einen weniger skandalumwitterten Ruf verschaffen.

Schon in jungen Jahren hatte Milton nach einem großen Thema gesucht, das sich für ein Meisterwerk eignete und mit dem sich dauerhafter Ruhm erwerben ließ. Lange Zeit schwankte er zwischen den Stoffen der klassischen Epen und den jüngeren Rittergeschichten um König Arthur. Doch sehr wahrscheinlich fühlte sich Milton durch Bacon, Descartes und die neuen Naturwissenschaften dazu gedrängt, die traditionelle Auffassung von tabuisierter Erkenntnis, die sowohl von der Antike als auch vom Christentum überliefert wurde, ganz neu zu überdenken. Doch wie konnte er seine Erfahrungen als Revolutionär und seine Reiseerlebnisse umsetzen? Auf seiner Europareise im Jahre 1638 hatte Milton den alten und erblindeten Galilei aufgesucht, der in der Nähe von Florenz lebte – von der Inquisition unter Hausarrest gestellt. Ließ sich dieser große Gelehrte von einem Papst mundtot machen? Als indirektes Vehikel für diese zeitgenössischen Ereignisse fand Milton die älteste Geschichte des Alten Testaments.

Es gab kaum Beispiele für die literarische Neufassung des Mythos von Adam und Eva. Mit ihren Kommentaren hatten die Bibelforscher ganze Bibliotheken gefüllt. Und Ende des sechzehnten Jahrhunderts hatte Guillaume du Bartas eine populäre Neufassung in französischen Versen veröffentlicht, die ungefähr fünfzig Seiten umfaßte und selbst in der englischen Übersetzung einigen Erfolg hatte. Doch den Ehrgeiz und die Originalität von Miltons Unterfangen sollten wir in zweierlei Hinsicht nicht unterschätzen. Er hob Adam und Eva auf die Ebene eines epischen Sujets vom Range eines Homer oder Vergil. Und er ersann eine abgewandelte und im wesentlichen modernisierte Version, die eher für die Förderung von Erkenntnis eintritt als für deren Beschneidung. Dann arbeitete er, blind und vom Leben gebeutelt, zehn Jahre lang an dem Thema.

Die Frage der Form bereitete ihm ebenfalls einiges Kopfzerbrechen. In einer frühen Fassung skizzierte er ein Drama in fünf Akten mit dem Titel *Adam Unparadised*, in dem die Handlung von *Paradise Lost* in allegorischer Form zum Teil bereits erkennbar ist. Später entschloß er sich jedoch, ein episches Versdrama von monumentalem Umfang zu schreiben. Das Werk ist mit seinen 16 000 reimlosen zehnsilbigen Versen vierhundertmal so lang wie die vierzig Verse des Alten Testaments (die erst 1611 in der King-James-Bibel in »autorisierter« Übersetzung auf Englisch vorlagen). Die epische Erzählung enthält packende dramatische Szenen, einen protestantischen und bisweilen ketzerischen theologischen Diskurs über Gut und Böse, eine komplexe Psychologie, die zwischen tief menschlichen Phänomenen und überraschend spielerischen Elementen wechselt – und das Ganze in einer poetischen Sprache, welche die erzählte Geschichte gleichsam durch wundersame kosmische und mythologische Räume katapultiert. *Paradise Lost* entfaltet eine kosmische Phantasie, der Episoden entspringen, die so großartig sind wie die Szenen in der Sixtinischen Kapelle. Das Werk bietet auch freimütige Analysen des Familienlebens, die an Filme von Ingmar Bergman wie *Szenen einer Ehe* erinnern. Vor allem aber spricht uns in *Paradise Lost* eine »große unermüdliche Stimme« an, ein »Cantabile«, wie C. S. Lewis es nannte. Der blinde Milton diktierte jede einzelne Zeile und ließ nicht ab von seinem Entschluß, ein Epos nicht nur für ein bestimmtes Volk zu verfassen, wie Homer oder Vergil, sondern für die ganze Menschheit.

Damit seine Leser der Geschichte folgen konnten, stellte Milton jedem der zwölf Bücher eine kurze Inhaltsangabe voran. Ich folge demselben Impuls und lege zunächst einen Abriß des gesamten Dichtwerkes vor, in dem ich die wichtigsten Ereignisse um Adam und Eva hervorhebe. Auf diese Weise erschließt sich dem Leser der Fluß der Erzählung hinter all den Rückblenden, Vorwegnahmen, Abschweifungen und Eingriffen des Autors. In diese gestutzte Fassung schmuggeln sich natürlich in gewissem Maße auch Auslegung und Kommentar mit ein.

Die Handlung

Nachdem Milton sowohl die heidnische Muse als auch den christlichen Geist angerufen und gebeten hat, ihm zu helfen, in größere Höhen aufzusteigen als jeder bisherige Dichter, fängt er nicht mit der Schöpfungsgeschichte selbst an, sondern mit der Schilderung von welterschütternden Ereignissen, wie er sie selbst kurz zuvor durchlebt hatte. Er erzählt von einer Rebellion und deren Scheitern. Als Gott den Satan zur Strafe für dessen Aufbegehren aus dem Himmel verstoßen hat, finden sich Satan und seine Anhänger in der Hölle wieder zusammen und planen, Rache an der neuen Welt zu nehmen, die Gott irgendwo im Universum geschaffen haben soll (I). Satan begibt sich allein auf die große intergalaktische Reise, um das vermutete Paradies ausfindig zu machen. Er stößt zunächst auf die Höllenpforten, die verschlossen sind und von zwei unsäglichen Ungeheuern bewacht werden. Das eine ist die Sünde, eine Zauberin, die in jenem Augenblick dem Kopfe Satans entsprang, als dieser zum erstenmal Neid gegen den Sohn Gottes empfand – eine Art Minerva, die dem Kopf des Jupiter entsprungen ist. Das andere ist der Tod, die widerliche Frucht aus Satans Inzest mit der Sünde.[16] Die Sünde nimmt »das schnöde Werkzeug aller unsrer Pein / Den Schicksalsschlüssel«, öffnet damit die Höllenpforten und läßt Satan hinaus, der nun seinen Plan verfolgen kann (II).

Von seiner Höhe herab sieht Gott, wie Satan sich Adam und Eva im Garten Eden nähert, und sieht voraus, daß Satan den Menschen verderben werde. Gott gab dem Menschen die Stärke, der Versuchung widerstehen zu können, aber auch die Freiheit, ihr zu erliegen. Durch ein ungeklärtes Paradox wird durch diese Prophezeiung nicht die Prädestination begründet, wird nicht der Gang der Ereignisse im voraus festgelegt. Gott erklärt seinem Sohn, daß der

Mensch Gnade finden wird, weil er im Gegensatz zu Satan nicht aus eigener Bosheit abfällt, sondern erst durch jenen verführt wird. Gottes Sohn bietet sich als Instrument für diesen Gnadenakt selbst an (III). Satan verspürt mittlerweile Zweifel und Reue über sein hochmütiges Aufbegehren gegen Gott und macht beinahe einen Rückzieher, als er Adam und Eva im Paradies erblickt. Er empfindet fast Sympathie und Mitleid für das schöne, liebevolle Paar. Er belauscht sie und hört, daß ihnen verboten ist, vom Baum der Erkenntnis zu essen. Doch »der Anblick dieser zwei, / Die sich verparadiest in Armen liegen« (IV, 676), erfüllt ihn mit schrecklicher Eifersucht. Er beschließt, ihr Glück und ihre unschuldige Liebe zu zerstören. Doch die Schutztruppen Gottes stellen Satan, während er in Gestalt einer Kröte Eva im Traum Versuchungen einflüstert. Daraufhin muß Satan fliehen und sich vorübergehend zurückziehen (IV).

Am Morgen erzählt Eva ihrem Mann von ihrem seltsamen Traum, in dem sie von einem Engel dazu verführt wurde, von dem verbotenen Baum zu essen. Adam wundert sich über diese unerklärliche Manifestation des Bösen, doch er beruhigt sie, und sie beten gemeinsam. Dann begrüßen sie als unerwarteten Gast im Paradies den Erzengel Raphael. Gott hat ihn gesandt, um die Menschen an ihre Freiheit zu erinnern, die es ihnen erlaubt, sowohl gehorsam als auch ungehorsam zu sein, wie im Falle Satans. Adam fragt nach, und so berichtet Raphael ausführlich, wie Satan sich erstmals im Himmel auflehnte und von Gottes Sohn in einer großen Schlacht geschlagen wurde (V–VI). Auf Adams Bitte erzählt Raphael, wie die Welt dereinst erschaffen wurde (VII). Als Adam sich nach den Himmelsbewegungen erkundigt – das heißt, die kopernikanische Debatte aufgreift –, zieht der Engel eine Grenze und ermahnt ihn, nicht über Dinge zu sprechen, die »zu hoch« für ihn seien (206). Adam pflichtet ihm bei und erzählt in einer langen Rückblende von seinem eigenen Leben seit seiner Erschaffung, von seinen Gesprächen mit Gott, der Erschaffung der Frau als seiner Gefährtin und von dem Rausch der Leidenschaft, den er durch Evas Schönheit und das unschuldige Eheleben genießt. Raphael warnt Adam davor, sich der Leidenschaft hinzugeben, und erinnert Adam noch einmal daran, daß er die freie Wahl habe, der Versuchung zu widerstehen oder zu verfallen (VIII).

In einer zweiten eloquenten Anrufung seiner Muse rüstet sich Milton für die zentralen Ereignisse seiner Geschichte und versichert, daß diese weit heroischer sei als alle griechischen und römischen Epen und auch die modernen Fabeln von kühnen Rittern im Kampfgetümmel. Auf Evas Vorschlag hin gehen Adam und Eva an verschiedenen Orten im Garten an die Arbeit. Da begegnet ihr Satan, nun in Gestalt einer Schlange. Eva zeigt sich verwundert darüber, daß die Schlange sprechen kann. Die Schlange behauptet, der Genuß einer bestimmten Frucht aus dem Garten habe sie zum Sprechen befähigt. Mit raffinierter Argumentation und verführerischer Rede gibt die Schlange Eva zu verstehen, daß sie dem Bösen besser widerstehen könne, wenn sie es erst kennengelernt habe; und ein gerechter Gott, behauptet die Schlange, könne niemanden mit dem Tode bestrafen. Und so ißt Eva von dem Baum und verspürt eine Wonne ohnegleichen. Doch sie fürchtet immer noch, sterben zu müssen, und empfindet Eifersucht, daß Adam künftig ohne sie leben werde, und so bietet sie auch ihm von der Frucht an. Eva reißt Adam also mit in den Abgrund. Obwohl er sich über die Folgen klarer bewußt ist als sie, ißt Adam aus Liebe zu ihr ebenfalls von der Frucht. Auf der Stelle verwandelt sich ihre unschuldige Liebe in schuldhafte Lust. Sie empfinden Scham und ergehen sich in gegenseitigen Vorwürfen (IX).

Der Gottessohn steigt auf die Erde herab, um über Adam und Eva zu richten. Die Sünde und der Tod (die mit Satan eine wetteifernde Dreiheit bilden) folgen Satan in die Welt. Adam protestiert zunächst gegen die Ungerechtigkeit seines Schicksals, die ihn zu einer Existenz zwingt, die er nie anstrebte. Doch dann nimmt er die Verantwortung auf sich und wünscht sich einen schnellen Tod. Nun regt sich sein Gewissen, und er beklagt die Folgen, die sein Handeln für die gesamte nachfolgende Menschheit haben wird. Evas Vorschlag, sich Gewalt anzutun, weist er entschieden zurück. Schließlich versöhnen sie sich, fügen sich in ihren gemeinsamen Untergang und ergehen sich in Reue und Gebet (X).

Der Erzengel Michael eröffnet ihnen, daß sie das Paradies verlassen müssen. Er führt Adam auf einen hohen Berg und läßt ihn in einer Vision erblicken, was sich bis zur Sintflut ereignen wird (XI). Die Verheißungen gipfeln in der Fleischwerdung des Gottessohnes und der Erlösung des Menschen von Sünde und Tod, auf welche die schrecklichen Ereignisse der Neuzeit folgen. Adam zeigt sich verwundert darüber, daß aus seiner ursprünglichen Missetat eines Tages all dies Gute entstehen wird. Michael geleitet das Paar, das sich mit Sorge wie auch mit Hoffnung trägt, aus dem Paradies (XII).

Knapp vierhundert Seiten lang folgen Miltons zehnsilbige Verse in einer schier endlosen Kolumne aufeinander und bilden dabei ein gleichförmiges optisches Muster, das zunächst nichts über Tonfall, Rhythmus und Gehalt verrät. Man muß *Paradise Lost* laut lesen, um alle Stimmungen und Stile zu erfassen, die Milton während seiner zehnjährigen Arbeit entfaltete. Er konnte zwischen einem streng prophetischen und einem völlig volkstümlichen Ton wechseln. Im fünften Buch breitet Eva für den himmlischen Besucher, den Erzengel Raphael, ein üppiges *déjeuner sur l'herbe* aus. Sie kommen ins Plaudern, was der Erzähler mit einem verstohlenen post-paradiesischen Witz kommentiert: »Und nun wechseln sie, / Ohne zu fürchten, daß ihr Mahl erkalte, / Manch freundlich Wort« (V, 508–510). Später gesteht Milton in der eigenen Stimme des Autors, daß ihm das Schreiben des Versepos nicht leicht fiel, weil in England »die Himmelszone / Zu kalt« sei (IX, 51–52). Wir können uns seine Frostbeulen direkt vorstellen. Raphael fordert Adam auf, ihm die Geschichte seiner Erschaffung zu erzählen – er gibt zu verstehen, daß er sich als geschäftiger Erzengel an jenem Tag gerade auf Dienstreise befand.

> *»So rede fort; denn jenen Tag*
> *War ich, wie es geschah, nicht gegenwärtig,*
> *Sondern an einer Nacht- und Nebelreise*
> *Auf Kundschaft zu den Höllenpforten aus …«*
>
> (VIII, 274–277)

Gott selbst, so heißt es ferner, verfällt in Gelächter über die »wunderliche Weise«, in der sich die Menschen »vom Himmel ein Modell erstellen« (VIII, 89, 92). Ein paar Seiten weiter, als Adam sich bei Gott über den Mangel an menschlicher Gesellschaft im Paradies beklagt, erwidert Gott vergnüglich lächelnd:

> »*Was hältst du dann von mir und meinem Stand?*
> *Scheine ich dir genügend im Besitz*
> *Des Glückes, oder nicht? Der ich allein*
> *Seit Ewigkeiten bin ...*«

(VIII, 485–488)

Im allgemeinen begegnen wir bei Milton einer ganz besonderen (prä-Joyceschen) Sprache, die in ihrer freien Wortfolge lateinische Ursprünge erkennen läßt und in spielerischer Weise auf die Grundbedeutung von Worten zurückgreift. Der Fluß seines Blankverses wird ständig durch Enjambement (Zeilensprung), Elision (Auslassung) und Wiederholung variiert. Milton, der sich im Lateinischen, im Italienischen sowie im Englischen als Meister der Poesie erwiesen und dreißig Jahre lang kunstvolle Reime geschmiedet hatte, verzichtete in diesem seinem ehrgeizigsten Werk völlig auf Reime. In seinem einleitenden Vorwort zum Vers lehnte er den Reim rundweg als »die Erfindung eines barbarischen Zeitalters« ab. Milton erlaubt sich nur ungefähr siebzehn Reime oder Halbreime – etwa einen auf tausend Verse. Zwei dieser Reimpaare erfüllen eine wichtige Funktion. Sie signalisieren die zentralen Akte des Werkes und dramatisieren die kosmische Reaktion, die zuerst Eva und dann auch Adam nach dem Genuß der verbotenen Frucht erleben.

> *Forth reaching to the fruit, she plucked, she eat.*[17]
> *Earth felt the wound, and Nature from her seat*
> *Sighing through all her works gave signs of woe*
> *That all was lost.*

(IX, 781–783)

So sprechend langte sie mit raschem Arm
Zu böser Stunde pflückend nach der Frucht,
Sie brach, sie aß: die Erde spürte selbst
Die Wunde, und es seufzte die Natur
Aus ihrem Schoß durch alle Schöpfung auf,
In Weh bezeugend: alles war verloren.

(IX, 980–985)

Earth trembled from her entrails, as again
In pangs, and Nature gave a second groan.

(IX, 1000–1001)

Die Erde bebte da in ihrem Innern,
Ein andermal in Wehen, und es stöhnte
Aufs neue die Natur, der Himmel grollte …

(IX, 1259–1261)

Das also ist Miltons Wagnis: Er gründet alles – das Los der gesamten Menschheit und seinen eigenen Ruhm – auf die Geschichte von Adam und Eva. Aus der ursprünglichen hebräischen Fassung, die so primitiv erscheint wie Höhlenmalerei, entwickelt er ein Drama von geradezu epischen Proportionen und bettet es in eine Schilderung aller vorausgehenden und nachfolgenden historischen Ereignisse ein, einschließlich der religiösen und politischen Kontroversen seiner eigenen Zeit (XII, 628–658). Weshalb ist Milton so überzeugt, daß diese bescheidene Fabel die großen Taten antiker Heroen und fahrender Ritter überstrahlen und überdauern wird?

Ich glaube, der Grund liegt darin, daß Milton sich innerhalb der erweiterten Handlung auf die Frage der *Erkenntnis* – angebotener und verbotener Erkenntnis – konzentrieren kann. Diese These werde ich im folgenden belegen. Sie läßt sich auch mit einem rührenden Abschnitt illustrieren. Gegen Ende des ersten Drittels seines großen Werkes blickt der Dichter auf seine Protagonisten herab, die eben die leiblichen Freuden unschuldiger Paarung genossen haben. Er preist ihr Glück. Und einen Augenblick lang scheint der Dichter ihr unentrinnbares Schicksal aufhalten zu wollen – ein Schicksal, das seinen Lauf nimmt, weil sie mehr Wissen erlangen wollen, ein Wissen, das ihr Glück beendet und alles kompliziert macht.

> *Sleep on*
> *Blest pair; and O yet happiest if ye seek*
> *No happier state, and know to know no more.*
>
> (IV, 774–776)

> *So schlummert fort, ihr selig Paar, und, oh!*
> *Ihr glücklichstes, solange ihr noch nicht*
> *Euch einen glücklicheren Zustand noch*
> *Und mehr zu wissen suchet, als ihr kennt.*
>
> (IV, 1026–9)

Durch den Klang seiner Verse unterstreicht Milton die Szenerie und die Thematik. Das glückschwelgende »O« reimt sich auf ein verhängnisvolles, hinter den Kulissen drohendes *woe* – Weh. *Know* – *wissen* – tanzt eine vielsagende Sarabande mit *no* – *nein*. Die gesamte Szene schwankt und schwebt zwischen *Wissen* und *Nichtwissen*. Diese Verse verlangen danach, laut rezitiert zu werden.

Wissen in Grenzen

Warum werden Adam und Eva ihrem paradiesischen Zustand der Unschuld und der Unsterblichkeit abtrünnig? Was könnten sie wohl sonst noch wollen?

> *Des Menschen erste Widersetzlichkeit*
> *Und jenes untersagten Baumes Frucht,*
> *Die dieser Welt durch sterblichen Genuß*
> *Den Tod gebracht und unser ganzes Leid …*
>
> (I, 1–4)

Diese einleitenden Zeilen legen eine Themenliste fest, die lange
Zeit die Deutungen des *Verlorenen Paradieses* bestimmt hat. C. S.
Lewis erklärt kategorisch, daß der erste Sündenfall ein Akt des Ungehorsams sei; der Apfel an sich habe keine eigene Bedeutung, auch
wenn Eva und der Satan dies glauben mögen. Im Begriff der verbotenen Erkenntnis, der eng damit zusammenhängt, fällt also die
Betonung auf das Wort »verboten«. Eva und Adam handeln weitgehend aus einer Verstocktheit heraus; sie wollen sich nicht an den
Vertrag halten, der ihnen das Wohnrecht im Garten Eden sichert.
Sie sind einfach zu eigensinnig, zu neugierig oder zu verwöhnt, um
ein Verbot zu respektieren.

Meiner Meinung nach ist diese Deutung zu eng. Um Miltons
Version gerecht zu werden, müssen wir einige Abschnitte betrachten, die dem neunten Buch, in dem sich der eigentliche Sündenfall
ereignet, vorausgehen.[18] In den vier Büchern, in denen sich Raphael
geschwätzig mit dem Paar verbrüdert, hat der Erzengel einen wohl-
gemeinten Auftrag Gottes zu erfüllen. Er soll Adam warnen, nicht
»vom rechten Wege abzuschweifen« (V, 306). Doch bevor der Engel seine Mission erfüllen kann, ergreift Adam selbst die Initiative.
Er fängt an, Fragen zu stellen. Es scheint so, als entspringe hier der
menschliche Eigensinn ganz unerwartet und voll entfaltet Adams
Kopf, so wie die Sünde dem Kopfe Satans entsprungen ist. Satan
wurde durch seine Eifersucht auf Gottes Sohn angestachelt. Adams
Zufriedenheit scheint durch nichts getrübt zu sein, abgesehen davon, daß er mit einer gewissen »Scheu« spricht (V, 589).

> *Und als sie der Natur mit Speis und Trank*
> *Genügt, doch nicht gefrönt hatten, kam*
> *Es Adam plötzlich an, nicht ungenützt*
> *Die Stunde dieses wichtigen Gesprächs*
> *Zu lassen, um von Dingen zu erfahren*
> *Hoch über seiner Welt, und wie sie dort*
> *Im Himmel wohnen …*

(V, 578–584)

Adam blickt bereits über das ihm zugeteilte Paradies hinaus und fragt, wie sich sein Leben wohl mit dem der Heerscharen im Himmel vergleichen ließe. Raphael erwidert, Adam werde die Antwort erfahren »Wenn ihr gehorsam euch erzeigt« (V, 642). Was das heißen solle, fragt Adam, da Gott sie doch mit so viel Glück beschenkt habe? Der Engel erklärt ihm geduldig, daß Adam die freie Wahl habe, durch Ungehorsam den glücklichen Zustand zu verspielen, den der Allmächtige ihm gewährt habe. Den Engeln widerfahre dasselbe Los; sie hätten ihr Glück nur zu Lehen. »Wir dienen frei, da wir auch frei nur lieben« (V, 688). Raphael erinnert daran, daß der Satan erst unlängst im Traum Evas Phantasie geschmeichelt habe, und fügt hinzu, daß einige aufgrund von Ungehorsam bereits gefallen seien: »Von welchem höchsten Glück, in welche Pein!« (V, 694). Unser Urahne, der nichts von all dem weiß, gesteht, daß dies »in mir / Bedenken regt und um so mehr die Lust / … den ganzen Fall zu hören« (V, 708–710). Und es sei auch genügend Zeit dafür da, fügt er ermunternd hinzu. Raphael gibt in einem aufschlußreichen vierzehnzeiligen Auftakt zur Schilderung der Rebellion des Satans und der Schlacht im Himmel zu verstehen, daß sich diese himmlischen Ereignisse gar nicht so leicht erzählen lassen, und fragt sich schließlich sogar, ob diese Geheimnisse »kundzutun vielleicht sich nicht geziemt?« (V, 728). Welche moralische Lehre wird Adam aus der Geschichte Satans ziehen? Raphael gibt in dieser Hinsicht keine Anweisungen. Wer das Gedicht einfühlsam rezitiert, wird an dieser Stelle mit einer längeren Pause Raphaels Unschlüssigkeit zum Ausdruck bringen.

Raphael beantwortet seine eigene Frage über die Begrenzung des Wissens schließlich im Sinne jenes Freiheitsprinzips, das Milton (mit vorsichtigen Einschränkungen) in dem Pamphlet *Areopagitica*, einem Ruf nach Pressefreiheit, darlegt hatte. Die Unkenntnis des Bösen bedeutet einen Mangel an Entscheidungsfreiheit, eine »leere Tugend«; sie würde Adam zu einer Marionette machen. Diese freisinnigen Argumente aus *Areopagitica* werden an dieser Stelle im *Verlorenen Paradies* zwar nicht explizit ausgeführt, doch sie sind ganz klar zwischen den Zeilen zu erkennen und erklären auch Raphaels Bereitschaft, die Geschichte vom Ungehorsam des

Satans vollständig zu erzählen. Raphael setzt sich über seine eigenen Vorbehalte, Adam zu unterrichten, mit dem Argument hinweg, es sei schließlich zu seinem Besten. Die warnende Geschichte
von der Erhebung und Besiegung Satans nimmt ein ganzes Buch
mit über dreißig Seiten in Anspruch.

Das siebente Buch beginnt nach diesem langen Einschub mit
einer zweckdienlichen Zusammenfassung. Wir sollen den Eindruck
gewinnen, daß die Schilderung der Ereignisse bei dem glücklichen
Paar eine warnende Wirkung erzielt hat und gleichzeitig auch
nicht. Denn Adam will noch mehr. Die entsprechende Szene ist subtil gestaltet und bildet eine Schlüsselpassage. (In der ersten Zeile
ruft Milton wieder seine Muse an.)

> *So künde, Göttin, ferner, was geschah,*
> *Als Raphael, der liebenswerte Engel,*
> *Durch schrecklich Beispiel Adam so gewarnt,*
> *Den Abfall und die Folge, die im Himmel*
> *Davon die Abgefallnen traf, zu scheuen,*
> *Auf daß nicht Ähnliches im Paradies*
> *Adam ereile oder sein Geschlecht,*
> *Dem auferlegt, von dem verbotnen Baum*
> *Nie zu genießen, wenn sie anders doch*
> *In Übertretung dieses eine brächen,*
> *So leicht befolgt inmitten dieser Fülle*
> *Von all dem Köstlichen, das ihrem Gaumen,*
> *Dem arg verwöhnten, schmeichelte. Er hörte*
> *Mit Eva, seiner Hilfe, der Geschichte*
> *Gar eifrig zu und wunderte und staunte*
> *Ob solchen hohen, unerhörten Dingen …*
> *…*
> *Weshalb denn Adam seiner Zweifel bald,*
> *Die in ihm aufgestiegen, sich entschlug*
> *Und weiter forschte harmlosen Gemüts,*
> *Begierig nun, von Dingen zu erfahren,*
> *Die näher ihn beträfen; wie zuerst*
> *Die Welt des Himmels und der Erde hier*

> *Entstanden sei, wann und woraus erschaffen;*
> *Zu welchem Zwecke ...*
> *...*
> *Befragte er seinen himmlischen Gast.*
>
> (VII, 50–85)

Hüte dich davor, Satans Beispiel zu folgen, so lautet die Botschaft
der Parabel, die Adam in Erstaunen versetzt. Doch bald obsiegt sein
Wissensdurst. Da er ohne Schuld und Sünde ist, setzt er sich über
seine »Zweifel« hinweg. Er kennt kein Zögern, keine Skrupel. Trotz
seiner Unschuld will er mehr wissen, und in der folgenden Frage –
seiner vierten während dieses Picknicks – liefert er eine ausführliche Erklärung dafür, weshalb er dem Erzengel immer weiter zusetzt
und ihn drängt, die gesamte Schöpfungsgeschichte zu erzählen.

> *Wenn dir's gestattet ist, uns zu entdecken,*
> *Was uns gelüstet, nicht um seines Reichs*
> *Geheimnisse zu lüften, sondern um*
> *Die hohen Werke zu verherrlichen,*
> *Was mehr uns ziemt, je mehr wir darum wissen.*
>
> (VII, 114–118)

Adam will damit zu verstehen geben: Glaube nicht, daß ich dich
bloß aushorchen will. Mir geht es nur darum, Gott noch mehr zu
verherrlichen. Adams Argument für die Enthüllung von Wissen
gleicht der Argumentation Bacons, der in *The Advancement of
Learning* klar für die wissenschaftliche Forschung eintrat. Raphael
kommt Adams Ersuchen geduldig nach, weist aber darauf hin, daß
er Anweisungen von oben hat:

> *So ward es mir von oben aufgetragen,*
> *In Grenzen deinen Wissensdurst zu stillen;*
> *Was jenseits sei, das frage nicht, und setze*
> *Nicht Hoffnung auf die eigenen Gedanken,*
> *Daß sie das nicht Geoffenbarte dir*
> *Eröffnen möchten ...*   (VII, 143–148)

Der Erzengel zeigt sich bereit, all die spannenden Geschichten zu erzählen, doch die Zentrale legt Wert darauf, die »Grenzen« des Wissens zu wahren. Die daran anschließende Schöpfungsgeschichte, die William Blake einhundert Jahre später wunderschön illustrierte, nimmt nur zwölf Seiten in Anspruch. Adam, der von Raphaels Stimme fast hypnotisiert ist, hat nun anscheinend alles gehört, was er wissen will. Aber nein. Das achte Buch beginnt mit einer fast komischen Sequenz. Der unverbesserliche Adam gesteht: »Etwas zwar / Bleibt noch an Zweifel« (VIII, 13–14), nämlich in bezug auf die unglaublich große Zahl von Himmelskörpern, die sich durch den Weltenraum bewegen, nur um die winzig kleine Erde zu beleuchten. Diesmal löst er zwei krasse Reaktionen aus. Eva gibt auf und flüchtet sich in den Garten, um der ausgedehnten Erörterung, die sie kommen sieht, zu entgehen. Und Raphael schiebt einer weiteren Diskussion entschieden einen Riegel vor, so daß Milton darum herumkommt, in bezug auf die noch immer tobende kopernikanische Kontroverse einen Standpunkt einzunehmen. In einem längst fälligen Verweis ermahnt er Adam, nicht auch noch Dinge wissen zu wollen, die außerhalb seiner Reichweite liegen, und schließt mit jenen berühmten Versen, in denen er zu Mäßigung und Bescheidenheit rät.

> *Der Himmel ist für dich zu hoch zu wissen,*
> *Was dort geschieht; du sei bescheiden klug.*
> *Bedenk nur, was dich und dein Sein betrifft,*
> *Von andern Welten träume nicht, und was*
> *Dort für Geschöpfe leben, welcher Art,*
> *In welchem Zustand und in welchem Rang;*
> *Und sei zufrieden, daß so vieles dir*
> *Von Erd' und Himmel offenbar geworden.*
>
> (VIII, 206–213)

Miltons eifriger Erzähler berichtet uns, daß Adam daraufhin »der Zweifel ledig« (VIII, 214) und zufrieden ist. Doch ein so leichtgläubiger Mensch ist unser unschuldiger Adam nicht. Er gesteht, »von Rätseln frei, / Am leichtesten zu leben und, entwirrt / Vom quälen-

den Gedanken« und ohne jede »bittre Sorge« und Plage (217–221),
… *außer wenn* …

> … *außer wenn wir selbst*
> *Sie* [die Plagen] *suchen wollen mit unserem Geist*
> *Und Hirngespinsten; ist doch das Gemüt*
> *Oder die Phantasie so gern bereit,*
> *Ohn Ende auszuschweifen, bis, gewarnt,*
> *Oder durch die Erfahrung erst gewitzigt,*
> *Sie lerne, daß von weitgespannten Dingen,*
> *Dem Nutzen ferne, schwierig, überspitzt,*
> *Gar nichts zu wissen, aber das zu kennen,*
> *Was jeden Tag das Leben vor uns legt,*
> *Die erste Wahrheit ist; was drüber geht,*
> *Ist Schwall und Leere oder Narretei,*
> *Die sich vermißt …*

(VIII, 222–234)

Ein »ausschweifender Geist« bedeutet Ärger. Unser unschuldiger
Adam bringt es fertig, die Situation listig umzudrehen, so daß sie
seinen Zwecken entspricht. Und dies gelingt ihm mit Hilfe des
Wortes »Erfahrung«. Gehorsam und Demut sind schön und gut,
entgegnet er Raphael, doch neigt die Phantasie leicht dazu, zügel-
los »auszuschweifen«. Strenge Ermahnungen, wie die soeben er-
teilten, mögen mitunter nützen, doch die irdische Erfahrung lehrt
uns schneller und besser, »bescheiden klug« zu sein und keinen
»Hirngespinsten« nachzugehen. »Erfahrung« birgt immer einen
Anflug von Auflehnung gegen die etablierte Autorität. Der anscheinend noch immer unschuldige Adam hält hier eine Predigt
ganz im Stile Blakes und propagiert, daß der Weg zur Unschuld
über die Erfahrung führe. Und mit diesem theologischen Dilemma
beendet nicht Raphael, sondern Adam die Diskussion über die Gefahren der Erkenntnis und bietet sich an, seine eigene Geschichte
zu erzählen.[19]
  Wie spätere Abschnitte (im elften Buch) zeigen werden, lauert
hinter der Erfahrung der Ungehorsam, der Sündenfall und unser

ganzes Unglück. In einer plausibel begründeten Interpretation dieser und anderer Passagen zeigt Millicent Bell, wie sich aus einem »Augenblick der Widerspenstigkeit« bei Adam die »Lust nach verbotener Erkenntnis« entwickelt. Genauso ist es. Nachdem Milton über vier Bücher hinweg in den Gesprächen mit Raphael das Augenmerk ganz auf Adam richtete, folgt er im darauffolgenden und entscheidenden neunten Buch ganz der Genesis und läßt Eva die primär von Adam formulierten subversiven Gedanken ausagieren. Bereits der Traum und die Phantasievorstellungen zu Beginn des fünften Buches, eine in der Bibel nicht überlieferte Vorwegnahme der Versuchungsszene, räumt Eva eine entscheidende Rolle in der langen Entwicklung der Ereignisse ein. Milton überläßt der Frau eine wichtige Funktion im Streben nach dem verbotenen Wissen.

Auf dem Höhepunkt des Dramas tut der Satan in Gestalt der Schlange Gottes Satzung mit vier Worten ab (»Ihr sollt nicht sterben«; IX, 863) und verführt Eva, indem er Argumente wiederholt, die bereits Adam vorgebracht hat. Gott preise bestimmt ihren Mut, dem Tod zu trotzen, um zu noch größerem Glück zu gelangen. Was könnte Gott wohl dagegen einzuwenden haben, wenn sie vom Baum der Erkenntnis von Gut und Böse esse und so Einsehen gewinne? Man sollte das Gute doch kennen. Und dann der entscheidende Trumpf: »Falls das, was bös ist, *wirklich* ist, weshalb / Solls nicht erkannt sein, daß man's leichter meide?« (IX, 880–881). Der Satan bringt Adams Argument in neuer Verpackung vor: Erfahrung bewahrt uns besser vor dem Bösen als die bloße Warnung davor. Und so verschlingt Eva gierig die Frucht und bekundet inbrünstigen, abgöttischen Dank, zunächst gegenüber dem Baum der Erkenntnis und dann gegenüber der »Erfahrung, dir … mein bester Stern« (IX, 1014).

Mit ihrer neu erworbenen Erkenntnis fühlt sich Eva Adam gegenüber freier und überlegen. Unter den veränderten Vorzeichen ist sie versucht, sich ihm gegenüber als Boß aufzuspielen. Doch schon bald kommen ihr schreckliche Zweifel. Schließlich hatte Adam sie erinnert: »Denn, wie du weißt, hat Gott es Tod genannt, / Von jenem Baum zu kosten« (IV, 574–575). Ihre Euphorie wird rasch von ihrer Phantasie überholt.

> *Doch wie, wenn Gott gesehen hätte und*
> *Der Tod erfolgte? Dann wär' ich nicht mehr,*
> *Und eine andere Eva Adams Frau,*
> *Mit der er sich des Lebens freut, ich tot.*
> *Ein tötender Gedanke! ...*
>
> (IX, 1039–43)

Eva kann und will sich nicht vorstellen, daß der unsterbliche Adam ihren Tod überlebt und sich mit einer anderen Frau vergnügt, und so beschließt sie, ihn dazu zu bewegen, ebenfalls von der Frucht zu essen und gemeinsam mit ihr in den Tod zu gehen. Das sind wahrlich keine schönen Gedanken. C. S. Lewis geht so weit zu behaupten, Eva habe Adam ermordet. Ihr letztes, leeres Argument hat er sicherlich durchschaut, doch weil er blind vor Liebe ist, läßt er sich überreden. »Keiner Täuschung gab er sich, / Doch weiblicher Betörung töricht hin« (IX, 1257–58).

> *Drum koste, Adam, wie ich es erprobt,*
> *Die Furcht des Todes schlage in den Wind.*
>
> (IX, 1244–45)

Listig greift Eva Adams Argument auf – »Erfahrung« (»*on my experience*«, heißt es im Original). Während dieser gesamten Szene spielt Eva Adams Stellvertreterin, kraft jenes Charakterzuges, der das ganze Drama vorwärtstreibt, mit dem Adam den Erzengel Raphael in mehreren längeren Gesprächen unentwegt bei der Stange hält und für den unser Wortschatz den äußerst schwachen Ausdruck »Neugier« bereithält. Die Hefe, mit der Milton die vierzig trockenen Verse der Genesis zu dem großen Laib seines Versepos aufgehen läßt, ist der Begriff *libido sciendi*, »die Lust zu wissen«. Diese Lust zeigt sich unentwegt in Adams Gedanken und Worten; und im Augenblick der unheilvollen Zuspitzung leitet sie auch die Taten und Reaktionen Evas. Millicent Bell skizziert ganz zu Recht den weiten Bogen, den die Neugier spannt, von dem unberechenbaren Instinkt eines Kindes, das mit der Welt in seiner Reichweite spielt, bis zu der Lust nach verbotener Erkenntnis – einem Trieb, der einen Hang zur Gebotsübertretung und etwas ausgesprochen Pervertiertes hat.[20]

Im zwanzigsten Jahrhundert, in dem die kühnen Eingriffe der Naturwissenschaften in die Geheimnisse der Schöpfung und die Möglichkeiten der Weltraumforschung eindeutig positiv bewertet werden, gilt Neugier eher als Tor zur Weisheit denn als Tor zur Sünde. Im England des siebzehnten Jahrhunderts, als das moderne naturwissenschaftliche Zeitalter gerade erst heraufzog, wurde in zahllosen Disputen die Hybris der menschlichen Erkenntnis in den Vordergrund gerückt. Howard Schultz beschreibt diese Dispute in seinem Buch *Milton and Forbidden Knowledge*; diesem Werk zufolge kannte Milton das Motto des Bernhard von Clairvaux – »Neugier ist aller Sünde Anfang« – und die Ermahnung des Apostels Paulus – »sapere ad sobrietatem«, »wissen mit Maß«. E. M. Tillyard weist darauf hin, daß Miltons Notizbuch drei Einträge unter der Überschrift »Curiosity« enthält. Puritanische Prediger sprachen entrüstet von der »Adamskrankheit«. Und Montaignes Freund und Schüler Pierre Charron sprach sich in einem Buch mit dem Titel *De la sagesse* (1603; *Über die Weisheit*) entschieden für die Unwissenheit aus. Milton stand also mitten in der Kontroverse zwischen der alten Mäßigung und dem neuen Wissensdurst.

Wenn es im neunten Buch von *Paradise Lost* schließlich zum Sündenfall kommt, ist der kategorische Begriff der »Widersetzlichkeit« aus dem ersten Vers des Epos längst durch zwei Wesenszüge beschönigt und abgeschwächt worden, die als sympathisch menschlich dargestellt werden: Neugier und das Streben nach »Erfahrung«. Diese Motive erklären das Handeln von Adam und Eva, ohne dieses zu entschuldigen. Schließlich steht da der geheimnisvoll lockende Baum der Erkenntnis, der unentwegt seinen besonderen Status zur Schau stellt. Konnten die privilegierten Bewohner des Gartens Eden ihn wirklich einfach ignorieren, so wie ihnen befohlen war? Ein weiterer Umstand in der Geschichte erklärt, weshalb das Verbot, die Frucht zu essen, nicht – wie Adam anfangs noch zu Eva sagte – »ein einziges leichtes Servitut« (IV, 566–7), also eine leicht zu erfüllende Verbindlichkeit bleiben kann.

Diesen Reiz des Verbotenen bezeichne ich als »Frau-von-Bath-

Effekt«. Dieser subtile und zugleich gewichtige menschliche Wesenszug liegt vielen Diskussionen über Erkenntnistabus zugrunde. In ihm verbinden sich mehrere unangenehme und dennoch vertraute Facetten unserer Grundwesensart. Wir sind mit unserem Schicksal unzufrieden, egal wie es aussehen mag, eben weil es unser Schicksal ist. Wir begehren, was uns nicht zu eigen ist, weil es das andere verkörpert. Diese Mischung verkehrter Impulse, die ich in Anlehnung an Montaigne als »Torheiten des Geistes« bezeichne, habe ich als grundlegendes Motiv in den Werken Prousts und vieler anderer Autoren nachgewiesen. Zu dieser seltsamen und zugleich verbreiteten Unzufriedenheit mit uns selbst, auch wenn wir glücklich sein könnten, gesellt sich als weitere Komplikation ein Verbot, welches das Ganze nur noch schlimmer macht. Die großen Werke der Weltliteratur handeln von diesem Konflikt, an dem sich Liebe, Abenteuerlust, Krieg und Gewalt entzünden. Die bündigste Formulierung dieser Thematik in der gesamten Literatur finden wir in dem kurzen Vers von Chaucer, den ich diesem Buch vorangestellt habe: »Verbietet man uns etwas, so begehren wir es.«

Todesverachtende Taten locken so manchen. Je höher die Mauer, desto größer die Herausforderung. Manche Frauen fühlen sich zu gewalttätigen Männern hingezogen; manche Männer zu »männermordenden Vamps«. Wie Herzog Blaubarts Frau fühlen sich auch Kinder unwiderstehlich von dem angezogen, was sie nicht berühren dürfen. Der Kobold des Verkehrten, der in unseren ruhelosen Köpfen spukt, führt bisweilen zu Selbstverletzung und Selbstzerstörung. Die Schritte unterliegen einer ähnlichen Unausweichlichkeit wie die Vorstellung in jenem Psychologenspiel: »Stellen Sie sich *keinen* rosa Elefanten in einer blauen Wüste vor.« Das Verbot schafft ein Vakuum, in das unser freier Wille wie durch ein gewaltiges Naturgesetz hineingesogen wird. Nur eine ebenso starke Gegenkraft bewahrt uns vor dem »Instinkt der Widerspenstigkeit«, wie Milton es nannte.

Im Gegensatz zu der Auffassung, wonach böse Gedanken weder Schuld noch Makel hinterlassen (V, 153), fällt beim »Frau-von-Bath-Effekt« der Aspekt des Verbots stärker ins Gewicht als der der Erkenntnis, wobei der Tatsache Rechnung getragen wird, daß ein

Verbot eine verderbliche Anziehungskraft auf unsere schwache moralische Gesinnung ausübt. Milton geht fast so weit, für »des Menschen erste Widersetzlichkeit« mildernde Umstände gelten zu lassen. Er spricht diesen ketzerischen Gedanken nicht aus, sondern macht klar, daß Adam und Eva ihre Lektion gelernt haben.

Der Abstieg zur Weisheit

In *Paradise Lost* greift Milton an etlichen entscheidenden Stellen die Themen »Freiheit« und »Kontrolle« auf, die ihn auch zu seinem glühenden Manifest *Areopagitica* anregten. Trotz gewisser Vorbehalte wird in dieser Schrift die Rede- und Pressefreiheit auf der Grundlage der Willensfreiheit des einzelnen so massiv propagiert wie nie zuvor. Die Frage der freien Verbreitung von Ideen taucht einmal relativ früh in *Paradise Lost* auf und bildet in der nachfolgenden Entwicklung, Zuspitzung und Lösung ein wiederkehrendes Motiv. Im fünften Buch, als Eva von ihrem Traum berichtet, in dem sie von einem sanft redenden Engel verführt wurde, grübelt Adam über die Quelle des »unerhörten Traums«, »der wohl aus Bösem kam, … doch woher das Böse?« (V, 125–127). Eva ist für ihn schließlich »die Reinerschaffene« (129). Es findet sich keine einfache Antwort auf diese Frage, in der die Frage vom Beginn des Epos nachklingt (was bewog die Urmenschen zu ihrem Sündenfall? – I, 33 ff.), und so beginnt Adam, sich über die »Phantasie« und andere Kräfte in Geist und Seele, nämlich Vernunft und Gefühle, auszulassen. Die Phantasie neige dazu, Träume zu gebären, doch Eva brauche sich über ihren seltsamen Traum keine Sorgen zu machen, meint Adam.

> »Böses in Gottes und des Menschen Geist
> Mag wohl sich zeigen und verschwindet wieder;
> Da nicht gebilligt, hinterbleibt davon
> Kein Makel oder Flecken; und das macht
> Mich zuversichtlich, daß du, was im Schlaf
> Dich gräßlich dünkte, nur davon zu träumen,
> Nie willens wärest, wachend je zu tun.«   (V, 150 ff.)

Es ist nötig, wenn auch nicht leicht, die Widersprüche und Paradoxe auseinanderzuklauben, welche diese Verse bergen, die vor Adams und Evas unschuldigem Gebet (V, 271) sozusagen die Atmosphäre reinigen sollen. Aufgrund der engen Verbindung zum Evangelium des Markus (7, 15)[21], zu Dantes Träumen im *Fegefeuer* sowie zu Miltons eigener *Areopagitica* können wir annehmen, daß dieser Stelle eine zentrale Bedeutung zukommt. Von der oben zitierten Passage und anderen, damit zusammenhängenden Abschnitten lassen sich vier Formen oder Stufen der Erkenntnis ableiten.

Mit der ersten Stufe reiner Unschuld und Unwissenheit hält sich Milton gar nicht lange auf. Sowohl Eva als auch Adam zeigen Anzeichen von Neugier, Eitelkeit und Verschlagenheit, die gefährlich zwischen Unbefangenheit und Korruption schwanken. Die zweite Form der Erkenntnis entsteht durch Phantasie oder Träume; hier ereignet sich irdisches Handeln rein imaginär, wie in Evas Traum. Aus den entsprechenden Versen geht hervor, daß solch eingebildete Begegnungen mit dem Bösen keinen Makel hinterlassen; der Abschnitt gibt uns zu verstehen, daß durch die Phantasie keine Infektion droht, sondern daß sogar so etwas wie Läuterung, Katharsis, entstehen kann: Ein nachempfundenes Abenteuer bewirkt eine moralische Reinigung. Der Abschnitt sperrt sich jedoch gegen die Interpretation, die ich gerade gegeben habe. Bedeutet »Geist« [*mind*] Phantasie? Oder logisches Denken? Oder beides? Adam spricht davon, daß Evas Traum sie »gräßlich dünkte«; doch Evas eigener Bericht läßt erkennen, daß ihre erste Versuchung im Traum sowohl Grauen als auch Ekstase in ihr erregte. Ist sie wirklich immer noch ohne »Makel«?

Die dritte Stufe der Erkenntnis bildet die reale Erfahrung mit konkretem Handeln, das Vernunft, Phantasie und alle Sinne einbindet. Bleibt die Phantasie, das reine Spiel von Gedanken und Bildern, noch schuldlos, so zieht die Erfahrung die Konsequenzen der freien Willensentscheidung und Verantwortung nach sich. Im neunten Buch führt die reale Erfahrung, von der verbotenen Frucht zu essen, zum Sündenfall. Sowohl Adam, der mit Raphael über seine »Zweifel« diskutiert (VIII), als auch Eva, die nach dem Genuß der Frucht vor Begeisterung glüht (IX, 995) – beide nennen explizit die »Erfahrung« ihren großen Lehrmeister. Doch was kann die

Erfahrung jenseits ihrer selbst – jenseits von Glück und Leid und in diesem Fall jenseits der Sterblichkeit – vermitteln?

Für diese vierte Stufe, die nun das Wissen um Gut und Böse umfaßt, wählt Milton einen Begriff, der eher der klassischen als der christlichen Tradition entspricht. Der Rat »sei bescheiden klug« (VIII, 207), den der Erzengel Raphael Adam während ihrer langen Unterhaltung vor dem Sündenfall gibt, kommt zu früh. Denn die wahre Weisheit tritt erst am Ende der epischen Geschichte ein, nachdem die Erfahrung ihre Wirkung erzielt hat und als Adam zugeben muß: »Hinfort weiß ich wohl, / Daß zu gehorchen … stets das Beste ist« (XII, 686). Daraufhin verkündet der Erzengel Michael das, was im Grunde als Urteils- und als Segensspruch dieses langen Prozesses anzusehen ist.

> *Und hast du dies gelernt, so hast du auch*
> *Die Summe aller Weisheit dir erlangt,*
> *Nicht höher hoffe …*

(XII, 704–6)

Diese gütigen Worte haben etwas Endgültiges. Das fehlte der früheren Formulierung – auf daß ihr »nicht noch mehr zu wissen suchet, als ihr kennt« (IV, 1029) –, die vergeblich geäußert wurde, als das Paar noch im Zustand der Unschuld schlummerte. Als der Erzengel Michael im letzten Buch von der Menschwerdung und dem Sühneopfer Christi erzählt, staunt Adam verzückt über Gottes Güte: »daß aus Bösem / All dieses Gute einst erwachsen soll…« (XII, 572–3). In der christlichen Auslegung wird Adams Sünde als Akt verstanden, der die Sühne durch den zweiten Adam, Jesus Christus, ermöglicht. Jenseits aller theologischen Bedeutung der Geschichte vom Paradies schildert Milton in lebhaften Details die weltliche Geschichte eines legendären, aber zugleich sehr menschlichen Paares, das vier Stadien der Erkenntnis durchschreitet: Unschuld, Phantasie beziehungsweise Traum, Erfahrung sowie Weisheit. Und so können wir *Paradise Lost* als eine Geschichte lesen, die vom Abstieg zur Weisheit handelt, von einem Weg, der über die Erfahrung der Sünde führen muß.

Halten wir uns noch einmal vor Augen, wie Milton das knappe Geschehen aus Genesis 3 aufgreift, erweitert und vertieft. In gewisser Hinsicht verhält sich *Paradise Lost* zum Buch Genesis wie Aristoteles zu Platon. Platon verbannt die Dichter, weil sie wie Infekte unsere Leidenschaften und Sinne »anstecken«. Aristoteles weist in seiner *Poetik* den Dichtern einen Platz zu als Vermittler einer Katharsis, die unser moralisches Verständnis erweitert. In fast analoger Weise werden Adam und Eva im Buch Genesis zur Strafe für ihren Ungehorsam aus dem Paradies verbannt und zu ewiger Buße verdammt. In *Paradise Lost* wird ihnen die Möglichkeit eingeräumt, über die eventuelle Überwindung ihrer Sünde durch wahres moralisches Verständnis und durch christliche Buße nachzudenken. Gott sagt, wenn der Mensch vom Baum der Erkenntnis von Gut und Böse esse, müsse er sterben (Genesis 2,17). Die Schlange dagegen flüstert Eva ein, wenn die Menschen von dem Baum essen, »gehen euch die Augen auf, ihr werdet wie Gott und erkennt Gut und Böse« (Genesis 3,5). Milton zeigt in seiner epischen Nacherzählung, inwiefern beides zutreffen kann. Sterblichkeit *und* Erkenntnis machen unser menschliches Schicksal aus. Aber in beiden Geschichten ist das Verbot notwendig; es verdichtet die Handlung. Es muß eine Größe geben, die Grenzen setzt – ein göttliches Verbot, zivile Gesetzgebung, überlieferte Moral oder die innere Stimme des Gewissens. Der Einfluß solcher Kräfte ermöglicht es uns, durch Erfahrung zu Weisheit zu gelangen. Ohne diese Begrenzungen versinken wir in Selbstsucht und Maßlosigkeit.

Die sorgfältig dosierte Erfahrung des Bösen in der biblischen Geschichte des Paradieses weist enge Parallelen zur Praxis des Impfens auf. Die begrenzte Dosis eines Erregers oder eines infektiösen Stoffes löst eine Immunreaktion aus. In dem Leitspruch, den Charles Baudelaire für sein Werk *Les fleurs du mal* bei Agrippa d'Aubigné fand, wird das medizinische Prinzip der Impfung auf die moralisch-geistige Ebene übertragen. »Denn Tugend ist nicht die Frucht der Unwissenheit.« In diesem Satz klingt auch das zentrale Argument aus Miltons *Areopagitica* noch einmal an.

Diese Grundwahrheiten über Unschuld und Erfahrung, Phantasie und Weisheit sowie über Verbot und Beschränkung lassen sich kaum in ein paar knappen Kommentaren vermitteln, die aus einer jahrtausendealten Geschichte die Essenz herauszuziehen versuchen. Es gibt keinen Ersatz für Genesis 3 mit der Suggestivkraft seiner Kargheit, ebensowenig für *Paradise Lost* mit seiner ausschweifenden Dramatisierung. Beide Texte wetteifern uneingeschränkt miteinander; sie fordern unsere Phantasie auf unterschiedliche Weise und beleuchten dabei sowohl den Reichtum der Literaturgeschichte als auch das lange Ringen um eine moralische Grundordnung.

Betrachten wir nun die Stelle gegen Ende der Geschichte, an der Adam die Vorausschau des Erzengels Michael auf Abraham und Moses sowie die Schaffung des Gesetzes und des Bundes unterbricht und sagt: »nun gehen mir / Erst meine Augen richtig auf« (XII, 325–6). Während des Sündenfalls hatte die Schlange Eva verheißen, ihr würden die Augen aufgehen (IX, 892–3). Eva verspricht Adam dasselbe (1090); und nachdem Adam von der Frucht gekostet hat, wiederholt auch der Erzähler es noch einmal: »Die Augen nun, wie sehr! Geöffnet« (IX, 1327). Aus den folgenden Zeilen erfahren wir jedoch, daß ihnen die Augen in diesem Moment nur für ihre »schuldbewußte Scham« geöffnet werden (IX, 1334). Wenn Milton dagegen im letzten Buch schreibt, daß Adam die Augen erst richtig aufgehen, können wir aus dem Zusammenhang schließen, daß die wahre Erkenntnis, die hier gemeint ist, im biblischen Sinne offenbart wird. Adam bezeugt auch, daß diese Offenbarung der Zukunft eine besondere Gunst sei, die er erfährt – er, »der verbotnerweise / Verbotene Erkenntnis hat gesucht« (XII 331–2).

Milton stellt das Buch Genesis nicht auf den Kopf. Trotz all der rebellischen und opponierenden Untertöne, die in seiner Erzählung zu vernehmen sind, und trotz eines tiefen Verständnisses für die Wißbegierde hört er nicht auf, scharfe Kritik an der Sünde des Hochmuts in Form der *libido sciendi* zu üben. Wir wollen zu viel wissen. Wir spüren den Sog des »Frau-von-Bath-Effekts«. Dieses gewaltige literarische und theologische Vermächtnis, in dem die Ur-Geschichte der Menschheit nacherzählt wird, warnt ebenso eindringlich vor hochmütigem Erkenntnisdrang wie die biblische Episode um den Turmbau von Babel und Voltaires *Candide*.

Es sollte uns nicht überraschen, daß ein so großes christliches Werk, das in den Unruhen des siebzehnten Jahrhunderts in England entstand, neben der Figur des unermüdlich intrigierenden Satans bereits in seiner Grundanlage Elemente eines Zweifels birgt, der sich vor allem gegen den Mißbrauch der menschlichen Willensfreiheit und die Macht der Phantasie richtet. Jenseits des Ärmelkanals benutzte Descartes den systematischen und schonungslosen Zweifel als Methode, um den Weg für das induktive Denken freizumachen, und ließ dabei nur soviel von Gott übrig, wie unbedingt nötig war, um den Ursprung des Seins zu begründen. Milton kam sozusagen aus der anderen Richtung; er wollte die große religiöse Tradition Europas in soliden protestantischen Begriffen neu begründen. Doch die beiden menschlichen Charaktere, die er als Akteure für seine Geschichte schuf, offenbaren eine Form des Glaubens, in den sich Zweifel in Form unstillbarer Neugier mischt.

Die Geschichte von Adam und Eva und der Schlange vermittelt uns unterschwellig viele Botschaften über Phänomene wie Ungehorsam, sexuelles Begehren und männliche Überlegenheit. Diese Themen stehen jedoch nicht im Mittelpunkt. Milton gestattet es dem Satan beinahe, die Hauptrolle an sich zu reißen und die moralische Plattform zu besetzen. Doch bei all seinem trotzigen und findigen Handeln geht es dem Satan nur darum, die richtige Taktik zu wählen, um Adam und Eva in ihrem beneidenswerten Paradies zu korrumpieren; es geht ihm nicht darum, den richtigen Verhaltenskodex für das menschliche Leben zu begründen. Milton komponierte sein Versepos zu der Zeit, als Descartes und Pascal die Pole des philosophischen Denkens in Frankreich repräsentierten, und er verlieh seinem Werk einen unvergleichlich weiten Horizont, indem er zwei in Wechselbeziehung stehende Gegensatzpaare einbezog: Wissen und Unwissenheit, Zweifel und Glaube. Deren Schnittpunkt bildet das zentrale Paradox, das wir nun mit Recht als »tabuisierte *Erfahrung*« bezeichnen können. Milton legt dieses Wort seinem Adam und seiner Eva in den Mund, so wie Dante es seinem Odysseus in den Mund legte. Es bezeichnet ein Handeln, das zunächst möglicherweise zur Sünde führt, dann jedoch zur Weisheit und zur Erlösung. Wir können uns des Lebens nicht enthalten.

Wir können den Reiz des Verbotenen nicht ausschalten. Doch genauso deutlich läßt Milton den Erzengel Raphael Adam anweisen, Erfahrung und Erkenntnis nicht abzulehnen, aber zu begrenzen: »Sei bescheiden klug.«

Kapitel III

Faust und Frankenstein

∎

Der Faust-Mythos

Mit der schillernden Figur des Satans spielte Milton auch auf die folgenschwere historische Episode an, die er selbst erlebt hatte – eine Revolution, die gescheitert war. Die Leser reagierten zwar begeistert auf die Rolle des Satans in *Paradise Lost*, doch mit der zentralen Handlung griff Milton eine der ältesten Geschichten der hebräischen Mythologie auf. Milton hatte keine neue Fabel erfunden.

Nach meiner langjährigen Auseinandersetzung mit der abendländischen Literatur frage ich mich manchmal immer noch, ob diese wirklich auf ein paar simple Geschichten reduziert werden kann. James G. Frazer und sein Epigone Joseph Campbell versuchten eine solche Synthese im Bereich der Mythen und Legenden. Der Dichter Carl Sandburg rezitierte auf manchen seiner Lesereisen, begleitet von den Klängen eines Banjo, das, wie er sagte, kürzeste Gedicht, das je geschrieben wurde: »Geboren, gelitten, gestorben.« Andere sprachen von 36 dramatischen Grundsituationen. Der Volkskundler Vladimir Propp dachte, er leiste etwas Nützliches, als er in der russischen Volksdichtung 31 Funktionen und 151 Elemente identifizierte, denen er jeweils ein mathematisches Symbol zuwies. In dem langsamen kollektiven Prozeß, in dem sich einige volkstümliche Geschichten zu einer Handvoll Mythen verdichtet haben, offenbaren sich einige mögliche Lebensformen und die Sehnsüchte, die sie ausdrücken oder unterdrücken. Unsere westlichen Mythen zeichnen sich unter anderem dadurch aus, daß die meisten auf antike Quellen aus dem alten Ägypten, aus Griechenland, Judäa und dem Orient zurückgehen. Die Zahl der Mythen aus der Zeit nach der Antike ist so gering, daß ich nur zwei nennen kann, die in den letzten tausend Jahren entstanden sind.

Der erste dieser »modernen« Mythen besteht aus den zahlreichen ausschweifenden und verwirrenden Geschichten, die sich um den Hof König Arthurs und den Heiligen Gral ranken. Im fünfzehnten Jahrhundert brachte Sir Thomas Malory Geschichten nach Britannien zurück, die im elften und zwölften Jahrhundert in der Glanzzeit der gotischen Kathedralen in Frankreich und Deutschland niedergeschrieben worden waren. Diese Geschichten, die von Ereignissen auf britischem Boden zu heidnischer Zeit handelten, waren in grauer Vorzeit in Wales, Cornwall und Irland entstanden und mündlich überliefert worden.[22] All diese miteinander verknüpften Geschichten von Sir Lancelot und Ginevra, Sir Galahad und Perceval haben eine Aura des Unergründlichen. Erklären läßt sich diese Unergründlichkeit teils durch die Vermengung heidnischer Rituale und christlicher Mysterien, teils auch durch Veränderungen und Verwechslungen aufgrund der Überlieferung. Seit Tennysons *Idylls of the King* und Wagners *Parsifal* betrachten wir diese Geschichten als Essenz des Mittelalters und einer keltischen Mythologie, die bisweilen sogar den Stoffen der griechisch-römischen Antike sowie des jüdisch-christlichen Altertums den Rang streitig macht.

Das gesamte Textkorpus um König Arthur läßt sich als komplexes Kriminalstück über Ritter deuten, die verschiedene Formen esoterischen Wissens erlangen oder verfehlen. Nach meinen beiden vorausgehenden Kapiteln über die Gefahren der Hybris und der Neugier komme ich nicht umhin, die einleitende Episode der Gralsgeschichte zu beleuchten, wie sie Chrétien de Troyes in *Perceval* und Wolfram von Eschenbach in *Parzival* erzählen. Hier wird der Neugier eine ganz andere Rolle beigemessen.

Der junge Perceval, der seine verwitwete Mutter verlassen hat, um Abenteuer zu erleben und den Ritterstand zu erringen, wird von Fischern zu einem seltsamen Schloß geschickt, dessen verwundeter Herr ihn empfängt. Vieles mutet Perceval höchst sonderbar an: ein »Gral«, der allen Nahrung spendet, eine blutende Lanze und ein magisches Schwert. Perceval ist verwirrt und fragt sich, wo er wohl sei und was hier vor sich gehe. Doch sein Lehrer brachte ihm bei, keine indiskreten Fragen zu stellen, und so schweigt er. Später wird Perceval seine Zurückhaltung zum Verhängnis werden, denn er läßt die Gelegenheit ungenutzt, die bannbrechende Frage zu stellen, die den Herrn (den Fischerkönig, dessen Land wegen seiner Verwundung unfruchtbar ist) heilen, seinen Vater rächen und ihm selbst Ruhm und Ehre einbringen würde.

Prometheus und Pandora, Eva und Adam, Psyche und ihresgleichen müssen schreckliche Konsequenzen tragen, weil sie ein Verbot übertreten und bestimmte Formen der Erkenntnis erstreben. Perceval, der die Warnung vor falscher Neugier befolgt, versagt bei der ersten großen Prüfung seiner Mannhaftigkeit. Für sich genommen scheint die Episode eine gewisse Kühnheit, ja Tollkühnheit bei einem Ritter zu befürworten. Im Kontext der labyrinthisch verschlungenen Arthur-Legenden verbindet sich die Episode um den Fischerkönig mit einer endlosen Suche nach Abenteuer und Erfahrung – eine Erfahrung, die stets außer Reichweite bleibt und niemals vollständig zu erlangen ist. Perceval spielt eine zutiefst menschliche, beinahe komische Rolle in einem ansonsten düsteren Szenarium. Percevals Sohn Lohengrin setzt die Suche nach dem Gral später fort. Aus solchen Stoffen, die auch einige berühmte Liebesgeschichten einschließen, wurde das System des mittelalterlichen Rittertums gebildet, das einen ungeheuren kulturellen Auswuchs der christlichen Lehre darstellte.

Die prekär ausbalancierte Mischung aus rituellem Kampf und hoffnungsloser Liebe, welche das Ethos des Rittertums begründete, brachte – als Gegenreaktion – zwei antiritterliche Geschichten hervor, die inzwischen selbst zu halben Mythen geworden sind. Don Quixote steigert sich so sehr in die ritterliche Tradition hinein, daß er einem harmlosen Wahn verfällt. Seine komischen Abenteuer bilden den ersten Schritt zu einer Umwandlung der Figur des edlen

Ritters in einen schurkischen Abenteurer. Der spanischen Literatur entspringt auch der zweite Don, der die Ritterlichkeit zu einer Taktik des ungezügelten und immer unerfüllten Egoismus in Form sexueller Eroberungen verkommen läßt. In den meisten Fassungen kommt Don Juan als überraschend sympathischer Gauner davon. Im Vergleich zu den warnenden Mythen der Antike scheinen die Arthur-Legenden mit Don Quixote und Don Juan als Ablegern ein größeres Maß an Kühnheit und Unabhängigkeit gegenüber den traditionellen Zwängen zu propagieren. Ist es möglich, daß die hierarchischen Strukturen und die enge geistige Welt des Mittelalters zu einer existentiellen Ungeduld führten, die sich im neuen Mythos des Ritters ausdrückte? Solch eine Vermutung läßt sich nicht beweisen. Der zweite Mythos der neueren Geschichte scheint indessen eine entsprechende Vorstellung davon, wie wir das Mittelalter abgeschüttelt haben, zu bestätigen.

Unser zweiter großer Mythos, der nicht in der Antike wurzelt, rankt sich um den ruhelosen Gelehrten und Abenteurer Doktor Faust. Schriftlich überlieferte Versionen dieser Sage reichen nicht so weit ins Mittelalter zurück wie die der Gralslegende. Die Geschichte des studierten Mannes, der seine Seele dem Teufel verkauft, um übernatürliche Kräfte zu erlangen, baut ebenso stark wie die Rittersagen auf dem Motiv der Suche auf. Manche Forscher meinen, die Thematik des Gelehrten bis zu Prometheus oder zum mächtigen Zauberer Simon Magus in der Apostelgeschichte 8, 9–24 zurückverfolgen zu können. Fausts wahre Wurzeln liegen jedoch in volkstümlichen mittelalterlichen Erzählungen und Puppenspielen, die von Wissenserwerb per Teufelspakt handeln. Sie scheinen sich auf eine historische Figur zu beziehen, den Gelehrten und Schwarzmagier Johann Faust, der um 1500 gelebt haben soll. Die erste gedruckte Fassung der Faust-Geschichte gab Johann Spieß jedoch erst 1587 heraus. In diesem Volksbuch unterzeichnet der Doktor einen Blutpakt und verpflichtet sich, seine Seele dem Botschafter des Teufels, Mephistopheles, zu überlassen, wenn dieser ihm vierundzwanzig Jahre lang all seine Wünsche erfüllt und ihn in die Magie einweist. In dieser einfach gestrickten Fabel drückt sich indirekt der Forschergeist der Renaissance aus, der damals in den

Norden vordrang, und gleichzeitig der provokative Geist der protestantischen Reformation, der vom Norden ausging.

Aus nicht unmittelbar einsichtigen Gründen erscheinen die existierenden Versionen der Faust-Geschichte allesamt fragmentarisch und höchst verworren.[23] Die fesselnde Situation, um die es geht, wird nie zu einer vereinheitlichten und überzeugenden Handlung ausgesponnen. Die Sage hat viele Autoren gereizt. Nicht einmal Goethe gab ihr eine definitive Form. In *Doctor Faustus*, der älteren Fassung Marlowes von 1593, will der Protagonist fliegen können und unsichtbar werden, will Herrscher über die Welt und eine Gottheit werden. Eine ganze Schar Clowns, grotesker Teufel und ein Papst, die mit Zaubertricks gefoppt werden, verwandeln die mittleren Szenen in reinen Slapstick. Im fünften Akt werden Fausts letzte Augenblicke zu einer moralischen Allegorie reduziert, die so stereotyp erscheint wie *Pilgrim's Progress*. Der charakterschwache Faust wünscht, »hätte ich doch nie ein Buch gelesen«, und muß sich Mephistopheles' Predigten anhören: »Narren, die auf Erden lachen müssen, werden in der Hölle weinen.« Marlowes Stück ist noch dem Mittelalter verhaftet; es steht in größerer Nähe zu Alfred Jarrys *Ubu Roi* als zur klassischen Tragödie oder zur Identitätssuche des modernen Theaters.

Auf Marlowes Stück folgte eine Flut von Puppenspielen, die auf den Marktplätzen in ganz Europa aufgeführt wurden und in denen Faust am Ende in den gähnenden Höllenschlund gestoßen wird. Das Publikum begeisterte sich an den grausigen Bühneneffekten. Es war der deutsche Dramatiker Lessing, ein unerbittlicher Kritiker des französischen Klassizismus und ein großer Bewunderer Shakespeares, der Mitte des achtzehnten Jahrhunderts jene Änderungen einführte, die Faust aus dem Mittelalter in die Neuzeit versetzten. Lessings Faust-Drama ist bis auf wenige Fragmente verlorengegangen, doch wir wissen, daß in seiner Version Faust für seinen Pakt mit dem Teufel nicht verdammt wird. Er wird gerettet.

Diese Neuerung wies Goethe den Weg. Sein Leben lang befaßte er sich immer wieder mit dem Faust-Stoff, den er auf die Geschichte Hiobs aufpfropfte und zu einem Schauspiel machte, das so ausgedehnt und episodisch ist, daß es jeder Einheitlichkeit in der dramatischen Handlung entbehrt. Es wird selten vollständig aufgeführt; bei Bearbeitungen für die Oper wurden ganze Abschnitte gestrichen. Am Ende des Stückes können wir der Tatsache, daß der Erzsünder und Ur-Playboy des Abendlandes gerade wegen seines »Strebens« schließlich erlöst wird, nur eine dubiose moralische und symbolische Bedeutung zugestehen. Doch wonach strebt Faust? Wie in früheren Fassungen finden wir auch in Goethes *Faust* nicht so leicht eine Szene, in der Fausts Edelmut über seinen Egoismus triumphiert. Er zeigt nur wenige Züge, die uns mit ihm versöhnen. In dem von Goethe neu eingeführten Gretchen-Drama ist Faust letztlich für vier Morde verantwortlich. Der Schurke aus den Puppenspielen hat wenig vollbracht, um bei Gott Gnade und Erlösung zu finden.

Ich glaube, diese »Tragödie«, wie Goethe sein Werk nannte, spricht uns eher durch ihren Reichtum an Komik an. Daß Goethe mit der Veröffentlichung seines *Faust* in mehreren Etappen wichtige Marksteine setzte, hielt andere Autoren jedoch nicht davon ab, die Sage in andere Richtungen weiterzuentwickeln. Zwischen der Veröffentlichung von *Faust I* (1808) und *Faust II* (1833) erschien in London ein anonymer Roman mit dem Titel *Frankenstein oder Der moderne Prometheus* (1818). Die Anonymität wurde jedoch bald aufgehoben. Die Autorin Mary Wollstonecraft Shelley, die dieses bemerkenswerte Werk im Alter von neunzehn Jahren konzipierte, setzte hier ein breites Spektrum klassischer und moderner Mythen um, von der Figur des Prometheus über Miltons Satan bis zu Lockes These vom Geist als einer *Tabula rasa*. Vor allem aber ging es ihr um das faustische Motiv des »Schlangenbisses« der Erkenntnis. Es gibt viele Gründe, diese beiden Bücher parallel zu lesen.

Zwei konträre Versionen

Der Handlungsbogen in Goethes *Faust I*, der fünfundzwanzig Szenen ohne weitere Unterteilung in Akte umfaßt, läßt sich grob in drei Abschnitte gliedern: Entsagung und neuer Bund; Verführung Gretchens und Verrat; Flucht und Reue. In der Eröffnungsszene macht Faust so etwas wie eine schwere Midlife-crisis durch; er löst all seine Bindungen – zu Bildung und Buchwissen, zur Institution der Universität, selbst zur Sprache als Mittel der Erkenntnis – und schließt einen Pakt mit dem Gesandten des Teufels. Nachdem er alles verflucht hat – Ansehen und Sippe, Geld und Glauben –, strebt er nach reinem Genuß und sucht den Rausch der Erfahrung um der Erfahrung willen. Auf Gretchens Frage, wie er es denn mit der Religion halte, gibt Faust eine aufschlußreiche Antwort.

> *Erfüll davon dein Herz, so groß es ist,*
> *Und wenn du ganz in dem Gefühle selig bist,*
> *Nenn es dann, wie du willst,*
> *Nenn's Glück! Herz! Liebe! Gott!*
> *Ich habe keinen Namen*
> *Dafür! Gefühl ist alles;*
> *Name ist Schall und Rauch,*
> *Umnebelnd Himmelsglut.*

> (*Faust I,* 3451–58)

Dieser moderne Hiob ist bereit, sein sinnliches Glück als seinen Gott zu bezeichnen: ein klares Manifest des Hedonismus. Der biblische Hiob hätte mit solcher Blasphemie sofort die Gunst Gottes verspielt. Doch bei Goethe stellt Gretchen lediglich fest, daß Fausts Glaubensbekenntnis doch irgendwie seltsam klingt, dann geht die Szene weiter. Die unschuldig erscheinende Romanze mit Gretchen, die immer wieder höchst lyrische Momente aufweist, führt zu einer Kette von Katastrophen, denen Faust einfach den Rücken kehrt, als Gretchen im Kerker stirbt. Sinnenrausch und Glücksgefühle überwinden alle Skrupel.

Fausts Abkehr von konventioneller Lebenserfüllung um der intensiven Erfahrung willen wird von drei Einführungen eingerahmt, durch die man in das Werk einsteigt. In der »Zueignung« verankert Goethe das Stück in eigenen jugendlichen Phantasievorstellungen, deren Geisterwelt nach langer Zeit wieder aufgestiegen ist. Im »Vorspiel auf dem Theater« wird dem Leser beziehungsweise Zuschauer durch die nichtklassische Figur der »Lustigen Person« ausdrücklich zu verstehen gegeben, daß er eine komplexe Mischung aus viel Irrtum und einem Fünkchen Wahrheit zu erwarten habe.

> *Laßt uns auch so ein Schauspiel geben!*
> *Greift nur hinein ins volle Menschenleben!*
> *Ein jeder lebt's, nicht vielen ist's bekannt,*
> *Und wo ihr's packt, da ist's interessant.*

(166–169)

Am Ende des »Vorspiels« gibt schließlich der Theaterdirektor den Auftrag und das Motto bekannt:

> *So schreitet in dem engen Bretterhaus*
> *Den ganzen Kreis der Schöpfung aus,*
> *Und wandelt mit bedächt'ger Schnelle*
> *Vom Himmel durch die Welt zur Hölle.*

(239–242)

Auf dieses Manifest folgt als dritte Einführung der »Prolog im Himmel«. Die Lobpreisung der Schöpfung im hohen Ton der Erzengel (243–270) wechselt abrupt in ein witziges Gespräch zwischen dem hinterlistigen Schalk Mephistopheles und einem ungeheuer toleranten Gott höchstpersönlich. »Der Herr« begrüßt sogar Mephistos unverschämtes Angebot zu der Wette, er könne Faust korrumpieren, denn Gott gesteht ganz offen, daß ein »Schalk« manchmal ganz gut zu gebrauchen sei, um den Menschen aus seiner Apathie zu reißen. Jeder Kritiker seit Schiller hat sich mit diesem ungeheuren Wechsel in Ton und Stimmung in Goethes *Faust* auseinandersetzen müssen. Goethe selbst sprach von »ernsten Späßen«.

Müssen wir *Faust I* ernst nehmen? Bei Mephistos ständigen Scherzen können wir uns dies ernstlich fragen. Der »Prolog im Himmel« stiftet ein kompliziertes metaphysisches Rätsel, das an das Alte Testament anknüpft. Wenn Hiob fragt: Warum müssen die Frommen leiden?, stellt sich mit Faust die Frage: Warum werden die Gottlosen erlöst?

Es ist schwer zu sagen, inwieweit Fausts Hedonismus die Werte Goethes und seiner Zeit spiegelt. Mit diesem vielschichtigen Werk übersteigt Goethes Genie ganz eindeutig gängige Kategorien wie klassisch und romantisch, wissenschaftlich und poetisch, tragisch und komisch, göttlich und teuflisch, gesellschaftlich und individuell. Am straff organisierten Weimarer Hof widmete sich Goethe der Staatskunst, der Theaterleitung, der Forschung und Wissenschaft sowie einem großen Zirkel von Freunden und Verehrern. Im Vergleich dazu wirkt die Figur des Faust wie ein Einzelgänger, der auf unvertrautem Terrain umherirrt. Als Europa unter den Folgen der Französischen Revolution brodelte und bebte, schien sich Goethe hehreren Aufgaben zuzuwenden, doch an diesem borstigen Stück über die menschliche Entfremdung und die Unzufriedenheit mit dem Leben hielt er treu fest – durch dick und dünn. Er kam nicht davon los. Dennoch bleibt Faust, der in seinem Streben zu weit geht und trotzdem seiner Strafe entgeht, literarisch und kulturell weitgehend ein Rätsel.

Dagegen liefern Mary Shelleys Lebensumstände klare Hinweise auf die Frage, weshalb sie ihren ersten Roman schrieb und weshalb sie ihn in so jungen Jahren in einem einzigen Jahr abschließen konnte. Sie verbrachte ihre prägenden Jahre im Kreis berühmter Menschen, die von vielen Zeitgenossen wegen ihrer Genialität, ihrer hohen Ideale und ihres vermeintlich erfüllenden Lebensstils bewundert wurden. Ihr verwitweter Vater, William Godwin, war jedoch ein ausgewiesener Sozialist, dessen utilitaristische Moral ihn zu der Aussage bewog, er würde eher ein geschätztes Buch aus einem Feuer retten als ein Mitglied seiner Familie. Er wußte kaum, wie er sich um seine Tochter kümmern sollte. Diese kannte ihre Mutter, Mary Wollstonecraft Godwin, die an Wochenbettfieber starb, nur durch Erzählungen über ihren engagierten Einsatz für den Feminismus, für revolutionäre Ideen und für bedürftige Freunde. Percy Bysshe Shelley, der Prototyp des romantischen Dichters, nahm die siebzehnjährige Mary mit nach Europa, wo er eine Zeitlang unverheiratet mit ihr im ungeordneten Haushalt eines anderen romantischen Poeten, Lord Byrons, lebte. Sie nährten sich von hohen Idealen und hehren Ambitionen, die Welt durch Emanzipation und Revolution zu verändern. Die Männer in diesem Zirkel waren darauf aus, mit ihrer Genialität Ruhm zu erlangen; andere Belange durften ihnen nicht in die Quere kommen. Als Teenager überließ sich Mary zum Teil diesem berauschenden Lebensstil, um den sie von vielen sicherlich beneidet wurde. Sie war der Inbegriff des romantischen Groupie. Gleichzeitig merkte sie, wie eitel, hohl und selbstsüchtig dieser Lebensstil war, und verspürte den Wunsch, diese Erfahrung literarisch zu verarbeiten. Der Roman *Frankenstein* mag einem an vielen Stellen stümperhaft und übertrieben erscheinen, doch die bemerkenswerte Erzählstruktur entfaltet eine Geschichte, deren Relevanz für die Entwicklung der abendländischen Kultur seit ihrer Veröffentlichung ständig zugenommen hat. Während *Faust* die Faszination eines ewigen Rätsels ausstrahlt, brennt *Frankenstein* wie ein Schlag ins Gesicht, den die Autorin ihrer eigenen Verwandtschaft versetzt.

Frankenstein weist eine ganze Reihe von Kunstmitteln auf, die uns in die Geschichte hineinführen sollen und die ebenso komplex sind wie bei *Faust*. Bereits der Untertitel, der den Helden des Romans als »modernen Prometheus« ausweist, erhebt einen ungeheuer hohen Anspruch. Den einleitenden Sinnspruch bildet ein Zitat Adams aus *Paradise Lost*, mit dem das Gefühl der hilflosen Isolation beschrieben werden soll, die das von Dr. Frankenstein so grauenvoll zum Leben erweckte Wesen empfindet.[24] In der ursprünglich anonymen Ausgabe von 1818 folgte der Widmung an William Godwin, die viele glauben ließ, Percy Bysshe Shelley habe das Buch geschrieben, ein unsigniertes Vorwort, das Percy tatsächlich für Mary geschrieben hatte. Darin heißt es: »Zwar bin ich bestrebt gewesen, die Richtigkeit der Grundprinzipien, auf denen das Wesen der Menschen beruht, nach Kräften zu respektieren, bekenne aber frei, daß ich nicht gezögert habe, alles auf neuartige Weise miteinander zu verknüpfen.« Percy, der hier in der Person Marys schreibt, betont die spekulative Seite der Geschichte, die als ein Experiment an der menschlichen Natur dargestellt wird, bei dem – wie in den Werken Edgar Allan Poes und in moderner Science-fiction – psychologische Grundprinzipien befolgt werden.

Dann beschreibt die Figur des R. Walton in einer Reihe von Briefen an seine Schwester in England sowohl Waltons eigene Expedition zum Nordpol als auch seine Begegnung mit dem Forscherkollegen Frankenstein, der durch große Unternehmungen nach Ruhm und Ehre strebt. Schließlich erzählt der erschöpfte Frankenstein Walton ausführlich davon, wie er aus Leichenteilen ein lebendes Monster erschuf. Im Zentrum, eingebettet in Frankensteins Schilderung, steht die Geschichte des Monsters, die auf einem imposanten Gletscher hoch oben in den Alpen erzählt wird. All diese narrativen Verankerungen sollen sicherstellen, daß die Kerngeschichte todernst genommen wird. Dieses gottlose Universum, das immerhin mit Geistern und Dämonen und all den erbaulichen Effekten des Erhabenen in der Natur ausgestattet ist, ruft kein einziges absichtliches Lachen oder Lächeln hervor, mit dem die Morde abgemildert werden könnten, die das Ungeheuer an vier Menschen begeht, die seinem Erschaffer nahestehen.

Ich möchte die beiden Handlungen noch einmal kurz zusammenfassen. Faust, der in seinem Leben einen hohen gesellschaftlichen und intellektuellen Status erreicht hat, gibt all dies für mehr oder weniger zweifelhafte Leistungen als romantischer Liebhaber und Phantasiereisender auf. Auf drei Kontinenten übt er Ungeduld mit sich selbst, mit Mephistopheles und der gesamten Schöpfung. Der junge, unbekannte Frankenstein dagegen strebt nach Ruhm, der einzigen Form des Seelenheils, die ihm sein nihilistisches Universum bietet. Er stürzt sich auf den fanatischen Versuch, menschliches Leben zu erschaffen, was traditionell einer Gottheit vorbehalten ist. Sein Erfolg bedeutet zugleich seine Verdammnis. Auch Frankenstein hat letztlich vier Morde zu verantworten. Er gibt Walton zu verstehen, daß es gefährlich sei, Wissen zu erlangen, und daß derjenige, der seine Heimatstadt für die Welt hält, um vieles glücklicher sei als jener, der über die Grenzen seiner Natur hinauswachsen will. »Seht Ihr denn nicht, wohin solch unbedachte Neugierde Euch führt? ... Gebt Frieden, ich beschwöre Euch, und laßt die Finger davon! Lernt aus meinem Ungemach und wollet nicht noch das Eure befördern!« (296). Frankenstein meint indes kaum, was er sagt.

Trotz der Unterschiede im dramatischen Ausgang und im vorherrschenden Ton sind diese beiden Geschichten über metaphysische Abenteuer die eindrucksvollsten und nachhaltigsten Versionen ein und desselben Mythos – des Mythos vom Gelehrten, der mit seinem Schicksal unzufrieden ist und Erfüllung im Übermenschlichen sucht.

Szenen aus Faust

In der Eröffnungsszene in Fausts Studierzimmer finden sich bemerkenswerte Anklänge an die ersten beiden Teile von René Descartes' *Discours de la méthode* (*Von der Methode des richtigen Vernunftgebrauchs und der wissenschaftlichen Forschung*). Descartes führt aus, daß er seine Studien in Literatur, Mathematik, Theologie, Philosophie, Jura, Medizin und Rhetorik aufgegeben habe und auf Reisen, durch Alltagserfahrungen und die Anwendung des gesunden Menschenverstandes praktischere Erkenntnisse anstrebe. Auch Faust sinniert darüber, daß er in all diesen Disziplinen hohe akademische Würden erlangt hat. Die beiden Schilderungen unterscheiden sich im Zeitpunkt, zu dem die Betrachtung jeweils einsetzt. Faust erleben wir in dem Augenblick, in dem er voller Ungeduld aus seinem muffigen Gelehrtendasein auszubrechen versucht und im aktiven Tun Erfüllung sucht. Descartes erleben wir in jenem Moment, in dem er sich nach Jahren der Wanderschaft wieder in seiner Studierstube einquartiert. Descartes' Beschreibung der hinter ihm liegenden Erfahrungen ist keine schlechte Zusammenfassung dessen, was Faust noch vor sich hat. Diese Sätze sind auch nach dreihundert Jahren noch von zeitloser Prägnanz.

Daher gab ich die wissenschaftlichen Studien ganz auf, … und entschlossen, kein anderes Wissen zu suchen, als was ich in mir selbst oder im großen Buche der Welt würde finden können, verbrachte ich den Rest meiner Jugend damit, zu reisen, Höfe und Heere kennenzulernen, mit Menschen verschiedenen Temperaments und Standes zu verkehren, manche Er-

fahrung zu sammeln, mich selbst auf die Probe zu stellen in Treffen, in die das Geschick mich stellte, und über alles, was mir begegnete, Überlegungen anzustellen, aus denen ich einigen Nutzen ziehen konnte. Denn ich würde, so schien mir, weit mehr Wahrheit in den praktischen Urteilen finden können, die jeder über die eigenen Angelegenheiten fällt und deren Erfolg ihn eine falsche Entscheidung bald danach büßen läßt, als in Überlegungen, die ein Gelehrter in seinem Studierzimmer über wirkungslose Theorien anstellt, die für ihn selbst höchstens die Folge haben, daß er sich um so mehr darauf einbildet, je weiter sie sich vom gesunden Menschenverstand entfernen ...

(Discours de la méthode, Erster Teil, 14.)

Dies könnten Fausts Worte zu Beginn des Dramas von Goethe sein. Mit Mephistopheles als Reiseleiter und Lehrer stürmt Faust davon, um das praktische Wissen und die Erfahrung jener Realität zu erlangen, vor der er sich bislang abgeschirmt hat. Im Gegensatz zu Descartes kehrt Faust nicht wieder in seine Studierstube zurück, um eine Bestandsaufnahme dessen zu machen, was er gelernt hat. Seine Abenteuer und Erlebnisse gehen immer weiter. Allein der Tod kann den Handlungsbogen dieses Stücks beschließen.

Jeder Kunstkenner weiß, daß die Figur des heiligen Hieronymus in seiner Studierstube ein beliebtes Motiv in der Malerei der Renaissance war. In der Regel wurde er mit Büchern, Kreuz und Totenkopf in seiner Mönchszelle dargestellt. Wie Marlowe wählte auch Goethe Fausts Gelehrtenzimmer als zentrale Szene für sein Intellektuellendrama, zu dem das Gretchen-Drama ein sperriges, aber zugleich reizvolles Anhängsel bildet. Nachdem Faust in der ersten Szene allen traditionellen Wissenschaften den Rücken gekehrt und in der zweiten Szene, »Vor dem Tor«, die Geister angerufen hat, die zwischen Erde und Himmel herrschen, bemerkt er, daß ihm ein Geist (in Gestalt eines Pudels) in sein Studierzimmer gefolgt ist. Nach komischen Beschwörungen tritt Mephistopheles hervor, »gekleidet wie ein fahrender Scholastikus«, das heißt, als Fausts parodierendes Double. Faust ist derjenige, der einen Pakt vorschlägt –

als ob er die Einzelheiten seines eigenen Mythos bereits aus früheren Quellen kennte. Mephistopheles hält ihn noch hin; die ihn begleitenden Geister singen Faust in den Schlaf, so daß sich der Gehilfe Luzifers mit höheren Stellen beraten kann.

Als Mephisto zurückkehrt, ist Faust übelgelaunt und verflucht alles, »was die Seele / Mit Lock- und Gaukelwerk umspannt« (1587–88). Er verflucht auch die Kraft der Imagination, den »Gott, der mir im Busen wohnt« (1566), denn »Er kann nach außen nichts bewegen« (1569). All diese Diskussionen wirken (wenn sie nicht überzeugend inszeniert werden) höchst abstrakt und als Auftakt zu dem großen Moment wenig glaubwürdig. Ein unsichtbarer Geisterchor muß Faust erst aus seiner Fluchtirade herausreißen, so daß Mephisto weiter mit ihm verhandeln kann. Faust lehnt alles Konventionelle wie Gold, Mädchen, Ruhm und Ehre ab (1679–87). Vor allem aber verwirft er den aus der Faust-Sage überlieferten Handel, bei dem die Seele gegen eine Zeit des magischen Glücks eingetauscht wird. Faust schlägt statt dessen eine Wette vor.

> *Werd ich zum Augenblicke sagen:*
> *Verweile doch! du bist so schön!*
> *Dann magst du mich in Fesseln schlagen,*
> *Dann will ich gern zugrunde gehn!*
>
> (1699–1702)

Aus dem traditionellen Kontrakt, bei dem Faust nichts weiter zu tun hat, als vierundzwanzig Jahre lang sein Glück zu genießen, wird somit ein Wettbewerb, bei dem es darum geht, wer gerissener ist.[25] Bei einer Wette hat Faust immerhin die Möglichkeit, zu gewinnen und beide Vorteile für sich geltend zu machen: nicht nur Mephistos übernatürliche Kräfte zu nutzen, sondern auch gemäß Lessings Version am Schluß seine Seele zu retten.

Es ist wichtig festzuhalten, daß Faust seine Wette im Grunde mindestens zweimal verliert, bevor das Ende eintritt. In der Szene in »Marthens Garten« bezeichnet er seine Liebe zu Gretchen als »unaussprechlich« und schwärmt:

> *Sich hinzugeben ganz und eine Wonne*
> *Zu fühlen, die ewig sein muß!*
> *Ewig! – Ihr Ende würde Verzweiflung sein.*
> *Nein, kein Ende! Kein Ende!*
>
> (3191–94)

Dies ist doch wohl jener »Augenblick«, jener Ausschnitt aus dem »Rauschen der Zeit« (1754), dem »Strom des Bewußtseins«, der Moment des Glücks, dem sich Faust seiner Wette zufolge niemals vollständig und endgültig hingeben will. In der Tragödie zweiter Teil gibt er sich in ähnlich ekstatischer Begeisterung Helena hin (9381–9418). Doch der Lauf der Ereignisse geht an der Wette, die am Anfang steht, irgendwie völlig vorbei. Weder Mephistopheles noch Gott fordern je das Pfand der Wette ein, die Faust verliert. Somit führt Goethe die Hiobs-Geschichte in ein Fiasko, das am Ende nur durch ein Mirakel gelöst wird.

Als Inspirationsquelle für die Wette zwischen Mephistopheles und Gott wird allgemein das Buch Hiob angesehen. Allzu selten wird jedoch darauf hingewiesen, daß wir auch wissen, woher Goethe die Anregung zu seiner zweiten Wette (zwischen Mephisto und Faust) nahm.[26] Im fünften Abschnitt seiner *Rêveries du promeneur solitaire* (*Träumereien eines einsamen Spaziergängers*) beschreibt Jean-Jacques Rousseau sein idyllisches Leben in Einsamkeit und Meditation, »das köstliche *far niente*« auf der Petersinsel im Bieler See in der Schweiz. Rousseau treibt in einem Ruderboot auf den ruhigen Wellen und vollbringt keinerlei Heldentaten und verdient sich keinerlei Ruhm. In einem wunderschön geschilderten Prozeß der Entsagung erlangt er statt dessen das Gefühl, zu einer vollkommen schlichten Lebensweise gefunden zu haben. Rousseaus Betrachtungen über diesen Zustand des Seins markieren einen kritischen Moment in der Geistesgeschichte des Abendlandes.

> *Auch gibt es auf Erden wenig andere als vergängliche Freuden, und ich zweifle, ob irgend jemand ein Glück kennt, das nie vergeht. Kaum gibt es bei dem feurigsten Genuß einen*

einzigen Augenblick, in dem das Herz mit Wahrheit ausrufen könnte: »*Möchte doch dieser Augenblick immer fortdauern!*«, *und wie kann ein flüchtiger Zustand Glück genannt werden, der das Herz leer und unruhig läßt und in dem wir stets etwas Vergangenes vermissen oder noch etwas Künftiges wünschen?*

(*Fünfter Spaziergang*, S. 699)

Dieses Sehnen danach, den Fluß der Zeit zu überwinden und den Augenblick zu verewigen, hat sowohl etwas Mystisches als auch etwas Blasphemisches. Rousseau bekennt sich ein paar Zeilen später selbst zu seiner Hybris. »Und was genießt man in einer solchen Lage? Nichts, das außer uns selbst wäre, nichts als sich selbst und sein eigenes Dasein, und solange dieser Zustand währt, ist man, wie Gott, sich selbst genug« (S. 699).

Goethe greift Rousseaus Streben nach Transzendenz in der Weise auf, daß sein Faust (mit zwei Ausnahmen) der Versuchung widersteht, sich über die Grenzen der Zeit hinwegzusetzen. Goethes Faust verkauft seine Seele nicht, wie Marlowes Held, für zwei Jahrzehnte garantiertes Highlife. Er wettet vielmehr, daß keine menschliche Bindung, daß kein Gefühl, egal wie tief es sein mag, ihn je zur Treue würde bewegen können. Dieses Prinzip des steinernen Herzens ermöglicht es Faust, alles auszuprobieren, wie ein intellektueller Schürzenjäger oder ein Teilnehmer an einem Forschungsprojekt der Sexualwissenschaft. Und er zieht immer weiter. Dabei steht für ihn anscheinend nichts auf dem Spiel, außer sein eigenes üppiges Weiterleben.[27]

Die Moral von Goethes Faust-Drama läßt sich nicht leicht fassen, denn sie verbirgt sich hinter tiefer Paradoxie und Ambiguität. Faust klammert sich an die Flüchtigkeit des Lebens und will sich zugleich darüber erheben. Sein »Streben« zielt sowohl auf hehre Absichten als auch auf unverantwortlichen Opportunismus. Faust trachtet danach, göttlichen Status zu erringen. Indem er Mephistos übliche Schmeicheleien ausschlägt und auf einem offenen Deal besteht, der ihm Mephistos magische Kräfte so lange sichert, wie er – Faust – unbefriedigt bleibt, überlistet Faust sowohl Mephisto als auch Gott und bringt sie dazu, ihn über die Normalsterblichkeit hinauszuheben. In seinem Sinnieren »vor dem Tor« sehnt sich Faust danach, Flügel zu haben; drei Szenen später fliegt er über ganz Europa und genießt »den göttergleichen Lauf« (1080).

Bereits bevor *Faust I* im Jahre 1808 veröffentlicht wurde, galt das Stück als Meisterwerk und Glanzleistung des gefeiertsten Literaten Europas. Das unaufführbare Stück schien die gesellschaftlichen und kulturellen Konflikte jener revolutionären Epoche auf den Punkt zu bringen und zugleich zu überwinden. Da Goethe über zwei Jahrzehnte lang bis zu seinem Tod mit Unterbrechungen immer wieder daran arbeitete, genoß das unvollendete Werk den Rang eines monumentalen *work in progress* der Weltliteratur mit romantischen und klassischen Impulsen. Heute wird das gesamte Drama alle paar Jahre von einer engagierten Schauspieltruppe im Rudolf-Steiner-Institut im schweizerischen Dornach aufgeführt; dieses Ritual dauert mehrere Tage. In vielen Ländern steht der Tragödie erster Teil auf den Lehrplänen der Schulen und Hochschulen. Mehrere Bearbeitungen für die Oper stützen sich vor allem auf das Gretchen-Drama, um das Goethe die ursprüngliche Geschichte erweiterte. Und das Wort »faustisch« ist in viele Sprachen eingegangen.

Seinen großen Ruhm verdient Goethes *Faust* aus zweierlei Gründen. Erstens erkannte Goethe darin eine der großen dramatischen Grundsituationen, an denen der moderne Mensch wächst beziehungsweise zerbricht. Wir streben, ohne genau zu wissen, wonach wir streben, und bilden uns dabei ein, daß unser Wissensdurst an höherer Stelle honoriert wird. Der Keim zu der Faust-Geschichte wurde in dem jungen Goethe wahrscheinlich während seines Jurastudiums in Straßburg gelegt. Wir wissen nicht, wann er auf die beiden entscheidenden Veränderungen kam, die aus der archaisch-mittelalterlichen Zauberfabel einen modernen psychologisch-philosophischen Mythos machen und somit einen zeitlich begrenzten Pakt durch eine offene Wette und Verdammnis durch Erlösung ersetzen.

Zweitens öffnete Goethe hier ein wahres Füllhorn meisterhafter deutscher Poesie in den unterschiedlichsten Stimmungen und

Versformen. Kein literarisches Kunstwerk aus der Feder eines einzigen Autors weist eine Mischung so vieler unterschiedlicher Stile auf. Diese virtuose Leistung macht die adäquate Übersetzung in andere Sprachen beinahe unmöglich. Fausts sinnierende Worte in der Abendsonne (1065 ff.) entfalten sich zu einer romantischen Ode an das Fliegen. Das Lied, das Gretchen singt, als sie sich in ihrem Zimmer auszieht, ist ebenso in den Schatz der Volksdichtung eingegangen wie die Lieder Shakespeares.

> *Es war ein König in Thule*
> *Gar treu bis an das Grab,*
> *Dem sterbend seine Buhle*
> *Einen goldnen Becher gab.*

(2759–62)

Faust und Mephistopheles necken und verspotten einander ständig in dem populären Knittelvers der alten Puppenspiele. Verglichen mit Miltons *Paradise Lost*, dessen zehnsilbige Verse immerhin bemerkenswerte Stimmungsveränderungen aufweisen, liest sich Goethes zwölftausend Verse umfassendes Drama wie eine poetische Variétéshow oder eine Zirkusvorstellung in drei Manegen.

Die packende Situation und die fesselnde Sprache fordern unsere Aufmerksamkeit und Bewunderung. Doch als Bühnenstück, als episodisches Porträt eines überlebensgroßen Helden, wird *Faust* weder Goethes noch unseren Erwartungen gerecht. Die *Faust*-Exegeten sind immer sehr redlich und äußerst findig ans Werk gegangen, aber trotz der bemerkenswerten Szenen und unterhaltsamen Momente fehlt dem Stück jene Einheit, nach der wir unentwegt Ausschau halten: die Einheitlichkeit der Handlung. Das Leben läßt sich zwar normalerweise nicht in einer hübschen Einheitlichkeit erleben oder gestalten, doch wir scheinen uns nach einer klaren Gestaltung unserer Erfahrung zu sehnen. Im großen mündlich überlieferten Epos und auch in der verdichteten Form der Kurzgeschichte, ja selbst im kurzen anekdotenhaften Gespräch schaffen wir uns ein Gefühl der narrativen Entwicklung und der moralischen Bedeutung, die auf der Skala menschlicher Erfahrung eine vollständige, erkennbare Gestalt aufweisen. Es wurde keine einzige Kultur entdeckt, in der das Leben des Stammes nicht von Geschichtenerzählern nacherzählt wurde. Unser elementares Verlangen nach erzählerischer Klarheit zeigt sich übrigens auch darin, daß in allen Kulturen, sozusagen als Gegenstück, auch gewisse Formen der Lügengeschichte oder des Ammenmärchens erfunden wurden – unsinnige Darstellungen von Ereignissen, in denen die Episoden ohne Form und Plan wiedergegeben werden. Solch schiere Willkür bringt uns zum Lachen. Manche modernen und »postmodernen« Autoren haben im Ringen um Originalität diese Form der Formlosigkeit aufgegriffen.

Doch selbst in der Tragödie zweiter Teil ist Goethes *Faust* kein Lügenmärchen. Goethes gewaltiges Drama strebt eine Einheitlichkeit an, die es nicht erreicht. Das Stück kann also verschiedenen modernen Kategorien zugerechnet werden. Es enthält Elemente des absurden Theaters, der filmischen Montage und der zwanghaften Selbstparodie. Diese Aspekte des Stücks weisen auf Ibsens *Peer Gynt* und Jarrys *Ubu Roi* voraus. Doch wir sollten nicht zu weit von Goethes zentralem Anliegen abschweifen. Die Bedeutung seines *Faust* liegt weniger in der Art, wie Goethe die vielen Einzelteile zusammenfügt, als vielmehr in seinem Thema – menschliche Größe birgt menschliche Schwäche – und in seiner poetischen Sprache.

Im Jahre 1795, als erst nur Fragmente von Goethes *Urfaust* vorlagen, lobte Friedrich von Schlegel die großartige Poesie und die Wahrhaftigkeit des philosophischen Gehalts. Schlegel hegte keinerlei Bedenken, selbst auf dieser relativ schmalen Beweisgrundlage, Goethe mit Shakespeare zu vergleichen. Sollte *Faust* vollendet werden, meinte er, würde er wahrscheinlich sogar *Hamlet* weit übertreffen, mit dem ihn ein gemeinsames Anliegen zu verbinden scheine. Dem würde ich hinzufügen, daß Goethe sein Drama im Grunde nie vollendet hat; er hat es einfach immer nur erweitert. Und falls das Anliegen, das *Faust* und *Hamlet* gemeinsam verfolgen, den schwierigen Schritt vom Gedanken zur Tat betrifft, so wird dieses weder von dem Motiv der Wette noch von Fausts abschließender Erlösung wirklich erhellt. Goethe schuf ein Monument, das bereits von Anfang an in herrlichen Ruinen lag, eine moderne Sphinx oder Akropolis, ein Lebenswerk, das den ständigen

Umschwüngen der Phantasie seines Schöpfers ausgesetzt war. *Faust* wurde als Klassiker geboren, doch lebendig wird er nicht als Ganzes, sondern in Momentaufnahmen.

Unter den Geschichten, die von verbotenem Wissen handeln, kommt *Faust* jedoch eine große Bedeutung zu. Um seinen modernen Helden zu erschaffen, hat Goethe Adam auf den Kopf gestellt. Faust strebt nach Erkenntnis jenseits seiner natürlichen »Reichweite«. Er bricht das christliche Tabu, das die heidnische Magie verbietet. Er verschmäht es, wie Descartes einsichtsvoll in sein Studierzimmer zurückzukehren, nachdem er genügend Welterfahrung gewonnen hat. Und dann verlangt Goethe von uns zu glauben, daß dieser privilegierte, zügellose Gelehrte, der nicht etwa durch die Verlockungen einer ränkevollen Eva irregeführt wurde, für sein »Streben« Lob ernten, ja sogar Vergebung finden soll. Dieser moderne Adam wird von einem Engelschor in den Himmel geleitet, und zwar für ein Verhalten, das stolzer und widersetzlicher war als jenes, das dem ursprünglichen Adam die Verbannung aus dem Paradies einbrachte.

Milton ging mit dem Stoff ganz anders um. In seiner epischen, aber zumeist sehr sachlichen Nacherzählung sah er Adams Erlösung voraus, ohne allerdings seine Verurteilung und Bestrafung auszusetzen. Hier hat die Suche nach der Wahrheit klare Konsequenzen. Goethe dagegen schert sich in keiner Weise um den Ungehorsam. Er maßt sich insgeheim die Rolle Gottes an und revidiert das Urteil, ja er schmettert den Prozeß gegen seinen neuen Adam systematisch ab. Nun hat die Suche nach der Wahrheit keine Konsequenzen mehr. Faust wird von vornherein alles verziehen.

Mary Wollstonecraft Shelley, die ihr erstes Buch kurz nach dem Erscheinen von *Faust I* schrieb, lehnte sowohl Miltons als auch Goethes Vorstellung von Adam ab. Sie erfand nicht nur einen neuen Adam, der als monströse Kreatur in die Verderbtheit und Verzweiflung getrieben wird, sondern beleuchtete auch die prometheische Hybris, mit der dieses Geschöpf – nicht etwa von einem Gott, sondern von einem vermessenen Sterblichen – geschaffen wurde. Es ist schwer, Mary Shelleys Roman nicht als Antwort auf Goethes *Faust* zu verstehen.

Szenen aus Frankenstein

In einer Szene im zweiten Akt von *Faust II* tritt Mephistopheles in das Laboratorium Wagners; aus Fausts ehemaligem Assistenten ist inzwischen ein bedeutender Genetikforscher geworden. In diesem Augenblick gelingt es Wagner, in einem Retortenglas ein Wesen aus reinem menschenähnlichem Geist ohne physischen Körper zu erschaffen. Goethe stellt diese wunderbare Erschaffung des »Homunculus« als reine Selbstparodie dar; der Flaschengeist erscheint als körperloser Miniatur-Faust, der nach voller Entfaltung strebt und pseudo-faustische Phrasen äußert: »Dieweil ich bin, muß ich auch tätig sein« (6888). Homunculus nennt Wagner »Väterchen«, bezeichnet Mephisto als »Herr Vetter« und bespitzelt Faust bei dessen erotischem Traum von Leda. Wie um den humoristischen Aspekt dieser Szene zu unterstreichen, meinte Goethe später in einem Gespräch mit Eckermann (30. Dezember 1828), Homunculus sei eine ideale Rolle für einen Bauchredner. In *Faust II* nimmt der Witz an der Oberfläche einen viel größeren Raum ein als der Ernst.

Der Roman *Frankenstein* entstand eine Dekade vor Wagners dilettantischen Experimenten in Genetik; er kommt ohne jegliche Mätzchen aus und läßt uns nie vergessen, daß die künstliche Erzeugung von Leben schreckliche Folgen zeitigt. Unmittelbar nachdem Dr. Victor Frankenstein das »Geschöpf« zum Leben erweckt hat, wird das Unterfangen als »Katastrophe«, als »Greueltat« bezeichnet, bei dem ein »Ungeheuer«, ein »Monster« entstanden sei. Frankenstein flieht in sein Schlafzimmer, wo er von Elizabeth, seiner Pflegeschwester und wahren Liebe, träumt. Im Traum verwandelt sich Elizabeth in seiner Umarmung in die Leiche seiner toten Mutter, die von Maden wimmelt. Eine symbolische Deutung drängt sich regelrecht auf: Frankenstein hoffte, ein wissenschaftliches Wunder zu vollbringen, das Bewunderung verdient, erkennt jedoch, daß er sich an der Mutter Natur selbst vergangen hat.

Goethe handelt die Erschaffung künstlichen Lebens ganz beiläufig und als Witz ab; Shelley stellt dieses Thema in den Mittelpunkt ihrer Geschichte und sieht sie als ungeheure Verirrung an. Dieser

Gegensatz erklärt sich nur zum Teil durch die unterschiedlichen Lebensumstände des reifen, milde gewordenen Dichters, der Sturm und Drang, Aufklärung und Romantik durchlebt hatte, und des belesenen jungen Mädchens, das nicht so leicht auf die Genialität der Männer, die sie bewunderte, hereinfiel. Goethes komische Episode dürfte einer jungen Mutter, deren erstes Kind elf Tage nach der Geburt starb, zwangsläufig in einem tragischen Licht erschienen sein.

Die Ereignisse in Shelleys Roman entwickeln sich unerbittlich auf den Höhepunkt zu – die Entlarvung intellektuellen Ehrgeizes. Diese bildet das große Finale. Das allzu menschliche Geschöpf, das aufrichtig, aber aussichtslos versucht, sich zu sozialisieren und zu kultivieren, begeht schließlich vier Morde an jenen Menschen, die Frankenstein am nächsten stehen. Das Ungeheuer flieht in die Einöde der Arktis und wird von Dr. Frankenstein verfolgt. Die Handlung entwickelt sich zu einem grotesken Wettlauf zwischen Selbstverherrlichung und Selbstopferung. Der sterbende Frankenstein äußert sich erschüttert und bewegt gegenüber Walton, dem fanatischen Forscher, der ihn retten will. »Lebt wohl, Walton! Sucht Euer Glück in der Beschaulichkeit, geht allem Ehrgeiz aus dem Wege, und wär's auch nur der so augenfällig unschuldige, Euch in den Wissenschaften oder Entdeckungen hervorzutun! Allein, wie kommt's mir zu, solches zu sagen! Bin ich gleich selbst in meinen Hoffnungen gescheitert, so mag doch einem andern mehr Glück beschieden sein!« (24. Kapitel, S. 307–8). Die scheinbar selbstkritische Frage erfordert ein entschiedenes Innehalten, doch im letzten Satz dieses Abschnitts offenbart sich wieder der fanatische Wissenschaftler, der die Fackel weiterreichen will.[28] Selbst im Tod kann Dr. Frankenstein, der moderne Prometheus, den Ehrgeiz nicht ablegen, der sein Leben zerstört hat.

Zum Schluß tritt das Ungeheuer auf. Auf den letzten vier Seiten läßt es über Frankensteins Leiche eine Tirade gegen Walton los. Es behauptet melodramatisch, sogar noch mehr gelitten zu haben als Frankenstein, der vier nahestehende Menschen durch grausamen Mord verloren hat. »Stets überstieg mein eigner Schmerz den deinen« (S. 315). Der Dämon will sich einen Scheiterhaufen errichten und »triumphierend« zugrunde gehen. Seine Apotheose wirkt ebenso grotesk wie melodramatisch. Der Kampf, auf den sich diese schrecklichen Gegner eingelassen haben, ist das Streben nach Ruhm, jene treibende männliche Kraft, die Mary Shelley dazu anregte, voller Entsetzen und Protest dieses Buch zu schreiben. Das Ungeheuer übernimmt die Rolle des leidenden Prometheus von dem Mann, der es erschaffen hat. Kein Wunder, daß in dem daraus entstandenen Mythos und im allgemeinen Sprachgebrauch der Name »Frankenstein« oft fälschlich vom Schöpfer auf das Geschöpf übertragen wird.

Verwandte Geschichten

Manchmal läuft die Zeit gleichsam rückwärts. Die beste Persiflage des *Faust* in der europäischen Literaturgeschichte folgte nicht auf das Drama, sondern ging ihm voraus. Es handelt sich hierbei um eine höchst heitere Variante der Erkenntnisbegrenzung. Dieser zweite große antiintellektuelle Held brütet so sehr über Büchern und Rittermärchen, daß ihn seine Suche nach dem großen Abenteuer gleichzeitig in die Welt hinaus und in den Wahnsinn treibt. Dieser Bücherwurm beschließt, Ritter zu werden. Cervantes genügt ein kurzes Kapitel, um Don Quixote de la Mancha in die Sphäre zu entrücken, in der sich Realität und Phantasie kreuzen. Bis sich Faust endlich auf den Weg macht, ist zehnmal soviel Aufwand nötig. Kaum ist Don Quixote aufgebrochen, fängt er an, mit sich selbst zu reden, und läßt seinen Gaul Rosinante den Weg ins Abenteuer bestimmen. »Wenn eines Tages die wahre Geschichte meiner berühmten Taten [*hechos*] ans Licht kommt, …«, sinniert er. Cervantes läßt uns von Anfang an über die absurden Taten dieses Gelehrten auf Abenteuerfahrt schmunzeln.

Die endlos erweiterbare Episodenreihe, die auf den Konventionen des Rittertums basiert, nimmt jene Szene vorweg, in der sich Faust in seinem Studierzimmer das Neue Testament vornimmt und Johannes 1,1 aufschlägt. Als Übersetzung für *logos* verwirft Faust nacheinander die Begriffe *Wort*, *Sinn* und *Kraft* und entscheidet sich schließlich für *Tat* – Don Quixotes *hecho*. Wäre *Don Quixote* nach *Faust* erschienen, wären die wahrlich verrückten Abenteuer des Ritters von La Mancha als brillante Parodie auf Fausts Affären mit Gretchen und anderen legendären Gestalten der Weltgeschichte verstanden worden. Don Quixote macht sich ganz allein auf den Weg und ist manchmal gezwungen, Selbstgespräche zu führen und Geschichten zu rezitieren, die er aus seinen Büchern mit den Rittermärchen kennt. Erst im siebten Kapitel überredet er einen glücklosen Bauern, sein Knappe zu werden, indem er ihm die Regentschaft über eine Insel verspricht. Und so übernimmt Sancho Panza die Rolle des Reisebegleiters, Vertrauten und Kritikers in einer Weise, die Mephistos Funktion auf Fausts Reisen satirisch spiegelt.

Der aufmerksame Leser wird im näheren Umfeld bereits zwei weitere vornehm verruchte Gestalten ausgemacht haben. Don Juan und sein lumpiger Lakai durchkämmen die Lande nicht nach verzweifelten Damen, die auf die Hilfe eines edlen Ritters angewiesen sind, sondern nach Frauen, die für die Avancen eines Mannes offen sind. Don Juan haftet nicht die Aura des Gelehrten, des Bücherwurms an. Er liebt das Duell, das Rendezvous und die Verfolgungsjagd. Doch darüber hinaus läßt er sich kaum fassen, denn in den verschiedenen Meisterwerken, in denen er zum Leben erweckt wurde, gebraucht er die unterschiedlichsten Winkelzüge. In Tirso de Molinas Original, *El burlador de Sevilla* (1630), ist Don Juan ein verrückter Betrüger, der vor allem darin sein Vergnügen findet, wieder einmal eine Frau überlistet (und einen Ehemann geprellt) zu haben, und dessen Aufbegehren gegen die Konvention nicht einem Verlust des Glaubens entspringt. Das ursprüngliche spanische Drama mit der steinernen Statue des Komturs, der den göttlichen Zorn herabruft, bleibt in vielem noch ein Mirakelspiel, ein *auto sacramental*.

In Molières *Dom Juan* (1665) begegnen wir einem hochkultivierten modernen Halunken, der nach ständig wechselnder weiblicher Kost verlangt, um sich die Langeweile zu vertreiben, der sich aber nicht an billigen Tricks ergötzt, sondern an der Eroberung von Übersinnlichem. Da Ponte und Mozart vereinfachten die Geschichte und verliehen in *Don Giovanni* (1787) den weiblichen Rollen etwas mehr Gewicht. Sie schufen keine große, tragische Oper, sondern ein *dramma giocoso*, in dem Tricks und Wunder gleichmäßig verteilt sind. Können wir Don Juan als Faust ohne Doktorhut bezeichnen? Was hat es zu bedeuten, daß die abendländische Literatur ausgerechnet diese beiden egoistischen Opportunisten in so vielen großen Werken feiert? Und wie fügt sich Don Quixote in diesen Reigen ein? Welches Bild von charakterlicher Größe und moralischer Einsicht vermitteln uns diese Werke?

Der frustrierte deutsche Gelehrte, der sich der Illusion hingibt, ein Leben der Tat führen zu wollen, kann weder den verrückten Ritter verdrängen, der im Sinne seiner Ritterbücher tatsächlich lebt und liebt, noch den selbstzerstörerischen spanischen Frauenhelden. Auf ein weiteres gemeinsames Element sollte jedoch noch hingewiesen werden. Alle drei Figuren finden sich in Begleitung eines Gefährten, der gleichzeitig dient und spottet. Diese drei Geschichten schließen ihre eigene Parodie und Kritik mit ein, ähnlich wie Platons Dialoge, die vor sokratischer Ironie nur so sprühen, und Prousts großer Roman, durch den sich über dreitausend Seiten die kühle Verschrobenheit der Dienerin Françoise zieht. Dieser Umstand beantwortet zum Teil die Fragen, die am Ende des vorigen Abschnitts gestellt wurden. Mephistopheles läßt Fausts Seifenblasen – seine stolze Überheblichkeit wie auch seine romantische Schwärmerei – sehr schnell platzen und stellt seinen famosen Wettkumpan in manchen Szenen deutlich in den Schatten. Die beiden Diener, die für die zwei Dons den gesunden Menschenverstand verkörpern, werden bisweilen fast so kühn wie Mephistopheles. Alle drei Werke reizen häufig zum Lachen – auf Kosten ihrer Helden und ihres übertriebenen Ehrgeizes.

Im Gegensatz dazu weist *Frankenstein* kein einziges komisches Moment auf. Die romantischen Überspanntheiten, wie etwa in den Episoden um Safies Entführung und den Scheiterhaufen am Schluß, rufen im Leser eher Ungeduld als Gelächter hervor. Trotz der komplexen Erzählstruktur mit Briefen, aufgezeichneten Berichten und ineinander verschachtelten Geschichten trifft Mary Shelley keinerlei Anstalten, den Ernst ihrer grauenhaften Geschichte zu untergraben. Lord Byron und Percy Shelley machten sich gleichsam einen Jux daraus, sich während des kritischen Sommers 1816 in der Schweiz an eigenen Gruselgeschichten zu versuchen. Mary blieb ernst und unnachgiebig. Ihr Urteil über das anmaßende und egoistische Handeln ihres Protagonisten, der eine neue Form des Lebens schafft und dann verstößt, wird an keiner Stelle des Romans abgemildert. Sie bekennt sich unverblümt dazu, daß ihr moderner Prometheus trotz seines Strebens nicht den Ruhm verdient, nach dem er trachtet, sondern den beschämenden Tod, den er in der Öde der Arktis findet.

Jetzt erkennen wir, wie außergewöhnlich sich der entschieden moralische Standpunkt gegenüber der Wahrung menschlicher Grenzen in *Frankenstein* darstellt. Andere große moderne Werke propagierten eine Lockerung der antiken sowie der christlichen Moraltradition. Bei Milton ist das Paradies nicht der Schauplatz einer Tragödie, sondern eines Sündenfalls. Lessing und Goethe verschmolzen die Aufklärung mit der Romantik und machten aus dem gierigen Scharlatan Faust einen metaphysischen Helden. Diese allmähliche Abmilderung der Schuld läßt sich auch in der Geschichte Don Juans verfolgen. In den älteren Fassungen überläßt die steinerne Statue des Komturs den reuelosen Sünder den Qualen der Hölle. Unter der Hand von Romantikern wie Hoffmann, Grabbe und Kierkegaard wurde der spanische Ladykiller moralisch rehabilitiert. Am einfachsten drückte es wohl Théophile Gautier aus, der ihn als »Faust der Liebe« bezeichnete. An anderer Stelle erklärte Gautier: »Don Juan landet nicht in der Hölle, sondern im Paradies, denn er suchte die wahre Liebe.« Von überallher quillt Erlösung, auch wenn dies bedeutet, daß die Geschichte umgeschrieben und der Hauptdarsteller reingewaschen werden muß. Die Romantiker vermieden oft jedes strenge Urteil über ihre schurkenhaften Helden.

Anscheinend bedurfte es einer Frau, um die Zerstörung, die durch das übersteigerte Streben nach Erkenntnis und Ruhm heraufbeschworen wird, nüchtern zu betrachten und eine Antithese zu *Faust* zu ersinnen. Gott greift nicht ein, um Frankenstein zu retten. Mary Shelleys Urteil ist kühner und unerbittlicher als Goethes kosmische Großmut. Mary Shelley wurde in die berühmteste Literatenfamilie ihrer Zeit hineingeboren und glaubte, das geistige Erbe einer Julia oder Desdemona zu verkörpern; mit siebzehn stürzte sie sich in ein theatralisches Leben im Umfeld von Dichtern und genialen Geistern. Drei Jahre später entlarvte sie in ihrem ersten Buch mit schonungsloser Klarheit den zwanghaften Hang zu Ruhm und Ehre, der ihre Gefährten antrieb und auch sie ansteckte. Wir haben längst nicht alles ausgeschöpft in diesem bemerkenswerten Prosawerk, das eben jenen romantischen und utopischen Themen trotzte, aus dem es sich speiste. Durch die komplexe Struktur mit ihren Rahmenerzählungen und eingebetteten Geschichten besitzt der Roman *Frankenstein* genügend Einheitlichkeit, was Intention und Handlung betrifft, um den ständig beschworenen Begriffen »Ruhm« und »Ehre« schließlich doch noch eine ironische Wendung zu geben. Gegen Ende des Romans sagt Walton über den sterbenden Frankenstein: »Doch scheint er sich des eignen Wertes nicht minder bewußt zu sein wie der Tiefe seines Sturzes« (297). Mittlerweile wissen wir, wie viele Vorbehalte wir gelten lassen müssen. Mary Shelley läßt keine Engelsheere aufmarschieren, die Frankenstein davontragen. Dies ist kein Sündenfall mit glücklichem Ausgang. Niemand kann wiedergutmachen, was Frankenstein angerichtet hat.

Die zahlreichen Ableger dieser beiden Geschichten über grenzenlosen Wissensdrang zeigen, daß das Tabu der Erkenntnis auch heute noch in den unterschiedlichsten Formen präsent und relevant bleibt. *Faust* und *Frankenstein* scheinen als Gespann eine Reihe von Erzählungen über Doppelgänger hervorgebracht zu haben, die sich gegenseitig zu vernichten trachten. Edgar Allan Poes *William Wilson* (1839) bereitete den Weg für Robert Louis Stevensons *Dr. Jekyll und Mr. Hyde* (1886) sowie Oscar Wildes *Bildnis des Dorian Gray* (1891). Die drei Geschichten enthalten eine starke Dosis Horror, denn in ihnen wird die Thematik von *Faust* und *Frankenstein* quasi nach innen gekehrt. Die Protagonisten rufen den bösen Geist nicht aus ihrer äußeren Umgebung, sondern aus ihrem eigenen Inneren hervor. Ein verdrängter Teil ihrer Persönlichkeit sucht sie heim. Sie erkennen zuviel über ihr verborgenes Innenleben, so daß sie nicht mehr an ihre persönliche Integrität glauben können. Keiner von ihnen wird errettet.

Im neunzehnten und zwanzigsten Jahrhundert sind so viele ähnliche Geschichten über Erkenntnistabus entstanden, daß sie sich gar nicht alle aufzählen lassen. Nathaniel Hawthorne befaßte sich in zwei seiner obsessivsten Geschichten mit eng verwandten Themen. In *The Birthmark* findet ein fanatischer Wissenschaftler heraus, wie er den winzigen Makel entfernen kann, der die ideale Schönheit seiner Frau trübt, und bringt sie auf diese Weise um. Ethan Brand sucht in der gleichnamigen Erzählung nach der unverzeihlichen Sünde. Er findet sie weniger in dem nicht näher genannten, aber teuflischen »psychologischen Experiment«, das er an einem Mädchen vollzieht, dessen Seele dadurch zerstört wird, als vielmehr in seinem eigenen Herzen und in dem intellektuellen Hochmut, der hinter seinem Handeln steht. Der Thematik des destruktiven Wissens begegnen wir auch in *Rappaccini's Daughter* und in *The Blithedale Romance* (1852), eigentlich in allen Werken aus der Feder Hawthornes. Thomas Mann versuchte in *Doktor Faustus* (1947) einen ganz neuen Zugriff auf die Faust-Sage, indem er die dämonischen Kräfte der Musik und der sexuellen Hörigkeit einspannte. Auch in unserer heutigen ruhelosen Zeit läßt das Interesse an diesem Stoff nicht nach. Einer der ehrgeizigsten Filme Woody Allens, *Crimes and Misdemeanors (1989, Verbrechen und andere Kleinigkeiten)*, enthält meiner Meinung nach einen ausgeprägten faustischen Zug. Ein erfolgreicher verheirateter Augenarzt läßt sich von seinem machiavellistischen, mephistophelischen Bruder davon überzeugen, daß sich seine lästig gewordene Geliebte, die seine Existenz zu zerstören droht, einfach ausradieren läßt, und kann bald der Versuchung nicht mehr widerstehen, nach diesem Wissen zu handeln. Am Schluß wird er weder erlöst noch verdammt. Er übersteht seine Schuldgefühle und spricht am Ende in vielsagenden faustischen Begriffen von der Notwendigkeit, »sich redlich zu bemühen«.

In den zahlreichen Verfilmungen der *Frankenstein*-Story, die in Hollywood entstanden sind, wird die Geschichte um das von Menschenhand erzeugte Monster meist so dargestellt, daß der Wissenschaftler in einem besonders ungünstigen Licht erscheint. Alle Romane und Filme des riesigen Spektrums Science-fiction haben ihre

Wurzeln in dem Boden, den *Faust* und *Frankenstein* mit ihren konträren Haltungen zur Frage des Erkenntnistabus bereitet haben. Diese beiden Geschichten werden uns sicher noch lange Zeit begleiten.

Der faustische Mensch: Prinzip Übermaß

Der Begriff des »faustischen Menschen« ist vor allem durch das Werk des deutschen Philosophen Oswald Spengler in viele fremde Sprachen eingegangen. Spengler verwendet den Ausdruck in seinem viel gelesenen Buch *Der Untergang des Abendlandes* (1918), in dem er einen zyklischen Verlauf der Geschichte propagiert. Welchen gesellschaftlichen und moralischen Gehalt birgt nun aber dieser Ausdruck? In dieser Frage ist Spengler vielleicht nicht unser bester Gewährsmann. Betrachten wir statt dessen noch einmal den Beginn und den Schluß in Goethes Version, die während einer intensiven Arbeitsphase um das Jahr 1800 entstanden. Der »Prolog im Himmel« zeigt unter anderem die erste Wette um Fausts Seele, die Wette zwischen Gott und Mephisto; das ganze Drama ruht demnach auf diesem Bekenntnis zu Fausts unermüdlichem Streben über alle Grenzen der menschlichen Befriedigung hinaus und natürlich auch auf der entsprechenden zweiten Wette zwischen Faust und Mephisto. In den Szenen »Tiefe Nacht«, »Mitternacht« und »Großer Vorhof des Palastes«, den letzten Szenen in der Tragödie zweiter Teil, in denen Faust lebend auftritt, sehen wir einen alten, habgierigen Reichsgründer, der sich irritiert darüber zeigt, daß seiner Habsucht drei Unschuldige zum Opfer fielen. In seinem ungehaltenen Disput mit dem alten Weib, der »Sorge«, macht Faust zwei entscheidende, miteinander verbundene Äußerungen. Erstens hat er seine früheren Ambitionen, die auf das Göttliche zielten, zurückgesteckt.

> *Der Erdenkreis ist mir genug bekannt.*
> *Nach drüben ist die Aussicht uns verrannt;*
> *Tor, wer dorthin die Augen blinzelnd richtet …*

(11441–43)

Zweitens wird er in seinem Streben nicht nachlassen, will sich aber auf »diese Welt« beschränken. Obwohl die »Sorge« ihn blind macht, bleibt Faust fest entschlossen, seine Landbesiedelung fortzusetzen. Marshall Berman verglich die Modernisierungspläne in *Faust II* mit Hitlers und Stalins Sozialisationsprojekten.

In der folgenden Szene schwärmt Faust noch davon, eine Stadt für ein freies Volk zu gründen, und wiederholt Wort für Wort seine Wette mit Mephistopheles, doch im selben Moment stirbt er, mit dem Wort »Augenblick« auf den Lippen. Der Tod wird somit seine letzte Erfüllung. Dies ist seine Apotheose, der große Augenblick des hohen Glücks, den er festhalten möchte.

Mephistopheles stellt sofort klar, daß er damit beide Wetten gewonnen hat. Er hat allen Grund dazu. Indem Faust in seinem Sterben die letzte große Erfüllung findet, verrät er sich selbst. Der Leser wird sich auch daran erinnern, daß Faust inzwischen die Verantwortung für sieben Morde trägt. Dennoch ist eine kurze Zeit der Blindheit die einzige Strafe, die er davonträgt. Goethe und Gott haben längst beschlossen, Faust zu retten, und die dazu notwendige Maschinerie ist weitgehend installiert. In der Szene »Grablegung« lenkt ein Chor himmlischer Heerscharen Mephistopheles ab, derweil andere Engel Fausts unsterbliche Seele entführen. In dieser absichtlich grotesken Szene, in der der Spielstand entschieden und die Trophäe kassiert wird, ist Mephistos zorniger Ausbruch vollkommen gerechtfertigt.

> *Mir ist ein großer, einziger Schatz entwendet:*
> *Die hohe Seele, die sich mir verpfändet,*
> *Die haben sie mir pfiffig weggepascht.*
>
> (11829–31)

Ein christlicher Deus ex machina haut den Teufel übers Ohr und prellt ihn um das, was ihm aus zwei offiziellen Wetten rechtmäßig zusteht. Ein willkürlicheres und unverdienteres Ende dieses langatmigen Dramas läßt sich kaum denken.

Es gibt vielleicht einen Präzedenzfall, der uns hilft, Goethes Denken in diesem Punkt zu verstehen. Kain, der seinen Bruder tötete und dann die erste Stadt baute, wurde von Gott verflucht, zugleich aber vor der Rache anderer geschützt. Gott brauchte Kain in seiner Rolle als Gründer der menschlichen Zivilisation. In seinen letzten Äußerungen klingt Faust wie ein größenwahnsinniger Kain. Die Engel, die Fausts Seele davontragen, besingen sein »Streben« als Rechtfertigung für seine Erlösung, und wir wissen aus Goethes Gesprächen mit Eckermann, daß er diesen Punkt sehr ernst nahm. In dem Stück erliegt Faust jedoch dreimal dem Bann des Augenblicks und läßt von seinem Streben ab: bei Gretchen (3191–93), bei Helena (9381–82) und bei seinem theatralisch überhöhten Tod (11581–86). Verdient Faust Erlösung, obwohl er mehrere Leben zerstört hat? Sollten wir diese Frage überhaupt stellen, wo doch ständig von »Streben« die Rede ist und wo es doch (in den letzten Versen des Stücks) heißt: »Das Ewig-Weibliche zieht uns hinan«?

Eine nüchterne Betrachtung des Verhaltens Fausts rechtfertigt den Einwand, daß die rührseligen allegorischen Vorgänge in den letzten Szenen lediglich von seinem böswilligen, selbstsüchtigen und manchmal sogar kriminellen Handeln ablenken. Eine geistige Erneuerung ist ihm nicht gelungen. Am Ende steckt er zurück und strebt nicht mehr übernatürliche, sondern bloß noch irdische Ziele an, allerdings mit demselben Größenwahn. Dies ist alles in allem ein merkwürdiger Fall, in dem die Welt beinahe auf den Kopf gestellt wird: Das Böse, gepaart mit überhöhtem Streben, verkehrt sich ins Gute. Ist dies das krönende Werk der Aufklärung? Oder der Romantik? In einer der ersten klugen Stellungnahmen zu dem Werk bemerkte Madame de Staël im Jahre 1810, daß Goethe eine Geschichte des geistigen Chaos ersonnen habe, in welcher der Teufel der eigentliche Held sei und die Schwindelgefühle hervorrufe (*De l'Allemagne; Über Deutschland*, zweiter Teil, XXIII).

Inzwischen ist das Ganze nur allzu vertraut. »Das Beste und Höchste, dessen die Menschheit teilhaftig werden kann, erringt sie durch einen Frevel«, schreibt Nietzsche in *Die Geburt der Tragödie* (neuntes Kapitel). Er erhärtet seine Aussage mit drei Zitaten von Goethe; eines entnimmt er dessen *Prometheus*, zwei stammen aus *Faust*.[29] Indem Nietzsche den Gelehrten als Figur von titanischem Format darstellt, mißdeutet er *Faust*. Von Anfang an durchlebt

Faust Höhen und Tiefen; in der Eröffnungsszene redet er sich ein, in den Freitod gehen zu müssen, und wird nur durch das österliche Geläut der Glocken davon abgehalten. Die Szene »Wald und Höhle« unterbricht Fausts erfolgverheißende Verführung Gretchens mit einem langen, zaudernden Monolog über »der Betrachtung strenge Lust« (3239). Er ist nicht zufrieden mit dem, was er bisher erreicht hat.

> *So tauml' ich von Begierde zu Genuß,*
> *Und im Genuß verschmacht ich nach Begierde.*

> (3249–50)

Aus den berühmten Versen spricht eher ein romantischer Don Juan als ein resoluter Prometheus, der ruhmreiche Taten vollbringen will. Faust verdient jede sarkastische Spitze Mephistos: »Dir steckt der Doktor noch im Leib« (3277); »Ein überirdisches Vergnügen! ... Zu einer Gottheit sich aufschwellen lassen« (3282, 3285).

Wenn wir Goethes Drama aufmerksam lesen, erkennen wir, daß Faust, der von Mephistos ständigem Spott über seinen übermenschlichen Dünkel bloßgestellt wird, einen recht zerstreuten Prometheus abgibt. Er hat weder den Göttern das Feuer gestohlen noch, wie Kain, eine Stadt gegründet. Vor einigen Jahren entdeckte Hans Eichner in Goethes eigenen Schriften genau die Maxime, die Fausts wahres Dilemma umschreibt: »Der Handelnde ist immer gewissenlos; es hat niemand Gewissen als der Betrachtende.« Dieses moralische Dilemma läßt sich auch so formulieren: Erfahrung ist der einzige Weg zu menschlicher Erkenntnis, doch jede Erfahrung zieht Schuld nach sich. In *Paradise Lost* legt Milton seinem Adam und seiner Eva das Wort »Erfahrung« in dem Mund, mit dem sie ihr Fehlverhalten rechtfertigen. So gesehen wiederholt Faust den Sündenfall und erlangt Erkenntnis durch Handeln, egal wie beziehungslos und wirkungslos dieses Handeln sein mag. Das Bühnenstück pendelt zwischen Handlung/Erfahrung und Betrachtung/Gewissen.

Fausts Problem besteht darin, daß er sich als Gelehrter trotz aller Versuche, das Intellektuellendasein zu überwinden, niemals vollkommen der entschlossenen Tat verschreiben kann. Wissen und Gewissen, Denken und Bedenken wirken störend auf das Handeln ein. Hier ist es fast nicht mehr zu übersehen, daß Faust einem Hamlet nähersteht als einem Prometheus. Die zersetzende Kraft des Denkens und des Gewissens tritt mit *Hamlet* klar in Erscheinung und nimmt in der Literatur und in der Philosophie fortan immer mehr Raum ein. Das Motiv Wissen/Gewissen steht in *Faust* ganz im Vordergrund. Nietzsche hat beide Werke aufmerksam gelesen.

Die Erkenntnis tötet das Handeln, zum Handeln gehört das Umschleiertsein durch die Illusion – das ist die Hamletlehre, nicht jene wohlfeile Weisheit von Hans dem Träumer, der aus zu viel Reflexion, gleichsam aus einem Überschuß von Möglichkeiten, nicht zum Handeln kommt; nicht das Reflektieren, nein! – die wahre Erkenntnis, der Einblick in die grauenhafte Wahrheit überwiegt jedes zum Handeln antreibende Motiv, bei Hamlet sowohl als bei dem dionysischen Menschen.

(*Die Geburt der Tragödie*, 7. Kapitel)

Wir können nicht einfach denken, während wir im Handeln begriffen sind; wir müssen im Tun innehalten, um nachzudenken.[30] Nicht die Ungewißheit über die Schuld seiner Mutter hält Hamlet zurück, sondern die klare Gewißheit bremst ihn. Er kennt die Wahrheit, wird aber mit den daraus resultierenden Konsequenzen nicht fertig. Wo liegt nun die Parallele zu Faust? Faust weiß, daß er den Teufel schlagen kann und schlagen wird und schließlich Erlösung findet. Dieses Wissen befreit ihn nicht, sondern lähmt ihn. Faust stehen drei Wege offen, doch er erklärt, daß er unbeirrt dem ersten folgen wird.

1. Er kann streben, irren und, unserem menschlichen Schicksal gemäß, handelnd leben.
2. Er kann sich vom Leben zurückziehen und seine privilegierte Situation reflektieren.
3. Er kann beschließen, bewußt Böses zu tun und ein satanisches oder prometheisches Sein zu bejahen.

In der einleitenden Szene in seinem Studierzimmer hat sich Faust zwar für den ersten Weg entschieden, doch er pendelt häufig zwischen dem ersten und dem zweiten. Mephistopheles begleitet ihn und hält einige ziemlich harmlose Versuchungen bereit; den Pfad des absolut Bösen, der totalen Zerstörung faßt Faust jedoch nicht ins Auge. Er verpfuscht lediglich einige Dinge. Der Schaden, den er anrichtet, ist die unbeabsichtigte Folge egoistischer Entscheidungen. Doch hat er Größe erreicht, irgendeine Form von Tragik?

Im Lichte dieser Betrachtungen verliert Spenglers Begriff vom »faustischen Menschen« sämtliche Assoziationen mit einem prometheischen Heroismus. Das Motiv des Strebens hat sich hier stark in Unentschlossenheit, überzogenen Egoismus und Nepotismus verfangen. Spenglers Begriff bleibt trotzdem brauchbar. Wir verdienen als Galionsfigur wahrscheinlich keine heroischere Gestalt als einen aufgeblasenen, wichtigtuerischen Faust.

Sowohl Faust als auch Frankenstein versetzen uns direkt in den problematischen Zustand des Übermaßes. Es gibt durchaus Menschen, die ungewöhnliche Leistungen vollbringen und somit ihre Spuren hinterlassen und eine gewisse Größe für sich in Anspruch nehmen können. Reichtum, Macht, Ruhm und sexuelles Erleben sind vier sich überschneidende Bereiche, aus denen viele Menschen die unterschiedlichsten Formen der Bestätigung ziehen. Diese vier Primärantriebe eröffnen uns ein komplexes Feld menschlicher Handlungsmöglichkeiten, bei denen wir unter normalen Umständen nicht Gefahr laufen, die Grenzen der Erkenntnis zu übertreten. Aber es gibt Menschen, die nirgends dauerhafte Befriedigung finden, die nach immer neuen Steigerungen von Antrieb und Erfüllung, von Anziehung und Abneigung suchen müssen. Es lassen sich viele historische Gestalten als Beispiele für diesen prometheischen Antrieb nennen: Alkibiades, Caligula, Kleopatra, Tamerlan, Lorenzo di Medici und Napoleon. Die Athener prägten einen Begriff für ihr unersättliches Verlangen nach dem Unerreichbaren, ihr Greifen nach den Sternen. *Pleonexía* bezeichnet eine Sucht, die über die übliche Hybris hinausgeht und keinerlei Grenzen mehr kennt. Die vier Grundantriebe des menschlichen Handelns werden hier im Streben nach dem Göttlichen aufgegeben.

Ein Paradox beziehungsweise ein Problem ist dieses Übermaß nicht sosehr, weil es einigen nicht aufzuhaltenden Gestalten zu eigen ist, die unser Leben oder unsere Geschichte kreuzen, sondern weil wir übrigen Sterblichen kaum umhinkönnen, auch die monströsesten Ausformungen des Exzesses zu bewundern. Im ersten Kapitel seines Buches *Die Kultur der Renaissance in Italien* (1860) schreibt Jacob Burckhardt von der tiefen Unmoral des Ludovico Sforza, des Mailänder Despoten und Mäzens genialer Geister wie Leonardo da Vinci. Burckhardt kommt zu dem Schluß, der skrupellose Tyrann setze unser moralisches Urteilsvermögen durch seine brillanten Beiträge zum »Staat als Kunstwerk« fast außer Kraft. Müssen wir auch Hitler und Stalin in die obengenannte Liste aufnehmen? Oder haben wir endlich gelernt, wann und wo die Grenze zu ziehen ist? Wir wollen es hoffen. Der mythische Begriff von der menschlichen Größe, der sich von Gilgamesch bis Faust und Frankenstein fast unverändert durch die Geschichte zieht, sollte keineswegs unser Gewissen beruhigen. Und es finden sich zahlreiche Aussagen, die uns bewußtmachen, wie leicht wir dazu neigen, Formen der Pleonexia zu bewundern.

Nur große Menschen können große Fehler haben.

(La Rochefoucauld, *Maxime* 190)

Das Böse ist leicht. Von ihm gibt es unendlich viel, das Gute ist beinahe einmalig. Doch eine gewisse Art des Bösen ist ebenso schwer zu finden wie das, was man das Gute nennt, und oft läßt man ein derart eigentümliches Böses nach diesem Kennzeichen für gut gelten. Man hat sogar eine ebenso außergewöhnliche Seelengröße nötig, um es zu erreichen, wie man sie braucht, um das Gute zu erreichen.

(Pascal, *Gedanken*, S. 332)

Er glaubte in der Natur ... etwas zu entdecken, das sich nur in Widersprüchen manifestierte. ... es zog die Zeit zusammen und dehnte den Raum aus. Nur im Unmöglichen schien es sich zu gefallen und das Mögliche mit Verachtung von sich zu

stoßen. Dieses Wesen ... nannte ich dämonisch. Am furcht-
barsten aber erscheint dieses Dämonische, wenn es in irgend-
einem Menschen überwiegend hervortritt. ... Es sind nicht
immer die vorzüglichsten Menschen ...; aber eine ungeheure
Kraft geht von ihnen aus. ... und aus solchen Bemerkungen
mag wohl jener sonderbare, aber ungeheure Spruch entstan-
den sein: Nemo contra deum nisi deus ipse. [Niemand ist gegen Gott, wenn nicht Gott selbst.]

(Goethe, *Dichtung und Wahrheit*, 20. Buch)

In diesen Aussagen wird nicht ausgeschlossen, daß eine Form von Größe auch in Helden schlummert, die frevelhaft handeln.

Da wir so von menschlichen Wesen fasziniert zu sein scheinen, die über ihr Los hinauszuwachsen und das Göttliche zu erreichen trachten, fragt es sich, wie wir uns je mit einer ausgleichenden Tradition verständigen können, die Heldentum in Demut und Schicksalsergebenheit sieht. Die Tradition, die von Sokrates, Buddha, Jesus und Franz von Assisi über Thoreau und Tolstoi bis hin zu Gandhi und Martin Luther King führt, hatte ihre Schwierigkeiten, die menschliche Aggressivität einzudämmen. Folglich setzen viele von uns auf eine dritte Kategorie von Leitbildern, die im Laufe der Zeit unsere inzwischen arg bedrängten Institutionen der Demokratie und der Rechtsprechung begründet haben. Da die Demut nur sehr schwer gegen die Hybris ankommt, erhebt sich die Frage, ob neue Institutionen irgendwann einmal eine neue Form von Größe in einer in vernünftigen Grenzen gehaltenen Freiheit bieten können. Das kann man nur sehnlichst hoffen.

Frankenstein und Faust konnten sich nicht damit abfinden, in der Herde zu bleiben. Ihr fundiertes Wissen über die Geheimnisse des Universums erfüllte sie nicht mit heiliger Scheu und Ehrfurcht, sondern mit Begierde und dem anmaßenden Entschluß, ihre Grenzen zu überschreiten, insbesondere die Grenzen der Erkenntnis, selbst auf die Gefahr hin, anderen zu schaden. Auch wenn Nietzsche den Willen zur Macht verherrlichte, können Faust und Frankenstein nicht unsere Helden sein. Müssen sie dann aber gleich Ungeheuer sein? Wir sollten zumindest in der Lage sein, diese Seite zu erkennen.

Stellen wir uns einmal ein literarisches Spiel vor, bei dem man berühmten Figuren den Platz zuweisen muß, den sie in Dantes dreistöckigem Jenseits verdienen. Wohin würde Faust gehören? Ich sehe keinen Grund, ihn höher zu plazieren als den verwegenen Abenteurer Odysseus, nämlich in der achten Kluft des achten Kreises der Hölle, der Bucht der Ränkeschmiede. Bei Mary Shelleys Roman fällt uns die Entscheidung nicht ganz so leicht, denn hier haben wir gleich zwei Figuren – Dr. Frankenstein, den menschlichen Teufel, der nicht bereit ist, sein eigenes Geschöpf anzunehmen und aufzuziehen, und das eigentliche (ursprünglich sympathische) Monster, das sich redlich bemüht, Teil der Menschheit zu werden. Faust macht kein Geheimnis daraus, daß er die beiden Seiten in sich trägt. Der Konflikt zwischen diesen beiden Seiten drückt sich nie in Form dramatischer Aktion aus, sondern bleibt stets auf der Ebene der Diskussion angesiedelt. Doch Goethe wußte sechzig Jahre lang, daß er in Faust das bedeutsamste Sujet seines Lebens gefunden hatte, auch wenn er ihm nicht voll gerecht werden konnte. Der englische Kritiker D. J. Enright bemängelte den bauschigen Aufbau des Stücks, fällte jedoch ein wohlüberlegtes Urteil: »*Faust* ist vielleicht unmöglich, zugleich aber unmöglich aus der europäischen Kultur wegzudenken.« Wir alle tragen Faust als unseren persönlichsten und zugleich peinlichsten Talisman bei uns.

Kapitel IV

Die Freuden der Entsagung – Madame de La Fayette und Emily Dickinson

■

Die literarischen Gestalten, über die ich bisher gesprochen habe – Prometheus und Pandora, Amor und Psyche, Dantes Odysseus, Miltons Adam und Eva, Faust und Frankenstein – setzen sich allesamt bei ihrem Streben nach Erkenntnis und Erfahrung über Grenzen hinweg. Am Ende des zweiten Kapitels nannte ich, ausgehend vom Gang der Ereignisse in Miltons Fassung des Sündenfalls, vier Stufen des Abstiegs zur Weisheit. Dieser Weg führt von unschuldiger Unwissenheit über Traum und Phantasie zur Erfahrung und schließlich zur Einsicht. Dante und Milton fügten das Wort »Erfahrung« so bedacht in ihre Erzählungen ein, daß wir neben »tabuisierter Erkenntnis« durchaus auch von »tabuisierter Erfahrung« sprechen können.

Dieser Abstieg zur Weisheit ist indes nicht der einzige Weg, um ein erfülltes Leben zu führen. Es gibt auch andere, weniger bekannte Geschichten, die sich dem Thema Erkenntnistabu von der anderen Seite nähern. Sie handeln nicht sosehr davon, wie Grenzen der Erfahrung überschritten werden, sondern wie diese Begrenzungen akzeptiert und genutzt werden. Diese Erzählungen sprechen von den Vorteilen der Enthaltsamkeit gegenüber denen eines zügellosen Schwelgens im Genuß. In diesen Geschichten bilden nicht Prüderie und Angst die bewegenden Motive; vielmehr spielt die Vorstellung eine entscheidende Rolle dabei, das Leben selbst in die Hand zu nehmen und die eigene Identität zu wahren. Ovid erzählt in seinen *Metamorphosen* eine uralte Parabel über den bewußten, ja triumphierenden Verzicht auf Erfahrung:

Die Waldnymphe Syrinx, die in Arkadien lebte, hatte viele Verehrer. Sie wimmelte alle ab und versteckte sich vor umherziehenden Satyrn, um ihre Jungfräulichkeit zu bewahren und wie die keusche Jägerin Diana zu werden. Eines Tages sah Pan, der Gott der Wälder und Auen, Syrinx vom Berg Lycaeus herabsteigen und begehrte sie. Sie wies ihn ab und flüchtete in die tiefste Wildnis, bis ihr der Fluß Ladon den Weg abschnitt. Als Pan sich näherte, flehte sie die anderen Waldnymphen an, sie zu retten. In dem Augenblick, als Pan das Ufer erreichte, löste sich die liebliche Gestalt der Syrinx in hohe Schilfrohre auf. Pan wollte diese umarmen, doch sie neigten sich seufzend im Wind. Pan war verwundert darüber, daß Syrinx einfach so verschwunden war, doch der süße Klang der Schilfrohre betörte ihn. Also schnitt er sich ein paar davon ab, lange und kurze, klebte sie mit Wachs zusammen und machte sich so eine Flöte, die er nach dem verlorenen Mädchen »Syrinx« nannte.

Dies ist eine bewegende Geschichte. Die Vorstellungen der keuschen Syrinx und des enttäuschten Pan verbinden sich und verwandeln deren Gefühle in Musik. Wir tun der Geschichte sicher keine Gewalt an, wenn wir hier den analytischen Begriff der »Sublimierung« anwenden. Dichter und Komponisten hegen große Sympathie für diese Parabel; die ersteren sinnen über Syrinx' Standhaftigkeit gegenüber Pans Avancen nach, die letzteren geben mit dem Klang der Flöte die zarten Töne der Schilfrohre wieder. Für Ovid bedeutete die Metamorphose in eine andere natürliche Form vielleicht die magische Bewahrung eines geweihten Zustands.

Im folgenden möchte ich mich zwei moderneren Werken zuwenden, in denen diese Einstellung gegenüber tabuisierter Erfahrung thematisiert wird, auch wenn damit meine Chronologie etwas durcheinandergerät. Das erstere entstand am prunkvollen Hofe Ludwigs XIV. im Frankreich des siebzehnten Jahrhunderts; das andere stammt aus einer kleinen Stadt in Neuengland aus der Mitte des neunzehnten Jahrhunderts. Über zwei Jahrhunderte hinweg auf subtile Weise miteinander verbunden, stellen sie die Thematik der tabuisierten Erfahrung aus einer ganz anderen Perspektive dar.

Das Asketische in der Prinzessin von Clèves

Es liegt eine gewisse Gefahr darin, sich auf Standardtexte zu beziehen. Beim Nachzeichnen der Entwicklung (oder vielleicht auch des Verfalls) des Romans vom idealisierten Versroman zum individualisierten Realismus haben die Literaturwissenschaftler allzuoft einen der bedeutsamsten, fesselndsten und psychologisch tiefgründigsten Romane des siebzehnten Jahrhunderts außer acht gelassen. Marie-Madeleine de La Fayettes *La princesse de Clèves* erschien 1678, etwa zwischen *Don Quixote* und *Robinson Crusoe*. Abstrakte Begriffe wie »Pflicht«, »Galanterie« und »Wertschätzung«, die den förmlichen Stil des Werkes prägen, lassen den Roman eher wie eine Episode vom Hofe König Arthurs klingen; dabei handelt es sich im Grunde um eine Zeit- und Alltagsstudie. Es ist belegt, daß der Roman von einer begeisterten Amateurschriftstellerin und Salondame geschrieben wurde, die Verbindungen zum Hofe König Ludwigs XIV. unterhielt. Nach der Geburt zweier Kinder verließ Madame de La Fayette ihren Mann und ging 1659 von Anjou nach Paris. Mit fünfundzwanzig Jahren hatte sie das Gefühl, sich der Unannehmlichkeiten der Liebe und der Liebschaften entledigen zu wollen. Sie empfand jedoch eine dauerhafte Zuneigung zu dem großen Verfasser von Maximen, dem Herzog de La Rochefoucauld, der ihr wahrscheinlich half, den Roman zu schreiben. Das Buch erschien anonym mit dem Hinweis des Verlegers, »der Autor« werde sich zu erkennen geben, falls das Buch beim Publikum ankomme. Das Werk sorgte für großes Aufsehen, sowohl vor als auch nach der Veröffentlichung, doch die Verfasserin wahrte weiterhin ihre Anonymität.

Hinter seiner historischen Fassade behandelt der Roman *Die Prinzessin von Clèves* zeitlose Themen: Angst vor der Liebe, Scheu vor tiefen Gefühlen und ihrem Ausdruck in der Sexualität. Die Heldin durchlebt die Grundproblematik der Erfahrungsbeschränkung auf der Ebene romantischer Liebe.

Ian Watt liefert in *The Rise of the Novel* nur eine dürftige Erklärung dafür, weshalb er auf diesen Roman nicht näher eingeht. Er spricht anerkennend von dessen »Eleganz und Prägnanz« und meint weiter: »Die französische Prosaliteratur von *La princesse de Clèves* bis zu *Les liaisons dangereuses* steht außerhalb der großen Romantradition. … Sie erscheint uns zu stilisiert, um authentisch zu wirken.« Daß Watt den Roman so pauschal abtut, können wir nicht gelten lassen, denn Madame de La Fayette zeichnete gerade mit ihrer Stilisierung ein authentisches Bild der Frauen und Männer ihres Gesellschaftskreises.

Die fesselnde Handlung bildet einen weiteren Grund, weshalb eine Geschichte des Romans ohne Madame de La Fayettes Meisterwerk unvollständig bleibt. Jedes Detail, jede Abschweifung in der *Prinzessin von Clèves* macht nachvollziehbar, wie sich die zentrale Frauengestalt von ihrer anfangs schmerzlichen Unentschlossenheit allmählich zu einer klaren Entschiedenheit durchringt. Als Mädchen erfährt die spätere Prinzessin von Clèves eine sorgfältige Erziehung und Ausbildung, bevor sie im Alter von sechzehn Jahren am Hof eingeführt wird. Sie heiratet einen trefflichen Mann, der sie innig liebt und ihre Wertschätzung, nicht aber ihre Liebe gewinnt. Später lernt sie Monsieur de Nemours kennen, den attraktivsten und begabtesten Edelmann im Gefolge des Königs. Obwohl die beiden musterhaften Menschen bei den Bällen, Turnieren und höfischen Empfängen kaum ein Wort miteinander wechseln, verlieben sie sich »schicksalhaft« ineinander. In einer berühmt gewordenen Szene beichtet die Prinzessin ihrem Mann ihre Liebe, ohne allerdings einen Namen zu nennen. Als ob dies nicht schon unglaubwürdig genug wäre, steht just in diesem Augenblick ausgerechnet Monsieur de Nemours persönlich vor dem Fenster und belauscht die beiden. In der Ehe entstehen auf beiden Seiten große Spannungen. Als der Prinz von Clèves aus anderen Quellen erfährt, daß Monsieur de Nemours sein Rivale ist, führt dies zu einem weiteren erstaunlichen Wortwechsel beziehungsweise zu einem unvergeßlichen Moment des Verstummens. Der Prinz gesteht seiner Frau bei einer ungestörten Unterredung in deren Zimmer:

»Von allen Männern habe ich Monsieur de Nemours am meisten gefürchtet. Ich sehe die Gefahr, in der Sie schweben; behalten Sie die Herrschaft über sich, aus Liebe zu sich selbst und, wenn es möglich ist, aus Liebe zu mir. Nicht als Gatte bitte ich Sie darum, sondern als Mann, für den Sie alles Glück bedeuten und der Sie zärtlicher und leidenschaftlicher liebt als der, den Ihr Herz ihm vorzieht.«

Bei den letzten Worten wurde Monsieur de Clèves von Rührung überwältigt, und die Stimme versagte ihm fast. Davon ward seine Frau so betroffen, daß sie in Tränen ausbrach; sie umarmte ihn mit einer schmerzlichen Zärtlichkeit, die ihn in ähnliche Rührung versetzte. Sie verharrten eine Weile schweigend und trennten sich, ohne die Kraft zu finden, sich etwas zu sagen.

(144–45)

Nur ein einfühlsamer Autor weiß, wann er auf das Herzblut der Dichtung – auf Worte – verzichten kann und muß. Hier steht der Verzicht der Autorin in einem engen Bezug zum Geschehen um die leidgeprüfte Prinzessin.

Böswillige Gerüchte über die Untreue seiner Frau machen den Prinzen regelrecht krank. Bevor er stirbt, kann sie ihn beinahe noch von ihrer Tugend überzeugen. Zu gegebener Zeit setzt Monsieur de Nemours sein Werben fort. Nun steht der Prinzessin nichts mehr im Weg, die Freuden gegenseitiger leidenschaftlicher Liebe unter günstigen Vorzeichen und mit allgemeiner Zustimmung selbst seitens des Königs zu genießen – außer ihr Pflichtbewußtsein und das Schuldgefühl, zum Unglück und zum Tode ihres Mannes beigetragen zu haben. Sie hegt tiefe Skrupel.

Monsieur de Nemours arrangiert überraschend eine Begegnung mit der Prinzessin unter vier Augen. Sie bietet all ihren Mut auf und gesteht ihm, daß sie seine Liebe erwidere, daß sie es jedoch nicht ertragen könne, wenn seine Gefühle für sie möglicherweise im Laufe der Zeit nachließen. Auf dem Höhepunkt des Gesprächs äußert sie sich ganz offen. Sie spricht in treuer Ergebenheit von ihrem Mann, der aus Liebe zu ihr gestorben sei, und plädiert für etwas, was in der Literatur ebenso selten ist wie im Leben, nämlich für eine ausgewogene Mischung aus Leidenschaft und Einsicht. Diese Haltung beherrscht die eindringlichen Worte, die sie während dieser letzten Unterredung an Monsieur de Nemours richtet.

> *Monsieur de Clèves war vielleicht der einzige Mann auf Erden, der in der Ehe die Liebe hätte bewahren können. Mein Geschick hat es mir versagt, dies Glück zu genießen; vielleicht hat seine Leidenschaft auch nur darum Bestand gehabt, weil ich sie nicht erwiderte. Aber ich hätte nicht das gleiche Mittel, mir Ihre Liebe zu erhalten; ich glaube sogar, daß Ihre Treue den Hindernissen zu danken ist, die Ihren Widerstand herausforderten.*

> (207–208)

In ihrer beherrschten Leidenschaftlichkeit trifft sie vollkommen ins Schwarze. Sie bleibt standhaft gegenüber den leidenschaftlichen Bitten Monsieur de Nemours', ihn zu heiraten, und gibt ihm zu bedenken, daß allein durch Entsagung ihre Gefühle für ihn lebendig blieben. Wie in der Geschichte von Héloïses gewaltsam erzwungener Trennung von Abélard führt dieses freiwillige Scheiden nicht zu jener Verschiebung der Gefühle, die wir als »Sublimierung« bezeichnen, sondern zu einer Verstärkung der Reaktion, die an Fanatismus und Vergötterung grenzt.

In jener Nacht denkt die Prinzessin de Clèves über ihre Situation nach. In ähnlich analytischen Begriffen wurde zuvor beschrieben, wie sich jemand verliebt. Dabei fällt besonders das Wort *étonnement* auf, das ein plötzliches Erstaunen, ein schlagartiges Gewahrwerden bezeichnet. Hier sind wir fast am Ende des Romans.

> *Madame de Clèves fand keine Ruhe; daß sie den selbstgewählten Zwang abgelegt und zum erstenmal in ihrem Leben geduldet hatte, daß ein Mann ihr seine Liebe gestand, daß sie selbst von ihrer Neigung gesprochen hatte, war ihr so neu und ungewohnt, daß sie sich nicht wiedererkannte. Sie war ver-*

wundert über ihr eigenes Handeln; sie bereute es; sie empfand Freude darüber; alle ihre Gefühle waren voll Verwirrung und Leidenschaft. Sie prüfte noch einmal die Gründe ihrer Pflicht, die ihrem Glück entgegenstanden; es schmerzte sie, sie so zwingend zu finden, und sie bedauerte, daß sie Monsieur de Nemours so offen davon gesprochen hatte.

(212)

Es ist nicht schwer nachzuvollziehen, weshalb dies als der erste psychologische Roman bezeichnet wird, obwohl dieser Begriff normalerweise dem folgenden Jahrhundert vorbehalten bleibt. Diese Art der introspektiven Analyse tritt an die Stelle der klassischen Bühnenszene mit einem Vertrauten und nimmt die tiefe Selbstergründung des inneren Monologs vorweg. Die Prinzessin von Clèves ist erstaunt, ja verärgert über sich selbst, und zwar aus zweierlei Gründen. Sie hat die Wahrheit genau demjenigen anvertraut, dem sie sie der Etikette zufolge hätte verschweigen müssen. Ferner hat sie einen Großteil der Wahrheit auch sich selbst eingestanden. Ihr Gefühl des »Erstaunens« drückt den Schock der plötzlichen Selbstreflexion aus. Dieser Zustand eröffnet ihr nicht die Freiheit, ihren Neigungen zu folgen, sondern zwingt sie zu erkennen, wie komplex ihre Neigungen geworden sind. Auf diesen letzten Seiten findet sie zu einem höheren Egoismus (lieber bleibt sie Witwe, als daß sie Monsieur de Nemours heiratet und sich den Qualen der Eifersucht aussetzt), einem Egoismus, der sich mit einem höheren Pflichtgefühl deckt (das ihr gebietet, den Mann zu meiden, der in den Tod ihres Gatten verwickelt war). Die Verwirklichung ihrer Liebe würde diese, so fürchtet sie, zerstören. Sie will sie bewahren, indem sie sie, wie in Bernstein, in ihre Erinnerung einschließt. Der Roman endet undramatisch mit einer langen Reise, der eine längere Krankheit und ein zeitweiser Rückzug ins Kloster folgen. In ruhigen und gefaßten Sätzen erfahren wir, daß die Prinzessin inneren Frieden findet, bevor sie stirbt.

Schon bald nach der Veröffentlichung im Jahre 1678 entbrannten um den Roman zwei heftige Kontroversen. Die eine drehte sich um die Frage der literarischen Gattung. Im *roman* ging es traditionell um ritterliche oder andere Abenteuer, die in einem bombastischen Stil dargestellt wurden und oft unglaubwürdige und übernatürliche Episoden um Schiffbrüche und wundersame Familienvereinigungen enthielten. Die *nouvelle* bevorzugte schlichtere, kürzere Geschichten mit einem weniger überzogenen Verhaltenskodex. Diese anonyme Erzählung präsentierte die scheinbar phantastische Handlung und Besetzung des *roman* im nüchternen Stil und Rahmen einer *nouvelle*. Die Kontroverse um die *vraisemblance*, die »Plausibilität« oder »Glaubwürdigkeit« des Buches, drehte sich im Grunde um dieselben Fragen und konzentrierte sich auf ein paar berühmte Szenen, vor allem auf die Bekenntnisszene. Würde oder sollte eine wohlerzogene Frau ihrem Mann anvertrauen, daß sie sich in einen anderen verliebt hat? Zu den unterschiedlichen Standpunkten lassen sich zeitgenössische Maximen anführen: Eine Frau sollte ihren Mann niemals beunruhigen; eine Frau sollte ihrem Mann immer alles mitteilen. Bis zum heutigen Tag streiten sich die Kritiker darüber, inwieweit die Episoden der Madame de La Fayette unsere Leichtgläubigkeit strapazieren und somit den Roman schwächen.

Obwohl *La princesse de Clèves* auf psychologische und narrative Konventionen baut, die noch weit von jedem Realismus entfernt sind, finde ich das Werk als eine Art pädagogischen Roman aufschlußreich und überzeugend. Der resolute Charakter der Prinzessin und die Anerkennung ihrer Tugenden durch zwei außergewöhnliche Männer unterstreichen die große Bedeutung ihrer Erziehung. Ein unschuldiges Wesen muß auf die Prüfungen und die verderblichen Einflüsse des Lebens am Hofe vorbereitet werden, etwa durch geeignete Geschichten, die mit Maximen und Regeln untermauert werden. Dementsprechend enthält das Buch zahlreiche Abschweifungen, bei denen es sich im Grunde um Warnungen vor den Gefahren der Liebe handelt. Wieviel sollte eine adelige junge Dame wissen? Wird die Leidenschaft durch das Wissen um die irdischen Versuchungen gezügelt? Oder wird sie dadurch erst angefacht? Madame de La Fayette plädiert für vollkommene Offenheit. Deswegen verrät uns dieser Roman, trotz seiner Stilisierung, sehr viel über das Leben am französischen Hof im siebzehnten Jahrhundert.

Die Prinzessin von Clèves ist keine Heilige. Ihre Askese gründet sich mehr auf das Psychologische als auf das Religiöse. Nicht geistliche, sondern menschliche Motive bewegen sie dazu, dem zu entsagen, was sie am leidenschaftlichsten begehrt. Sie will keine kurzzeitigen Freuden, denn diese, so fürchtet sie, bedeuten auf lange Sicht nur Unglück und Verzweiflung. Ihre schwierige und zugleich unbeirrte Entscheidung entspringt ebenso sehr einem starken Überlebensinstinkt wie einer gefestigten Moral. Hinter diesem Quentchen Egoismus zum Zwecke des Selbstschutzes verbirgt sich eher eine Achtung als eine Ächtung der Geheimnisse der Liebe.

Wie einzigartig diese Haltung ist, wird besonders deutlich, wenn wir Madame de La Fayettes Roman mit zwei berühmten Briefromanen des achtzehnten Jahrhunderts vergleichen – Rousseaus Bestseller *La nouvelle Héloïse* (1761) und Choderlos de Laclos' *Les liaisons dangereuses* (1782; *Gefährliche Liebschaften*). In dem dazwischen liegenden Jahrhundert erlebte Frankreich einschneidende Veränderungen. Die einstige konformistische Gesellschaft mit einer absoluten Monarchie, die auf der Bühne von Versailles täglich ihre Rituale inszenierte, löste sich allmählich auf, und der Adel wurde verdrängt von einem starken Bürgertum und einem sich deutlich äußernden Kreis freigeistiger *libertins* und *philosophes*, die die religiösen und politischen Traditionen unter Berufung auf die Vernunft und die Natur kritisierten. Einer dieser Libertins, Jean-Jacques Rousseau, schrieb einen Roman über eine leidenschaftliche und zugleich ergebene Frau, die wie die Prinzessin von Clèves zwischen ihren Neigungen zu zwei Männern hin und hergerissen ist.

Im neunten Buch seiner *Confessions* äußerte sich Rousseau stolz über den ungeheuren Erfolg seines Romans *Julie ou La nouvelle Héloïse*. »Ohne Bedenken stelle ich den vierten Teil neben *La princesse de Clèves*.« Rousseau sondiert in seiner zweibändigen Saga gesellschaftliches und emotionales Terrain, das er als Erweiterung von Madame de La Fayettes begrenztem Universum ansieht. Wie die ursprüngliche Héloïse und Abélard, wie Francesca und Paolo, verlieben sich auch Julie und ihr Lehrer Saint-Preux und werden vorübergehend ein Liebespaar. Der Vater hat Julie einem würdigen

Freund, Wolmar, versprochen. Als die Mutter Julies Fehltritt entdeckt, stirbt sie, woraufhin Julie glaubt, sich ihrem Vater fügen zu
müssen. Saint-Preux plädiert für geheimen, tugendhaften Ehebruch. Julie erfährt eine revolutionäre Wandlung und entdeckt im
Ehrgefühl das Motiv für die Tugend. »Ja, mein lieber, werter
Freund«, schreibt sie Saint-Preux, »um uns für immer zu lieben,
müssen wir einander entsagen. Alles übrige sollten wir vergessen.
Sei der Geliebte meiner Seele. Eine so zärtliche Vorstellung ist ein
Trost für alles andere.« Zehntausende von Augen in ganz Europa
weinten über diesen Zeilen. Doch dies ist nicht die ganze Geschichte.

Julie, die im Kreise ihrer Kinder glücklich ist, gesteht ihrem verständnisvollen Mann alles. Saint-Preux zieht in die Nähe ihres An-
wesens und lebt so – keusch – in ihrer Nähe. Durch diese vollkommene Freimütigkeit entsteht ein offenes Gemeinwesen, eine
Musterfamilie, ein »gläsernes Haus« und eine anscheinend ideale
ménage à trois. Als Julie ein paar Jahre später nach einer längeren
Krankheit auf dem Sterbebett ihren letzten Brief an Saint-Preux
schreibt, entwickelt sich das Ganze noch einen Schritt weiter. Sie
liebt ihn noch immer leidenschaftlich; mit ihrer »Kur« bewahrte sie
sowohl ihre Tugend als auch beider Liebe. »Die Tugend, die uns auf
Erden trennte, wird uns im ewigen Leben vereinen.«

Anders als die Prinzessin von Clèves findet Julie eine Möglichkeit, ihrer Sehnsucht zu entsagen und sie gleichzeitig zu erfüllen.
In ihrem »durchsichtigen« Haushalt müssen Pflicht und Tugend
nicht jeglichen Genuß verbotener Liebe unterdrücken. Ist dies eine
gesunde Form der Sublimierung? Rousseau zumindest hofft das.
Doch trotz all ihrer überströmenden Gefühle ist Julie auf eine gewisse Heuchelei angewiesen, um in ihrer Ehe die Phantasie eines
Ehebruchs aufrechtzuerhalten. Die Prinzessin von Clèves geht solchen sentimentalen Komplikationen entschieden aus dem Weg, indem sie sich in ein Kloster zurückzieht.

Der Briefroman *Les liaisons dangereuses* (*Gefährliche Liebschaften*), der kurz vor dem Ausbruch der Französischen Revolution erschien, schildert nicht ein Milieu der Sentimentalität, sondern des äußersten Zynismus. Laclos, ein ausgebildeter Soldat und

späterer General Napoleons, beschrieb die skrupellosen Kuppeleien zweier verderbter Adeliger, die sich an zwei einstigen Liebespartnern rächen wollen und alles beschmutzen, was ihnen an Unschuld und Tugend begegnet. Diese beiden Raubtiere, Valmont und Madame de Merteuil, kennen keinerlei Verantwortung oder Skrupel, die ihre Begierden zügeln. Die Liebe wird auf ein fanatisches Machtspiel reduziert, das in ihren Briefen in brutaler Grausamkeit und Eitelkeit zum Ausdruck kommt. Wie in Molières *Dom Juan* entspringt jede Befriedigung der Eroberung – auf sexuellem, geistigem und moralischem Gebiet. Jede Eroberung führt zu neuen Formen der Eifersucht und des Neids, die jede mögliche Zuneigung im Keim ersticken. Der verächtliche und bisweilen neckische Stil der Briefe macht es uns nicht leicht zu beurteilen, ob Laclos die Abenteuer seiner überzeugten Libertins mißbilligt oder gutheißt. In dieser durch und durch verderbten Gesellschaft reifte übrigens der Marquis de Sade heran.

La nouvelle Héloïse und *Les liaisons dangereuses* schildern Abwandlungen der Liebe im Roman des achtzehnten Jahrhunderts auf extrem sentimentale beziehungsweise zynische Weise. In *La princesse de Clèves*, ein Jahrhundert zuvor, sind die darin beschriebene Leidenschaft wie auch die Berechnung viel intensiver als in den späteren Romanen. Weder Rousseau noch Laclos konnten den psychologischen Raum füllen, den Madame de La Fayette in einem viel kürzeren Werk eröffnet hatte.

Madame de La Fayettes Porträt einer Frau, die in der Erfüllung ihrer Liebe das Ende dieser Liebe fürchtet, läßt sich nicht als altmodischer, abstruser historischer Roman abtun. Die Prinzessin von Clèves verliert nach dem Tod ihres Mannes nicht den Verstand, wie einige meiner Studenten einmal gemeint haben. Auch finde ich keinerlei Belege dafür, daß sie frigide ist und daß ihre Ehe nicht vollzogen wird. Sie spürt vielmehr den Drang, sich der intimen Begegnung mit einem Menschen zu entziehen, zu dem sie sich in leidenschaftlicher Liebe hingezogen fühlt. In dem Impuls, sich zu distanzieren, verbinden sich psychologische und moralische Skrupel zu einem höheren Egoismus, wie ich es genannt habe, und führen zu einer Geschichte mit unbestreitbar tragischer Dynamik. In die-

ser Geschichte wird die Liebe nicht verneint, sondern verinnerlicht
und gehegt – und dabei erstickt, so würden einige sagen.

Auf dem Abstieg zur Weisheit will die Prinzessin von Clèves die
Stufe der Erfahrung überspringen. Die dadurch entstehende Lücke
meint sie mit ihrer Phantasie schließen zu können. Sie scheint zu
begreifen, wie unermeßlich schwierig dies ist. Erwartungsgemäß
gibt es nicht sehr viele literarische Werke, die diese streng moralische Klarsicht – oder Blindheit – thematisieren. Wir interessieren
uns eher für das Leben von Sündern als von Heiligen. Dennoch
nehmen Erzählungen über Liebesverzicht in der Literatur aller
Jahrhunderte einen festen Platz ein und bilden einen plastischen
Hintergrund für den Roman der Madame de La Fayette.

In den aufeinanderfolgenden Reden über die Liebe, die Platons
Gastmahl (*Symposium*) bilden, spricht nicht etwa Sokrates als
letzter. Diese Ehre ist Alkibiades vorbehalten, der halb betrunken
davon berichtet, wie Sokrates seine Annäherungsversuche zurückwies. Sokrates schlug also das Liebesangebot eines auffallend
wohlgestalteten Kriegers aus, der immer noch jugendlich und bereits berühmt ist. Sokrates, der auf seine Weise selbst schön ist,
zeigt sich nicht ungerührt, doch er erweist der Liebe ihre Ehre, indem er weiß, wann er sich ihren physischen Ausdruck versagen
sollte. Im *Gastmahl* offenbart sich in Sokrates ein bemerkenswer-
tes moralisches Wesen, das durch den »heiligen Wahn« der Philosophie nicht in die Schwelgerei, sondern in die Enthaltsamkeit geführt wird.

Auch die Romane von George Eliot [eigentlich Mary Ann Evans]
drehen sich in gewissem Sinne immer um Entsagung. In ihrem me-
lodramatischsten Werk, *The Mill on the Floss* (1860, *Die Mühle am
Floss*), weist eine junge Frau, die ebenso schön und leidenschaftlich
ist wie die Prinzessin von Clèves, zwei Männer zurück und verschreibt sich tieferen Bindungen, wie ihr rechtschaffener Bruder sie
verkörpert. »Ich kann nicht für mich selbst ein Gut annehmen, das
ihrem Elend abgerungen ist«, beteuert sie (im 14. Kapitel des sechsten Buches, S. 664) unter Verweis auf das schmerzliche Los ihrer
Angehörigen und Freunde. Doch selbst in dieser ungeheuer klaren
Sicht verkennen weder die Heldin Maggie noch deren Schöpferin

Eliot, daß sich auch durch eine so schwerwiegende Entscheidung wie Verzicht und Entsagung nicht alles lösen läßt. »Das große Problem des sich verschiebenden Verhältnisses von Leidenschaft und Pflicht ist keinem eindeutig, der fähig ist, es zu erfassen« (Buch VII, Kapitel 2, S. 689). Dieser höchst paradoxe Satz verdient längeres Nachdenken und führt uns zur Frage des Erkenntnistabus in seiner intimsten Form. Diese komplexe Vorstellung als moralischen Agnostizismus zu bezeichnen erhellt weder etwas von Eliots vorsichtig formuliertem Satz noch von dem lebendigen Roman, in dem er enthalten ist. Der Satz innerhalb des Kontextes bestätigt auch, daß keine moralische Abstraktion oder Maxime einen »Generalschlüssel« zu einem derartigen Dilemma bietet. Man muß die gesamte Geschichte mit all ihren menschlichen Einzelheiten kennen, so wie Eliot sie hier darstellt.[31]

Im Vergleich zu dem fünfhundert Seiten umfassenden Roman *The Mill on the Floss* liest sich das dekadent-symbolistische Drama *Axel* (1890) von Auguste de Villiers de l'Isle-Adam wie eine Parodie. Doch im Kontext der Liebesentsagung gewinnt auch dieses halb vergessene Werk einige Bedeutung. Titel und Thema dieses Dramas entlehnte nämlich Edmund Wilson für seine Essaysammlung *Axel's Castle* (1931), eine Studie über den Symbolismus.[32] Graf Axel von Auersburg lebt in strenger Abgeschiedenheit in einem wagnerianisch anmutenden Schloß im Schwarzwald, unter dem ein riesiger Schatz verborgen liegt. Als die geheimnisvolle junge Adelige Sara eindringt und den Schatz entdeckt, wird sie von Graf Axel überrascht. Sie kämpfen mit Pistolen und Dolchen gegeneinander, überleben mit leichten Blessuren und verlieben sich natürlich leidenschaftlich ineinander. Jetzt haben sie alles, einschließlich einander. Die ganze Welt liegt vor ihnen. Die letzte Szene im unterirdischen Gewölbe des Schlosses trägt den Titel »Die höchste Wahl«. Aus den entscheidenden Passagen sind unschwer parodistische Anklänge an *Die Prinzessin von Clèves* – mit vertauschten Rollen – herauszuhören.

SARA: *Axel!* [Er ist nachdenklich] *Axel, bist du schon dabei, mich zu vergessen? Da draußen ist die Welt. Stürzen wir uns ins Leben!*

AXEL: Nein. Unser Daseinszweck ist bereits erfüllt. Unser Kelch fließt über. Was werden all die Realitäten morgen bedeuten, verglichen mit den Phantasien, die wir gerade gelebt haben?

In all seinen Äußerungen bleibt Axel todernst. Auch sein berühmtester Ausspruch ist keineswegs ironisch zu verstehen: »Leben? Unsere Diener können das für uns tun.« Sara und Axel vergiften sich, ohne ihre Leidenschaft erfüllt zu haben, und bekräftigen somit das Primat der Phantasie über die Realität.[33]

Wilson wählt dieses gespreizte, aber dennoch eindrucksvolle Drama, um einen wichtigen Aspekt des Symbolismus zu veranschaulichen: den Rückzug aus dem Leben in das Denken und die Sprache. Axels Weigerung, das Risiko des Lebens einzugehen, entspricht einer Grundtendenz der symbolistischen Haltung gegenüber der Sprache. Musikalität, Empfindsamkeit, absichtliche Unverständlichkeit, *la chanson grise* – all diese Elemente der symbolistischen Dichtkunst verkörpern eine extreme Position in der Geschichte der abendländischen Literatur. Der wichtigste Dichter dieser amorphen Bewegung, Stéphane Mallarmé, beschrieb die Einstellung der Symbolisten gegenüber der Sprache auf höchst prägnante Weise: »Etwas zu *benennen* bedeutet, Dreiviertel des Genusses eines Gedichts zu zerstören, der darin besteht, sich einer Sache nach und nach zu nähern und sie allmählich zu erahnen. Das Ideal ist die *Andeutung*« (»Sur l'évolution littéraire«, 1869). Diese Äußerung verdient auch jenseits der symbolistischen Doktrin Beachtung. Mallarmé meint, es gibt Gefühle und Geisteszustände, die so subtil sind, daß man sich ihnen am besten indirekt nähert, durch klangliche und sinnhafte Evokation. Wenn ich so klare, eindeutige Worte wie beispielsweise »Verlegenheit« oder »Wut« verwende, reduziere ich einen komplexen emotionalen Zustand auf ein Stereotyp, auf eine vermeintlich allgemeingültige Begrifflichkeit und somit auf eine Karikatur seiner selbst. Der Dichter Paul Valéry zog daraus die volle Konsequenz: »Etwas wirklich zu sehen bedeutet, dessen Namen zu vergessen.« Das aufregendste Unterfangen der Sprache besteht darin, die Sprache nicht mehr gemäß ihren gängigen Formen zu verwenden. Nichts sollte allzu klar sein. Die Imagination braucht ein Milieu des Geheimnishaften, in dem sie wirken kann. Dieselbe literarische Unverfälschtheit schwebte auch Flaubert vor, als er sich empört dagegen verwahrte, *Madame Bovary* illustrieren zu lassen. Das wäre schlimmer, als Namen zu nennen! Auch wenn Madame de La Fayette in der *Prinzessin von Clèves* immer wieder auf abstrakte psychologische Vokabeln wie »Wertschätzung« und »Pflicht« zurückgreift, so läßt sie meiner Meinung doch auch die Tendenz erkennen, auf ein klares Benennen zu verzichten, indem sie beispielsweise mit dem Wort *étonnement* umschreibt, was in ihrer Heldin im Zustand der Verwirrung und der Leidenschaft vor sich geht. Madame de La Fayette folgt, ähnlich wie die Symbolisten, der Strategie, an entscheidenden Stellen nichts klar zu benennen, sondern lediglich anzudeuten. Ihre Stilisierung (falls dies die treffende Bezeichnung ist) besteht im Grunde in einer ungewöhnlichen Feinheit des Ausdrucks, einer Ästhetik der Zurückhaltung.[34]

In meiner Kindheit brachte mir jemand bei, wie man am Nachthimmel Sterne beobachtet: Man blickt den Stern nicht direkt an, sondern sieht leicht daran vorbei. Das war Jahre, bevor ich etwas über die Physiologie der Stäbchen und die Strahlenkegel auf der Netzhaut erfuhr. Dieser indirekte Zugang zu den subtilen und komplexen Facetten der Welt bildet den Kern des Symbolismus, wie Mallarmé ihn definierte. Ich glaube, wir können noch mindestens einen Schritt weiter gehen. Sowohl in der vehementen Selbstverleugnung einer Prinzessin von Clèves oder eines Axel als auch in der stilistischen Zurückgenommenheit des Symbolismus läßt sich eine Geisteshaltung erkennen, in der sich die Selbstverleugnung oder Askese sehr stark dem Ästhetizismus, der Kultivierung der Kunst und des Schönen, annähert. Denn schließlich erfordern Askese und Ästhetizismus gleichermaßen eine Vorstellungsleistung, die genau das Gegenteil von geistiger Enge ist.

Das Ästhetische bei Emily Dickinson

In diesem Kapitel befasse ich mich, wiederum anhand der unterschiedlichsten literarischen Geschichten, mit dem Thema Erkenntnis, Erfahrung und Tabu, diesmal allerdings nicht in Form kühner Neugier, sondern beherrschter Selbstbeschränkung. In diesem Zusammenhang bieten sich acht Zeilen eines Gedichtes von Emily Dickinson zu einem Vergleich mit dem zweihundert Seiten umfassenden Roman von Madame de La Fayette an, denn auch diese Verse beschreiben die Vorzüge der Entsagung. Nur wenige Werke offenbaren den Kontrast zwischen den Dimensionen und der Dynamik von Lyrik und Prosa auf ähnlich eindrucksvolle Weise. Wir müssen uns dem Gedicht von Emily Dickinson jedoch behutsam nähern, gleichsam wie einer Forelle, die in den Wellen eines Baches lauert.

Im Jahre 1862, im Alter von zweiunddreißig Jahren, erfuhr Emily Dickinson, daß der berühmte Pastor Charles Wadsworth aus Philadelphia in eine neue Kirchengemeinde nach San Francisco berufen worden war. Es gibt klare Anhaltspunkte dafür, daß Dickinson sich sieben Jahre zuvor leidenschaftlich in den beredten Kirchenmann verliebt hatte, als sie ihn in Philadelphia predigen gehört und persönlich kennengelernt hatte. Es kam zu einem Briefwechsel. Möglicherweise waren die drei erstaunlichen »Meister«-Briefe, deren Entwürfe sich in ihren Papieren fanden, an Wadsworth gerichtet. Er besuchte sie 1860 in Amherst, als er einen anderen Bekannten in der Nähe aufsuchte. Dickinsons intensive Gefühle wurden von dem glücklich verheirateten Geistlichen, der sechzehn Jahre älter war als sie, anscheinend nicht erwidert.

Nachdem er seine Reise nach Kalifornien auf dem Seeweg via Kap Hoorn angetreten hatte, begann für Dickinson ein Leben in größter Abgeschiedenheit. Gleichzeitig brach die produktivste Phase ihrer dichterischen Laufbahn an. Über ein Jahr lang schrieb sie täglich ein Gedicht. Und sie entschloß sich, was eher untypisch für sie war, ein paar ihrer Gedichte einem Fremden zu schicken. Als Mentor wählte sie sich Thomas Wentworth Higginson, einen jungen unitarischen Geistlichen und Abolitionisten, der kurz zuvor in einem Artikel im *Atlantic Monthly* jungen amerikanischen Autoren Mut gemacht hatte.

»Sind Sie zu sehr beschäftigt, um mir zu sagen, ob meine Poesie lebendig ist?« So lautete die erste Zeile in ihrem Schreiben an Higginson. Wie ein Gruß zum Valentinstag trug dieser erste Brief in winzigen, zarten Lettern, dem vier Gedichte beigefügt waren, keinerlei Unterschrift. Ihren Namen hatte sie ganz schwach mit Bleistift auf eine Karte geschrieben, die sie in einem verschlossenen separaten Umschlag ebenfalls beilegte. Higginson, der die Charakterstärke besaß, ein paar Monate später den Befehl über das erste Regiment von Schwarzen in der Nordstaaten-Armee zu übernehmen, nahm die Herausforderung der geheimnisvollen Dame an und wagte es, ein paar kritische Anmerkungen zu machen sowie eigene Erkundigungen einzuziehen. In Dickinsons zweitem Brief an ihn mischen sich Koketterie, ein freier Umgang mit literarischer Konvention, boshafter Witz und pure Halluzination zu einem Dokument, das so subtil und zugleich so unverblümt klingt, daß man es ungekürzt lesen muß. Jeder Satz wird gleichsam aus einer tiefen Zisterne gesammelter Erfahrung emporgezogen.

Mr. Higginson,   *25. April 1862*

Ihre Güte hätte früher Dank erfordert – doch ich war krank – und schreibe heute, von meinem Bett aus.

Vielen Dank für den operativen Eingriff – er war nicht so schmerzhaft wie ich dachte. [1] *Ich bringe Ihnen weitere – wie Sie wünschten – wenngleich sie sich wohl kaum unterscheiden –*

Wenn meine Gedanken unbekleidet sind – kann ich einen Unterschied ausmachen, doch wenn ich ihnen das Gewand anlege – sehen sie identisch aus und starr. [2]

Sie fragten, wie alt ich bin? Ich habe keine Gedichte geschrieben – außer einem oder zwei – vor dem letzten Winter – Sir –. [3]

Es war ein Grauen für mich – seit September – konnte ich mich niemandem mitteilen [4] *– und so singe ich, wie der Junge im Wald – weil ich mich fürchte – Sie fragen nach meinen*

Büchern – Von den Dichtern – da habe ich Keats – und Mr. und Mrs. Browning. Aus der Prosa – Mr. Ruskin – Sir Thomas Browne – und die Offenbarung.[5] Ich ging zur Schule – aber in Ihrem Sprachgebrauch – genoß ich keine Erziehung.[6] Als kleines Mädchen hatte ich einen Freund, der mich die Unsterblichkeit lehrte – doch als er sich selbst zu nahe an sie heranwagte, kehrte er nicht mehr zurück – Bald darauf starb mein Lehrer – und jahrelang war mein Lexikon – mein einziger Gefährte.[7] – Dann fand ich noch einen – doch er war nicht damit zufrieden, daß ich seine Schülerin bin – also verließ er das Land.

Sie fragen nach meinen Gefährten Hügel – Sir – und der Sonnenuntergang – und ein Hund – so groß wie ich, den mein Vater mir kaufte – sie sind besser als menschliche Wesen – denn sie wissen – aber sie reden nicht – und der Lärm im Teich, am Mittag – überflügelt mein Klavier.[8] Ich habe einen Bruder und eine Schwester – Meine Mutter hat nichts übrig für Gedanken – und Vater, zu beschäftigt mit seinen Schriftsätzen – um mitzukriegen, was wir treiben – Er kauft mir viele Bücher – aber bittet mich, sie nicht zu lesen – denn er fürchtet, sie verwirren den Verstand. Sie sind religiös – außer mir – und rufen eine Eklipse an, jeden Morgen – die sie als ihren »Vater« bezeichnen.[9] Doch ich fürchte, meine Geschichte ermüdet Sie – ich würde gern lernen – Könnten Sie mir sagen, wie man wächst – oder läßt sich das nicht vermitteln – ähnlich wie Melodik – oder Zauberei?

Sie sprachen von Mr. Whitman – ich habe sein Buch nicht gelesen – hörte aber, er sei schändlich –

Ich habe Miss Prescotts »Circumstance« gelesen, aber es verfolgte mich, im Dunkeln – also ging ich ihr aus dem Weg –[10]

Zwei Zeitschriftenverleger besuchten meinen Vater im letzten Winter – und fragten mich nach meiner Meinung – und als ich wissen wollte, »Weshalb?«, sagten sie, ich sei knauserig – und sie würden es für die Welt verwenden –

Ich konnte mich nicht wiegen – Mich –

Mein Maß erschien klein – mir[11] – Ich las Ihre Kapitel im

Atlantic – und empfand Ehre für Sie – ich war mir sicher, Sie
würden eine vertrauensvolle Frage nicht zurückweisen –
Sind das – Sir – die Dinge, die Sie von mir hören wollten?

Ihre Freundin,
E – Dickinson.

1 In seinen Kommentaren setzte sich Higginson hauptsächlich mit ihrer unkonventionellen Orthographie und Wortwahl auseinander.

2 Dickinson verwendete häufig das Wort *thought* (»Gedanke«) oder auch *mind* als Synonym für »meine Gedichte«. In der hier verwendeten spröden Kleider-Metapher vergleicht sie wohl die flüchtigen, endlos veränderten Rohfassungen ihrer Gedichte mit den sauberen Reinschriften, die sie Higginson schickte.

3 Dickinson weicht Higginsons Frage zweifach aus. Sie hatte damals seit mindestens drei Jahren Gedichte geschrieben; es lagen schon über zweihundert Werke vor, von denen einige berühmt wurden, wie etwa »I never lost as much but twice« und »I taste a liquor never brewed«.

4 Dies bezieht sich wohl auf Wadsworths Übersiedelung nach Kalifornien. Dickinson hatte keinen Grund, ihre Befürchtungen in bezug auf ihre Sehkraft zu verbergen, die sie etwa um diese Zeit quälten.

5 Wichtige Namen, die sie nicht nannte, waren Shakespeare, Emerson und Thoreau.

6 Dickinson besuchte sechs Jahre lang die Amherst Academy und ein Jahr lang das Mount Holyoke Female Seminary. Sie tat sich besonders durch ihren Witz und ihre lustigen Geschichten hervor.

7 »Freund« und »Lehrer« dürfte sich auf zwei junge Männer beziehen, die sie in ihren literarischen Ambitionen ermutigten, aber sehr früh starben: Leonard Humphrey, der Rektor der Amherst Academy, und Benjamin Newton, ein junger Jurist in der Kanzlei ihres Vaters. Es ist nicht auszuschließen, daß sich diese Andeutungen auch auf Samuel Bowles und Charles Wadsworth beziehen, zumal es im folgenden Satz »noch einen« heißt.

8 Die erstaunlichen Worte nach »reden nicht«, die auf tatsächliche und halluzinierte Wahrnehmungen schließen lassen, erlauben durchaus den Vergleich mit Bildern in der »Alchimie des Wortes« in Arthur Rimbauds *Ein Aufenthalt in der Hölle* und mit »le déréglement de tous les sens« in seinem *Lettre du voyant* von 1871.

9 Allein aus diesem Abschnitt läßt sich auf das Wesen ihrer familiären Beziehungen, ihr mutiges intellektuelles Leben und die komplexe Entwicklung ihrer religiösen Ansichten schließen. Auch in ihrem spöttischen Skeptizismus verlor sie nie den Glauben an die Unsterblichkeit.

10 Harriett Prescott Spofford veröffentlichte im Mai 1860 »Circumstance« im *Atlantic Monthly*.

11 Diese beiden Sätze mit ihren acht beziehungsweise sechs Silben haben alle Kennzeichen eines typischen Gedichtes im reinen Stil Emily Dickinsons.

Higginson bewunderte zwar Dickinsons Gedichte und beantwortete ihre Briefe, doch seine Kommentare hatten wenig Einfluß auf ihr Werk. Trotzdem schrieb sie ihm später: »Sie haben mir das Leben gerettet«, und bat ihn, sie zu besuchen. Eines der Gedichte, die sie ihm mit ihrem dritten Brief schickte, enthält die Zeilen: »Entsagung – ist das Entscheiden / Gegen sich selbst –.« Sie schickte ihm nie das spätere Gedicht zu diesem Thema, das gleichzeitig Einblick in ihr Innenleben gewährt und verwehrt. Doch die acht Zeilen des Gedichtes Nr. 431 in der Johnson-Ausgabe stellen Dickinsons lyrisches Ich direkt neben die fiktive Prinzessin von Clèves. Ich empfehle dem Leser, das Gedicht mehrmals, am besten laut, zu lesen.

A Charm invests a face
Imperfectly beheld –
The Lady dare not lift her Veil
For fear it be dispelled –

But peers beyond her mesh –
And wishes – and denies –
Lest Interview – annul a want
That Image – satisfies –

[Zauber kleidet ein Gesicht
Undeutlich erspäht –
Die Dame hebt den Schleier nicht
Aus Furcht daß er verfliegt –

Äugt nur durch die Maschen –
Sehnt sich – und verwehrt –
Daß nicht die Nähe – Wünsche löscht –
Die das Bild – genährt –][35]

»A Charm«, eines von Dickinsons einfacheren Gedichten, offenbart Glanz und Tiefen, die uns einiges über das Wesen der Poesie verraten und zugleich einen komplexen Sinn und eine unterschwellige Geschichte vermitteln. Der Wunsch vieler Menschen, bedeutungsvolle Laute zu einer gemmenhaften Äußerung zu verbinden, scheint daher zu rühren, daß bis ins Erwachsenenalter zwei Stadien der Kindersprache lebendig bleiben, die wir alle kennen – das Lallen beziehungsweise Babbeln und das Spielen mit Worten. Ab dem sechsten Lebensmonat beginnt ein Kind, Laute in sich wiederholenden Mustern zu hören und zu sprechen, welche die Grundlage für einfache Kinderreime wie »Eene meene muh…« bilden. Etwa ab dem sechsten Lebensjahr ergötzt sich das Kind an Nonsense-Rätseln, die auf Wortspielen beruhen, in denen die verborgenen Querverbindungen und Kurzschlüsse in unserer Sprache erkennbar werden, zum Beispiel: »Welche Hose ist gefährlich? Die Windhose.« Wiederholung (wie beim Lallen und Babbeln) und Umwandlung (wie beim Wortspiel) eröffnen einen ganzen Kosmos für ein faszinierendes Spiel. Irgendwann wird aus diesem Spiel tiefer Ernst. Wenn sich diese beiden instinktiven Reaktionen auf Sprache verbinden und entwickeln, bereiten sie den Boden für die Poesie. Die Bedeutung von Dickinsons ungeheuer raffinierter und konzentrierter Komposition erschließt sich weitgehend über diese beiden Kategorien.[36]

Als sich die englische Sprache im puritanischen Neuengland ausbreitete, hatte sich das kindliche Babbeln längst in einer Reihe traditioneller Formen, vom Kinderreim bis zum Sonett, gefestigt. In »A Charm« verwendet Dickinson ein Muster, mit dem sie aus den Gottesdiensten vertraut war, die sie in ihren prägenden Jahren wöchentlich besuchte. Um die Vertonung zu vereinfachen, entsprachen die Texte der Kirchenlieder einigen wenigen begrenzten Standardschemata, die sich nur nach der Zahl der Silben pro Vers unterschieden. Im *common meter* wechselten sich Zeilen von acht und sechs Silben ab; das Schema des *long meter* wies vier Zeilen zu jeweils acht Silben auf.

Die Silbenbetonung, die Versfüße, waren in diesen Strophen viel weniger wichtig als das, was Milton und Pope als »numbers« bezeichneten – die genaue Silbenzahl. Emily Dickinson bediente sich einer entwickelten Form des Babbelns, von der vielleicht auch der Werbespruch nicht weit entfernt ist, und wählte für das Gedicht »A Charm« das Schema des *short meter* mit der Silbenzahl 6, 6, 8, 6.

Bei dieser Strophenform wird für die dritte Zeile tief Luft geholt, bevor es im Grundrhythmus weitergeht. Dieses Muster kann, wie bei der Ballade, beliebig lang fortgesetzt werden.

Im Vergleich zu der versteckspielenden Syntax in vielen Gedichten Emily Dickinsons bereiten die vier klar artikulierten Sätze dieses Poems kaum Schwierigkeiten. Das Gedicht als Ganzes vermittelt den Eindruck eines Rätsels, das auf seine Lösung wartet. Fast jedes Wort birgt, wie wir gleich sehen werden, ein offenkundiges oder unterschwelliges Spiel mit Bedeutungen. Das einzige Moment syntaktischer Ungewißheit bildet in der vierten Zeile das unauffällige *it*. Normalerweise würde man dazu neigen, dieses *it* auf *Veil* zu beziehen, doch dann muß der Leser dieses Urteil revidieren und weiter zurückblicken, um in *Charm* das geeignete Beziehungswort zu erkennen. Das Geheimnisvolle des Gedichts kreist um solch halb ausgesprochene Fragen wie: Wessen Gesicht? Welche Situation liegt vor? In welchem Tonfall wird gesprochen? Wie ist die Veränderung zwischen den beiden Strophen gekennzeichnet? Ich glaube, diese Fragen lassen sich schlüssiger beantworten, wenn ich das Gedicht zunächst einmal Wort für Wort kommentiere, anstatt gleich eine Gesamtinterpretation vorzulegen.

Charm: Das Wort bezieht sich auf ganz unterschiedliche Eigenschaften und Fähigkeiten, von körperlichem Reiz oder Zauber bis hin zu Magie und Zauberei. Aus Dickinsons Brief an Higginson geht hervor, wie intensiv sie auf all diese Kräfte anspricht. *Charm* ruft *want* (»Wunsch, Begierde«, siebte Zeile) hervor und projiziert so seine Wirkung auf das gesamte Gedicht. Durch die Großschreibung von *Charm* tritt auch jenes Wort hervor, das sich vom Klang und vom Schriftbild her hinter *Charm* verbirgt, nämlich das unausgesprochene Wort *harm* (»Schaden«, »Verletzung«). In dieser eingebetteten Opposition *charm/harm* schlummert die Bedeutung des gesamten Gedichts. Später folgen ähnliche Gegensätze, die auf etwas hinweisen, was gleichermaßen als anziehend wie als tabuisiert empfunden wird.

invests: Das Wort bedeutet »(be)kleiden«, »bedecken«, »umhüllen« mit einem Kleid oder Gewand, aber auch »ausstatten«. Damals hatte das Wort auch die mit der lateinischen Wurzel identische Sekundärbedeutung »investieren, anlegen«. Wir begegnen also einer »heiligen« Bedeutung, die von einer »profanen« eingefärbt ist. Im engen Umfeld dieses Wortes lauert jedoch ein weiteres, das fast identisch lautet und sich mit *invest* reimt, nämlich *infest* (»plagen, heimsuchen, überschwemmen«). Das Motiv *charm/harm* wird durch dieses Echo noch verstärkt.

a: Die beiden unbestimmten Artikel in der ersten Zeile sorgen dafür, daß die implizite Bedeutung distanziert und generalisiert wird. Dies wird sich jedoch bald ändern.

face: Dieses Wort für »Gesicht, Antlitz« bezeichnet lediglich die »äußere Erscheinung«, im Gegensatz zu einem Wort wie »Physiognomie«, das mit der Bedeutung »Gesichtsausdruck« auch Bezüge zum inneren Wesen und Charakter eines Menschen herstellt. Das Wort ist hier nicht großgeschrieben. Um wessen Gesicht handelt es sich? Beim ersten Lesen wird uns dies nicht klar. Wenn wir bei *Lady* ankommen, bringen wir es zunächst einmal mit ihr in Verbindung. Bei mehrmaligem Lesen wird klar, daß der erste Satz ambivalent ist: *Charm*, Zauber, liegt entweder auf ihrem eigenen verschleierten Gesicht oder aber auf dem anderen Antlitz, das sie durch ihren Schleier hindurch betrachtet, oder sehr wahrscheinlich auf beiden Gesichtern.

Imperfectly (»undeutlich«): Was wir allzu klar sehen, verliert seinen Reiz. In dem Gedicht wird die Einschränkung der vollen Wahrnehmung begrüßt. Derselbe Gedanke taucht auch in einem anderen Gedicht Emily Dickinsons auf (Nr. 1071), das folgendermaßen beginnt: »Perception of an object costs / Precise the object's loss –.« (Die Wahrnehmung eines Gegenstandes / Kostet genau den Verlust desselben –.)

beheld: Der Infinitiv *behold* bedeutet »erblicken, erspähen, wahrnehmen« und enthält das Verb *hold* (halten, festhalten, innehaben, besitzen).

The: Nun taucht der bestimmte Artikel auf und spezifiziert die Situation.

Lady: Das Wort für »Dame, Frau« ist großgeschrieben, wie in einer Allegorie; es verweist sowohl auf einen hohen gesellschaftlichen Stand im weltlichen Bereich als auch auf Heiligkeit und Jungfräulichkeit im spirituellen Bereich, wie in *Our Lady* (Unsere Liebe Frau, die Mutter Gottes).

dare not lift (»wagt es nicht zu heben«): Diese Worte führen den Gedanken von Gefahr und Angst ein, der in der folgenden Zeile weiter ausgesponnen wird und uns auf die schwierigen Entscheidungen in der zweiten Strophe vorbereitet.

Veil: Das großgeschriebene Wort für »Schleier« verbindet zwei gegensätzliche Vorstellungen des Verbergens: einerseits Reinheit und Rückzug wie in dem Ausdruck »taking the veil«/»den Schleier nehmen, in ein Kloster gehen«; andererseits latente Koketterie und Flirten und das Sich-Verbergen hinter einem Schleier, um selbst um so ungehemmter schauen zu können. Emily Dickinson hat das Wort immer gern verwendet. 1853, im Alter von dreiundzwanzig Jahren, schrieb sie ihrer Freundin Susan Gilbert: »Ich finde, ich brauche mehr Verschleierung.«

fear (»Furcht«): Siehe oben *dare*.

it: Das Wort scheint sich grammatikalisch auf *Veil* zu beziehen, doch berücksichtigt man auch das Verb, so verlagert sich der Bezug zurück zu *Charm* und weist dann auf das gesamte Gedicht voraus. Der zweiten Strophe entnehmen wir – wie dem Ende des Romans über *Die Prinzessin von Clèves* –, wie sich die Angst zerstreuen läßt, das wertvolle »*it*« zu verlieren.

dispelled: Das Wort heißt soviel wie »zerstreuen, vertreiben« und markiert somit das Gegenteil des obigen *beheld*, mit dem es sich reimt. Die markante Bedeutung des Verfliegens sollte nicht durch die Assoziation mit dem isolierten Wort *spell* abgeschwächt werden, obwohl es auch »Zauber, Bann« bedeutet und somit den Aspekt des Magischen von *Charm* unterstreicht.

But: Dies ist sowohl vom Klang als auch von der Bedeutung her der offensichtliche Dreh- und Angelpunkt. Wieso heißt es hier *But*, »Aber«, und nicht *And*, »Und«? Logisch konstruiert verlangt die erste Strophe nach dem Verhalten, das in der zweiten beschrieben wird. Als Übergang in einer Prosafassung käme durchaus das Wort »Folglich« in Frage. Es ist uns allerdings klar, daß Dickinson hier unbedingt einen Kontrast erzeugen will, einen Richtungswechsel, der andeuten soll, daß das Verhalten in der zweiten Strophe Mut erfordert. Die Lady wagt es nicht, ihren Schleier zu lüften, *aber* sie wagt es, die Szenerie kühn und scharf zu beobachten. Das »Aber« anstelle des ebenso richtigen »Und« inszeniert sozusagen das Melodrama der zweiten Strophe, indem es sowohl die zurückgezogene Nonne als auch den (unterdrückten) Flirt lebendig werden läßt.

peers: Das Wort für »spähen« ist ein wunderschönes, einsilbiges Verb ohne lateinische Wurzel, das sich mit *fears* (»fürchtet«) reimt. Dieses Verb deutet an, daß man sich selbst nur ein klein wenig exponieren muß.

beyond: Das Wort für »jenseits, über etwas hinaus« impliziert, mehr als »durch« oder »um … herum«, eine Grenze, die auf dem moralischen und psychologischen Terrain gezogen wird.

mesh: Das Wort für »Masche« bezeichnet nicht nur die Lücken eines Netzes oder Schleiers, sondern auch die Schlingen und weckt damit die Assoziation an »Verstrickung« und »Einkerkerung«. Etymologisch ist *mesh* über das Altnordische wahrscheinlich mit *mask*, »Maske«, verwandt.

wishes: Das höchst schlichte Wörtchen »wünscht« drückt hier das gesamte Spektrum an materiellem und geistigem Sehnen und Verlangen aus.

denies: Das Wort für »verneinen, bestreiten, leugnen, versagen, verwehren« klingt weit radikaler als *restrain* oder *hold back*, »bezähmen, zurückhalten«, und beinhaltet eine regelrecht kategorische Haltung mit biblischen Assoziationen an das dreimalige Verleugnen Jesu durch Petrus.

Lest: Diese Konjunktion mit der Bedeutung »damit nicht« oder »aus Furcht, daß« wiederholt noch einmal genau das *For fear* aus der vierten Zeile und führt diesmal zu einer prägnanten Erklärung für das Verhalten der Dame.

Interview: Hier bedeutet dieses Wort eine direkte Begegnung, von Angesicht zu Angesicht, ohne Schleier oder sonstige Behinderung, quasi »ganz aus der Nähe«. Im Gegensatz zum Französischen *entrevoir*, das ein flüchtiges, undeutliches Gewahrwerden bezeichnet, ist hier ein vollständiger Blickkontakt gemeint.

annul: »annullieren«, »aufheben«.

a want: »einen Wunsch«.

That: Es ist verwirrend und irreführend, wenn das Relativpronomen »das, welches« als hinweisendes Fürwort »dieses, jenes« gelesen wird.

Image: Das Wort bezeichnet ein inneres geistiges Bild, das durch die Kraft der Vorstellung entsteht, und markiert somit das Gegenteil von *Interview*. *Image* deutet darauf hin, daß sich die Dame gleichermaßen für Absenz und Abstinenz entscheidet.

satisfies: Das Wort für »befriedigt« reimt sich mit dem obigen *denies*, dessen Gegenteil es bezeichnet. Es ist auffällig, daß ein Gedicht, in dem es darum geht, der Versuchung zu widerstehen, mit dieser trotzigen, ja triumphierenden positiven Bekräftigung schließt.

Es genügt natürlich nicht, ein Gedicht zu paraphrasieren. Andererseits trägt jede prägnante Umschreibung zu unserem Verständnis bei: Eine Frau blickt durch ihren Schleier und fühlt sich zutiefst angezogen von der beinahe magischen Schönheit einer anderen Person, auf die sie, eben weil sie verschleiert ist, möglicherweise einen ebenso starken Reiz ausübt. Aber sie beschließt, lieber auf das Bild zu vertrauen, das sie sich in ihrer Vorstellung ausmalen kann, anstatt danach zu trachten, die andere Person näher kennenzulernen.

In »A Charm« sind nur drei Wörter länger als zwei Silben. Dickinson verdichtet eine möglicherweise ausschweifende Geschichte, indem sie sie zwischen zwei Gegensatzpaare zwängt, die ihre Reimpaare bilden: *beheld/dispelled* und *denies/satisfies*. Ihre Verskunst dient also nicht bloß der Dekoration, sondern drückt auch klanglich die Dynamik der implizierten Vorgänge aus. Ihre mustergültigen Reime verstärkt sie zudem durch das großgeschriebene Gegensatzpaar *Interview/Image* in den letzten Zeilen. Nicht zuletzt nutzt sie die Vieldeutigkeit des Schlüsselwortes *Veil*, »Schleier«. Damit verleiht Dickinson einem traditionellen Sujet eine so prägnante Form, daß das Ganze beinahe einem Epitaph gleicht. Eine aphoristische Fassung des Themas könnte folgendermaßen lauten: Das Vorgestellte übertrifft das Reale.

Der anti-aufklärerische Ausbruch der Gefühle im neunzehnten Jahrhundert, den wir als Romantik bezeichnen, klammerte sich an einen tiefen und oft verzweifelten Glauben an die Produkte der

Phantasie. Eineinhalb Jahrhunderte lang konnte jeder aufgeweckte Schüler aus dem englischen Literaturunterricht den *locus classicus* dieses Themas rezitieren:

> *Heard melodies are sweet, but those unheard*
> *Are sweeter . . .*

> [Gehörte Melodien sind süß, doch ungehörte
> Sind noch süßer . . .]

Keats stimmt seinen Gesang an, um sich und uns zu überzeugen, daß die marmornen Männer und Frauen auf der klassischen griechischen Vase die Sterblichkeit überwunden haben. »Cold Pastoral!« muß halb ironisch verstanden werden. Da der kühne Liebhaber das gemalte Mädchen niemals küssen wird, wird er sie unaufhörlich lieben, und sie wird ewig schön bleiben. In der Keatsschen Welt der gemalten Figuren werden Schönheit und Ekstase niemals enden. Auch Dickinsons Protagonistin, die uns an die Prinzessin von Clèves erinnert, zieht das Ideale dem Realen vor. Ihre Zeilen schildern weit mehr als nur eine autobiographische Situation, die uns lockt, die Akteure zu identifizieren. Dickinson hat das Persönliche überwunden, ohne auf das Lebendige einer konkreten Szene verzichten zu müssen. Wir würden ihrem Gedicht auch nicht gerecht werden, wenn wir uns auf den Standpunkt stellten, daß es in erster Linie das poetische Wirken, den Akt der Komposition selbst dokumentiert und zelebriert. Die zentralen Vorgänge innerhalb des Gedichts drehen sich nicht um den rein sprachlichen Ausdruck, sondern um die Dynamik des Schleiers – wie er das Gesicht umhüllt, welchen Vorteil er bietet, wie er die Person zugleich gefangenhält, schützt und ihr Freiheiten bietet.

Die größte Schwierigkeit bietet dieses winzige Werk dann, wenn man sich anschickt, es laut zu lesen; dies ist die wahre Bewährungsprobe für Leser, Gedicht und Zuhörer. Welcher Stimmklang wird dem Gedicht gerecht? »Die Feder hat so viele Farben, aber eine Stimme hat nur eine.« Diese ernüchternde Feststellung, die Dickinson 1876 in einem Brief an Higginson traf, sollte nicht als

Aufforderung verstanden werden, das Gedicht stumm zu lesen, sondern die wahre Klangfarbe einer realen Stimme zu finden. (In diesem Fall wird sozusagen dem *Interview* der Vorzug vor dem *Image* gegeben.) Kein lauter Vortrag kann und wird sämtliche klanglichen Möglichkeiten ausschöpfen, sondern lediglich einige davon realisieren. Doch wie soll man diese Zeilen nun vortragen? Kokett? Furchtsam? Sentimental und dann – nach dem Wendepunkt des *But* – resolut? Nachdenklich, fast unbeteiligt, so daß die einzelnen Worte ihre vielfachen und sich gegenseitig aufhebenden Wirkungen erzielen können? Das letzte funktioniert, glaube ich, am besten: Wenn man das Gedicht langsam liest, mit einer Spur Schalkhaftigkeit, die auf andere mögliche Stimmungen verweist, und jeden Gedankenstrich und jede Großschreibung berücksichtigt.

Viele Jahre nachdem »A Charm« entstanden war, entdeckte Emily Dickinson die herrliche Phrase »Das Bankett der Enthaltsamkeit« (Nr. 1430) als ihr ureigenes Thema. Wir sollten dieses Bankett genießen, »damit nicht das Tatsächliche / Deine Seele entzaubert –«. Beide Gedichte sprechen sich nicht gegen das Wünschen und Begehren aus, sondern dagegen, sich der Begierde hinzugeben, ohne die inneren Zweifel und Bedenken zu berücksichtigen. Angemessene Askese trägt auch zu einem ästhetischen Genuß des Lebens bei.

Wenn ich meiner Aufgabe gerecht geworden bin, sollte es jetzt möglich sein, zwei weitere Strophen ohne jeden Kommentar zu zitieren.

> *Heaven – is what I cannot reach –*
> *The apple on the tree*
> *Provided it do hopeless hang –*
> *That – Heaven is to me –*
>
> *The color on the cruising cloud –*
> *The interdicted ground*
> *Behind the hill – the house behind –*
> *There – paradise is found –*

(Nr. 1377) [37]

Ein Epikureer beim
»Bankett der Enthaltsamkeit«

In dem Brief, in dem Dickinson Higginson um Hilfe bittet, und auch in ihrem Gedicht über den Schleier verwahrt sich die Dichterin sanft, aber bestimmt dagegen, sich ganz zu offenbaren. Hoffen Sie nicht, gibt sie zu verstehen, genauere Einzelheiten über mein Alter, meine äußere Erscheinung und mein Innenleben zu erfahren. Wir leben alle hinter Schleiern und blicken durch Verschleierungen, die uns sowohl behindern als auch schützen. Der wahre Tanz der Schleier gipfelt nicht in vollkommener Nacktheit, sondern in einer koketten Scheu, die zu respektieren uns gut ansteht.

In Emily Dickinsons Gedicht »A Charm« wird die ausgedehnte Handlung des Romans über *Die Prinzessin von Clèves* zu einer flüchtigen Begegnung verkürzt, die zugleich imaginiert und verweigert wird. Madame de Clèves hebt ihren Schleier nur so hoch, daß sie Monsieur de Nemours ihre Liebe gestehen kann, aber nicht hoch genug, um diese Liebe auch zu leben, obwohl zum Schluß keinerlei gesellschaftliches Hindernis mehr zwischen ihnen steht. Und dann scheint sie für den Rest ihres Leben zu bereuen, selbst diese keusche Enthüllung gewagt zu haben. Die acht kurzen Zeilen des Gedichts »A Charm« stützen sich auf allegorische Figuren (*Lady*) und abstrakte Begriffe (*Image*); sie enthalten keinerlei Dialog und keine sichtbare Handlung, die über das »Spähen« hinausgeht. Dennoch versetzen uns die beiden Gedichtstrophen mit ihren subtilen Reimen und Anspielungen in eine Situation, die genauso überzeugend menschlich erscheint wie die klassisch inszenierte Dramaturgie des Romans. Auch wenn *Die Prinzessin von Clèves* und »A Charm« in bezug auf Form und Länge absolute Gegensätze bilden, so ergänzen sie einander doch so deutlich, als wäre das eine im andern enthalten oder als würde das eine aus dem anderen entstehen. Es gibt in der Literatur nur wenige solche Paare.

Wie konnten diese beiden lebensprühenden Frauen, die in völligem Einklang mit ihrer Umgebung lebten, zu der Überzeugung gelangen, daß Erfüllung in Entsagung zu finden sei, daß in der

Distanz das Pikante liege? Auf diese Frage gibt es mehrere Antworten. Beide waren mit der Dichtung der Troubadoure vertraut, mit den Geschichten der höfischen Liebe, insbesondere den Erzählungen um Lancelot und Ginevra. Diese Quellen begründeten die Tradition, nach der die Liebe in ihrer reinsten Form leidvollen Verzicht bedingt, und zwar in einem Maße, das die Beteiligten weit mehr adelt als jeder grobsinnliche Genuß. Und beide Frauen schreckten in gewisser Weise vor der Liebe zurück; sie scheuten sich vor der realen Erfahrung und neigten dazu, sich in ihre eigene Schale zurückzuziehen, um ihre subjektive Phantasie abzuschirmen und eine höhere innere Wahrheit wie in einem Schrein zu bewahren.

Fünfzehn Jahre nach den turbulenten Ereignissen und Gefühlsregungen, die zur Komposition von »A Charm« geführt hatten, fand sich Emily Dickinson in einer Situation, die der Lage der Prinzessin von Clèves auf merkwürdige Weise ähnelte. Einer der engsten Freunde ihres Vaters, ein prominenter Richter am Obersten Gericht von Massachusetts namens Otis Lord, hatte 1877 seine Frau verloren. Er hatte Emily von klein auf gekannt; er war damals fünfundsechzig, sie siebenundvierzig. Sie gestanden einander bald eine tiefe Zuneigung, die anscheinend über eine relativ lange Zeit gewachsen war. Es sind fünfzehn Briefe erhalten, die Dickinson an Lord schrieb und die ein breites Spektrum an Gefühlen offenbaren, darunter auch sexuelle Leidenschaft für den Mann, den sie zum einen »mein Süßer«, zum anderen »mein Schlimmer« nennen konnte. Richter Lord machte ihr einen Heiratsantrag. Dickinson, die als Zwanzigjährige den Studenten ihres Vaters zum Valentinstag spröde Verse geschickt und erklärt hatte: »Ich bin dazu berufen zu lieben«, hatte es nun mit einem resoluten Witwer zu tun, der nicht vorhatte, nach Kalifornien zu ziehen. Er wollte, daß sie bei ihm einzieht. Die Prinzessin von Amherst zog sich in das Kloster ihres Zimmers im oberen Stock zurück und schrieb ihrem Geliebten Briefe, die von glühendem Gefühl und strenger Selbstbeherrschung zeugen. Hier ist sie Pan und Syrinx in einem.

Oh, mein Allzugeliebter, bewahre mich vor der Vergötterung, die uns beide erdrücken würde –

Weißt Du nicht, daß Du am glücklichsten bist, solange ich mich versage und nicht hingebe – weißt Du nicht, daß »nein« das umfassendste Wort ist, das wir der Sprache anvertrauen?

Der Zauntritt [»Stile«] ist Gottes – Mein Süßer – um Deinetwillen – nicht meinetwillen – werde ich Dich nicht darübersteigen lassen – aber es ist alles Dein, und wenn es angebracht ist, werde ich die Balken heben und Dich ins Moos legen – Du hast mir das Wort gezeigt.

Ich hoffe, es hat keine andere Gestalt, wenn meine Hand es macht. Angst ist es, was ich Dir lange schon verheimliche, damit Du mich läßt, hungrig, doch Du begehrst die göttliche Kruste, und das würde den Laib verderben.

(*Letters*, II, 617–18)

Das Wort »Stile« im dritten Absatz bezeichnet die Stelle in einem Weidezaun, an der Stufen oder Sprossen (oder manchmal auch ein Drehkreuz) dem Menschen den Durchgang gestatten, dem Vieh aber verwehren. »Du hast mir das Wort gezeigt«, schreibt sie, was darauf hindeutet, daß Richter Lord als erster dieses Bild des privilegierten Zugangs gebrauchte. Ihre Reaktion ist indes deutlich: »Ich werde Dich nicht darübersteigen lassen.« Es klingt jedoch so, als wären sie sich intim und leidenschaftlich begegnet, zumindest über den Verbindungsweg, den tiefgründige Briefe wie dieser bilden. Gibt es eine sinnlichere Metapher als »Ich werde die Balken heben und Dich ins Moos legen«? Doch schließlich kehrt sie wieder zu ihrer keuschen Enthaltsamkeit zurück. Die Beschränkungen, die Emily Dickinson sich auferlegte, bewirkten indes keine Monotonie, sondern eine Bereicherung und Verstärkung der Gefühle.[38] Es kam nicht zu der Heirat. Lord starb sieben Jahre später, 1884.

Trotz ihrer weißen Kleider und des straff nach hinten gekämmten und zum Knoten geschlungenen Haars sollte inzwischen klar sein, daß Dickinson nichts Prüdes an sich hatte. Von Farmtieren, von ihrer sexuell aktiven Schwester Vinnie, aus der komplizierten Ehe ihres Bruders und nicht zuletzt aufgrund ihrer eigenen kühnen Phantasie wußte sie alles über die Natur erotischer Ekstase. Es gab keinen Aspekt des Lebens, dem sie auswich, der nicht ihre Lust zum Plaudern und ihre Neigung zur Heiterkeit ansprach. Gegen Ende ihres Lebens war *funny*, »komisch, lustig«, ihr Lieblingsadjektiv. Sie liebte Witze und Anekdoten; sie teilte sie in ihren Briefen mit und – in verwandelter Form – auch in ihren Gedichten.

Dickinsons triumphierende Entsagung war frei von jeder Prüderie und besaß einen starken Zug von Ästhetizismus. Die Freuden, die sie suchte, tendierten nicht zum Paroxysmus, der die Sinne überwältigt, sondern zu einer erhöhten Bewußtheit, die zwischen Intensivierung und Mäßigung vermittelt. Wie die Prinzessin von Clèves strebte sie danach, den ganzen Laib des Glücks zu bewahren, anstatt die Krusten zu verzehren, die uns das Leben gewöhnlich vergönnt. Die Gefühlslage beider Frauen hat ebensoviel mit Genußsucht wie mit Lebensangst zu tun. Ich sehe in den Rollen der Syrinx sowie der Prinzessin von Clèves und auch im Leben und im Werk Emily Dickinsons weit mehr Charakterstärke und Gefühlstiefe als in den Rollen eines Don Juan oder eines Faust. Diese beiden eingebildeten Typen lassen, wie unfallflüchtige Fahrer, zahlreiche Opfer hinter sich zurück. Madame de Clèves und Emily Dickinson dagegen suchen vollwertige Partner und dauerhafte Bindungen und gehen allem aus dem Weg, was hinter ihren hohen Erwartungen zurückbleibt.

Ungeachtet der hier zusammengetragenen Belege glaube ich nicht, daß dieser Unterschied allein aus einer Wesensungleichheit zwischen Männern und Frauen resultiert. Auch Frauen können Raubtiere sein; auch Männer können Zurückhaltung üben. Berücksichtigt werden muß indes die Tatsache, daß den beiden Geschlechtern besonders in früheren Zeiten von der Gesellschaft ganz unterschiedliche Erfahrungen zugestanden wurden. Mir fällt allerdings auf Anhieb kein Roman, Gedicht oder Drama (ausgenommen *Axel*) ein, in dem ein Mann als der große Entsagende porträtiert wird.

Der überzeugendste Kandidat für diese Rolle stammt aus der Feder Gustave Flauberts. In seiner *Education sentimentale* (1869; *Lehrjahre des Herzens*) schildert er die Begegnung zwischen Frédéric Moreau und Madame Arnoux viele Jahre nach ihrer unausgesprochenen und hoffnungslosen Jugendleidenschaft. Frédéric ist in Untätigkeit versunken und höchst überrascht, als sie ihn eines frühen Abends in seiner Wohnung besucht. Ihr Ehemann ist inzwischen ruiniert und invalide. Sie trägt einen Schleier und wirkt auch mit weißem Haar noch schön. Während eines Spaziergangs gestehen sie einander endlich ihre Liebe. »Wir werden einander aufrichtig geliebt haben.« »Wie glücklich hätten wir sein können!« Als sie in die Wohnung zurückkehren, nimmt sie ihren Schleier ab, und sie umarmen sich. Dann weicht sie zurück. »Ich wünschte, ich hätte dich glücklich machen können.« Er fragt sich, ob sie sich ihm anbietet.

Er raucht eine Zigarette. Bevor sie geht, schneidet sie sich eine lange Locke für ihn ab. In seine Gefühle mischen sich Verlegenheit und ein Abscheu, der fast an Inzestangst grenzt. Im Grunde aber nimmt er sich aus Vernunft zurück – und um sein Ideal nicht herabzusetzen. Die emotionale Spannung der Szene steigert sich, weil sich die beiden so nahekommen und weil völlig triviale Umstände – das weiße Haar, ihr Schleier, seine Zigarette und die vorgerückte Stunde – zu verhindern scheinen, daß sich die Situation weiterentwickelt. Die Liebe der beiden wird gleichzeitig vereitelt und konserviert. Keiner der beiden frohlockt innerlich.

All diese Erzählungen und Parabeln geben uns zu verstehen, daß sowohl Promiskuität als auch Enthaltsamkeit in Egoismus münden können. Die wenigsten von uns würden für solch einen Lebensstil plädieren. Die meisten von uns suchen und finden einen Mittelweg. Doch wir tun gut daran, darüber nachzudenken, welche Folgen Promiskuität und Abstinenz für andere zeitigen. Das Motto *carpe diem* muß nicht immer für jeden das größte Glück bedeuten.[39]

Um ihren Entschluß zur Entsagung zu bekräftigen, macht Dickinson in »A Charm« eine kühne Aussage über das Leben des Geistes:

> *Lest Interview – annul a want*
> *That Image – satisfies –*

> [Daß nicht die Nähe – Wünsche löscht –
> Die das Bild – genährt –]

Kann die Phantasie allein uns wirklich tragen, wenn die Realität weicht? Emily Dickinson propagiert meiner Meinung nach einen strategischen Rückzug auf eine Position, die es einem erlaubt, die reine Erfahrung sowohl zu umgehen als auch zu betrachten. Von diesem Standpunkt aus können wir erkennen und anerkennen, daß bestimmte körperliche und seelische Zustände höchst fragil sind und unter einer zu engen, zu groben oder zu langen Begegnung mit dem Objekt der Begierde beziehungsweise der ersehnten Person zerbrechen könnten. Der Sprichwörterschatz hält einige schonungslose Wendungen dafür bereit, wie zum Beispiel »Zu große Vertraulichkeit erzeugt Verachtung«. Dickinson verschanzt sich gleichsam beobachtend hinter ihrem subjektiven Bedürfnis, sich anderen Menschen beziehungsweise der Erfahrung selbst nicht allzu sehr zu öffnen. Sie offenbart eine Unbestimmtheit des Herzens, ein Unschärfeprinzip der menschlichen Psyche. Für sie ist die Seele eine Domäne, die sich der Erforschung und der exakten Vermessung genauso entzieht wie ein Elektron in einem Atom. Das gilt freilich weder in der Physik noch im menschlichen Gefühlsleben für normale Ereignisse nach dem Maßstab unseres alltäglichen Verhaltens. Doch wenn Dickinson mit ihrem Schleier und der Physiker mit seinem imaginären Gammastrahlenmikroskop sich auf die Ebene der kleinsten Dimensionen begeben, dann stoßen sie eindeutig auf eine Grenze unserer Reichweite, unserer Erkenntnisfähigkeit.

Manche Denker reagieren irritiert bei der Vorstellung, daß wir irgendwo auf eine solche Barriere stoßen. Physiker haben sich indes längst mit der Unschärferelation abgefunden. Im Bereich der Gefühle dürfen wir uns nicht verächtlich über die klare und resolute Haltung hinwegsetzen, wie sie Emily Dickinson und die Prinzessin von Clèves oder die Nymphe Syrinx sowie Maggie in *Die Mühle am Floss* an den Tag legen. Sie kapitulieren nicht vor dem scheinbaren Paradox, daß nämlich die Bereitschaft, für die Erfahrung Grenzen gelten zu lassen, vielleicht unsere Freiheit, wir selbst zu sein, sogar noch vergrößert. Nur wenige Formen des Erkenntnistabus berühren unser eigenes Leben so direkt wie die Möglichkeit der Enthaltsamkeit und deren Gewinn.

Kapitel V

Schuld, Gerechtigkeit und Empathie bei Melville und Camus

■

Ich verabscheue jenen törichten Geist, der entschuldigt,
was er erklärt ... und sich analysiert, statt zu bereuen.
Benjamin Constant, *Adolphe*, 1816, »Réponse de l'éditeur«

Obwohl zwischen Madame de La Fayettes Roman und Emily Dickinsons Gedicht eine Spanne von zweihundert Jahren liegt, drückt sich in beiden eine verblüffend ähnliche Scheu vor uneingeschränkter emotionaler und körperlicher Erfahrung aus – das Gegenteil von Fausts und Frankensteins Entschlossenheit, sich auf die Erfahrung zu stürzen und sie im eigenen Sinne zu gestalten. Nur ein halbes Jahrhundert trennt dagegen die Romanciers Herman Melville und Albert Camus, in deren Werk ich im folgenden einen Aspekt der Erkenntnisbegrenzung skizzieren möchte, der sich von allen bisher erörterten Aspekten unterscheidet. *Billy Budd* und *Der Fremde* verwirren uns als Leser, indem sie uns Informationen vermitteln, die eine einfache Interpretation der Handlung vereiteln. Wir erfahren zuviel über die Charaktere, um bei der schwierigen Sachlage mit der Findung der Gerechtigkeit einverstanden sein zu können. Die Auslegung dieser beiden kurzen Romane hat folglich langwierige Dispute und schwerwiegende Fehleinschätzungen heraufbeschworen. Melville und Camus konfrontieren uns mit einem weiteren Aspekt der kritischen Fragen: Gibt es Dinge, die wir nicht wissen sollten? Kann Wissen Gerechtigkeit unterhöhlen?

Billy Budd: *Eine realistische Allegorie*

Die große territoriale und wirtschaftliche Expansion der jungen amerikanischen Republik hat Herman Melvilles Laufbahn als Schriftsteller nicht unbedingt beflügelt. Nach einem erfolgreichen Start als Verfasser von Seefahrerromanen zog er sich nach dem Mißerfolg von *Moby Dick* scheinbar von der Schriftstellerei zurück und nahm in New York eine Stellung als Zollinspektor an. Aber die Analogien zwischen dem Schiff des Staates und dem Schiff des Einzelwesens ließen ihn nicht los. Als er 1891 starb, hinterließ er das fast abgeschlossene Manuskript des kurzen historischen Romans *Billy Budd*, der erst 1924 aus dem Nachlaß veröffentlicht wurde.

Diese enigmatische Erzählung basiert teilweise auf einem historischen Ereignis, der Meuterei an Bord der amerikanischen Marinebrigg *Somers* im Jahre 1842. Melvilles vielbewunderter Cousin, Guert Gansevoort, war zu jener Zeit Kapitänleutnant auf der *Somers* gewesen. Melville selbst war damals als Dreiundzwanzigjähriger auf einem Walfänger unterwegs und trieb sich im Pazifik herum. Als Melville vierzig Jahre später das Gedicht »Billy in the Darbies« (»Billy in Ketten«) verfaßte, wurde immer noch über den Vorfall auf der *Somers* geschrieben. Was wir heute als fortlaufenden Roman lesen, ist im Grunde eine ausgedehnte Vorbemerkung zu diesem Gedicht. Die zweiunddreißig locker gereimten Verse stehen heute am Ende einer langsam anlaufenden Geschichte, die schließlich in einem intensiven Höhepunkt gipfelt. Ein kurzer Abriß des Inhalts erhellt und verzerrt die Geschichte zugleich.

Der »hübsche Matrose« Billy Budd, der während des Krieges zum Dienst an Bord eines englischen Marineschiffes gepreßt wird, wirkt vollkommen aufrichtig, natürlich und dabei fast von königlicher Würde, vergleichbar mit Adam vor dem Sündenfall. Sein einziger Makel ist eine gelegentliche Neigung zum Stottern. Billy erweckt unwissentlich den Neid und vielleicht sogar die Begierde des Waffenmeisters Claggart, eines intelligenten, aber »von Natur aus verderbten« Unteroffiziers.

Claggart beschuldigt Billy vor Kapitän Vere, einem gerechten und unvoreingenommenen Vorgesetzten, eine Meuterei anzetteln zu wollen. Billy ist sprachlos über die falsche Anschuldigung; im Affekt tötet er Claggart. Obwohl Kapitän Vere schier fassungslos über dieses »Mysterium iniquitatis« ist, setzt er ein dreiköpfiges Standgericht ein. Nach einer schwierigen Verhandlung unter Vorsitz des Kapitäns fällt das Gericht rasch ein Urteil: Billy soll an der Rahe gehängt werden. Billys letzte Worte vor seiner Hinrichtung lauten: »Gott segne Kapitän Vere!« Die Urteilsvollstreckung erinnert an die Kreuzigung Christi. Was bleibt, sind zwei gleichermaßen verzerrte Darstellungen des Vorfalls: der offizielle Marinebericht über den Verbrecher Billy und die populäre Ballade »Billy in Ketten«, jenes nachgestellte Gedicht über den edlen Märtyrer Billy.

Wie in dem Roman *Moby Dick* entsteht durch die Schilderung nautischer Details im Vordergrund ein überzeugendes Maß an Realismus. Zahlreiche biblische Anspielungen auf Adam, Abraham, Joseph und den Satan heben die Erzählung in entscheidenden Augenblicken auf die Ebene der Allegorie. Zwei zentrale Passagen veranschaulichen diese allmähliche Wandlung vom Realismus zur Allegorie. Eine ausführliche Charakterisierung Claggarts schließt mit folgender Passage:

> *Solch ein Mensch nun war Claggart. Er war besessen von dem Wahnsinn einer solchen bösen Natur, die nicht das Ergebnis einer lasterhaften Erziehung, verderbter Bücher oder ausschweifenden Lebens war, sondern ihm angeboren von Kindheit an, mit einem Wort: »eine Verdorbenheit, die aus der Natur entspringt«. …*
>
> *»Dunkle Worte«, werden einige sagen. Aber warum? Nur weil sie ein wenig nach der Heiligen Schrift schmecken und nach ihrem Worte von dem* mysterium iniquitatis?

(Zehntes Kapitel, S. 40, 41)

Die vorsichtigen Formulierungen unterstreichen noch den ominösen Inhalt. Der Ausdruck »mysterium iniquitatis« (»die geheime Macht der Gesetzwidrigkeit«, aus dem zweiten Brief an die Thessalonicher, 2,7) verweist auf das Problem, wie in einer von Gott erschaffenen Welt überhaupt Böses existieren kann – das Problem, das Leibniz in dem modernen Begriff der *Theodizee* faßte und das Milton in *Paradise Lost* zu seinem erklärten Thema machte. Melville fasziniert die Frage, wie Claggarts verderbter Charakter aufgrund eines verborgenen kausalen Mechanismus, den wir »Schicksal« nennen, Billys unschuldige Wesensart korrumpieren kann.

Die zweite zentrale Passage stellt diese Zersetzung, diese moralische Umkehrentwicklung als tragisch und unentrinnbar dar. Man muß die Sätze aufmerksam lesen, um den darin beschriebenen Paradoxien und Verkehrungen folgen zu können.

In dem Gaukelspiel der Umstände vor und während des Ereignisses an Bord der Indomitable *wie auch im Licht der Kriegsgesetze, nach welchen formell geurteilt werden mußte, tauschten Unschuld und Schuld, verkörpert in Claggart und Budd, ihre Plätze.*

Nach legaler Auffassung war offenbar derjenige das Opfer der Tragödie, der seinerseits versucht hatte, einen untadeligen Mann zu opfern, während die unbestreitbare Tat des letzteren für den Seemann eines der schändlichsten militärischen Vergehen war. Aber nicht genug damit. Je eindeutiger sich Recht und Unrecht in dieser Sache erwiesen, desto schwieriger wurde es für einen loyalen, seiner Verantwortung bewußten Seemann, diesen Fall, wie er verpflichtet war, auf der primitiven Grundlage des Gesetzes zu entscheiden.

(Achtzehntes Kapitel, S. 69)

Bemerkenswert ist, daß in diesem straffen Absatz alle drei Charaktere aufgeführt sind. Wir sind versucht, einen doppelten allegorischen Sprung zu machen. Die *Indomitable* ist ein Kriegsschiff, das nicht nur ein Staatsschiff in der Krise repräsentiert, sondern auch das Schiff eines in sich gespaltenen und eines integeren Individuums: Claggart verkörpert das Böse, Billy die Unschuld und das Gute; und Kapitän Vere ist die Instanz der Vernunft, die die Ordnung aufrechtzuerhalten sucht. Die wirklich tragische Figur ist nicht Billy, sondern Vere; als der Kapitän Jahre später stirbt, murmelt er den Namen seines hingerichteten Matrosen. Als Befehlshaber über ein Schiff in Kriegszeiten ist er verpflichtet, das Tötungsdelikt nach den Rechtsstatuten der Marine zu beurteilen. Das Prinzip ist ihm längst vertraut. »›Die Menschen‹, pflegte er zu sagen, ›brauchen vor allem Form – Maß und Form‹« (23. Kapitel, S. 95). Mit demselben Wort – *forms* – umschreibt Alexis de Tocqueville die Traditionen und Bräuche, denen es einer offenen, demokratischen Gesellschaft seiner Meinung nach mangelt. Die juristischen Formeln des Seerechts sind allerdings kaum geeignet, um der geheimen Macht des Bösen zu begegnen, denn sie machen aus Billy auf einen Schlag einen Mörder und aus Claggart ein halb unschuldiges Opfer.

Am Ende der Geschichte werden uns zwei konträre Darstellungen des Ereignisses geboten. Im offiziellen Bericht der Marine werden der gemeine Matrose Billy Budd als ausländischer Mörder und der Unteroffizier Claggart als »ehrlicher und zuverlässiger« Gentleman bezeichnet. In der Ballade »Billy in Ketten«, jenem Gedicht, das in Melvilles Phantasie den Keim zu der Geschichte legte, träumt der in Handschellen liegende Matrose von seinem Tod als einer Form des Schlafs. In diesen beiden gegensätzlichen Richtungen wurde der Roman in der Regel ausgelegt, nämlich als »Melvilles Hadern mit Gott« beziehungsweise als »Melvilles Manifest der Schicksalsergebenheit«. Es muß betont werden, daß dem Roman selbst nicht zu entnehmen ist, daß die eine Interpretation der anderen vorzuziehen sei. Selbst Kapitän Vere, den man leicht als unerbittlichen, unsympathischen Zuchtmeister sehen kann, weiß genau, daß die Situation so komplex ist, daß er ihr im Rahmen seiner offiziellen Befehlsgewalt nicht gerecht werden kann. Diese Vaterfigur verkörpert zum Teil den Autor Melville, der den Verlust seiner beiden Söhne – durch Selbstmord beziehungsweise Krankheit – zu bewältigen sucht. In einem tieferen Sinne aber steht Vere für das Bemühen eines aufrechten und intelligenten Menschen, mit den geistigen Strömungen des neunzehnten Jahrhunderts zurechtzukommen: Religionslosigkeit, Naturwissenschaft, Evolutionstheorie und Demokratie. Die Umstände des Kriegsgerichts, das Billy verurteilt, stellen Vere auf eine harte Probe. Weil Vere die volle Verantwortung für sein Schiff übernimmt, wird mit seinem Dilemma das Thema der begrenzten Erkenntnis noch einen Schritt weiter entwickelt als in *Paradise Lost* und *Faust*. Vere hat keinen Gott, der ihm beisteht.

Eben dieses Ausloten unausgesprochener subjektiver Bewußtseinszustände wollte Melville wahrscheinlich mit dem rätselhaften Untertitel umschreiben, den er an den Rand seines Manuskripts schrieb: »An Inside Narrative« [Eine Geschichte aus innerer Sicht bzw. die Innenansicht einer Geschichte]. Dies soll nicht heißen, daß hier ein allwissender Insider erzählt; viele entscheidende Facetten bleiben selbst dem anonymen Erzähler fremd und verschlossen. In der vorliegenden Diskussion verweist dieser Untertitel indes auf einen weiteren Roman, der fünfzig Jahre später geschrieben wurde.

Der Fremde: *Eine Geschichte aus innerer Sicht*

Der Franzose Albert Camus wurde 1913 in Algerien geboren, wo er in kärglichen Verhältnissen aufwuchs und als Journalist und Bühnenautor arbeitete. Im Zweiten Weltkrieg wurde er in Frankreich zu einer wichtigen Figur der Résistance. Sein beklemmendstes Buch, der kurze Roman mit dem Titel *Der Fremde* (1940), wurde innerhalb kürzester Zeit als exemplarisches Werk des Existentialismus herausgehoben. In der philosophischen und literarischen Bewegung, die Europa nach dem Zweiten Weltkrieg zwei Jahrzehnte lang beherrschte, galt Camus als großer Held und Antipode zu Sartre, mit dem er 1952 wegen dessen Loyalität gegenüber der Sowjetunion brach. Camus wurde 1957 mit dem Nobelpreis ausgezeichnet; 1960 kam er bei einem Autounfall ums Leben.

Der Fremde hat während der zweiten Hälfte des zwanzigsten Jahrhunderts eine erstaunliche Aktualität bewahrt. Die größte Popularität erreichte der Roman in den sechziger Jahren, in denen er auch zur Entstehung des gelassenen, distanzierten Helden beziehungsweise Antihelden jener Zeit beitrug. An Stränden in Kalifornien und anderenorts ereigneten sich etliche Verbrechen, die als Nachahmungen der Romanhandlung gedeutet wurden. Die idealisierte Affektlosigkeit des Romans kleidete sich in Begriffe wie *Authentizität*, *Aufrichtigkeit* und *Absurdität*. Auch am Ende dieses Jahrhunderts wird *Der Fremde* noch immer viel gelesen und dabei sehr häufig mißverstanden. Ich bringe diese gravierenden Fehldeutungen mit einem Aspekt der Erkenntnisbegrenzung in Verbindung und will Camus' Roman im folgenden mit der handlungsverwandten Erzählung Melvilles vergleichen.

Melvilles Untertitel, »An Inside Narrative«, paßt haargenau auf Camus' *Der Fremde*. Die erste Hälfte des Romans von Camus schließt den Leser in die bisweilen intensive, bisweilen abgestumpfte Empfindungswelt eines Individuums ein. Eine schüchterne Figur erzählt uns ihre Lebensgeschichte. Während des Verhörs und der Gerichtsverhandlung, die den zweiten Teil bilden, ereignet sich alles noch einmal im Rückblick, ganz nach dem Motto, das Camus in *Der Mythos von Sisyphos* in jener Zeit prägte: Erschaffen bedeutet zweimal leben. Meine kurze Zusammenfassung liefert dagegen eine »Außenansicht« der Handlung.

Meursault, ein bescheidener französischer Büroangestellter in Algier, beschreibt auf eine merkwürdig unbeteiligte und zugleich plastische Weise die Totenwache am Sarg seiner Mutter und deren Begräbnis; er erzählt, wie er am Tag darauf eine neue Freundin, Marie, aufreißt und in die unangenehmen Streitereien des Zuhälters Raymond verwickelt wird, der im selben Haus wohnt. Meursault fährt mit Marie und Raymond an den Strand und schlittert ungewollt in eine unheilvolle Konfrontation mit Raymonds arabischem Erzfeind. In einem Moment des Wahnsinns oder der Erregung – Meursault schmort auf dem glühenden Sand und wird von dem Araber daran gehindert, die kühle Quelle zu erreichen – erschießt Meursault den Mann mit fünf Schüssen aus Raymonds Pistole.

Während der Untersuchung und Gerichtsverhandlung wiederholen sich all diese Ereignisse für Meursault noch einmal; er erlebt sie gleichzeitig als gräßlich und mustergültig, als bizarr und natürlich. Schließlich erkennt er seine Schuld an, fügt sich in das monotone Leben in der Gefängniszelle und wartet auf seine Hinrichtung. Am Ende schreit Meursault den Geistlichen an, der ihn von den beiden einzigen Wegen abbringen will, die ihm als Mensch offenstehen: friedlich mit seinen Empfindungen und Erinnerungen zu leben beziehungsweise trotzig unter dem Fallbeil zu sterben, um auf diese Weise sein Leben zu bejahen.

Wer diesen aufwühlenden modernen Klassiker gelesen hat, erinnert sich an die moralische Gleichgültigkeit in Meursaults Leben und Wesen, die von Momenten intensiver physischer Direktheit unterbrochen wird. Es ist wenig erhellend, seiner Existenz die Etiketten »absurd« oder »entfremdet« anzuheften. Ein scharfsichtiger Kommentator verwies auf die enge Parallele zwischen Meursaults Verhalten und dem Automatismus, den Henri Bergson in seinem Aufsatz »Le rire« (»Das Lachen«) als Quelle des Humors ausmachte. In einem Interview äußerte Camus, Humor werde in seinem Œuvre am stärksten vernachlässigt. Als Bezugsquelle für Meursaults Abgestumpftheit kommt wahrscheinlich eher ein Philosoph in Frage, dessen Werk Camus 1938–39 las, während er *Der Fremde* schrieb. »So lebt das Tier *unhistorisch*: denn es geht auf in der Gegenwart, … es weiß sich nicht zu verstellen, verbirgt nichts und erscheint in jedem Momente ganz und gar als das, was es ist, kann also gar nicht anders sein als ehrlich« (*Unzeitgemäße Betrachtungen*, II, S. 132).

Nietzsches Beschreibung des tierischen Empfindens lehnt sich eng an Rousseaus *Diskurs über die Ungleichheit* an, in dem der Franzose so weit geht zu behaupten, der Zustand der Reflexion widerspreche der Natur, und ein Mensch, der »räsoniert«, sei ein verkommenes Tier. Camus fängt die Gestimmtheit von Meursaults verkümmerter Seele größtenteils mit einem verhaltenen Stil ein, der zur Disjunktion und Parataxe neigt. Nichts fügt sich schlüssig zusammen. Die Dinge passieren einfach. In einem berühmten Kommentar lenkt Sartre unsere Aufmerksamkeit auf die Teilnahmslosigkeit und Empfindungslosigkeit dieses stumpfen Schreibstils. Camus geht mit seinem flachen, abgehackten Stil sogar noch einen Schritt weiter als Kafka und Hemingway. Er vermittelt die metaphysische Ziellosigkeit unserer Zeit genauso treffend wie das Montageprinzip im Film und die Collage in der Malerei. *Der Fremde* bietet uns die Innenansicht eines im Grunde leeren Geisteszustands, der an Autismus grenzt.

Doch Camus schildert, wie Meursaults animalisches Bewußtsein nach und nach zur Selbstbewußtheit gedrängt wird. Dieser Prozeß beginnt nach der Beerdigung seiner Mutter und nachdem Marie die Nacht mit ihm verbracht hat.

Ich wollte am Fenster noch eine Zigarette rauchen, es war aber kühl geworden, und ich fror ein wenig. Ich schloß die Fenster, und als ich mich umwandte, sah ich im Spiegel etwas von dem Tisch, auf dem mein Spirituskocher neben Brotresten stand. Ich dachte, daß ein Sonntag vorbei und Mama nun begraben sei, daß ich wieder meine Arbeit tun würde und daß sich eigentlich nichts geändert habe.

(27)

Meursault sieht *sich selbst* noch nicht im Spiegel. Er erblickt nur ein paar Bruchstücke seiner Umgebung. Einen Augenblick lang scheint er die Leere seines Lebens zu erkennen. Eine Reihe von Szenen baut sich auf dieser auf. Meursault spürt vage, daß die Frau im Restaurant mit den roboterhaften Bewegungen, die sich selbst die Rechnung schreibt und den Betrag, einschließlich Trinkgeld, vor sich hinlegt, eine Karikatur seiner selbst darstellt. Im Gefängnis betrachtet er das Spiegelbild seines Gesichts in seinem Blechnapf und bemerkt, daß er dauernd Selbstgespräche führt. Im Gerichtssaal wird Meursault von einem jungen Reporter so intensiv angestarrt, daß er den »seltsamen Eindruck« gewinnt, »als würde ich von mir selbst gemustert«. Während Meursault in der Zelle auf seine Hinrichtung wartet, besucht ihn der Geistliche, der ihn während ihres langen Streitgesprächs immer wieder anstarrt. Als der Geistliche schließlich beteuert: »Ich stehe auf Ihrer Seite. … Ich werde für Sie beten« (120), packt ihn Meursault am Kragen und brüllt ihn an. Hier scheint Meursault sich endlich selbst wahrzunehmen, sich selbst zu erfassen. Nichts, gar nichts sei wichtig, schreit er den Geistlichen an; das ganze Leben sei absurd. Meursault hat in den diversen Reflexionen und Spiegelungen etwas wahrgenommen, was seinen Trotz entfacht. Als er wieder allein ist, wird er »zum erstenmal empfänglich für die zärtliche Gleichgültigkeit der Welt« (122).

Dieses plötzliche Aufwallen und Abschwellen von Gefühlen ereignet sich auf den letzten drei Seiten. Man könnte den letzten Satz des *Fremden* als eine ironische, ja sogar parodistische Variante der Hinrichtungsszene in *Billy Budd* verstehen.

> *Damit sich alles erfüllt, damit ich mich weniger allein fühle, brauche ich nur noch eines zu wünschen: am Tag meiner Hinrichtung viele Zuschauer, die mich mit Schreien des Hasses empfangen.*

(122)

Ein Vergleich zweier Exemplare

Camus las *Billy Budd* erst, nachdem er *Der Fremde* bereits geschrieben hatte. Daraufhin lobte er Melvilles Roman in einem Beitrag für eine Enzyklopädie und warf die Frage auf, ob Billys Tod einen Protest gegen eine blasphemische Verletzung menschlicher Gerechtigkeit darstelle oder ein resigniertes Annehmen der schrecklichen Fügung der Vorsehung. Dies sind die beiden Standardinterpretationen, von denen bereits die Rede war. In den zuvor erzählten Geschichten sind wir immer wieder der Vorsehung begegnet; sie ist eine der Masken der tabuisierten Erkenntnis. Es überrascht, daß Camus gar nicht auf die erstaunliche Ähnlichkeit zwischen *Billy Budd* und *Der Fremde* hingewiesen hat. Mir kommen die beiden Romane vor wie die Exemplare zweier Mineralien, die zwar unterschiedliche Färbungen und Maserungen, aber ähnliche Kristallstrukturen aufweisen. Die beiden Erzählungen drehen sich im Grunde um dieselbe Situation. Eine Gewalttat mit tödlichem Ausgang, die nicht vorsätzlich, sondern impulsiv begangen wird, wird von einem Standpunkt aus, gleichsam »von innen«, als unschuldige Handlung beschrieben. Von einem anderen Standpunkt aus, unter dem strengen Kodex der Justiz, erscheint dieselbe Tat so kriminell, daß sie mit der Todesstrafe geahndet werden muß. Keiner der beiden Männer verteidigt sich gegen die Beschuldigungen. Keiner der beiden empfindet Reuegefühle oder moralische

Skrupel, obwohl beide ihre Schuld anerkennen. Diese durchgehende moralische Ambivalenz dürfte es so schwer machen, diesen beiden Büchern wirklich gerecht zu werden.[40]

In seinem Lexikonartikel über Melville weist Camus darauf hin, daß das moralische Dilemma in *Billy Budd* mit der Prägnanz einer klassischen Tragödie dargestellt wird. Kapitän Vere, der sich bei Billy und Claggart mit den zwei nahezu stereotypen Verkörperungen von Gut und Böse konfrontiert sieht, trägt seinen Offizieren, die mit über Billy zu Gericht sitzen, die Anklage vor, die er mit der Verantwortlichkeit seines Dienstranges begründet: Ordnung muß sein, auch wenn er selbst dazu neigen würde, zugunsten des hübschen Billy zu sprechen. In *Der Fremde* nimmt keine entsprechende Figur, auch nicht die Richter und die Geschworenen, die Position Kapitän Veres ein, sondern der Leser. Dies ist ein gravierender Unterschied. Der Leser muß entscheiden zwischen Meursaults scheinbar aufrichtiger Schilderung des schrecklichen Vorfalls, der sich ohne seine Schuld gleichsam wie von selbst ereignete, und der weitschweifigen und bisweilen widerlich rechtschaffenen Darstellung des Verbrechens durch den Ankläger. Der Ankläger belegt immerhin, daß Meursault jedes moralische Bewußtsein vermissen läßt und nicht bereit ist, den Konsequenzen seines Handelns ins Auge zu sehen. Die Geschworenen bleiben im Hintergrund; ihre Entscheidung berührt den Leser kaum, wenn er über den Tathergang selbst und über den Prozeß nachdenkt und sich ein eigenes Urteil darüber bildet.

Lionel Trilling, der sich in *Beyond Culture* auch mit *Billy Budd* befaßte, erwähnte, die meisten seiner vielen Studentenjahrgänge hätten Kapitän Vere dafür verurteilt, daß er Billy Budd schuldig spricht. Nachdem ich mich in meinen eigenen Kursen dreißig Jahre lang immer wieder mit *Der Fremde* befaßt habe, kann ich von meinen Studenten eine ähnliche Reaktion in bezug auf Meursault und den Schuldspruch gegen ihn vermelden. Anfangs stimmte ich zum Teil mit den Studenten überein. Als sich mein Standpunkt später änderte, fing ich an, ihre Reaktionen zu dokumentieren. Im Jahre 1975 stellte ich in einem Kurs über französische Literatur für untere Semester in der Prüfung die Frage, ob der Staatsanwalt berechtigt sei, Meursault als »moralisches Ungeheuer« zu bezeichnen. Die Antworten der Studenten waren alle in einfachstem Französisch verfaßt, doch viele erschienen erstaunlich beredt:

Meursault tat unrecht, als er den Araber tötete. Aber er tat es nicht absichtlich. Der Todesfall war fast so etwas wie ein Unfall. Er ist kein Verbrecher. Er ist lediglich ein Mensch in unglücklichen Umständen.

Das eigentliche Ungeheuer, das seine Emotionen nicht im Zaum halten kann, ist meiner Meinung nach eher der Ankläger als Meursault.

Man muß Meursault verstehen, um zu erkennen, daß sein Handeln nicht seinem freien Willen entsprang, sondern einfach passierte.

Von den zweiundzwanzig Studenten zeigten achtzehn Verständnis für Meursault und verteidigten sein Verhalten.

Im Jahre 1990 forderte ich die dreißig Studenten eines Kurses in Vergleichender Literaturwissenschaft auf, die Handlung von *Der Fremde* (auf Englisch) zusammenzufassen und kurz zu kommentieren. In manchen Beiträgen kam echtes Mitgefühl zum Ausdruck.

Weniger für das Verbrechen, das er begangen hat, wird Meursault zum Tod durch das Fallbeil verurteilt, als vielmehr für die Art von Mensch, der er verkörpert.

Meursault sieht die Dinge objektiv und unpersönlich ... und lernt, zu leben wie Hiob, ohne das Leben nach menschlichen Maßstäben zu beurteilen; [somit] überschreitet er jeden Anthropomorphismus.

Camus' Der Fremde zu lesen ist fast so, wie wenn man einem Schwimmer zuschaut, der gegen eine mächtige Strömung ankämpft. Der Schwimmer, der sich nichts vormacht und sich an keine falschen Hoffnungen klammert, kollidiert frontal mit einer Gesellschaft, die sich mit »bedeutungsvollen« Konventionen und Ordnungsprinzipien brüstet. ... So wie der Fremde alle Sicherungsnetze wegreißt, an die sich die Zivilisation so hartnäckig klammert, so katapultiert er den Leser auf eine neue Stufe des Bewußtseins.

[Der Roman zeigt] das Unvermögen des französischen Rechtssystems, mit Meursault fertig zu werden, dessen Ehrlichkeit dazu führt, daß er zum Tode verurteilt wird.

Der tragische Held Meursault erzählt stoisch seine Lebensgeschichte, die von der voreingenommenen französischen Gesellschaft mißverstanden wird.

Diese Kommentare, die alle sorgfältig bedacht werden sollten, zeugen von einer gravierenden Mißdeutung, die zu einer moralischen Kurzsichtigkeit führt. In den meisten Fällen bleibt der Tatbestand des Mordes unerwähnt und wird regelrecht übersehen. Es wird angenommen, daß Meursault seine Geschichte ehrlich und aufrichtig erzählt. Kann man noch mehr verlangen? Die zweite Gruppe von Studenten hatte auch *Billy Budd* gelesen und über die tragischen Umstände gesprochen, die Kapitän Veres Standgericht und dessen Urteil erforderlich machten. (Viele Studenten bezweifelten, daß es nötig gewesen wäre, den Matrosen im Schnellverfahren hinzurichten.) Als sie in dem ähnlich gelagerten Fall Meursaults die Rolle des Kapitäns Vere einnehmen sollten, kapitulierten viele vor der Stimme Meursaults, der seine Lebensgeschichte erzählt. Camus entwickelte für die meisten Episoden einen kühlen, glatten, auf künstliche Weise natürlich wirkenden Stil. In dieser monotonen Seelenlandschaft löst der gleichsam rituelle Mord am Strand in Meursault einen Ausbruch von lyrischer Intensität aus. Die Mordszene ist zugleich ein grundloser Gewaltakt und eine Epiphanie. Die Intensität dieses Moments führt offensichtlich dazu, daß Meursaults Erinnerungsvermögen aussetzt. Sein späteres Verhalten wirkt rätselhaft, denn wir erfahren an keiner Stelle vollständig, was direkt nach dem Mord geschah und wie der Täter gefaßt wurde.

Camus' Erzählung besitzt die Wirkung einer magischen Beschwörung in modernem Gewand. Sie läßt den Leser vergessen, daß Meursault nie von dem Menschen spricht oder an den Menschen denkt, den er getötet hat. Er empfindet kein Bedauern, keine Reue. Gegenüber dem Untersuchungsrichter bezeichnet Meursault sein Gefühl angesichts der Tat als Ärger und Verdruß. Wenn er auf der letzten Seite erklärt, »ich fühlte mich bereit, alles noch einmal zu erleben«, bejaht er anscheinend sein Verbrechen und auch seine Strafe als einzige Quelle seiner Identität.

Ist dieser lakonische Mörder unser moderner Prometheus? Kann ein Mensch, der so anspruchslos und bescheiden ist wie Meursault, überhaupt ein Ungeheuer sein? Camus selbst verstärkte das Dilemma noch mit dem kurzen Vorwort, das er 1955 für eine amerikanische Lehrbuchausgabe schrieb.

Vor einiger Zeit faßte ich Der Fremde *in einem Satz zusammen, der zugegebenermaßen sehr paradox klingt: »In unserer Gesellschaft läuft jeder Mensch, der bei der Beerdigung seiner Mutter nicht weint, Gefahr, zum Tode verurteilt zu werden.« Ich meinte einfach, daß der Held des Buches verurteilt wird, weil er das Spiel nicht mitspielt. ... Er weigert sich zu lügen.*

...

Für mich ist Meursault kein menschliches Wrack, sondern ein armer nackter Mensch, der eine Sonne liebt, die keinen Schatten wirft. Er ist alles andere als gefühllos; ihn treibt eine tiefe Leidenschaft – tief, weil sie stumm bleibt; eine Leidenschaft für das Absolute und für die Wahrheit.

...

Ich bin auch so weit gegangen zu sagen – und auch dies klingt paradox –, daß ich in Meursault den einzigen Christus darzustellen versuchte, den wir verdienen. Aus meinen Bemerkungen sollte klar hervorgehen, daß ich keine Blasphemie beabsichtige und nur mit der leicht ironischen Sympathie spreche, die ein Künstler zu Recht für die Charaktere empfinden darf, die er geschaffen hat.

Diese erstaunlichen Behauptungen des Verfassers von *Der Fremde* sind selten angefochten worden. In seiner Rede bei der Entgegennahme des Nobelpreises hatte Camus noch gesagt, er habe Meursault als eine Figur der »Negation« angelegt. Er ließ zu, daß seinen lakonischen Helden eine beklemmende Ambiguität umgab. Dreizehn Jahre später, in dem oben zitierten Abschnitt, stellt Camus Meursault als einen Helden des Nonkonformismus und der kompromißlosen Wahrhaftigkeit hin.[41] Sollten wir *Der Fremde* auf diese Weise verstehen? Hat Camus vergessen, daß Meursault mindestens zweimal für Raymond lügt? – einmal als er den Brief an die maurische Frau schreibt, von der Raymond angeblich betrogen wurde; und einmal gegenüber der Polizei. Wird Meursault zum Tode verurteilt, weil er sich weigert, das Spiel mitzuspielen, das darin besteht, zu lügen und mehr zu sagen, als man fühlt? Oder wird er für schuldig befunden, weil er sich von einem brutalen kleinen Zuhälter dazu einspannen läßt, eine Rechnung zu begleichen und einen Araber zu töten? Wie die Studenten, die ich zitiert habe, versichert Camus in seinem Vorwort, Meursault werde wegen seiner Aufrichtigkeit verurteilt. Dabei übersieht Camus geflissentlich die Tatsache, daß sein Held einen Mord begeht. Ich glaube, Camus' Vorwort ist ein Beispiel dafür, wie ein Autor sein eigenes Werk und seine berühmteste Figur gravierend mißverstehen kann. Da er zweimal von »paradox« spricht und im letzten Satz das Wort »ironisch« verwendet, könnte es sein, daß wir die Bedeutung der Begriffe »Held« und »Christus« umkehren sollten. Das erscheint mir jedoch nicht plausibel. Die unstete und zugleich prägnante Prosa dieses Romans scheint Camus genauso hypnotisiert zu haben wie seine Leser.

Wir sollten nun in der Lage sein, das Paradox des *Fremden* genauer zu erkennen. Wie erklären wir unsere spontane, fast widernatürliche Bewunderung für einen ziemlich verdrießlichen Mitmenschen, der sich zu einem Mord mißbrauchen läßt und keinerlei Reue empfindet? Im Vergleich dazu übernehmen Adam und Eva und sogar Faust ein viel größeres Maß an Verantwortung für ihr Tun. Im ersten Teil des Romans bemüht sich Meursault nicht im mindesten, seine Gefühle – sofern er welche empfindet – zu verbergen. Er zeigt keinerlei Gefühlsregung in bezug auf seine eigenen Handlungen und deren Konsequenzen für andere. Seine neue Freundin hat zwar einen Namen und beschäftigt ihn gelegentlich in seinen Gedanken, doch als Mensch interessiert sie ihn wenig, kaum mehr als sein namenloses Opfer. Meursault ist sich seiner selbst kaum bewußt; er ist lediglich mit sich selbst beschäftigt und beschreibt kleinste Eindrücke und Sinneswahrnehmungen – etwa beim Essen, Warten, Rauchen und Sehen – so anschaulich, daß wir in die Leere seines Lebens hineingezogen werden. Und sobald wir uns dem allmählich anziehenden Tempo der Erzählung überlassen, durchleben wir die gesamte sonnengleißende und hitzeflirrende Szene am Strand *aus der Innenperspektive.* Sie gewinnt die schreckliche Form eines reinen Unfalls, in dem ein unerbittliches Schicksal seinen Lauf nimmt. Durch die allmähliche Anhäufung fragmentarischer Eindrücke werden wir in das Innere eines Menschen hineingezogen, der nicht davor zurückschreckt, den Abzug der geladenen Pistole zu betätigen, die sich zufällig in seiner Hand befindet. Der ohrenbetäubende Knall des Schusses reißt ihn zumindest aus seiner zombiehaften Existenz. In diesem Augenblick »nahm alles seinen Anfang«, und Meursault »begriff«, was geschehen war, was er getan hatte. Doch anstatt zurückzuschrecken, bejaht er nun seine halb bewußte Tat, indem er wohlüberlegt vier weitere Schüsse auf den leblosen Körper abfeuert. So wird der Schlafwandler zum Verbrecher, der ein erhebendes Gefühl erlebt. Er entwickelt sich nicht zu einem Menschen, der entsetzt ist über das Schauspiel des Mordes. Der Schock einer kriminellen Handlung vermittelt Meursault erstmals die erschreckende Erfahrung, wirklich zu leben.

»Es erfordert eine beträchtliche Anstrengung seitens [des Lesers], sich von der Rhetorik der Geschichte so weit freizumachen, um [in der Hauptfigur] etwas Ungeheuerliches zu erkennen.« Was Denis Donoghue in *Thieves of Fire* über D. H. Lawrences Erzählung »The Captain's Doll« konstatiert, trifft auch auf den Leser des *Fremden* zu. Die meisten Leser finden es in Ordnung, daß sie dem armen, gequälten Opfer Meursault zunächst mit Verständnis begegnen. Die scheinbar arglose Weise, in der er seine Geschichte erzählt, entwaffnet uns und hindert uns daran, einen unzuverlässigen Erzähler zu entdecken. *Der Fremde* bietet meiner Meinung nach die überzeugendste Version des zur Entschuldigung einer unbestreitbar kriminellen Handlung vorgebrachten Arguments der Aufrichtigkeit. Die Rhetorik hat den Autor Camus ein Jahrzehnt später offensichtlich selbst getäuscht. Meursaults »Aufrichtigkeit« im ersten Teil grenzt schon an pathologischen Autismus. Im zweiten Teil erwacht ganz langsam ein Verantwortungsgefühl in Meursault, während er sich gleichzeitig danach sehnt, wieder in die seelenlose Existenz des ersten Teils zurückzufallen und den durchaus gerechtfertigten Schuldspruch trotzig zurückzuweisen. Mit beiden Reaktionen belügt er sich selbst und verleugnet seine potentielle Menschlichkeit.[42]

Ich kann nicht umhin, diese Novelle als Parabel, als subtiles Lehrstück zu sehen, dessen Botschaft sich bei sorgfältigem Lesen allmählich offenbart. Aber weil die raffinierte Erzählkunst aus der Innenperspektive viele Leser dazu verführt, Verständnis für einen Verbrecher zu zeigen, verfehlt die Parabel ihr Ziel. Allzu leicht übersieht man nämlich die moralische Botschaft – daß keine Lebensform als menschlich bezeichnet werden kann, die nicht ein Mindestmaß an Verantwortung für sich, für das eigene Handeln und für die Mitmenschen kennt. Es erstaunt mich nach wie vor, welches Maß an Mißverständnis und Verzerrung Camus in seinem Vorwort von 1955 zum Ausdruck brachte. Zum Glück ist dieses Vorwort in den regulären Ausgaben, die auf Französisch beziehungsweise auf Englisch vorliegen, nicht enthalten.

Verstehen, verurteilen, verzeihen

Ich glaube, ein Sprichwort könnte eine Erklärung dafür liefern, weshalb so viele Leser des *Fremden* dazu verführt werden, einen ungeheuerlichen Verbrecher als aufrichtigen Helden zu sehen, und weshalb das Dilemma des Kapitäns Vere in *Billy Budd* in einer vergleichbaren Situation eine ganz andere Wirkung auf uns ausübt. Das Sprichwort, das sich hier anbietet, ist weit verbreitet. Die ursprüngliche Form stammt anscheinend aus dem Französischen: »*Tout comprendre c'est tout pardonner*.« Die deutsche Version lautet kurz und bündig: »(Alles) verstehen heißt (alles) verzeihen«, ähnlich wie im Englischen, »*To understand is to forgive*«.[43] Manche modernen Abwandlungen weisen ein gewisses Maß an Lokalkolorit und Alliteration auf. »Tadle niemanden, bevor du nicht eine Meile in seinen Mokassins marschiert bist.« Der Dichter Henri Michaux fügte in eine seiner Sammlungen folgende ländliche Version ein: »Wenn der Wolf die Schafe versteht, wird er verhungern.« Diese Destillate der Volksweisheit bringen alle zum Ausdruck, wie sehr unsere Empathie unser Urteil beeinflussen kann.

Eine so fesselnde Formel wie »*Tout comprendre c'est tout pardonner*« konnte nicht lange bestehen, ohne eine entgegengesetzte Wendung hervorzubringen. La Rochefoucauld lieferte eine subtile Version: »Wir würden uns oft für unsere edelsten Taten schämen, wenn die Welt wüßte, welche Motive dahinterstehen.« Mit anderen Worten: »Verstehen heißt verurteilen.« Auch George Bernard Shaw war entschieden dieser Meinung: »Wenn ein großer Mann es schafft, daß wir ihn verstehen, sollten wir ihn hängen.« Dieser Gedanke läßt sich auch etwas neutraler fassen: Volles Verständnis erzwingt ein vollständiges Urteil. Doch wann erlangen wir jemals volles Verständnis?

Ich stelle das Sprichwort »*Tout comprendre c'est tout pardonner*« unter anderem deswegen heraus, weil es unsere Neigung, Meursault zu heroisieren, mit der fesselnden Wirkung von Camus' scheinbar durchsichtigem Erzählstil verbindet. Dieser Stil gibt uns das Gefühl, Meursault zu verstehen. Das Sprichwort beinhaltet aber auch so etwas wie einen moralischen Relativismus. Reisenden ist schon immer aufgefallen, daß jenseits einer Landesgrenze mitunter ganz andere Sitten und Gesetze herrschen. Montaigne zeigte Verständnis für den Kannibalismus bei den Indianern Südamerikas, nicht aber in seiner Heimatstadt Bordeaux. Erst in jüngerer Zeit wird dieses Prinzip des Relativismus auch *innerhalb* einer Kultur angewandt. In seinem *Tagebuch eines Schriftstellers* prangert Dostojewskij die »Freispruchsmanie« an, die in der Zeit um 1870 an den Gerichten in ganz Rußland grassierte. Die Geschworenen betrachteten die Verbrecher als Opfer des Milieus und vertraten den Standpunkt, »daß es Verbrechen gar nicht gäbe, sondern an allem nur ›das Milieu schuld‹ sei« (S. 30). Nietzsche fand zwar Wege, Verbrechen und Unsittlichkeit unter den Starken zu rechtfertigen, duldete jedoch kein Verständnis für Verfehlungen seitens der Schwachen.

> *Man kennt die Art Mensch, welche sich in die Sentenz* tout comprendre c'est tout pardonner *verliebt hat. Es sind die Schwachen. … Es ist die Philosophie der Enttäuschung, die sich hier so human in Mitleiden einwickelt und süß blickt.*
>
> (*Der Wille zur Macht*, I, 19, S. 12–13)

Als junger Mensch füllte Marcel Proust zweimal einen Fragebogen aus, der folgenden Punkt enthielt: »Für welche Fehler zeigen Sie das größte Verständnis?« Im Alter von zwölf Jahren antwortete Proust: »Für das Privatleben von Genies.« Mit siebzehn lautete seine Antwort: »Für diejenigen, die ich verstehe.« In Robert Musils großem Roman *Der Mann ohne Eigenschaften* wird der Frauenmörder Moosbrugger zum Liebling der Intellektuellen, die seine ehrliche Aussage bewundern und Gründe finden, sein Verhalten zu rechtfertigen. Moosbrugger wirkt fast wie ein freundliches, gerissenes Abbild von Meursault. Thomas Mann bereitet den Boden für die Innenansicht seiner Geschichte *Tod in Venedig*, indem er uns auf deren moralischen Gehalt aufmerksam macht. Nach einer langen Phase des Zweifelns und der Flucht ins Zynische vollzieht sich in Aschenbach »die Abkehr von allem moralischen Zweifelsinn« hin zu einer ausgewogeneren Einstellung gegenüber der Verantwortung des einzelnen. Beschrieben wird diese Veränderung als »Absage an die Laxheit des Mitleidssatzes, daß alles verstehen alles verzeihen heiße …« (S. 15). Ein populärer Folksänger in Neuengland, Banjo Dan, trägt oft eine lange Ballade mit dem Titel »Werwolf« vor. Jede Strophe schildert weitere Schreckenstaten des Werwolfs, gefolgt von diesem Refrain:

He's ravished a few maidens,
He drank the blood of many poor children.
But if you knew him you'd see
The Werewolf is like you and me.

[Er hat ein paar Jungfern geschändet,
Er trank das Blut vieler armer Kinder.
Aber würdet ihr ihn kennen, wüßtet ihr,
Der Werwolf ist wie du und ich.]

Jeder dieser Autoren kennt den verständnisvollen Einwand, in der entsprechenden Situation würde jeder nach demselben Prinzip handeln. Proust und Banjo Dan scheinen das Argument zu unterschreiben. Dostojewskij, Nietzsche, Musil und Mann wenden sich dagegen. Die Wurzeln dieser Bereitschaft, auf ein moralisches Urteil zu verzichten, sind schwer auszumachen. In den westlichen Ländern erhielt dieser Relativismus starke Impulse durch die Hinterfragung der christlichen Moral im Zuge der Aufklärung. Damals entwickelten Lessing und Goethe still und unbekümmert einen neuen Typ des Doktor Faust. Die Figur, die bislang in die Hölle fuhr, steigt nun nach langem angeblichem »Streben«, das höchst destruktive Folgen zeitigt, auf Gottes ausdrücklichen Befehl gemütlich in den Himmel auf. Besonders im »Prolog im Himmel« scheint Gott Faust nur allzu gut zu »verstehen« und ihm im voraus zu verzeihen.

Eine Diskussion über die Reize und Risiken des Relativismus könnte leicht ausufern. Kehren wir statt dessen wieder zu dem Sprichwort zurück und nehmen es etwas genauer unter die Lupe. »*Tout comprendre c'est tout pardonner*« – »Verstehen heißt verzeihen«. Mit seinen zwei Infinitiven und der Kopula »ist/heißt« hat das Sprichwort die schematische Form eines logischen Satzes, ja einer mathematischen Gleichung. Wir erkennen jedoch rasch, daß sich dieser Satz nicht auf alles in unserem Universum bezieht, sondern nur auf menschliches Handeln, insbesondere auf unstatthafte, böse Handlungen.

Der Infinitiv »verstehen« impliziert vieles. Wie bereits Terenz,

Montaigne und Vico bekräftigten, impliziert er erstens, daß in jedem von uns das gesamte menschliche Spektrum angelegt ist, das die extremsten Formen der Tugendhaftigkeit oder der Verderbtheit, des Altruismus oder des Autismus annehmen kann. Zweitens impliziert das Wort »verstehen«, daß wir alle in unterschiedlichem Maße in der Lage sind, dieses Spektrum an Eigenschaften und Verhaltensweisen zu erkunden. Diese Möglichkeit der geistigen Erforschung oder Erprobung umschreiben wir mit dem Begriff »Vorstellungskraft« und tun dabei fast so, als handelte es sich bei dieser Geistesgabe gleichsam um ein Organ. Die Vorstellung ist natürlich ein hochkomplexer Prozeß, zugleich aber so tief menschlich wie die Primärprozesse Fühlen und Denken. Drittens impliziert der Infinitiv »verstehen« oft, daß wir, wenn wir uns aufgrund unserer Einbildungskraft in einen anderen Menschen einfühlen, das Verhalten dieses Menschen so deuten, als wäre es durch eine Form schicksalhafter Bestimmung verursacht. Im zwanzigsten Jahrhundert können wir wählen zwischen einem von außen wirkenden Schicksal, das sich in Gesellschaft, Kultur oder Milieu manifestiert, und einem aus dem Inneren wirkenden Schicksal, sei es in Form der genetischen Veranlagung oder des Unbewußten. Jemandes Verhalten in diesem Sinne zu »verstehen« bedeutet, es auf bestimmte Ursachen zurückzuführen und von der Sphäre der Willens- und Entscheidungsfreiheit zu trennen. Diese Form von Verständnis negiert die Verantwortung für das eigene Handeln. Unter solchen Umständen bleibt indes nicht mehr viel, was vergeben werden kann. Viertens kann »verstehen« auch einen mentalen Prozeß bezeichnen, der nichts mit Einfühlung zu tun hat, sondern mit Objektivierung und wohlüberlegtem Urteil. Wir suchen ein solches Verständnis, um gerecht beurteilt zu werden. In diesem Fall wird jede Schilderung aus der Innenperspektive einer Korrektur durch die Darstellung anderer Zeugen aus der Außenperspektive unterworfen. Die gängige Interpretation unseres Sprichworts verwirft diese Bedeutung von »verstehen« jedoch zugunsten des oben erwähnten Sinnes der Empathie, der Einfühlung in das Bewußtsein eines anderen Menschen.

Neben »verstehen« müssen wir noch das Begriffspaar »verzeihen« und »vergeben« untersuchen. Im allgemeinen Sprachgebrauch unterscheiden wir selten zwischen den beiden. Im Evangelium des Lukas heißt es: »Vater, vergib ihnen, denn sie wissen nicht, was sie tun« (23,34). Unser Sprichwort dagegen lautet: »Verstehen heißt verzeihen.« »Verzeihen« setzt Einfühlung und Mitgefühl gegenüber einem Mitmenschen voraus. Daneben verweist »vergeben« mit Begriffen wie »entlasten«, »von Schuld freisprechen« und »begnadigen« auf ein bestehendes Rechtssystem. Um diese Unterschiede auszuloten, sollten wir uns die Mühe machen, die entsprechenden Begriffe etwas genauer zu betrachten.

Es gibt Worte und Ausdrücke wie »entschuldigen«, »von einer Beschuldigung freisprechen«; sie bedeuten, daß jemand von einer Anklage befreit wird, weil festgestellt wird, daß bei ihm kein Vergehen vorliegt und somit auch keine Schuld. Daneben hat das Wort »begnadigen« eine engere Bedeutung. Es bedeutet, eine Strafe für ein begangenes Vergehen wird erlassen – was aber impliziert, daß eine Schuld an dem Vergehen erkannt wird. (Indem Präsident Ford den ehemaligen Präsidenten Nixon vor einem Anklageverfahren zur Amtsenthebung begnadigte, begründete er implizit eine Schuldvermutung.) »Vergeben« bedeutet dagegen, daß jemand von einer schuldhaften Verantwortung für ein Vergehen losgesprochen und vor möglichen Ressentiments bewahrt wird. Die Strafe wird dabei aber nicht automatisch ausgesetzt. Als Mensch konnte Kapitän Vere dem Matrosen Billy seine jähzornige Reaktion auf Claggarts Lüge vergeben, doch als Vorgesetzter konnte er das Verhalten seines Untergebenen nicht entschuldigen. »Begnadigen« ist ein juristischer Akt, »vergeben« ist ein moralischer Akt. Wer wegen eines Delikts verurteilt wird, muß – rechtlich gesehen – seine Schuld bezahlen beziehungsweise seine Strafe verbüßen, wenn er nicht begnadigt wird. Moralisch gesehen ist er aufgefordert, Buße zu tun und zu bereuen, egal ob ihm vergeben wird oder nicht. Heutzutage übersehen wir diese letztere moralische Pflicht meist völlig.

Aus dieser Unterscheidung zwischen den meist locker verwendeten Begriffen ergibt sich eine schematische Aufteilung in fünf mögliche *rechtliche und moralische* Folgen, wenn jemand wegen eines angeblichen Vergehens vor Gericht gestellt wird.

1. Freispruch: Man erkennt keine Gründe für eine Schuld beziehungsweise Strafe.
2. Schuldspruch: Verurteilung und Einforderung der Strafe.
3. Verurteilung und Begnadigung: Die Schuld bleibt bestehen, die Strafe wird erlassen.
4. Verurteilung und Vergebung: Freisprechung von der Schuld, aber keine Befreiung von der Strafe.
5. »Verbrechen ohne Verbrecher«: Es besteht keine Schuld, also folgt auch keine Strafe (Argument: Empathie – Aufrichtigkeit).

In dieses Schema, das sich aus dem Sprichwort »Verstehen heißt verzeihen« ergibt, lassen sich nun auch *Billy Budd* und *Der Fremde* einfügen. *Billy Budd* entspricht genau der vierten Kategorie. Aufgrund seines »edlen« Charakters und mildernder Umstände wird Billy vergeben; die Härte des Urteils wird jedoch nicht gemildert. Im Falle des *Fremden* ist die Sachlage etwas verzwickter. Äußerlich betrachtet entspricht der Roman der zweiten Kategorie. Meursault wird verurteilt und wartet auf seine Hinrichtung. Die Erzählung aus der Innenperspektive bildet jedoch ein Plädoyer für die erste Kategorie. Aber da weder die Indizien noch Meursaults Geständnis einen Freispruch rechtfertigen, erzeugt der Ich-Erzähler ruhig und beharrlich ein psychologisches Klima für die fünfte Kategorie. Meursault scheint die reine Wahrheit über sich zu erzählen. Das Argument der Empathie aufgrund seiner Aufrichtigkeit verwischt sämtliche Unterschiede. Als Leser werden wir so sehr in Meursaults leere und gefühllose Innenwelt hineingezogen, daß Begriffe wie Vergehen und Schuld genauso schnell verfliegen wie der Rauch seiner Zigaretten. Die Details der Erzählung suggerieren unentwegt, Meursault sei einfach nur menschlich, allzumenschlich. Auf ähnliche Weise verteidigte ein gebildeter Architekt mit großem Talent für industriemäßige Organisation seine Beiträge zu dem Unternehmen der Nationalsozialisten. In seinen *Erinnerungen* (1969) argumentierte Albert Speer leidenschaftlich, wenn auch reuevoll, daß er einfach von den Forderungen, die man an seine Fähigkeiten stellte, mitgerissen wurde. »Angezogen und angefeuert durch Hitler, dem ich verfallen war, hatte von nun an die Arbeit mich – und ich nicht sie« (45). Dieser hochgestellte Meursault schaute niemals direkt auf die Greueltaten, an denen er mitwirkte. Und auch er nahm viele Leser mit seinem scheinbar aufrichtigen Stil für sich ein.

Die Studenten, die Meursault als »ehrlich« und als »mißverstandenes« Opfer des »voreingenommenen französischen Rechtssystems« betrachteten, erlagen meiner Meinung nach einem gravierenden Irrtum, der sich teilweise mit dem Sprichwort »Verstehen heißt verzeihen« erklären läßt. G. K. Chesterton bezeichnete diese Einstellung als »des Teufels Sentimentalität«. Unter besonderen Umständen – etwa wenn wir der »aufrichtigen« und verführerisch erzählenden Stimme des *Fremden* zuhören – kann unsere Einfühlung in einen anderen Menschen recht weit gehen. Wenn unsere Empathie zu weit geht, können wir jede Perspektive auf das Menschliche verlieren. Wenn wir einen anderen Menschen verstehen, indem wir uns in ihn hineinversetzen und ihn gleichsam von innen wahrnehmen, sind wir mitunter sogar bereit, eine kriminelle Handlung zu entschuldigen und zu vergeben. Vielleicht erkennen wir diese Tat nicht einmal als kriminell. Wir sind alle irgendwie schuldig. Wie können wir da einen anderen Menschen verurteilen und bestrafen?

Dieser Gedankengang führt in ein untragbares Dilemma: Gerechtigkeit ist entweder unmöglich oder aber unmenschlich. Die Handlung des Romans *Billy Budd* greift dieses fahrlässige Denken auf und verwirft es zugleich. Kapitän Vere bleibt auch in seinem fanatischen Bestreben, an Bord seines Schiffes strenge Disziplin zu wahren, auf tragische Weise vollkommen menschlich.[44] An Menschlichkeit und Urteilsfähigkeit mangelt es jedoch dem Leser, der über Meursaults unklar motivierten Mord an einem Araber hinwegsieht und der Meinung ist, Meursaults platte Schilderung der Einzelheiten seines Alltagslebens mache sein übriges Verhalten wett. Wie kann solch ein normaler und bescheidener Mensch ein Mörder sein? Eine Zeitlang war Camus selbst einer dieser irregeführten Leser. Er schien vergessen zu haben, was die griechische Orest-Trilogie, jene turbulenten Dramen, die einiges mit *Billy Budd* und *Der Fremde* gemeinsam haben, uns vor Augen führen: Ohne Rechtssystem können wir nicht bestehen. Wir haben die Pflicht, Verbrechen zu verurteilen und zu bestrafen. (Die Todesstrafe ist ein anderes Thema.) Orest wird nicht begnadigt. Die Blutschuld des Muttermordes wird ihm schließlich vergeben, aber erst nach längerem Leiden unter den Furien, nach echter Buße und ritueller Reinigung. Der Gerechtigkeit wird Genüge getan, und es wird ein Präzedenzfall geschaffen.

Zwei Jahrtausende später brachte Benjamin Constant, ein Zeitgenosse Mary Shelleys, zum Ausdruck, daß er jede Erklärung, Deutung und Entschuldigung einer verwerflichen Tat verabscheut (siehe den Leitspruch, der diesem Kapitel vorangestellt ist). Constant plädierte für Buße.

Die Gerichtsverfahren im Falle von Billy Budd und Meursault finden in großer moralischer Distanz zu jeglicher potentiellen »Größe im Bösen« statt, wie sie bei La Rochefoucauld, Pascal und Goethe erwogen wird (vgl. S. 136). Diese beiden einfachen Menschen sind nicht von Hybris und Pleonexie infiziert. Ihre Schwäche liegt im Gegenteil in einem Mangel an Phantasie in bezug auf sich selbst und andere – und in Meursaults Fall in einer Affektlosigkeit, die an Autismus grenzt.

Und damit gelangen wir ganz unerwartet an einen höchst umstrittenen Scheideweg, der als »die Banalität des Bösen« bezeichnet wird. Wie der Massenmörder Eichmann illustriert auch Meursault jenen kritischen Satz, den Hannah Arendt in ihrem Buch über Eichmann fallenläßt. Später mußte die Autorin immer wieder erklären, was sie mit diesen Worten meinte:

> … *daß dieser neue Verbrechertyp … unter Bedingungen handelt, die es ihm nahezu unmöglich machen, sich seiner Untaten bewußt zu werden.*
>
> (*Eichmann in Jerusalem*, Epilog, S. 400–401)

> … *wenn ich von der Banalität des Bösen spreche, dann auf rein sachlicher Ebene. … Eichmann war nicht Jago und nicht Macbeth. … Er hat, um es salopp auszudrücken,* lediglich nicht begriffen, was er tat. … *diese reine Unbedachtheit … kann mehr Unheil anrichten als alle bösen Instinkte zusammengenommen.*
>
> (*Eichmann in Jerusalem*, Nachtrag)

[Zweck des Eichmann-Buches war es] *die Legende von der Größe des Bösen, der dämonischen Kraft zu zerstören.*

(Interview, *New York Review of Books*, 26. 10. 1978)

Billy Budd hatte nicht die Absicht, Claggart zu töten; der einfache Matrose kannte seine eigene Kraft gar nicht. Wenn Melvilles Roman irgendeine Größe thematisiert, dann jene, die in Kapitän Veres Ringen liegt. Meursault scheint überhaupt keine Absichten zu verfolgen; er läßt sich von der Flutwelle der Umstände in die Katastrophe treiben. Ich entdecke in *Der Fremde* weder im Charakter noch in der Handlung irgendeine Größe. Camus stellt in zwei mächtigen erzählerischen Crescendi einen Mann dar, der Gut und Böse gleichgültig gegenübersteht und aufgrund der Banalität seiner Phantasie die Gewalt über sich verliert.[45]

Diese literarische und moralische Frage, wie wir uns mit einem Verbrechen auseinanderzusetzen haben, das aus der Innenperspektive beschrieben wird, steht auch im Mittelpunkt eines Romans, der gewichtiger ist als die beiden hier besprochenen Werke. Dostojewskij legte *Schuld und Sühne* (*Rodion Raskolnikoff*) ursprünglich als Erzählung in der ersten Person an; die endgültige Fassung in der dritten Person bewahrt eine große Nähe zu Raskolnikoff, und der Erzähler versetzt sich oft in dessen Gedanken, Gefühle und Träume. Wir identifizieren uns häufig mit Raskolnikoff und verspüren vielleicht sogar die Verlockung jenes nihilistischen Egoismus, der hinter seinem Anstand und Idealismus lauert. Doch Dostojewskij baut weitere Charaktere und tiefgehende Gespräche ein, die das in Raskolnikoff verborgene Ungeheuer hervortreten lassen. Im Gegensatz zu Camus klagt Dostojewskij weder die Richter und Geschworenen an noch erzeugt er ein unangebrachtes Mitgefühl für den Verbrecher. Raskolnikoff wird verurteilt und büßt seine Strafe mit Zwangsarbeit ab. Durch seine Buße und seinen Glauben an Sonja erfährt er Vergebung und Erlösung. Weil wir Raskolnikoff plastisch wahrnehmen, verstehen wir ihn weit besser als Meursault.

Der Vergleich zwischen *Billy Budd* und *Der Fremde* bietet eine seltene Gelegenheit literarischer und psychologischer Diagnose. Das erstere Werk korrigiert die verbreitete Mißdeutung des letzteren. Wir erkennen die Wahrheit dann am klarsten, wenn wir sie in Form eines berichtigten Irrtums wahrnehmen. *Der Fremde* inszeniert eine skandalöse moralische Ironie, die in der Erzählung einer beinahe autistischen Figur allerdings schwer aufzudecken ist. Meursault, der bescheidene Büroangestellte, für den die meisten Leser heutzutage ein starkes Mitgefühl empfinden, ist im Grunde ein Ungeheuer. Camus' Roman ist so etwas wie ein moralisches Labyrinth, in dem sich so mancher Leser heillos verirrt.

»Eine Sünde«, schreibt Coleridge in *Aids to Reflection*, »ist ein Übel, das seinen Grund und Ursprung im handelnden Menschen und nicht in zwingenden Umständen findet« (Aphorismus X, Kommentar). Billy Budd und Meursault fehlt das Gefühl ihrer selbst als handelndes Subjekt. Deswegen können die Morde, die sie begehen, leicht als Folge »zwingender Umstände« dargestellt werden. Indem Camus die Innenansicht einer Geschichte in der ersten Person erzählt, nimmt er unser Einfühlungsvermögen so sehr mit den kleinen sinnlichen Details und der allgemeinen Affektlosigkeit in Meursaults Leben in Beschlag, daß wir Gefahr laufen, unsere moralische Orientierung zu verlieren. Deswegen kann das Sprichwort »Verstehen heißt verzeihen« fälschlicherweise eher als Appell zur Nachsicht denn als Warnung aufgefaßt werden.

Wissen als Behinderung

Doch wieviel können wir überhaupt verstehen? Können wir je über das Netz unserer eigenen Identität hinausblicken, das uns von frühester Kindheit an umgibt? Können wir einen anderen Menschen wirklich ergründen? Unsere provisorischen Antworten auf diese Fragen fallen normalerweise in ein paar Wissensgebiete wie Psychologie, Philosophie, Geschichte und Literaturwissenschaft, die wir als »Geisteswissenschaften« zusammenfassen. Im Laufe der Jahrhunderte haben die Geisteswissenschaften ein breites Spektrum an Antworten geliefert, die zwischen Glauben und Zweifel schwanken. Unser Jahrhundert war vornehmlich ein Jahrhundert des Zweifels. Einer unserer philosophischsten Romanciers, Marcel

Proust, beantwortete diese fundamentalen Fragen negativ, indem er Begriffe aus der Physik entlehnte.

> *Sobald ich einen Gegenstand außerhalb von mir wahrnahm, stellte sich das Bewußtsein, daß ich ihn sah, trennend zwischen mich und ihn und umgab ihn rings mit einer geistigen Schicht, die mich hinderte, seine Substanz unmittelbar zu berühren; vielmehr verflüchtigte diese sich jedesmal, wenn ich den direkten Kontakt damit suchte, so wie ein glühender Körper, den man an etwas Feuchtes hält, niemals die Feuchtigkeit selbst berührt, weil dazwischen immer eine Dunstzone liegt.*

(Proust, 1, S. 115)

Nach dieser Beschreibung ist unsere Isolation unentrinnbar. Doch ein paar Seiten später gesteht Proust literarischen Werken eine Ausnahmestellung zu: Deren Transparenz erlaube es dem Menschen auf wunderbare Weise, sich in ein anderes Leben hineinzuversetzen, das nicht aus Fleisch und Blut, sondern aus Wörtern besteht. So können wir die fundamentalen Fragen erneut stellen und in bezug auf die beiden literarischen Werke *Billy Budd* und *Der Fremde* zu unterschiedlichen Ergebnissen gelangen. Deren sorgsam formulierte Sätze manipulieren unsere Aufmerksamkeit, unser Verständnis und Mitgefühl auf ganz spezifische Weise. Und nun müssen wir anerkennen, daß sich die Verben »erkennen« und »verstehen« in ihrer Bedeutung merklich unterscheiden.

Billy Budd erscheint zwar eher als legendärer Matrose denn als real gezeichnetes Individuum, doch die Erzählung in der dritten Person kommt sehr nahe an sein Denken und Fühlen heran. Wir spüren die drohende Gefahr hinter der trivialen Szene, in der die Suppe verschüttet wird; und wir teilen Billys unwillige Reaktion auf den Achterdecksmann, der ihn an einen versteckten Winkel nach Lee lockt, um unter vier Augen mit ihm zu reden. In der zentralen Szene, in der Claggart in Anwesenheit des Kapitäns Billy bezichtigt, eine Meuterei anzetteln zu wollen, sind wir mit Billys Temperament und seinem Sprachfehler bereits genügend vertraut, um zu verstehen, weshalb er sich gegen Claggart – im Namen der schlichten Wahrheit – in einer Weise wehrt, die tödlich ausgeht. Kapitän Veres erste Äußerung – »Unglücksjunge«, flüstert er kaum hörbar – gibt uns zu verstehen, daß er Verständnis für Billys impulsives Aufbrausen zeigt und ihm vergeben kann und zugleich darauf bestehen muß, daß Billy die vollen rechtlichen Konsequenzen seines Ungehorsams und seines Totschlags tragen muß. Melville richtet die Erzählperspektive dahingehend aus, daß wir uns weit genug in Billy und Vere hineinversetzen können, um den tragischen Ausgang zugleich zu beklagen und zu akzeptieren. Claggart bleibt ein »mesmerisches« Geheimnis. Unser Verständnis für Billy und Vere lähmt uns nicht in unserer Urteilsfähigkeit. Unser Verständnis erschwert und erweitert unser Urteil.

Der Fremde hat auf die meisten Leser die gegenteilige Wirkung. Wenn wir bei der zentralen Szene am Strand, wo die Schüsse fallen, angelangt sind, hat sich unsere Perspektive bereits an Meursaults Passivität gegenüber der Initiative anderer Menschen und der Dynamik der Ereignisse angepaßt. Wir verstehen wahrscheinlich längst die Metapher, wonach alles um ihn herum bebt und schwankt (»Da geriet alles ins Wanken«) und ihn zu der verhängnisvollen Tat treibt. Wir werden durch die umständliche Erzählung so weit geblendet und beeinflußt, daß wir gar nicht mehr wahrnehmen, welcher Abgrund sich mit dieser Handlung auftut. In ihren Prüfungsantworten zeigten meine Studenten ebenso wie Camus in seinem Vorwort »Verständnis« in dem Sinne, daß sie sich in Meursault einfühlen können, der ohne jede Vorgeschichte und Verantwortlichkeit allein in der Gegenwart gefangen ist. Diese Perspektive behindert die Urteilskraft sogar im zweiten Teil, als selbst Meursault genügend Distanz gewinnt, um seine Schuld zu erkennen.

In seinem Einfluß auf das Verhalten der Menschen, in dem Gefühl der »Entfremdung« und der anscheinenden Echtheit der Empfindungen erlangte *Der Fremde* in der Mitte des zwanzigsten Jahrhunderts fast denselben Rang wie zweihundert Jahre zuvor Goethes Bestseller *Die Leiden des jungen Werther*, der in ganz Europa Hunderte von Selbstmorden zur Folge hatte. Werther kann sich das Gefühl der Haltlosigkeit ebensowenig erklären wie das

Empfinden, daß die Großmut des Herzens schwindet, zu der Lottes Vollkommenheit ihn inspiriert hat. Seine Auflehnung richtet sich zunächst gegen die Gesellschaft, die ihn stützt, und dann in einem sorgfältig inszenierten Freitod gegen ihn selbst. *Werther* und *Der Fremde* sind extrem romantische Geschichten um egozentrische, beinahe schon solipsistische Charaktere. Meursault hat keine Ahnung, wie sehr er vom menschlichen Leben entfremdet ist, bis er verhaftet wird, weil er ein anderes menschliches Leben zerstört hat. Sein kurzes Aufbegehren erschöpft sich in einem Wutanfall gegenüber einem wohlwollenden Priester. Dann versucht Meursault, seine Hinrichtung zu einem symbolischen Selbstmord zu stilisieren, indem er sie freiwillig annimmt und begrüßt. Werthers Übersteigerung der Gefühle im achtzehnten Jahrhundert löst sich im zwanzigsten Jahrhundert in Meursaults absurder Apathie auf, und im Einfluß des letzteren Werkes hallt die enorme Wirkung des ersteren nach. Hätte uns Camus die Farbe von Meursaults Hemd verraten, hätte dies einen ebenso weitverbreiteten Modetrend ausgelöst wie Werthers gelbe Weste.

Camus perfektionierte einen hypnotischen Prosastil, in dem sich Hemingways Lakonik, Kafkas Gefühl der tragikomischen Unergründlichkeit allen Seins und Voltaires trockene Schilderung hochgradiger Naivität mischen. Der daraus resultierende Roman führt uns bei der ersten Lektüre alle in die Irre. Wir fühlen uns von dem Kurs, den Meursaults Leben nimmt, eher fasziniert als abgestoßen. Unser »Insiderwissen« um sein Tun betört und bezaubert uns wie der Bann eines Dämons, der nur schwer auszutreiben ist. Dieser Bann zwingt uns, jedes gerechte Urteil auszusetzen. Ein kleiner gedanklicher Sprung erlaubt es uns, jenseits der höchst komplexen wörtlichen Bedeutung in dem Roman *Der Fremde* eine doppelte Parabel über zeitgenössische Ereignisse zu sehen, wie sie sich damals in der Sowjetunion und in Nazideutschland zutrugen. Meursault steht für den Bürger, der aufgrund seiner Passivität und abgestumpften Vorstellung dem Druck von außen nachgibt und unmenschliche Handlungen auszuführen bereit ist. Und Leser, die gedankenlos mit Meursault sympathisieren, stehen für Kollaborateure, Mitläufer und potentielle Komplizen bei solchen Handlungen. Die politische Bedeutung des Buches ist deswegen so eindringlich, weil sie vollkommen unterschwellig bleibt. Die Gefahr, Camus' Roman mißzuverstehen, entspringt dem einfühlenden Wissen, das uns über eine enigmatische Figur angeboten wird, mit der wir uns nur allzu leicht identifizieren. Gibt es folglich einen Punkt, an dem wir uns vor solchem Wissen, solcher Einfühlung hüten müssen?

Die beiden Romane, die ich in diesem Kapitel besprochen habe, insbesondere *Der Fremde* mit seinem suggestiven Titel, konfrontieren uns mit einer der unangenehmeren Formen der Erkenntnisbegrenzung. Je intensiver man sich auf einen Menschen einläßt, desto weniger gründlich scheint man ihn zu kennen. Man sieht vor lauter Bäumen den Wald nicht mehr. Je mehr man weiß, desto weniger nimmt man wahr. Die Wahrnehmung erfordert stets eine gewisse Distanz. Einfühlung verschleiert mehr, als sie enthüllt.

Wie kaum ein zweiter moderner Philosoph ist Isaiah Berlin darum bemüht, Einfühlung in andere Menschen mit vernünftigen Maßstäben des Anstands und des moralischen Verhaltens in Einklang zu bringen. Doch wenn er in »Historical Inevitability« [Historische Unvermeidbarkeit] sorgsam das Sprichwort »Verstehen heißt verzeihen« auslegt, ist er so ehrlich und schreibt: »Alles zu verstehen heißt zu erkennen, daß nichts anders sein könnte, als es ist.« Mit anderen Worten, alles verstehen heißt, vor dem Status quo kapitulieren. Diese Haltung entspricht genau der Figur des Pangloss in Voltaires *Candide*. Was Berlin in seinen Aufsätzen eher allgemein formuliert, gehen Melville und Camus in ihren Romanen ganz anders an. Alle genannten Autoren denken im Sinne imaginärer Situationen und führen gedankliche Experimente durch, um über den Sinn und den Wert menschlichen Handelns nachzudenken. Doch es besteht ein Unterschied: Während Berlins gedankliche Experimente im wesentlichen um Begriffe wie Freiheit, Autorität, Naturrechte und andere Abstraktionen kreisen, die vom Individuum und von der Zeit absehen, führen Melville und Camus ihre Gedankenexperimente über die Einfühlung (besonders des Lesers) in Form von vollständig entwickelten Figuren aus, die der Flüchtigkeit der Zeit und der Sterblichkeit unterworfen sind. Sie inszenieren eine Handlung, um zu veranschaulichen, wie ein Zuviel an

Wissen uns beeinflussen kann und unter Umständen blind macht, selbst wenn wir dieses Wissen durch die wichtige Gabe der Empathie gewonnen haben. Das Dilemma der Einfühlung, das uns *Billy Budd* und *Der Fremde* vor Augen führen, weist uns schließlich einen Mittelweg zwischen moralischer Gewißheit und moralischer Unwissenheit.

Zu Beginn des *Mythos von Sisyphos* spricht Camus davon, daß er die Menschen zu verstehen sucht, indem er ihre Handlungen – aufrichtige wie unaufrichtige – analysiert. Dann gesteht er: »Die hier definierte Methode gibt zu, daß jede wirkliche Erkenntnis unmöglich ist« (S. 19). Doch Camus übertreibt. Er weiß und wir wissen, daß Meursault einen Menschen getötet hat und Bestrafung verdient. Wir werden jedoch nie genau wissen, *weshalb* er die Gewalttat begangen hat. Wenn wir dieses »Mysterium iniquitatis« (die geheime Macht der Gesetzwidrigkeit) zu ergründen trachten, können wir leicht vom Weg abkommen und in einem so aufrichtigen und bescheidenen Charakter möglicherweise weder Unrecht noch Schuld sehen. Melvilles Roman hilft uns zu erkennen, wie sich in Camus' Erzählung zwei gegensätzliche Arten von Wissen kreuzen und behindern: Wissen aus der Innenperspektive und Wissen aus der Außenperspektive. Gemeinsam bieten die beiden Werke eine eindrucksvolle Lektion in Sachen Moral.

Bestandsaufnahme

■

Verbotenes Wissen und freies Wissen

Jede der Geschichten, mit denen ich mich in den vorausgehenden Kapiteln befaßt habe, handelt direkt oder indirekt von der menschlichen Neugier. Die Neugier wiederum führt fast zwangsläufig zum Thema »verbotenes Wissen«, zur Eingrenzung der Neugier. Die Neugier motiviert einzelne Individuen wie Pandora, Psyche und Dantes Pilger zu ihren Handlungen. In *Paradise Lost* wird Evas träumerische Neugier zu einer Art lyrischer Subversion. Aus Angst, alles zu verlieren, unterdrückt die Prinzessin von Clèves ihr Verlangen, weitere Dimensionen der Liebe zu ergründen. Fausts Ehrgeiz steigert sich durch seine Neugier zu dem, was die Griechen als Pleonexie bezeichneten – zu einer unersättlichen Gier nach mehr, als einem zusteht. Bei Meursault erzeugt der *Mangel* an Neugier in bezug auf sich selbst und seine Mitmenschen den Anschein der »Aufrichtigkeit«, der die Unmenschlichkeit seines Verhaltens maskiert. Ich kann in diesen Geschichten keine klare Weiterentwicklung wahrnehmen. Wir erkennen vielmehr die fluktuierenden Formen eines vorherrschenden Motivs.

Nun birgt aber die Neugier selbst das Prinzip des Zweifels – des Zweifels an allgemein anerkanntem Wissen und an den Konventionen des Status quo. Seit Galilei und Descartes hat das Prinzip des Zweifels nichts verschont, nicht einmal die Neugier selbst. So mußte die Neugier in gewissen klaren Momenten ihre eigenen Grenzen erkennen. »Sei bescheiden klug« lautete die Moral in Miltons Version der Geschichte von Adam und Eva. Pascal empfiehlt uns, unsere eigene »Reichweite« (*portée*) zu erkennen. Aus Treue zu ihrer Familie und ihren Freunden widersteht Maggie ihren beiden Bewerbern in *The Mill on the Floss*. Thomas Henry Huxley prägte den Begriff *Agnostiker*, um die Grenzen sowohl seiner wissenschaftlichen als auch seiner religiösen Überzeugungen zu markieren. All diese Beispiele stehen dafür, wie der »eigenwilligen« Dynamik der Neugier bestimmte Grenzen auferlegt werden. In dieser Hinsicht weisen die besprochenen Geschichten das Motiv der Begrenzung von Erkenntnis und Erfahrung als gemeinsamen Nenner auf.

Es geschieht jedoch etwas Beunruhigendes, wenn von außen, durch anscheinend willkürliche Verbote, irgendwelche Grenzen gesetzt werden. Diese Reaktion auf den Reiz des Verbotenen habe ich als »Frau-von-Bath-Effekt« bezeichnet, ganz gemäß ihrer Aussage: »Verbietet man uns etwas, so begehren wir es.« Durch solch einen Impuls beginnt der Kreislauf der Neugier wieder von neuem, indem eine neue, trotzige *libido sciendi* entfacht wird. Wieso dieser Eigensinn? Wieso diese Scheu vor jedweder Begrenzung nicht nur unseres Handelns, sondern auch unseres Wissens?

Dazu habe ich zwei ähnliche, wenngleich nicht identische Antworten vorgelegt. In *Billy Budd* kommt zweimal der biblische Ausdruck »Mysterium iniquitatis« vor. Dieser Begriff verweist sowohl bei Billy als auch bei Claggart auf einen Zug der menschlichen Natur, der den Betreffenden zu einem Verhalten treibt, das ihm letztlich selbst schadet. Aber sie beide und auch wir als Leser erkennen Existenz und Wesen dieser Lasterhaftigkeit in ihrem Charakter nur zum Teil. Melville bietet für dieses Rätsel keine Lösung.

Nicholas Reschers Ausdruck »der Nebel der Ungewißheit« deutet eine andere Begründung für den »Reiz des Verbotenen« an. Eine der Grundgegebenheiten der menschlichen Natur besteht darin, daß wir uns selbst und die, die uns am nächsten stehen, letztlich nicht erkennen können. Aber wir können nicht umhin, gegen diesen Aspekt des menschlichen Seins anzukämpfen, und wollen wissen, was wir nicht wissen können. Deswegen geben wir aus Ungeduld, Unwillen und reiner menschlicher Niedertracht dem »Reiz des Verbotenen« nach. Im abschließenden Kapitel komme ich auf dieses Thema zurück, wenn ich mich mit dem »Schleier des Nichtwissens« befasse.

In früheren Zeiten wurden aus gesellschaftlichen und religiösen Gründen Grenzen des Wissens bereitwilliger hingenommen als heute. Viele, wenn auch nicht alle Denker akzeptierten einschränkende Begriffe wie »Tabu«, »Index«, »Häresie«, *arcana dei* und Bacons »eitles Wissen«. Heute unterscheiden wir zwei historische Epochen, die derartige Begrenzungen gelockert, ja sogar aufgelöst haben. So wie wir die geschichtliche Vergangenheit heute darstellen, führten zunächst die Renaissance und dann die Aufklärung ein neues Ideal des *freien Wissens* ein. Bereits zu Beginn der Renaissance schien Pico della Mirandola die Zukunft bis zur Evolutionstheorie vorauszusehen. Laut Pico hatte der Mensch »keinen festen Platz« inne, sondern war »der Erzeuger und Gestalter seiner selbst, der vom Grund seiner Seele emporwachsen kann in die höheren Sphären, die göttlich sind«. Picos visionärer Humanismus bereitete Descartes den Weg, der anstelle des Glaubens das Prinzip des Zweifelns zum Ausgangspunkt des Denkens erklärte. Als sich diese ketzerischen Lehren mit der allmählichen Säkularisierung des Lebens verbanden und als die Druckpresse und die Redefreiheit aufkamen, entstand eine starke Gegenkraft, die der Vorstellung göttlicher oder natürlicher Geheimnisse entgegentrat. Das freie Wissen scheint für die Moderne als solche zu stehen. Kant leitete seinen Aufsatz »Was ist Aufklärung?« mit einem Aufruf ein, den er von Horaz entlehnte: »Wage zu wissen!«

Die moderne Errungenschaft des freien Wissens scheint die Tradition überwunden zu haben, nach der esoterisches Wissen nur für Eingeweihte bestimmt war.[46] Heute haben sich das Prinzip des freien Wissens und der unbeschränkte Austausch aller Waren und Ideen im Westen so weit durchgesetzt, daß jeder Vorbehalt in dieser Hinsicht als politisch und geistig reaktionär gilt. Die literarischen Geschichten, die in den vorausgehenden Kapiteln kritisch beleuchtet wurden, demonstrieren jedoch auf unterschiedliche Weise, daß das Prinzip des freien Wissens die Maxime des Wissenstabus nicht überall aufgehoben hat.

Die Folgen frei zugänglichen Wissens

Welche unvorhergesehenen Folgen entstehen für die Gesellschaft und den einzelnen, wenn tabuisiertes Wissen zugänglich gemacht wird? Eine Geschichte, die ich im Vorwort besprochen habe, veranschaulicht eine Antwort aus dem neunzehnten Jahrhundert. Die Zahl der jüngsten Bearbeitungen von *Dr. Jekyll und Mr. Hyde* für Bühne, Film und Fernsehen beweist, daß Stevensons Geschichte auch heute noch großen Anklang findet. Die schauerlichen Episoden, die Egozentrik des Helden, der ominöse Stil, der gespenstische Rahmen wissenschaftlicher Experimente, die an Magie grenzen – all diese Elemente erinnern an die Parallelen zwischen Jekyll-Hyde und dem Gespann Faust und Frankenstein sowie an die literarischen Doppelgänger bei Hoffmann, Poe und Wilde.

Es besteht jedoch ein zwingenderer Grund, auf *Dr. Jekyll und Mr. Hyde* aufmerksam zu machen. Das Seltsame und zugleich Vertraute dieser Geschichte entspringt nicht nur dem fesselnden Thema des zweiten Ichs, das in jedem von uns steckt, sondern auch der plastischen Darstellungsweise, mit der zwei wichtige Motive nach außen projiziert werden: das mißglückte wissenschaftliche Experiment und das lüsterne Interesse. Ersteres liegt vollkommen sichtbar an der Oberfläche und bildet in Form der experimentellen Droge die angebliche Erklärung für die rätselhaften Ereignisse, die einen Menschen in sich spalten und ins Verderben führen. Das zweite Motiv bleibt bei Stevenson dezent in den Ausdruck »unwürdige Vergnügungen« gehüllt. Erst auf den letzten Seiten deuten die Worte »Schandtaten« und »Grausamkeiten« die Dimensionen des Bösen an, denen sich Jekyll in Gestalt seines zweiten Ichs hingibt. Den Lesern sind solche Hinweise nicht entgangen. In all den späteren Bearbeitungen der Geschichte wird Hyde mehr oder weniger explizit mit krimineller Gewalt in Verbindung mit sexuellem Exzeß gleichgesetzt – meist unter Einbeziehung eines weib-

lichen Opfers, das bei Stevenson nicht vorkommt. Wir sollten nicht
vergessen, daß Stevenson sein Werk in jener Zeit schrieb, in der die
von Darwin ausgelöste Kontroverse über »das Tier in uns« tobte
und die Frage diskutiert wurde, ob solche animalischen Neigungen
gemäß der traditionellen christlichen Auffassung eine Prüfung unserer Willensstärke und Selbstbeherrschung darstellen oder aber
einen würdigen Teil unserer komplexen Natur, der bislang von den
Zwängen der Religion und der traditionellen Moral allzu streng be-
schnitten wurde.

Es ist mehr als bloßer Zufall, daß *Dr. Jekyll und Mr. Hyde* 1886,
in demselben Jahr wie Nietzsches *Jenseits von Gut und Böse* erschien. Indem Nietzsche sich »aller empfindsamen Schwächlich-
keit« erwehrt, erklärt er ganz direkt, was Dr. Jekyll nur ausdrücken
kann, indem er die Verantwortung für sein Tun an Mr. Hyde dele-
giert. Laut Nietzsche mag man gelegentlich Rücksicht auf andere
zeigen, aber ausschließlich als Zeichen guter Sitte unter seinesglei-
chen. Als allgemeingültiges Moralprinzip propagiert er einen ganz
anderen Maßstab: »Leben selbst ist wesentlich Aneignung, Verletzung, Überwältigung des Fremden und Schwächeren, Unterdrückung, Härte, Aufzwängung eigner Formen, Einverleibung und
mindestens, mildestens Ausbeutung …« (Ziffer 259). Nietzsche
feiert den Sieg Hydes über Jekyll.

Im folgenden Teil will ich die beiden weiteren Aspekte meines
Themas beleuchten, die sich bei *Dr. Jekyll und Mr. Hyde* andeuten:
das mißglückte wissenschaftliche Experiment und das lüsterne Interesse. In Kapitel VI betrachte ich Vorfälle in der Geschichte der
Naturwissenschaften – Beispiele für das Überschreiten jeglicher
Grenzen, die der Begriff des tabuisierten Wissens impliziert. In Kapitel VII befasse ich mich mit dem weitreichenden Problem des Bösen, das in der menschlichen Natur schlummert und allzeit bereit
ist, Macht über unser Handeln zu gewinnen. Zu diesem Zweck
analysiere ich Leben und Werk des Marquis de Sade und dessen
Rehabilitierung im zwanzigsten Jahrhundert. Beide Kapitel befassen sich mit höchst strittigen, vorwiegend moralischen Themen.

Teil II

Fallgeschichten

∎

Kapitel VI

Die Explosion des Wissens: Naturwissenschaft und Technik

■

Die Bombe und das Genom

»In einem elementaren Sinn … haben die Physiker die Sünde kennengelernt.«

J. Robert Oppenheimer, 1947

»[Das Humangenomprojekt] ist der Gral der Humangenetik … die endgültige Erfüllung des Gebotes ›Erkenne dich selbst‹.«

Walter Gilbert, 1986

Diese beiden Motti, die schon für sich genommen sehr pathetisch klingen, bilden in der Nebeneinanderstellung einen erschütternden Gegensatz. Stellt die naturwissenschaftliche Forschung, durch Technik und Politik nachhaltig unterstützt, die fundamentale *Sünde* der abendländischen Zivilisation dar? Oder ist sie der *Gral*, nach dem wir als der einzig uns verbliebenen Form von Erlösung suchen? Beschreiben diese beiden Aussagen den gegenwärtigen Zustand der Naturwissenschaft und Technik zutreffend?

Nachdem die ersten fünf Kapitel dem Thema des Erkenntnistabus in Mythen und Erzählungen nachgegangen sind, wollen wir uns nun mit seiner Erscheinungsform in einer Reihe von Ereignissen befassen, die sich immer unmittelbarer auf unser Alltagsleben auswirken. Ich werde mich in diesem Kapitel über die Naturwissenschaft nicht an eine chronologische Reihenfolge halten. Die neuzeitliche empirische Wissenschaft bildete sich erst im 17. Jahrhundert heraus. In dieser kurzen Zeitspanne hat ihr Einfluß derart rasch zugenommen, daß er kaum hinter dem von Religion und Staat zurückzustehen scheint. Die Wissenschaft bedrängt uns von allen Seiten.

Albert Einstein schrieb 1939 seinen Brief an Präsident Roosevelt, in dem er auf die Notwendigkeit des Baus der Atombombe hinwies angesichts eines beispiellosen Angriffs auf die aus unserem gemeinsamen jüdisch-christlichen und griechisch-römischen Erbe hervorgegangene Zivilisation. Einsteins widerstrebender und doch dringlicher Aufruf zum Handeln (zu dem ihn Leo Szilard gedrängt hatte) führte zu einem gemeinsamen Kraftakt von Wissenschaft, Technik und Unternehmertum, der dem Bau der ägyptischen Pyramiden, der chinesischen Mauer und des Panama-Kanals nicht nachsteht. Das Manhattan-Projekt, das wegen seiner Dringlichkeit und der notwendigen strengen Geheimhaltung konzentriertere Anstrengungen erforderte, erfüllte die von Aristoteles geforderte Einheit von Zeit, Handlung und Personen im Drama. Das Drama zeigt uns einen tragischen Helden, der die ihm zugewiesene Aufgabe bravourös meisterte, doch zu guter Letzt erkennen muß, daß er an seiner vermeintlichen hohen Berufung scheiterte – ein gebrochener Prometheus, ein gestrafter Frankenstein.

J. Robert Oppenheimer war ein anerkannter theoretischer Physiker, ein Organisationstalent und eine starke Führungspersönlichkeit, der es gelang, sich die loyale Mitarbeit von Hunderten von Wissenschaftlern, Technikern und Militärs zu sichern; doch zugleich stand er der Bürde der Verantwortung, die sein Auftrag mit sich brachte, sehr zwiespältig gegenüber. [47] Im Rückblick scheint es so, als wäre Oppenheimer gleichsam prädestiniert dafür gewesen, die konkurrierenden Anschauungen, die sich unter den Mitarbeitern des Projekts herauskristallisierten, zum Ausdruck zu bringen. Die Arbeit aller Beteiligten sollte einerseits dazu beitragen, Demokratie und Sittlichkeit gegen eine neue Form staatlicher Barbarei zu verteidigen. Doch ihre Arbeit sollte auch eine Kraft entfesseln, die so zerstörerisch ist, daß nur die Befürchtung, der Feind könnte sie als erster einsetzen, dieses Vorhaben rechtfertigte. Wir wissen, daß Einstein, Fermi und andere Physiker, aber auch Roosevelt, General Groves und Truman maßgeblich am Zustandekommen des Projekts beteiligt waren. Doch auf Oppenheimer haben wir die Verantwortung projiziert, zwei unterschiedliche Fragen zu beantworten: »Sollen wir die Bombe bauen? Sollen wir die Bombe einsetzen?« Weil Oppenheimer beide Fragen mit »ja« beantwortete, wurde er Held und Sündenbock zugleich. Im Juni 1945 wies er den Franck-Bericht der Wissenschaftler zurück, der sich gegen einen unangekündigten Einsatz der Bombe aussprach. Nach Hiroshima änderte er seine Meinung. Er ist unser Hamlet. Spätere öffentliche Befragungen über seine Staatstreue und die Nichtausstellung einer Unbedenklichkeitsbescheinigung unterstreichen nur das Bild eines Mannes, durch den die Risse der zeitgenössischen Kontroversen liefen.

Bereits zwei Jahre nach Hiroshima und Nagasaki wurde Oppenheimer vom Massachusetts Institute of Technology zu einem Vortrag eingeladen. Er gab ihm den neutralen Titel »Physics in the Contemporary World« (»Die Physik in der zeitgenössischen Welt«). Jeder war sich im Jahr 1947 vollauf bewußt, daß Oppenheimer vor den versammelten Physikern in dem historischen Augenblick, in dem die Welt aus den Verwüstungen des Zweiten Weltkriegs auferstand, als ehemaliger Leiter des Manhattan-Projekts sprach. Er hatte ein scharfsinniges und sehr persönliches Manifest zur Verteidigung der Naturwissenschaft verfaßt. Nachdem er bestätigt hatte, daß die »Physik einen rasanten Aufschwung erlebt«, insbesondere auf dem Gebiet der Teilchenforschung, wandte er das uneindeutige Prinzip der Komplementarität auf die Wissenschaft selbst an. Anders gesagt, er legte zwei gegensätzliche Interpretationen dar und behauptete, beide seien wahr. Sie ergänzten einander als Teilwahrheiten und widersprächen sich nicht wie erschöpfende Wahrheiten. Einerseits liege der Wert der Wissenschaft in ihren Ergebnissen, ihren – überwiegend nützlichen – Auswirkungen auf unser Leben. Andererseits bestehe der Wert der Wissenschaft in der konsequenten Lebensform, die sie dem Wissenschaftler auferlege und die der Wahrheit, der uneigennützigen Entdeckung und dem Experiment gewidmet sei. Der empirische Wissenschaftler fühle sich stärker vom zweiten Prinzip angezogen; er sei bestenfalls »ineffektiv«, wenn er versuche, »die Verantwortung für die Früchte seiner Arbeit auf sich zu nehmen«. Diese Aufgabe solle, so Oppenheimer, richtigerweise von Staatsmännern und führenden Politikern übernommen werden. Man fragt sich, ob er gleichzeitig mit der *Bhagavadgita* den *Frankenstein* gelesen hat.

Im Rahmen dieser Bejahung der wissenschaftlichen Forschung wirkt die am häufigsten zitierte Passage der Rede seltsam deplaziert, so als hätte sich Oppenheimer nicht dazu durchringen können, sie in einem ansonsten positiven Diskurs über die Vorzüge der wissenschaftlichen Methode der Erkenntnisgewinnung wegzulassen. Diese Passage muß seine Hörer im Jahr 1947 noch stärker erschüttert haben als den heutigen Leser. Nachdem er von dem »Vermächtnis der Verantwortung«, das der Zweite Weltkrieg und die Entwicklung der Atombombe hinterlassen habe, gesprochen hatte, schloß er folgenden merkwürdigen Abschnitt an:

> *Ungeachtet der Weitsichtigkeit und der umsichtigen Klugheit unserer Staatsführer während des Krieges empfanden die Physiker eine eigentümliche innere Verantwortung dafür, die Entwicklung von Atomwaffen vorzuschlagen, zu unterstützen und letztlich tatkräftig an ihrem Bau mitzuwirken. Wir können jedoch nicht vergessen, daß diese Waffen, so wie sie dann eingesetzt wurden, die Unmenschlichkeit und das Übel des modernen Krieges auf erbarmungslose Weise verschlimmerten. In einem elementaren Sinn, der durch keine Banalisierung, keinen Humor und keine Übertreibung völlig zunichte gemacht werden kann, haben die Physiker die Sünde kennengelernt; und dies ist eine Erkenntnis, die sie nicht verlieren können.*

(Gardner, S. 193)

Im Zentrum von Oppenheimers ermutigenden Worten an die jungen Physiker hockt ein ominöses Ungeheuer der Schuld. Er lehnte entschieden jegliche Verdrehung oder Verharmlosung dieser Schuld durch markige Witze oder übermäßige Selbstvorwürfe ab. Dieser nicht-religiöse Naturwissenschaftler hätte kein stärkeres Wort als *Sünde* finden können, um seine Überzeugung von einer Mitschuld am Bösen zum Ausdruck zu bringen. Er hatte sich nicht den politischen Beschlüssen widersetzt, die schließlich dazu führten, daß in Hiroshima und in Nagasaki Hunderttausende von Zivilisten getötet wurden. Die »Erkenntnis«, von der im letzten Satz die Rede ist, gehört in eine andere Kategorie als die wissenschaftliche Erkenntnis. Oppenheimer meinte eine *moralische* Erkenntnis. Er schien an einen Hippokratischen Eid für Naturwissenschaftler zu denken.

Nachdem Oppenheimer seine Schuld gestanden und sich zu seiner Verantwortung für die Folgen seiner Handlungen bekannt hatte, nahm er den Faden seiner grundsätzlich optimistischen Beurteilung der Wissenschaft wieder auf, auch wenn er zugab, daß sie keinen dauerhaften Frieden errichten könne. Diese Mahnung, die er in das Manuskript seines Vortrags am MIT einfügte, entspricht einem Satz, den Oppenheimer während eines freundschaftlichen Gesprächs mit Truman nach dem Krieg fallenließ. »Herr Präsident, an meinen Händen klebt Blut.« Truman reagierte verärgert auf das, was ihm wie eine Shakespearesche Attitüde erschienen sein muß.

Im Juni 1946 legte die Sowjetunion bei den Vereinten Nationen ihr Veto gegen den Baruch-Plan ein, der vorsah, sämtliche Atomwaffen zu verbieten, die Atombomben der Vereinigten Staaten zu vernichten und alles atomwaffenfähige Material einer internationalen Kontrolle zu unterwerfen, der sich kein Land widersetzen könnte. Als die Sowjets 1949 ihre erste Atombombe zündeten, arbeiteten die Atomenergiekommission, die Rand Corporation (die Aufträge zur Erforschung und Entwicklung neuer Waffen für die Air Force vergab) und der unermüdliche Physiker Edward Teller bereits in einer neuen Größenordnung. Die Zerstörungskraft der Wasserstoffbombe, die 1952 auf dem Eniwetok-Atoll gezündet wurde, mußte statt in Kilotonnen in Megatonnen Dynamit gemessen werden – sie war tausendmal stärker als die Bombe von Hiroshima. Oppenheimers Widerstand gegen die Entwicklung der Wasserstoffbombe führte dazu, daß er als »Sicherheitsrisiko« abgestempelt und von seiner Tätigkeit als Berater der Atomenergiekommission entbunden wurde. Teller waren Oppenheimers Skrupel wegen der Möglichkeit sündhaften Wissens völlig fremd. In einem Interview im Jahr 1994 äußerte Teller, auf die Kontroverse um die Wasserstoffbombe zurückblickend, einen Satz, in dem sich Optimismus und Pleonexie kaum voneinander unterscheiden lassen. »Unwissenheit sollte grundsätzlich niemals dem Wissen vorgezogen werden – *insbesondere*, wenn das Wissen schrecklich ist.«

In den neunziger Jahren scheinen wir angesichts der fehlenden Bedrohung durch die Nazis und die Sowjets ernsthaft darum bemüht gewesen zu sein, die Weiterverbreitung und Entwicklung von Atomwaffen einzudämmen. Doch die Gefahr, daß andere Länder in Zukunft Atomwaffen entwickeln und einsetzen, hat eher zugenommen. Unterdessen haben wir ein weiteres gigantisches internationales Projekt aus der Taufe gehoben, an dem Wissenschaft, Technik und Staaten beteiligt sind. Diesmal handelt es sich um ein friedliches Projekt, das ganz wesentlich von wirtschaftlichen Interessen vorangetrieben wird. Nach vierzigjähriger intensiver Erforschung der Erbsubstanz DNA haben wir den Punkt erreicht, wo Journalisten und Naturwissenschaftler in der gleichen wunschgeleiteten Rhetorik davon sprechen, den Code des Lebens zu knacken, den menschlichen Bauplan zu entziffern und die Landkarte der menschlichen Natur zu vervollständigen. Das ehrgeizige Humangenomprojekt (HGP), das 1988 vom amerikanischen Kongreß beschlossen wurde, wird erheblich weniger kosten als das Apollo-Raumfahrt-Programm und den Wissenschaftlern vermutlich eine viel größere Datenmenge zur Auswertung liefern als die Mondlandung.

Allerdings wurde das Projekt auch scharf kritisiert. Der erhoffte medizinisch-therapeutische Nutzen bleibt ungewiß, unter anderem weil die Konzentration auf Kartierung und Sequenzierung das Problem des Austauschs potentiell unerwünschter Gene nicht löst. Unterdessen werden uns pränatale und allgemeine Gentests auf der Grundlage neuentwickelter Technologien vor weitreichende Probleme stellen, auf die die Gesellschaft kaum vorbereitet ist. Da bei immer mehr Feten schwerwiegende genetische Anomalien diagnostiziert werden, ist die Abtreibung zu einem gängigen therapeutischen Verfahren geworden, zu einer selektiven Ad-hoc-Version der Sterilisation, die früher von Eugenikern bevorzugt wurde. Die Debatte um das HGP erreichte 1992 ihren Höhepunkt, und die Kritiker konnten mit ihren wohlbegründeten Argumenten verhindern, daß das HGP zu einem Blitzprogramm zur Lösung eines begrenzten Problems wurde.

Rückblickend können wir beurteilen, wie die am Manhattan-Projekt und am Humangenomprojekt beteiligten Personen über ihr Vorhaben und seine gesellschaftliche Bedeutung sprachen. Da das Manhattan-Projekt unter strengster Geheimhaltung durchgeführt werden mußte, rechtfertigte es sich als Ultima ratio einer Zivilisation, die durch Kräfte des Bösen in die Enge getrieben wurde. Dennoch konnten Korpsgeist und der klare antitotalitäre Auftrag bei maßgebenden Beteiligten die Skrupel wegen der menschlichen und politischen Folgen der neuen Waffe nicht zum Verstummen bringen. Oppenheimers Rückgriff auf den christlichen Begriff der Sünde, mit dem er diese inneren Zweifel bezeichnete, war zwar melodramatisch, aber nicht unbegründet.

Da sich die Verfechter des HGP nicht auf eine internationale Krise berufen konnten, befleißigten sie sich einer hyperbolischen Ausdrucksweise. In dem nachfolgenden Zitat wird nicht nur ein bekanntes christliches Symbol, sondern auch eine berühmte sokratische Maxime aufgegriffen. Das Bild des belagerten Verteidigers zivilisatorischer Werte, der widerstrebend zu einer Massenvernichtungswaffe greift, wird jetzt ersetzt durch das eines Propheten, der ein Allheilmittel für all unsere Gebresten besitzt. »[Das Humangenomprojekt] ist der Gral der Humangenetik... die endgültige Erfüllung des Gebotes: ›Erkenne dich selbst‹.« Dies ist ein Zitat des Nobelpreisträgers und Biologen Walter Gilbert, der auf der Santa-Fe-Konferenz im Jahr 1986, in der es um die Sequenzierung aller 3 Millionen Basenpaare des menschlichen Genoms ging, einen Vortrag hielt. Gilbert hat diese triumphalistische Rhetorik in späteren Jahren nicht abgeschwächt.

Ich möchte im folgenden Oppenheimers und Gilberts Aussagen in den Kontext unserer übergeordneten Thematik stellen und herausarbeiten, wie Wissenschaft und Technik im zwanzigsten Jahrhundert den Begriff des Erkenntnistabus in seinen verschiedenen Formen sowohl anerkannt als auch mißachtet haben. Ich erörtere zunächst eine einleitende Frage, die ich bereits angesprochen habe, und wende mich dann mehreren Beispielen von Reglementierungen zu, die wissenschaftlichen Projekten auferlegt beziehungsweise nicht auferlegt werden.

Der Gesang der Sirenen: Reine und angewandte Wissenschaft

Oppenheimers Unterscheidung in seinem Vortrag aus dem Jahr 1947 zwischen Wissenschaft als interesselosem Streben nach Wahrheit und Wissenschaft als einer Tätigkeit, die tiefgreifende Auswirkungen auf unser Leben hat, formuliert auf neue Weise eine nahezu einhellig anerkannte Unterscheidung, die eine lange Geschichte hat. Sie basiert auf einer analogen Unterscheidung, die in der katholischen Kirche Gestalt annahm, und zwar zwischen der Berufung zum Mönch und der Berufung zum Seelsorger bei Priestern. Francis Bacon, der im siebzehnten Jahrhundert lebende Apologet der Wissenschaft, schrieb eine kurze Fabel zu dem Thema, die zu einer Geschichte mit einer Moral wird. »Die Sphinx, so wird berichtet, war ein Monster«, beginnt Bacon seine Schrift. Nachdem er den Mythos von der Sphinx kurz nacherzählt hat, legt er seine Interpretation vor.

> *Dies ist eine ebenso schöne wie weise Sage, die zur Beschreibung der Wissenschaft, insbesondere in ihrem Bezug zur Praxis erdacht worden zu sein scheint. Denn die Wissenschaft kann durchaus als Monster bezeichnet werden, insofern sie für die Unwissenden und Unerfahrenen geradezu ein Wunder ist... Auch gibt die Sphinx den Menschen eine Reihe schwerer Fragen und Rätsel auf, die sie von den Musen empfangen hat... Sobald sie aber von den Musen auf die Sphinx, das heißt auf die Praxis [Hervorhebung durch R. S.] übergegangen sind, die zum Handeln, zur Wahl und zur Entscheidung reizt und drängt, beginnen die Rätsel beschwerlich und grausam zu werden...*
>
> (Vgl. die vollständige Erzählung in Anhang III)

Wenn die Sphinx ein Monster war, dann ist auch die Wissenschaft ein Monster – vermutlich ein von uns selbst erschaffenes. Eine solche Sichtweise überrascht uns bei Bacon. Doch er macht deutlich, was er meint. So wie die Sphinx ein Mischwesen mit Löwenkörper und Menschenkopf ist und die kontemplativen Fragen der Musen mit »beschwerlichen und grausamen« Entscheidungen, die durch ihre eigenen Rätsel verkörpert sind, verbindet, so muß auch die Wissenschaft von der Betrachtung »auf die Praxis« übergehen. Hier bestätigt Bacon *nicht* die herkömmliche Unterscheidung zwischen reiner (theoretischer) und angewandter Wissenschaft, eine Unterscheidung, mit der sich die Wissenschaft am entschiedensten gegen die Herausforderung der verbotenen Erkenntnis zu schützen versucht. In der Gestalt des Monsters erkennt er die Absicht, getrennte Teile zu unterscheiden, und er zeigt, daß diese Trennung in der Praxis unmöglich ist. Bacon möchte uns davon überzeugen, daß die Sphinx existiert und die bedrohliche Seite der Wissenschaft verkörpert. Obgleich das Mischwesen eine unnatürliche Verbindung darstellt, kann der verträumte Menschenkopf nicht von dem bedrohlichen Löwenkörper getrennt werden. Gerade diese Verbindung macht die Monstrosität des Geschöpfs aus, vor der wir uns hüten sollten. Denn die Vorstellungen des Geistes werden durch den verbundenen Körper »unverzüglich in die Tat umgesetzt«: eine widernatürliche Verbindung als Symbol des Bandes zwischen Wissenschaft und Technik.

Wir geben uns alle Mühe, Bacons Warnung in Abrede zu stellen. Eine Phalanx von staatlichen Gesellschaften, Einrichtungen und Hochschulen widmet sich der naturwissenschaftlichen Grundlagenforschung. Technik und Ingenieurwissenschaft sind definiert als anwendungsbezogene Umsetzung von Erkenntnissen der Grundlagenforschung. In einer Ausgabe der Zeitschrift *Daedalus*, die dem Thema »Die Grenzen der Wissenschaft« (Frühjahr 1978) gewidmet war, plädierte der Molekularbiologe David Baltimore in seinem Beitrag entschieden gegen jede Einschränkung der wissenschaftlichen Grundlagenforschung. Er stimmt nicht mit Bacon überein, da er keinerlei Schwierigkeiten darin sieht, den Kopf der Sphinx von ihrem Körper zu trennen. »Ich möchte eine wesent-

liche Unterscheidung vornehmen. Die Argumente [für die uneingeschränkte Freiheit] gelten für die wissenschaftliche Grundlagenforschung, nicht für die technischen Anwendungen wissenschaftlicher Erkenntnisse. Sobald wir von der reinen zur angewandten
Wissenschaft übergehen, verlieren meine Argumente ihre Gültigkeit.« Aber werden wir jemals eine exakte – oder auch nur vage –
Trennlinie zwischen Entdeckung und Anwendung ziehen können?
Falls ja, sollen wir dann behaupten, verantwortungsvolle Wissenschaftler blieben auf der »reinen« Seite der Linie? So argumentierte Oppenheimer in seinem Vortrag im Jahr 1947. Vermutlich
sollten andere Behörden und Einrichtungen darüber entscheiden,
ob, wann und wie die neuen Erkenntnisse genutzt werden sollen.
Doch was auf den ersten Blick wie eine vernünftige Lösung aus-
sieht, hat nicht lange Bestand. Am Ende des zwanzigsten Jahrhunderts besitzen nur wenige Probleme eine größere Brisanz als dieses.

Zu welchem Zeitpunkt hätte die Arbeit an der Atombombe
eingestellt werden können, um den Krieg ohne den unnötigen Verlust von Menschenleben zu gewinnen? Unter denjenigen, die in
Los Alamos eingeweiht waren, wurde diese Frage unter größter
Geheimhaltung lebhaft diskutiert. Sollte man internationale Beobachter nach Alamogordo einladen? Wir hatten Angst vor einer
Fehlzündung. Hätten wir die erste Bombe auf eine unbewohnte Insel bei Japan werfen sollen? Wir hatten nur zwei Bomben und
konnten keine »vergeuden«. Wir wußten nicht, wo beziehungsweise wie wir den Kopf von dem Körper trennen sollten. Heute sind
wir mit dem gewaltigen und ganz andersartigen Problem konfrontiert, wie wir die »reinen« Erkenntnisse, die uns die Molekularge-
netik und das Humangenomprojekt liefern, »anwenden« sollen.
Doch die Forscher selbst haben die Demarkationslinie bereits verwischt, indem sie sich an Unternehmen beteiligen, die Märkte für
genetische Erkenntnisse kommerziell erschließen sollen. David
Baltimore und viele, die so denken wie er, tun so, als könnten wir
bei der wissenschaftlichen Forschung ein ähnliches Prinzip der Teilung befolgen wie das, das die drei Staatsgewalten reguliert und
Staat und Kirche trennt. Doch wir sollten Bacons Mahnung beher-
zigen und nicht glauben, wir könnten einfach kontemplative bezie-

hungsweise reine Erkenntnis von ihren Anwendungen auf unser Leben trennen. Unsere heutigen wissenschaftlichen Institutionen leisten dies nicht. Geschichte und Theorie des Patentrechts zeigen, daß dessen hauptsächliche Funktion darin besteht, die breite kommerzielle Nutzung marktfähiger Entdeckungen zu fördern, und nicht etwa darin, neue Erkenntnisse zu schützen und den Zugang zu ihnen zu beschränken. Einzelne Forscher, von Galilei und Leonardo bis zu Oppenheimer und Watson, haben diese Trennung in ihrem eigenen Leben und ihrer eigenen Arbeit nicht beachtet. Selbst Einstein, der reine Grundlagenforscher par excellence, dessen Labor eine Tafel war, fühlte sich genötigt, einen Brief an den Präsidenten der Vereinigten Staaten zu schreiben, in dem er sich dafür einsetzte, die Atomtheorie für den Bau einer Bombe nutzbar zu machen. Die Grenze zwischen reiner und angewandter Wissenschaft ist ein Phantom, das auf vielen Landkarten verzeichnet ist, aber im Gelände nicht ohne weiteres ausfindig gemacht werden kann.

Eine Episode in einem antiken Epos schildert das, was man als eine ausgeklügelte Strategie zur Erlangung gefährlichen Wissens interpretieren könnte, und zwar ohne die Möglichkeit, dieses Wissen zu beeinflussen oder in irgendeiner Weise anzuwenden. Im zwölften Gesang der *Odyssee* warnt Circe Odysseus vor dem Gesang der Sirenen, denen er bald begegnen werde. Wenn er und seine Gefährten dem Zauber dieses Gesangs erlägen, würden sie zugrunde gehen. Circe verrät ihm, wie er dem Gesang lauschen könne, ohne seinem Zauber zu erliegen. Weshalb rät sie ihm nicht, sich die Ohren mit Wachs zu verstopfen, wie er es seinen getreuen Seeleuten befiehlt? Weshalb ergreift Odysseus die Gelegenheit, diesem lebensgefährlichen Gesang zu lauschen? Weshalb nimmt es Circe hin – und bewundert es vielleicht sogar –, daß er für sich das Vorrecht in Anspruch nimmt, etwas zu wissen, was er eigentlich nicht zu wissen braucht? Warum schließlich leistet sie durch ihre Hilfe seiner Wißbegierde Vorschub, obgleich sie weiß, daß ihm selbst die Willensstärke fehlt, dem Gesang der Sirenen zu widerstehen?

Die *Odyssee* versetzt uns in eine mehrdeutige Welt, die von Göttern, Halbgöttern und Sterblichen, die die Gunst der Götter genießen, bevölkert ist. Circes Ratschläge zielen darauf ab, daß Odysseus' Sinne und sein Geist voll aufnahmefähig bleiben, während sein Körper davon abgehalten werden soll zu reagieren. Sie ermöglicht ihm, geschützt durch sichere Entfernung zu erkennen, ohne dem Ereignis unmittelbar ausgesetzt zu sein, was ihm das Leben kosten würde. Vor und nach der Begegnung, wenn Odysseus der Versuchung nicht direkt ausgesetzt ist, begnügt er sich mit diesem indirekten oder unvollständigen Wissen. Homer erzählt die Episode mit einer mahnenden Geste an seinen Leser beziehungsweise Hörer. »Du aber höre, was ich dir sage«, zitiert er den Rat, den die Gebieterin Circe Odysseus erteilte, »erinnern wird dich auch der Gott selber.« Als Odysseus später Alkinoos und seinem Hof das Abenteuer erzählt, beginnt er mit den Worten: »Freunde, nicht einem allein oder zweien gebührt es zu wissen, / Welche Geschicke mir Circe, die hehre Göttin, verkündet.«

Die Strategie, sich im voraus kategorisch eine Selbstbeschränkung in Form einer verbindlichen Handlungsmaxime aufzuerlegen, dient als ein Modell für alle willensschwachen Personen. Indem Odysseus sechs Strophen des Gesangs der Sirenen in seiner Erzählung wiedergibt, zeigt er, daß es ihm gelungen ist, tödliches Wissen in ungefährliches Wissen zu überführen. Er vermag dies durch die Beschränkungen, die er sich aufgrund der privilegierten Beratung durch Circe selbst auferlegt.

Odysseus übersteht das Abenteuer, weil er sich strikt an eine sorgfältig gezogene Grenze zwischen Erkenntnis und dem, was ich in früheren Kapiteln »Erfahrung« genannt habe, hält.[48] Doch die Situation bleibt nicht bestehen. Er entwickelt keine dauerhafte Immunität gegen die Versuchungen des vergänglichen Lebens. Die Sirenen-Episode zieht eine Grenze zwischen reinem und angewandtem Wissen, aber nur dank der göttlichen Hilfe, durch die der Forschung starke Beschränkungen auferlegt werden. Ohne diese Restriktionen vollzieht sich die intellektuelle Forschung auf einem schlüpfrigen Abhang zwischen reinem Wissen und der Wahrscheinlichkeit ihrer praktischen Anwendung.

Konzeption, Entwicklung und Einsatz der Atombombe verdeutlichen dies auf eindringliche Weise. Wir wissen mittlerweile, daß

Roosevelts 1939 gefaßter Entschluß, die Bombe zu bauen, im Fall seiner erfolgreichen Umsetzung von einer »gründlichen Reflexion« über ihren potentiellen Einsatz begleitet werden sollte. Doch sechs Jahre später, unter einem neuen Präsidenten, hatte, wie Alan Cranston ausführte, »die nukleare Kette von Ereignissen ein Eigenleben angenommen«. Die Amerikaner flogen bereits barbarische Luftangriffe mit Brandbomben gegen Deutschland und Japan. Viele strategische Überlegungen trieben sie vorwärts. Truman mischte sich nicht in die laufende militärische Planung ein, die den Abwurf der neuen Bombe über Japan vorsah. Anders gesagt, sobald der Entwicklungsprozeß in Gang gesetzt war, sorgte eine Art technischer Eigendynamik dafür, daß die Bombe quasi automatisch auch militärisch eingesetzt wurde. Die gründliche Reflexion folgte nach der Tat. Es zeigte sich, daß der Weg von Einsteins magischer Formel $E = mc^2$ nach Hiroshima einem immer schlüpfrigeren Abhang glich, auf dem gute Absichten und individuelle Gewissensbisse wenig Halt gaben.

Wir haben keine Gottheiten mehr, die sich heute für uns einsetzen. Wer könnte oder sollte unsere Wissenschaftler noch an einen Masten binden? David Baltimore schließt den Absatz, aus dem ich oben zitiert habe, mit der Aussage: »Vieles, was technisch machbar ist, sollte Beschränkungen unterworfen werden.« In demselben Artikel akzeptiert er sogar maßvolle Beschränkungen der Grundlagenforschung. »Die Gesellschaft muß zwar das Tempo der grundlegenden wissenschaftlichen Neuerungen bestimmen, sie sollte aber nicht versuchen, ihre Richtungen vorzugeben.« Ohne eine Göttin, die uns leitet, ist es jedoch sehr schwer, die Grenze zwischen Grundlagenforschung und angewandter Forschung und die Grenze zwischen der zu schnellen und der zu langsamen Erschließung eines neuen Gebiets zu ziehen. Wir neigen dazu, zu glauben, daß jede wissenswerte wissenschaftliche Wahrheit für unser Leben von Belang ist und daß es dem Wesen der Wahrheit selbst widerspricht, das Streben nach neuen Erkenntnissen beziehungsweise deren technische Umsetzung zu beschränken.

Diese Dilemmas lassen sich am besten anhand konkreter Fallbeispiele verdeutlichen.

Beschränkungen der wissenschaftlichen Forschung: Fünf Fallbeispiele

Die Frage nach den möglichen Einschränkungen der Forschungsfreiheit ist eine moderne Version jener Beschränkungen, denen sowohl Galilei als auch Bacon zu Beginn des 17. Jahrhunderts widerstanden. Galilei ging scheinbar auf die Forderung der Kirche ein, seinen Glauben an das heliozentrische Weltsystem des Kopernikus zu widerrufen und seine Forschungen zu diesem Thema einzustellen. Doch obgleich er unter Hausarrest gestellt wurde, setzte er seine Arbeit fort und schmuggelte seine Schriften heimlich nach Holland. Bacons Kompromiß war subtiler. Wie im ersten Kapitel beschrieben, bekräftigt er in *The Great Instauration* den Wert »reiner« Erkenntnis, die der Mensch aus dem göttlichen Buch der Natur entnehme, und verwirft die »eitle« Erkenntnis, die einen Verstoß gegen die Theologie und die Offenbarungsreligion darstelle. Galilei und Bacon stellten gemeinsam die Weichen dafür, daß sich die neuzeitliche Wissenschaft aus ihrer Bindung an die Religion und, in geringerem Maße, an die Philosophie befreite.

Dreihundert Jahre später, im November 1945, nur drei Monate nachdem die Vereinigten Staaten zwei Atombomben auf Japan abgeworfen hatten, um das Land zur Kapitulation zu zwingen, versammelten sich die Mitglieder der Association of Los Alamos Scientists, um einen Vortrag ihres Direktors Oppenheimer zu hören. Viele von ihnen waren schockiert darüber, wie die Bombe eingesetzt worden war. Sie alle sagten sich: »Was haben wir getan!« Einige hielten es für notwendig, Maßnahmen zu ergreifen, die verhindern sollten, daß die Wissenschaft weitere Zerstörungen solchen Ausmaßes ermöglichte. In dem Passus, der am unmittelbarsten auf diese ethischen Bedenken gegen den eigenen Berufsstand einging, unterstrich Oppenheimer die Autonomie der Wissenschaft sogar noch entschiedener als Galilei und Bacon.

Letztlich haben wir diesen Auftrag deshalb ausgeführt, weil
es eine organische Notwendigkeit war. Als Wissenschaftler
kann man so etwas nicht aufhalten. Als Wissenschaftler
glaubt man daran, daß es gut ist herauszufinden, wie die Welt
funktioniert; daß es gut ist, die Tatsachen herauszufinden; daß
es gut ist, der Menschheit insgesamt die größtmögliche Herr-
schaft über die Natur zu verschaffen und diese gemäß ihren
Einsichten und Werten einzusetzen.

(Rhodes, S. 761, s. Anm. 51)

Oppenheimer war ebenso listig wie Galilei und Bacon. Das Bom-
benprojekt war eine technische Anwendung von Erkenntnissen aus
der Grundlagenforschung, keine neue Entdeckung. Seine »organische Notwendigkeit« ist fast so etwas wie der Patriotismus der Wissenschaftler. Es mag »gut sein, herauszufinden, wie die Welt funktioniert«, aber es ist keineswegs offenkundig, daß die »Einsichten
und Werte« der Menschheit insgesamt die Umsetzung dieser Erkenntnisse in den Bau einer Atombombe und ihren Abwurf auf
zwei dichtbevölkerte Städte gutgeheißen hätten.

Am Ende von Kapitel I bezog ich mich auf die Schriften des zeitgenössischen Philosophen Nicholas Rescher, der ein Buch mit dem
Titel *Die Grenzen der Wissenschaft* (1984) geschrieben hat.[49] In
einem anderen Essay – mit dem unmißverständlichen Titel »Forbidden Knowledge« (Verbotene Erkenntnis) – über diese strittige
Frage wägt Rescher Argumente für die Reglementierung der Wissenschaft als einer Form von Macht gegen Argumente ab, die für
eine vollkommene Laissez-faire-Politik sprechen. Eine seiner
Kernthesen, die genausogut auf die Pornographie wie auf die Naturwissenschaft angewandt werden könnte, scheint sogleich für
Klarheit zu sorgen. Ich zitiere seine Worte noch einmal:

Eine Unangemessenheit besteht hier lediglich in der Art des
Erwerbs beziehungsweise in der Gefahr des Mißbrauchs. Der
Besitz von Wissen an sich – unabhängig davon, wie es erwor-
ben und angewandt wird – kann nicht moralisch falsch sein.

(*Forbidden Knowledge*, S. 9)

Rescher räumt dann ein, daß das Streben nach wissenschaftlicher Erkenntnis und ihre Anwendung manchmal Nachteile und Gefahren für das Gemeinwohl mit sich bringen können. Ausgehend von einer gemäßigten Position schlägt er eine Reihe von Kategorien vor, die ich abgewandelt und zu fünf Gruppen von Überlegungen erweitert habe, die Beschränkungen der wissenschaftlichen Forschungsfreiheit rechtfertigen können. Ich ordne diese fünf Kategorien gemäß ihrer zunehmenden Komplexität und veranschauliche sie anhand verschiedener Epochen der Wissenschaftsgeschichte. Später werde ich auf die Frage zurückkommen, ob *irgendwelche* Erkenntnisse an sich unmoralisch beziehungsweise verwerflich sein können.

Praktische Überlegungen: Archimedes

Im dritten Jahrhundert v. Chr. sicherte sich der griechische Physiker und Mathematiker Archimedes seinen Platz in der Geschichte, indem er, so die Legende, »Eureka« rufend aus der Badewanne aufsprang, nachdem er erkannt hatte, wie man eine Krone aus reinem Gold anhand ihres spezifischen Gewichts von einer Krone aus einer Legierung unterscheiden kann. Zeitgenössische Historiker berichten auch, Archimedes habe gegenüber dem Herrscher seiner Heimatstadt Syrakus, König Hieron II., geprahlt: »Gib mir einen Punkt, wo ich hintreten kann, und ich bewege die Erde.« Lassen Sie uns diesen Satz für einen Augenblick nicht nur als unüberbietbaren Werbespruch für das Hebelprinzip behandeln, sondern auch als den ältesten dokumentierten Antrag auf Subvention in der Physik. Hierons Bewilligungskommission hätte eine Vielzahl von Gründen gehabt, Archimedes' Antrag abzulehnen. Er hatte keine konkrete Position für sich oder seine Hebelstütze angegeben. Er hatte nicht einmal die erforderliche Länge des Hebels und die Art seiner Befestigung und Bewegung erwähnt. Wie lange würde das Experiment dauern? Wieviel würde es kosten? Hieron konnte es sich nicht erlauben, Mittel für ein Projekt von zweifelhaftem Sinn und ohne greifbaren Nutzen für die Stadt Syrakus bereitzustellen. Zudem hätten Kommissionsmitglieder vielleicht vorgebracht, Archimedes habe seine Hypothese bereits allein dadurch überprüft, daß er sich das Experiment vorgestellt habe. Die Finanzierung und praktische Umsetzung des Experiments wäre reine Verschwendung, und andere Antragsteller mit vielversprechenden Projekten hätten dann das Nachsehen.

Aus praktischen Gründen wäre Archimedes' Antrag auf finanzielle Förderung daher abgelehnt worden. Zweitausend Jahre später beantragte Einstein unter ähnlichen Umständen keine Zuschüsse, um anhand gigantischer Aufzüge im Weltall das allgemeine Relativitätsprinzip zu überprüfen. Wie Archimedes wußte er, daß ein »Gedankenexperiment« in bestimmten Fällen genauso zweckdienlich ist. In unserer Zeit haben das starke Anwachsen der Staatshaushalte, der internationale Wettbewerb und die ungeheure Komplexität wissenschaftlicher Projekte dazu geführt, daß sich die Größenordnung von Forschungsvorhaben gewandelt hat. Die Befürworter der Weltraumforschung und eines »Super-Beschleunigers« haben ihre Projekte als quasi unverzichtbar dargestellt. Doch selbst für einen modernen Archimedes mit einem spektakulären Plan, die Welt zu bewegen, sind praktische Machbarkeit und Priorität noch immer entscheidende Faktoren.

Überlegungen der Risikovorsorge: Rekombinante DNA

Die weltweiten gesellschaftlichen Umwälzungen in den sechziger Jahren erreichten die Vereinigten Staaten in Form radikaler Studentenbewegungen, einer von Drogenkonsum und sexueller Freizügigkeit geprägten Hippie-Kultur und immer heftigerer Proteste gegen Krieg und Establishment. Zu Beginn der siebziger Jahre hatten sich diese mächtigen Kräfte des Wandels und Protests auf den Widerstand gegen den Vietnamkrieg und auf ökologische Gefahren wie Kernkraftwerke und krebserregende Substanzen konzentriert. Viele dieser Bewegungen waren straff organisiert, hatten unmittelbaren Zugang zu den Medien und wurden von Fachleuten und Intellektuellen einschließlich Naturwissenschaftlern nachhaltig unterstützt.

In dieser politischen Krisenzeit wurde die genetische Manipulation beziehungsweise die Gentechnologie schließlich Wirklichkeit.

Im Jahr 1970 begann der Biochemiker Paul Berg von der Stanford University gemeinsam mit Kollegen das langwierige und arbeitsintensive Projekt, im Reagenzglas das tierische Tumorvirus SV 40 (Simian-Virus) in eine Laborpopulation des Bakteriums *E. coli*, das im Verdauungstrakt von Säugetieren einschließlich des Menschen lebt, einzuschleusen. Ein solcher Hybridorganismus wäre gut für genetische Untersuchungen und andere Experimente geeignet. Er könnte allerdings auch aus dem Reagenzglas entweichen und mit seinem eingebauten Tumorvirus in Menschen eindringen, wo er möglicherweise Krankheiten verursachen würde. Damals waren die Labortechniken primitiv, nicht reglementiert, und sie wurden rasch weiterentwickelt. Als eine von Bergs Studentinnen ein Sommerseminar am Cold Spring Harbor Laboratory besuchte, erzählte sie anderen Biologen von dem Projekt. Einige waren entgeistert, daß ein verantwortungsbewußter Forscher angesichts der potentiellen biologischen Risiken, die mit einem Entweichen von Tumorviren verbunden waren, ein solches Projekt überhaupt in Angriff genommen hatte. In Telefongesprächen und einem Briefwechsel mit Wissenschaftlern in Kalifornien wurde die Frage der Risiken aufgeworfen. Berg beschloß, das Experiment aufzuschieben, möglicherweise ganz aufzugeben. Hitzige öffentliche Debatten über die vermeintlich finstere Rolle der wissenschaftlichen Forschung bei der Weiterentwicklung von Waffen und der Verschmutzung der Biosphäre verstärkten die Befürchtungen von Wissenschaftlern und der Öffentlichkeit. Viele Biologen waren gegen den Krieg im allgemeinen und den Vietnamkrieg im besonderen. Nicht wenige neigten zum politischen Radikalismus und sympathisierten mit einigen der Stimmen, die die wissenschaftliche Forschung in Frage stellten.

Hier beginnt die zehnjährige Geschichte des Streits um die rekombinante DNA, eine der am klarsten definierten und hitzigsten Debatten über die Risiken naturwissenschaftlicher Forschung im zwanzigsten Jahrhundert. Im Vergleich dazu sind die heftigen Kontroversen, die sich an Galilei und Darwin entzündeten, hauptsächlich theologischer Natur gewesen. Ich werde diese Episode auf jene Elemente reduzieren, die für unser Thema des Erkenntnistabus von Belang sind.[50]

Im Jahr 1973 hatten die Befürchtungen hinsichtlich der möglichen Risiken rekombinanter DNA solche Ausmaße angenommen, daß sich zwei nichtöffentliche Tagungen von Molekularbiologen im Asilomar-Konferenzzentrum (nahe Monterey, Kalifornien) und in New Hampton, New Hampshire, mit der Frage befaßten, welche Maßnahmen ergriffen werden sollten. Nach der Gordon-Konferenz in New Hampshire schrieb der Vorsitzende im Namen zahlreicher Teilnehmer einen Brief an den Präsidenten der National Academy of Sciences. Ich zitiere einen Absatz aus dieser Erklärung.

»Gewisse derartige Hybridmoleküle könnten sich als eine Gefahr für das Laborpersonal und die Allgemeinheit erweisen. Obgleich dieses Risiko bislang nicht eindeutig nachgewiesen wurde, sind wir doch aus Gründen der Risikovorsorge dazu verpflichtet, die potentielle Gefahr ernsthaft zu prüfen.«

In dem Brief wurde der Vorschlag gemacht, zu diesem Zweck einen ständigen Ausschuß einzusetzen, und der Brief wurde fast vollständig in *Science* veröffentlicht, dem meistgelesenen Wissenschaftsmagazin in den Vereinigten Staaten. Experimente mit rekombinanter DNA wurden weiterhin durchgeführt und in der Presse im allgemeinen als äußerst vielversprechend, ja geradezu als Wundermittel gepriesen. Fast genau ein Jahr später übergab ein hochrangig besetzter Ausschuß unter Vorsitz von Paul Berg seinen Bericht über »Potentielle biologische Risiken rekombinanter DNA-Moleküle« an die National Academy of Sciences. Die elf Biologen, darunter James Watson und mehrere andere Nobelpreisträger, forderten, daß bis zur weiteren Risikoabklärung und Entwicklung von Vorsichtsmaßnahmen »sich Wissenschaftler in der ganzen Welt den Mitgliedern dieses Ausschusses anschließen und freiwillig die folgenden Typen von Experimenten aufschieben sollten ...«. Anschließend wurden zwei derartige Experimente beschrieben. Das Dokument, das im Juli 1974 in *Science* und in seinem britischen Gegenstück, *Nature*, veröffentlicht wurde (und das bald unter dem Namen »Moratorium-Brief« firmierte), machte Schlagzeilen und wurde in zahlreichen Leitartikeln kommentiert – oftmals mit Hinweis auf die Büchse der Pandora und als gefährlicher Eingriff in die Geheimnisse der Natur.

Der Berg-Bericht forderte auch eine internationale Konferenz zu dem Thema. Diese – hauptsächlich von Berg organisierte – Konferenz wurde schon sechs Monate später abgehalten. Sie fand wiederum im Asilomar-Konferenzzentrum statt und stand diesmal sensationslüsternen und nicht-fachkundigen Reportern offen. Es ist aufschlußreich, daß der ausführlichste Bericht über die Konferenz in dem vormals radikalen Organ der Sechziger-Generation, *Rolling Stone* (19. Juni 1975), erschien. »Der Kongreß der Büchse der Pandora« von Michael Rogers enthielt einen zwar geschwätzigen, aber im allgemeinen zuverlässigen und exakten Bericht über die viertägige Konferenz. In seinem Resümee erwähnt Rogers die Möglichkeit, die im Verlauf der breitgefächerten Debatte angerissen wurde, »daß neuartige Biotypen, die bislang in der Natur nicht vorkamen, erschaffen werden« – also Monster, die euphemistisch als Chimären beziehungsweise chimärische Plasmide bezeichnet wurden. Diese künstliche Manipulation des Evolutionsprozesses, so Rogers, »stellt die weiteste Vertreibung aus dem Garten Eden dar, die die menschliche Intelligenz bislang bewerkstelligt hat«.

Asilomar II verabschiedete eine Empfehlung zur Einordnung von Experimenten in vier Risikoklassen, die jeweils stärkere physikalische Sicherheitsmaßnahmen erfordern. Der Bericht, der etwas überstürzt am letzten Tag angenommen wurde, enthielt die folgende scheinbar unspektakuläre und doch folgenschwere Bestimmung: »4. *Experimente, die aufgeschoben werden sollten.* Es gibt technisch machbare Experimente, die mit so schwerwiegenden Gefahren verbunden sind, daß sie mit den gegenwärtig verfügbaren Vektor-Wirts-Systemen und Sicherheitsvorkehrungen nicht durchgeführt werden sollten.«

Keiner der beiden anwesenden Nobelpreisträger, Watson und Joshua Lederberg, war für die empfohlenen Beschränkungen. Achtzehn Monate später, Mitte 1976, erließen die National Institutes of Health Richtlinien für die Forschung mit rekombinanter DNA; der US-Kongreß brauchte keine gesetzlichen Regelungen zu erlassen. Diese Richtlinien, die mehrfach überarbeitet und zusehends aufgeweicht wurden, sind noch immer in Kraft.

Die Diskussionen im Vorfeld von Asilomar II und im Anschluß daran sind in der Geschichte das erste Beispiel dafür, daß sich eine große Gruppe von Forschern freiwillig Selbstbeschränkungen auferlegt.[51] Als P. B. Medawar zwei Jahre später die erstaunliche Selbstbeschränkung der Biologen kommentierte, zog er einen pointierten, aber nur teilweise zutreffenden Vergleich.

Die Schriftsteller haben nie Vergleichbares getan. Ganz im Gegenteil: Die Aufforderung, ein Autor solle nicht so schreiben, wie es ihm gefällt, ganz gleich, ob er Anstoß erregt oder Schaden anrichtet, wird mit Schreien der Bestürzung aufgenommen und mit Warnungen quittiert, eine solche Maßnahme werde dem menschlichen Geist einen nicht wiedergutzumachenden Schaden zufügen und erstcke für immer und ewig die schöpferische Inspiration.

(*The New York Review of Books*, 27. Oktober 1977)

Auf der Konferenz wurden immer wieder ethische und humanitäre Argumente vorgebracht. Die entscheidenden Faktoren waren meines Erachtens jedoch das Bemühen um Risikovorsorge und juristische Überlegungen. Wie das Buch *The DNA Story* anhand seiner umfassenden originalgetreuen Wiedergabe der Dokumente zeigt, trug ein vielfältiges Gemisch von Stimmen zu diesem Entschluß bei, der nicht auf demokratischem Wege durch die Mehrheit der Bürger oder deren Vertreter zustande kam, sondern von den Molekularbiologen selbst gefaßt wurde, die sich an Behörden wandten, die ihrem Anliegen Rechnung trugen. Es zeigte sich, daß die Molekularbiologen überreagiert hatten und schon bald einen Rückzieher machen mußten, um eine übermäßige Reglementierung zu verhindern. Sie mußten ein Feuer löschen, das sie selbst entzündet hatten. Waren sie besonnen oder bloß töricht und egoistisch vorgegangen? Von den vielen Personen, die sich an dieser allgemeinen Diskussion beteiligten, möchte ich zwei herausgreifen, weil sie mit ihren Informationen und Argumenten viele andere entscheidend beeinflußt haben und weil diese beiden Stimmen die tiefere Dynamik der Debatte enthüllen.

Zu Beginn der siebziger Jahre ahnte niemand, daß ein junger Redakteur von *Science* eine der Schlüsselrollen in der Debatte über die rekombinante DNA übernehmen sollte. Nicholas Wade hatte in England Naturwissenschaften studiert und zunächst für *Nature* gearbeitet, bevor er zu *Science* wechselte. Zu Beginn der Debatte, im November 1973, wurde Wade beauftragt, den Auswirkungen des auf der Gordon-Konferenz verabschiedeten Berichts über biologische Risiken nachzugehen und einen Hintergrundartikel über dokumentierte Unfälle und Infektionen in der biologischen Forschung zu schreiben. Er verfaßte für *Science* einen solide recherchierten sechsspaltigen Artikel mit dem Titel »Microbiology: Hazardous Profession Faces New Uncertainties« [Mikrobiologie: Gefährlicher Beruf steht vor neuen Unsicherheiten]. Wades flüssiger Stil und beunruhigender Einleitungssatz dürften ihm viele Leser eingebracht haben. »Seit der Jahrhundertwende wurden etwa 3500 Fälle von Infektionen im Labor dokumentiert, von denen über 150 tödlich endeten.« Wade beschreibt einige dieser Fälle und zitiert dabei mehrere Wissenschaftler, die er offenbar telefonisch befragte. George J. Temaro vom National Cancer Institute räumte zwar die potentiellen Risiken der Arbeit mit tierischen Tumorviren ein, fuhr dann aber fort: »Ich vermute, daß es sehr viel ungefährlicher ist, als jeden Tag zwei Schachteln Zigaretten zu rauchen.« Wade beließ es nicht dabei. Nicht jeder, mit dem er sprach, hielt die Risiken für so unbedenklich. »Was ist, wenn sich die Annahme als falsch erweist? Wir sind in einer ähnlichen Lage wie vor dem Abwurf der Bombe auf Hiroshima«, sagte Robert Pollack vom Cold Spring Harbor Laboratory. Pollack erklärte damit gewissermaßen den Notstand. Der Artikel weist auch auf die unzureichende Ausbildung vieler Chemiker und Physiker hin, die auf die Biologie umsatteln und zum ersten Mal mit pathogenen Substanzen hantieren.

Wade schrieb in den folgenden sieben Jahren etwa zwanzig weitere große Artikel über rekombinante DNA für *Science*. Dank seiner fundierten Kenntnisse in Wissenschaftsgeschichte und -theorie und seinem persönlichen Kontakt zu vielen Molekularbiologen konnte er als eine Art Fernsehmoderator, der eine brisante Story behandelt, und zugleich als ein heimlicher Agent provocateur auftreten. Seine Berichterstattung wirkte sich auf den Sachverhalt aus, über den er berichtete. Durch die kontinuierliche Folge seiner Beiträge in *Science* und sein 1977 erschienenes Buch *The Ultimate Experiment: Man-Made Evolution* hielt er seine Leser sachkundig über eine Debatte auf dem laufenden, die oft von abenteuerlichen Übertreibungen, lärmenden Demonstrationen und einer konfrontativen Taktik geprägt war. Wade war kein »Maschinenstürmer«, doch das Kapitel in seinem Buch, das mit »Die Dilemmas der künstlichen Schöpfung« überschrieben war, verriet starke Vorbehalte gegenüber der »endgültigen Technologie«.

Die andere Stimme, die ich herausgreifen möchte, ist nicht die eines Journalisten, der für eine einflußreiche Zeitschrift schreibt, sondern die kollektive Stimme von drei Juristen, die auf der zweiten Asilomar-Konferenz im Jahr 1975 am Abend vor der Abstimmung über die Empfehlungen die rechtlichen Aspekte des Themas darlegten.[52] Nach allem, was man hört, haben diese drei Redner die Konferenzteilnehmer nach drei Tagen, die von fachlichen Diskussionen beherrscht worden waren, regelrecht wachgerüttelt und gezwungen, sich einer lästigen neuen Frage zu stellen. In ihren Vorträgen und der anschließenden Diskussion stellten die Juristen drei Grundthesen von zunehmender rechtlicher Tragweite auf. Erstens, Entscheidungen über Laborexperimente, die mit potentiellen biologischen Risiken verbunden sind, sollten unter Beteiligung des Laborpersonals, der Kommune, der Öffentlichkeit und von Bundesbehörden wie der Occupational Safety and Health Administration (US-Amt für Sicherheit und Gesundheit am Arbeitsplatz) und den National Institutes of Health erfolgen. Die Wissenschaftler seien nicht befugt, die gesamte Verantwortung allein zu übernehmen. Zweitens, die verfassungsrechtlich verbürgte Wissenschafts-, Gedanken- und Meinungsfreiheit, auf der die wissenschaftliche Forschung gründe, umfasse nicht die Freiheit, Menschen körperlich oder in sonstiger Weise zu schädigen. Drittens, wenn ein Kläger ein Geschworenengericht vom Vorliegen eines Schadens überzeugte, könnten nach gegenwärtiger Rechtslage einzelne Wissenschaftler wegen Verletzung beruflicher Sorgfaltspflichten persönlich für größere Schäden haftbar gemacht werden. Die Juristen erklärten, ein Regelkodex für Labors und Experimente würde die Biologen haftungsrechtlich absichern. Erwägenswert sei auch der Abschluß einer Haftpflichtversicherung.

Die Erschütterung, die diese Ausführungen unter den Konferenzteilnehmern auslösten, überraschte die Juristen. Roger Dworkin erinnerte sich später:

> *Was Juristen als trivial, elementar und evident angesehen hätten, erschien den berühmten Naturwissenschaftlern sensationell, schockierend und beängstigend. Als wir die Forscher auf ihre mögliche Haftungspflicht hinwiesen, reagierten sie mit einer Furcht, die der Furcht eines Laien vor dem Entweichen virulenter Erreger aus einem Labor glich.*
>
> (Krimsky, S. 141)

In seinen regelmäßigen Beiträgen in *Science* erinnerte Wade die Biologen an die potentiellen Risiken ihrer Arbeit und ihre ethische Verpflichtung, ihre Forschungen zumindest vorübergehend einzustellen. Die Juristen gaben diesen Anliegen eine konkrete Gestalt: Schadenersatzklagen.

Die Asilomar-II-Konferenz und die daran anknüpfenden Richtlinien der National Institutes of Health (darunter ein Moratorium für gewisse Experimente) beenden den ersten Akt des Dramas der rekombinanten DNA. Der zweite Akt dreht sich um eine Kontroverse, die im Jahr 1976 begann, als Molekularbiologen der Harvard University mehrere Räume der biologischen Labors zu einem Hochsicherheitstrakt der Stufe 3 nach den NIH-Richtlinien umbauen wollten. Der Widerstand anderer Biologen der Fakultät dehnte sich rasch auf die gesamte Universität aus und rief auch Medizin-Professoren auf den Plan. Innerhalb von wenigen Monaten griff der Bürgermeister von Cambridge, Massachusetts, in die Debatte ein und brachte sie vor den Stadtrat. Dieses Gremium verhängte ein dreimonatiges Moratorium über alle Formen rekombinanter DNA-Forschung an der Harvard University und am MIT. Unterdessen stießen die Anhörungen vor dem Zulassungsausschuß für Experimente in Cambridge auf landesweite Resonanz in den Medien, da Nobelpreisträger diametral entgegengesetzte Standpunkte vertraten. Wütende Laien beschworen haarsträubende Szenarios – wie etwa, daß sich ein afrikanischer Diktator eine krebserregende »ethnische« Waffe verschaffe, die er zur Einschüchterung seiner Feinde einschließlich der westlichen Staaten benutze. Ein langer Artikel über die Debatte von Arthur Lubow in *New Times*, »Mit der DNA Gott spielen«, zitierte Tocqueville, Max Weber, Brecht und – am wirkungsvollsten – den prominenten DNA-Forscher Erwin Chargaff. Chargaff übte heftige Kritik an seinen Kollegen. »Die Vorstellung, die Wissenschaft könnte eine bessere Welt hervorbringen, ist Hybris.« Chargaffs Worte lösten eine beredte Erwiderung im *New England Journal of Medicine* aus. In seiner Kolumne »Anmerkungen eines Beobachters der Biologie« kritisierte Lewis Thomas »Hybris« als ein Schlüsselwort, das von Antiintellektuellen benutzt werde; er forderte, die Kontroverse um die DNA solle auf Aspekte der Risikovermeidung beschränkt werden, und meinte abschließend, wahre Hybris liege in der Behauptung, »der menschliche Geist könne sich über seine Unwissenheit erheben, indem er einfach versichere, es gebe Dinge, die er nicht wissen müsse«. Diese Form der Hybris »birgt für uns alle Gefahren«.

Die Ereignisse in Cambridge und bevorstehende Anhörungen vor dem Kongreß über strenge gesetzliche Vorschriften für den Umgang mit rekombinanter DNA mündeten in den dritten Akt.

Im Verlauf des letzten Jahres sind praktisch alle Wissenschaftler, die als erste ihre Besorgnis über gewisse Arten von Experimenten mit rekombinanter DNA zum Ausdruck gebracht haben, zu der Überzeugung gelangt, daß unsere früheren Befürchtungen stark übertrieben waren. Als das Problem erstmals aufgeworfen wurde, waren die Techniken neu … Doch während die Befürchtungen der Öffentlichkeit und einiger Kongreßabgeordneter stetig zunahmen, wurden die Forschungen in Dutzenden von Labors rund um die Welt ohne schädliche Folgen fortgesetzt.

Im Oktober 1977 konnte der Mediziner und Genetiker Stanley Cohen von der Stanford University diese Erklärung gegenüber einem Kongreßabgeordneten abgeben, da in den vier Jahren, in denen man bislang Experimente mit rekombinanter DNA durchgeführt hatte, »weder Menschen noch die Umwelt zu Schaden gekommen waren«. Fast widerstrebend begannen die Biologen nun allmählich am selben Strang zu ziehen, um die Ängste, die sie selbst geweckt hatten, wieder einzudämmen. Nicht die Furcht vor Risiken und Schadenersatzklagen, sondern die Furcht vor der möglichen Schließung von Labors trieb sie jetzt um.

Diese praktischen und grundsätzlichen Kontroversen über DNA-Experimente hinterließen tiefe Spuren im Gewissen einiger betroffener Wissenschaftler. Robert Sinsheimer, ein angesehener und eloquenter Molekularbiologe am California Institute of Technology, veröffentlichte 1969 einen Artikel in *Engineering and Science*, in dem er sich für »eine neue Eugenik« aussprach. »Zum ersten Mal in der Geschichte versteht ein Lebewesen seinen Ursprung und kann es in die Hand nehmen, seine Zukunft zu gestalten...«

»Die neue Eugenik sollte grundsätzlich erlauben, daß alle genetisch schlecht ausgerüsteten Individuen auf das höchste genetische Niveau gehoben werden« (zitiert in Kevles und Hood, 18, 289).

Sinsheimers sorglose Haltung zur Gentechnik hatte sich völlig gewandelt, als er 1977 Rektor der University of California in Santa Cruz wurde. Zwei Jahre zuvor hatte er in einem Artikel mit dem Titel »Troubled Dawn for Genetic Engineering« (Von Sorgen überschatteter Beginn der Gentechnik) Beschränkungen der rDNA-Forschung gefordert, und zwar mit einer Rhetorik, die weit über Risikobedenken hinausging. »Es reicht nicht länger, die Fahne Galileis zu schwingen.«

»Rechte sind nicht in der Natur vorgegeben. Rechte werden innerhalb der menschlichen Gesellschaft übertragen, und mit jedem Recht geht eine entsprechende Verantwortung einher« (Watson und Tooze, S. 55).

In einem Interview, das 1976 in *Science* veröffentlicht wurde, zitiert Nicholas Wade Sinsheimer mit der Aussage: »Die Überschreitung [der natürlichen Grenze zwischen Eukaryoten und Prokaryoten] in Hunderten von Labors auf der ganzen Welt ist mit dem Risiko unvorhersehbarer – und irreparabler – Schäden am Evolutionsprozeß verbunden« (Watson und Tooze, S. 147). *Daedalus*, die Zeitschrift der American Academy of Arts and Sciences, bat Sinsheimer um einen Beitrag zu ihrem Heft über »Die Grenzen der Wissenschaft«, das 1977 erschien. Er gab seinem Aufsatz den Titel »Die Vermessenheit der Wissenschaft« und begann ihn unvermittelt mit der Frage: »Kann es ›verbotenes‹ – oder, wie ich bevorzuge – ›unziemliches‹ Wissen geben?« Offenbar beunruhigt über die metaphysischen und ethischen Fragen, die seine eigene berufliche Tätigkeit aufwarf, machte Sinsheimer später eine zweite Wandlung durch. Im Mai 1985 organisierte er in Santa Cruz den ersten hochkarätig besetzten Workshop zur Frage der technischen Machbarkeit dessen, was schon bald als Humangenomprojekt bezeichnet wurde. Ein solches Vorhaben wäre nur dann sinnvoll, wenn die gesammelten Daten für eine umfassende rDNA-Forschung und -Therapie genutzt werden könnten. Sinsheimers Wandlungen zeugen von einer Phase der Selbstzweifel, die in den siebziger Jahren die Molekularbiologen quälten; diese Reaktion war hauptsächlich auf die sich ständig wandelnde Risikoeinschätzung zurückzuführen. Als sich dann die Risiken nicht verwirklichten, wich der Zweifel erneuerter Zuversicht und Initiative.

Im Jahr 1980 wandte sich das Blatt des Widerstandes gegen rDNA. Der Oberste Gerichtshof der Vereinigten Staaten billigte ein umstrittenes Patent, das von Stanley Cohen und anderen beantragt worden war, und zwar »über ein Verfahren zur Produktion … biologisch funktionstüchtiger molekularer Chimären«. Fünf von neun Richtern erkannten die Patentfähigkeit künstlicher Lebensformen an. In einer Rede vor der UNESCO bekundete Papst Johannes Paul II. seine Sorge über »genetische Manipulationen und biologische Experimente, … welche die wahre Würde des menschlichen Lebens zerstören«. Das war allerdings eine andere Frage als die der biologischen Risiken.

Was sagt diese siebenjährige Episode über die Risiken und den Nutzen der naturwissenschaftlichen Forschung aus? Nach der einen Interpretation haben die Molekularbiologen selbst, indem sie aus Unwissenheit und Furchtsamkeit blinden Alarm schlugen, die rDNA-Forschung unnötigerweise ausgerechnet in dem Moment behinderten, als sie in Schwung zu kommen begann. In vielerlei Hinsicht hätten James Watson und andere, die seinen Optimismus teilten, von Anfang an recht gehabt. Aber sie stützten ihre Risikobewertung nicht auf dokumentierte Erkenntnisse, sondern auf unerwiesene Mutmaßungen über das Verhalten von Bakterien, die im Labor domestiziert wurden. Ein objektiver Beobachter könnte durchaus zu dem Urteil gelangen, daß das Moratorium für bestimmte Kategorien von Experimenten mit neuen Hybriden, insbesondere für die sogenannte Shot-gun-Klonierung (Klonierung zufallsselektierter DNA-Fragmente in geeignete Vektoren), einem verantwortungsvollen Handeln entsprach. Man konnte darin eine angemessene Reaktion auf Mary Shelleys eindringliche Warnung in *Frankenstein*, 150 Jahre früher, sehen. Die Lehre, die wir aus der rDNA-Kontroverse ziehen können, besteht *nicht* darin, daß wir uns in Zukunft keine Gedanken mehr um die Risikovorsorge machen sollten, selbst wenn wir an eine unbestimmte, die Formen des menschlichen Lebens umgebende Grenze stoßen. Die Lehre besteht darin, daß diese Episode eine öffentliche Diskussion von Fragen auslöste, die bis dahin nur in Fachkreisen erörtert worden waren. Die Debatte führte schließlich zu einer Reihe flexibler Richtlinien und zur Bildung eines Aufsichtsgremiums, des »Recombinant DNA Advisory Committee« (RAC). Es nimmt seinen Auftrag in tatkräftiger Weise wahr und dient damit sowohl der Wissenschaft als auch dem öffentlichen Interesse. Wir alle beklagen die starke Zunahme von Bürokratie und Reglementierungen. Doch in diesem Fall hat das RAC nachhaltig dazu beigetragen, einen Ausbruch des Frankenstein-Syndroms unter den fanatischsten Gentechnikern zu verhindern. Die rDNA-Debatte faßt die Dilemmas und Paradoxa der wissenschaftlichen Forschung zusammen und unterstreicht die Bedeutung der Risikovorbeugung, ohne andere Gesichtspunkte zu vernachlässigen.

Rechtliche Überlegungen:
»Buck gegen Bell« und Richter Holmes

Die dritte Kategorie von Umständen, die Einschränkungen der wissenschaftlichen Forschungsfreiheit rechtfertigen könnten, geht über praktische Überlegungen und die Risikovorsorge hinaus und führt uns in das Labyrinth des Rechts. Inwiefern etwa beeinträchtigt der wissenschaftliche Fortschritt Individualrechte? Gibt die gegenwärtige Rechtsprechung dem »wissenschaftlichen Beweis« mehr Gewicht, als er verdient?

Mein Beispiel stammt aus den zwanziger Jahren in den Vereinigten Staaten, als die großen naturwissenschaftlichen Fortschritte noch immer auf hartnäckigen und organisierten Widerstand stießen. Im Jahr 1925 trat der US-Bundesstaat Tennessee in die Fußstapfen der viktorianischen Matrone, die ich auf Seite 14 des Vorworts zitiere, und verabschiedete ein Gesetz, das es untersagte, in Schulen etwas anderes als die biblische Schöpfungsgeschichte zu lehren. In dem nachfolgenden Scopes-Prozeß traten gegeneinander auf: William Jennings Bryan aus Nebraska, der große populistische Erneuerer, Redner und religiöse Fundamentalist, und der Chicagoer Rechtsanwalt Clarence Darrow, der sich für die Sache der Unterprivilegierten einsetzte und den Biologielehrer John Scopes verteidigte. In der ersten landesweit ausgestrahlten Rundfunksendung wurde Darrows schonungsloses Kreuzverhör des dreimaligen Präsidentschaftskandidaten übertragen. In einer hoch angespannten Atmosphäre fragte Darrows Bryan, ob er sich mit anderen Religionen und der Geschichte antiker Kulturen befaßt habe, um seine wörtliche Interpretation der Bibel zu überprüfen. Bryan begründete in seiner Antwort die von ihm befürwortete Tabuisierung bestimmter Formen von Erkenntnis mit einem erbärmlich unbedarften Argument: »Ich habe alle Informationen, die ich zum Leben und zum Sterben brauche.« Bryan trug zwar vor Gericht den Sieg davon, aber Darrow sammelte fleißig Punkte für die Evolutionslehre und gegen den Kreationismus.

Mein wichtigstes Beispiel ist jedoch nicht der Scopes-Prozeß, sondern ein ähnlicher Fall aus den zwanziger Jahren. Er kam bis vor das Oberste Bundesgericht und betraf die neue Wissenschaft der Eugenik. Die Eugenik, die von Biologen und bekannten Philanthropen nachhaltig unterstützt wurde, strebte danach, das Erbgut der Menschheit zu verbessern, indem »Minderwertige« an der Fortpflanzung gehindert werden sollten, während man die Vermehrung der »Hochwertigen« gezielt fördern wollte. Und der Fall betrifft auch einen der namhaftesten amerikanischen Richter.

Gegen Ende seiner langen Laufbahn entzündete der Richter am Obersten Bundesgericht Oliver Wendell Holmes mit seinen liberalen Ansichten zur Meinungsfreiheit zu Beginn der dreißiger Jahre ein loderndes Feuer in dem zugigen Haus der amerikanischen Rechtsprechung. Nur ein paar Jahre früher hatte er ein Mehrheitsvotum für das Gericht geschrieben, gegen das nur verhaltener Widerspruch laut wurde. *Buck gegen Bell* (1927) bringt die Bewunderer und Biographen von Holmes offenkundig in Verlegenheit. Wir wissen aus Holmes' Briefen, wie stolz er auf die Entscheidung war und wie entschlossen er sie zu Papier brachte.

Nach dem Ersten Weltkrieg verabschiedeten mehrere Bundesstaaten auf der Grundlage eugenischer Prinzipien Gesetze über die Zwangssterilisation körperlich und geistig Behinderter. Nach Darstellung von Daniel Kevles wurden 1928 insgesamt fast neuntausend Personen sterilisiert, Mitte der dreißiger Jahre sogar zwanzigtausend. Gegner griffen diese Praxis als unwissenschaftlich und ineffizient an. Gerichte in einzelnen Bundesstaaten begannen damit, diese Gesetze aus unterschiedlichen Gründen für verfassungswidrig zu erklären. Nachdem sich die Berufungsverfahren über drei Jahre hingezogen hatten, verhandelte schließlich der Oberste Gerichtshof den Fall *Buck gegen Bell*, bei dem alle vorangegangenen Instanzen das Sterilisationsgesetz des Bundesstaates Virginia und seine Anwendung unter diesen Umständen als rechtens bestätigt hatten. Carrie Buck, das uneheliche Kind einer schwachsinnigen Mutter und im Alter von vier Jahren adoptiert, wurde mit siebzehn schwanger und daraufhin in die Staatliche Anstalt für Epileptiker und Schwachsinnige in Lynchburg, Virginia, eingewiesen. Der Anstaltsleiter stellte den Antrag, Carrie sterilisieren zu lassen. Carries Anwalt legte Widerspruch gegen den Antrag ein und brachte den Streit vor Gericht. Die Anstalt, vertreten von Aubrey Strode, einem Anwalt mit eugenischen Überzeugungen und Verfasser des einschlägigen Gesetzes von Virginia, stützte ihre Rechtsauffassung zum Teil auf ein Sachverständigengutachten von Harry Laughlin vom Eugenics Record Office (US-Bundesamt für Eugenik) in Cold Spring Harbor. Sie erklärten, Carrie und ihre Mutter seien schwachsinnig und sexuell promisk, und Carries Kind werde ebenfalls an Schwachsinn leiden. Ein anderer Sachverständiger erklärte: »Das Blut ist schlecht.« Carries Anwalt beantragte ein ordnungsgemäßes Verfahren und gleichen Rechtsschutz und trug vor, die Sterilisation sei eine grausame und unnötige Bestrafung.

Der Fall wurde in Washington, D.C., im Jahr 1927 kaum beachtet und schnell zugunsten der Sterilisation entschieden, ein Eingriff, der Carrie erlaubte, die Anstalt zu verlassen. Richter Holmes bezog sich in seiner Urteilsbegründung sowohl auf den Sachverhalt, wie er von der Anstalt vorgetragen wurde, als auch auf die Aussagen von Eugenik-Sachverständigen über die Erblichkeit von Geisteskrankheiten und Schwachsinn. Seines Erachtens war ein ordnungsgemäßes Verfahren durchgeführt worden, und »ihre Sterilisation dient sowohl ihrem Wohl als auch dem der Gesellschaft«. Die folgenden Sätze wurden berühmt, weil nach dieser Lesart das Recht zur Fortpflanzung keinen besonderen verfassungsrechtlichen Schutz genießt.

Wir haben mehr als einmal erlebt, daß das öffentliche Wohl von seinen besten Bürgern den Einsatz des Lebens verlangen kann. Da wäre es seltsam, wenn es nicht von denjenigen, die bereits an der Kraft des Staates zehren, diese geringeren Opfer verlangen könnte, die oftmals von den Betroffenen gar nicht als solche empfunden werden, um zu verhindern, daß wir von Geistesschwachen überschwemmt werden. Es ist besser für alle, wenn die Gesellschaft, statt darauf zu warten, degenerierte Nachkommen wegen der von ihnen begangenen Verbrechen hinzurichten oder sie wegen ihres Schwachsinns darben zu lassen, die offenkundig Untüchtigen davon abhält, sich fortzupflanzen. Das Prinzip, das dem Impfzwang zu-

grunde liegt, deckt auch das Durchtrennen der Eileiter ab…Drei Generationen von Schwachsinnigen sind genug.

(*Buck gegen Bell*)

Die mit Hilfe der Zwangssterilisation durchgesetzte negative Eugenik stimmt uns nachdenklich, selbst wenn sie von Holmes in aggressiver Weise verteidigt wurde. Die Wörter in dem zitierten Absatz, die uns beunruhigen sollten, lauten »offenkundig Untüchtigen«. Holmes und die übrigen Richter des Obersten Gerichts versäumten es, die Fakten und Theorien zu hinterfragen, die die Sachverständigen vortrugen. Robert Cynkar und Stephen Jay Gould haben neue Indizien veröffentlicht, die dafür sprechen, daß Carrie von einem Mitglied ihrer Adoptivfamilie vergewaltigt und dann in die Anstalt gesteckt wurde, um die Sache zu vertuschen. Als sie nach der Sterilisation entlassen wurde, führte sie ein normales und unbescholtenes Leben. Der angebliche Schwachsinn beziehungsweise die geistige Retardiertheit von Mutter und Tochter wurden nie durch einen zuverlässigen Test oder eine gründliche Untersuchung nachgewiesen. Außerdem stützte sich die Behauptung, daß Schwachsinnige zwangsläufig schwachsinnige Kinder zeugen – die Prämisse, auf welcher der ganze Fall beruhte –, auf fragwürdige wissenschaftliche Erkenntnisse und hätte von ihrem Verteidiger in Frage gestellt werden müssen. Doch ihr Rechtsanwalt war mit Strode befreundet, und er übernahm die Verteidigung in diesem Musterprozeß nur pro forma, da von Anfang an ausgemacht war, das Verfahren vor den Obersten Gerichtshof zu bringen, der die eugenische Sterilisation endgültig bestätigen sollte. Holmes unterließ es, das Menschenrecht auf körperliche Unversehrtheit und auf Fortpflanzung ins Feld zu führen, das nur im Falle einer »eindeutigen und gegenwärtigen Gefahr« für die Gemeinschaft – Holmes' zentrales Prinzip zum Schutz der Individualrechte – eingeschränkt werden darf. Statt dessen schloß er sich dem Standpunkt des Reformers an, der das Gemeinwohl im Namen fadenscheiniger eugenischer Theorien, die nicht genauer geprüft wurden, fördern wollte.

Es gibt keine einfache Methode, um zu verhindern, daß mit unausgegorenen wissenschaftlichen Modellen Behauptungen in die

Welt gesetzt und Gerichtsverfahren beeinflußt werden. Wir stehen Aussagen von Sachverständigen heute skeptischer gegenüber als der Oberste Gerichtshof im Jahr 1927. Doch juristische Begriffe, die sich parallel zum wissenschaftlichen Fortschritt entwickeln, spinnen uns in ein immer dichteres Netz ein. Einer der unverblümtesten Proteste gegen die Sterilisation ging von Bibb Graves, dem Gouverneur von Alabama, aus, der 1935 sein Veto gegen ein Sterilisationsgesetz einlegte. Das Gesetz, so sagte er laut *New York Times* (5. September), würde viele Frauen bestrafen, »die sich vor Gott und den Menschen nichts zuschulden kommen ließen, außer daß sie nach Ansicht der Sachverständigen niemals hätten geboren werden sollen«.

Fünfzig Jahre später bietet die Pränataldiagnostik, nicht die Sterilisation, neue Anlässe für gerichtliche Auseinandersetzungen. Es ließe sich nur schwerlich behaupten, daß sich das rechtliche Klima verbessert habe. Heute können wir Ärzte, sonstige Erbringer medizinischer Leistungen und genetische Labors verklagen, wenn sie uns nicht vollständig und zuverlässig über eine Schwangerschaft informieren, die zur Geburt eines schwerbehinderten Kindes führt. Gerichte in einzelnen US-Bundesstaaten haben bereits Fälle von *wrongful birth* (eine Form der Schadenersatzklage wegen Verletzung der ärztlichen Sorgfaltspflicht), in denen die Eltern die Klage einreichen, und von *wrongful life* entschieden, in denen das Kind (durch einen bevollmächtigten Vertreter) den Prozeß anstrengt und erklärt, es hätte nicht geboren werden dürfen, und aus diesem Grund Entschädigung für die Schmerzen und das seelische Leid verlangt, die es infolge seiner Geburt ertragen muß – und mitunter auch für die verkürzte Lebenserwartung. In solchen Fällen werden Wörter wie *Schmerzensgeld* und *Schadenersatz* zu sarkastischem Hohn. Wieder einmal legen wir unser Schicksal in die Hände von »Experten« und erwarten, daß ihr Wissen jegliches Risiko, Opfer einer Erbkrankheit zu werden, ausschaltet. In einem 1980 entschiedenen *wrongful life*-Fall erklärte ein kalifornischer Richter: »Das Vorliegen eines Genschadens läßt sich mittlerweile eindeutig feststellen« (Kevles, *In the Name of Eugenics*, 293). Er ging mit dieser Aussage viel zu weit. Bei Untersuchungen des ungeborenen Kindes können lediglich ein paar durch Mutation eines Gens verursachte unheilbare Erbkrankheiten diagnostiziert werden, für die uns die finanziellen Mittel fehlen, um die gesamte Bevölkerung eines Landes, geschweige denn der Erde, darauf zu testen. Prozesse wegen *wrongful life* und *wrongful birth* verbessern die medizinischen Standards nicht ausreichend, um die gewaltigen Kosten zu rechtfertigen, die sie dem Gesundheitswesen und der öffentlichen Psyche aufbürden.

Allerdings rechtfertigen die juristisch komplexen Fragen im Zusammenhang mit Prozessen wegen fehlerhafter Sterilisation und Pränataltests nicht das Bestreben, die Forschungen zur pränatalen und genetischen Diagnostik sowie die Genforschung im allgemeinen völlig einzustellen. Doch wie bereits erwähnt, warnte uns selbst ein so berühmter Genetiker wie Robert Sinsheimer vor dem »Risiko unvorhersehbarer – und nicht wiedergutzumachender – Störungen des Evolutionsprozesses«. Montaigne und Pascal bezeichneten dieses Streben nach Erkenntnis jenseits unserer begrenzten Fähigkeit, mit den Ergebnissen verantwortungsvoll umzugehen, mit dem Begriff *Hybris*. Psyche fand die Wahrheit über ihren nächtlichen Liebhaber heraus, doch die Folgen zerstörten ihr Glück und brachten ihr Leben aus dem Gleichgewicht. Ich denke, ich brauche die Zusammenhänge zwischen dem ersten Teil dieses Buches und dem zweiten Teil nicht lang und breit darzulegen.

Am Ende des zwanzigsten Jahrhunderts stellt die Sterilisation keine gesellschaftspolitisch hochbrisante Streitfrage mehr dar, auch wenn zurückliegende Debatten und Prozesse wichtige Präzedenzfälle bleiben. Heute existieren sowohl in Europa als auch in den Vereinigten Staaten und Kanada Richtlinien und Vorschriften, die gentherapeutische Eingriffe an somatischen Zellen (also an den normalen Körperzellen eines Patienten, um Modifikationen zu erhalten, die von den Nachkommen des Patienten nicht ererbt werden) streng reglementieren und kategorisch gentherapeutische Manipulationen an Keimzellen (also an Ei- oder Samenzellen, um so Modifikationen zu erhalten, die vererbt und somit in die menschliche Keimbahn eingeschleust werden) verbieten. Diese Unterscheidung ist für die gegenwärtige Diskussion von grundlegender Bedeutung. Am 22. Juli 1982 erschien in der *New York*

Times ein Leitartikel mit dem Titel »Whether to Make Perfect Humans« [Sollen wir vollkommene Menschen erschaffen?]. Er forderte eine gründliche Diskussion nicht nur der Frage, wer solche Entscheidungen treffen solle, sondern auch darüber, was dabei auf dem Spiel steht. »Zwischen genetischen Reparaturen und der Verbesserung der Art läßt sich keine klare Trennlinie ziehen.«

Im Jahr darauf organisierte der Aktivist Jeremy Rifkin, der Autor von *Algeny* (1983), einer leidenschaftlichen Kritik an der Evolutionstheorie, eine erstaunliche Koalition gegen einen Eingriff in die Keimbahn. Einundzwanzig römisch-katholische Bischöfe, wenigstens zwei fundamentalistische Erweckungsprediger (Jerry Falwell und Pat Robertson), der Nobelpreisträger George Wald von Harvard und mehrere hochrangige protestantische und jüdische Würdenträger nahmen an einer Pressekonferenz teil, auf der sie eine Resolution gegen jeden Versuch verabschiedeten, »auf gentechnischem Wege spezifische Merkmale in die Keimbahn des Menschen einzubauen«.

Sowohl der Leitartikel in der *Times* als auch die von Rifkin organisierte Versammlung religiöser Führungspersönlichkeiten wandte sich gegen jede Störung der unsichtbaren Hand – der natürlichen Selektion oder eines göttlichen Wesens –, welche die Menschheit an diesen Scheideweg gebracht hatte. Zum Glück gibt es in den Vereinigten Staaten und Europa bereits Institutionen und Verfahren, die sicherstellen, daß solche weitreichenden Entscheidungen von Wissenschaftlern und Laien gemeinsam getroffen werden. Zudem zeichnet sich die wissenschaftliche Fachwelt durch einen starken internationalen Zusammenhalt aus, der dazu beitragen dürfte, daß sich solche Entscheidungen nicht in divergierende lokale und nationale Lösungen zersplittern. Sollten wir also versuchen, im Namen einer universellen Achtung vor der menschlichen Natur und unserer Abneigung gegen ihre Manipulation, die gesamte Genforschung angemessenen Prinzipien und Vorschriften zu unterwerfen?

Für die unmittelbare Zukunft würde ich sagen: ja. Zudem haben sich Aspekte der Risikovorsorge und juristische Überlegungen beim gegenwärtigen Stand der Diskussion zu ethischen Entscheidungen verdichtet. Am Ende von *Der Bauplan des Menschen – Das Genomprojekt* (1992) grenzt der Chemiker Robert Shapiro Probleme, die das Überleben der Menschheit betreffen, wie etwa die Vermeidung eines Atomkriegs und die Erhaltung der Ozonschicht, von persönlichen Entscheidungen ab, wie etwa »der Verbesserung unseres genetischen Textes«, zu dem auch die Keimzellen gehören. Shapiro tritt stärker für eine nicht reglementierte Vielfalt humangenetischer Forschungsprojekte und die wechselseitige Tolerierung dieser Programme ein als für die Zusammenarbeit zwischen verschiedenen Gesellschaften.

> *Aus moralischen Gründen oder weil sie sich so schätzen, wie sie sind, haben einige Kulturen möglicherweise den Wunsch, daß ihre Keimzellen unberührt bleiben. Andere entscheiden sich vielleicht dafür, Modifikationen vorzunehmen, aber nur um Erbkrankheiten zu beseitigen. Wieder andere erlauben es vielleicht den einzelnen, »Verbesserungen« nach eigenem Gutdünken einzuführen. Die erlaubten Auswahlmöglichkeiten werden sich von Ort zu Ort unterscheiden.*
>
> (380)

Shapiros Standpunkt beruht auf mehreren gravierenden Fehleinschätzungen. Am wichtigsten ist, daß unsere Kenntnisse über die komplexen Wechselbeziehungen zwischen Genen, menschlicher Entwicklung, Krankheiten, Verhalten und der Evolution keineswegs ausreichen, um fundierte wissenschaftliche oder ethische Entscheidungen darüber zu treffen, ob wir in diesen Prozeß eingreifen sollen. Weil es Pseudogene, stumme Gene, Regulatorgene, die die Aktivität weit entfernter DNA-Abschnitte steuern, und ähnliches gibt, können wir das Wesen »eines Gens« nicht genau definieren. Wir können nicht einmal mit Sicherheit eine »Verbesserung« identifizieren. Unsere heutigen Kenntnisse sagen uns, daß praktisch keine identifizierbare Ursache in der Genetik nur eine Wirkung hat, und umgekehrt – insbesondere über längere Zeiträume. Die Funktion der Gene wandelt sich. Und nichts rechtfertigt einen so stark vereinfachenden Vergleich, wie er in dem Gerede von »der

Verbesserung unseres genetischen Textes« zum Ausdruck kommt. Die DNA läßt sich nicht mit einem gedruckten Text vergleichen, der an einer Stelle korrigiert werden kann, ohne Nebenwirkungen oder Spätfolgen auszulösen. Diese Art von irreführendem Vergleich regt unsere Lust am Experimentieren an, wo wir uns doch eigentlich in Geduld üben und zunächst die langfristigen Folgen genetischer Eingriffe an niederen Organismen erforschen sollten.

Ein ausgezeichnetes Gegenmittel gegen Shapiro findet man in *Physician to the Gene Pool: Genetic Lessons and Other Stories*, einer tiefschürfenden Untersuchung von James V. Neel. Neel, der zunächst als Molekularbiologe und dann als praktischer Arzt tätig war, sattelte schließlich auf die Populationsgenetik um. Er leitete zwei Studien über die Folgen der Strahlung, die bei der Explosion der beiden Atombomben in Japan freigesetzt worden war, und erforschte über mehrere Jahre hinweg die genetische Zusammensetzung eines von der Außenwelt abgeschotteten Indianerstammes in Amazonien. Aus seinen vielfältigen Erfahrungen zog Neel den ernüchternden Schluß, daß uns die medizinischen und genetischen Erkenntnisse, die wir in den letzten fünfzig Jahren gewonnen haben, in eine schwere Krise gestürzt hätten. Denn dieses Wissen erlaube uns, das Leben des einzelnen in einem Ausmaß zu verlängern, welches das größte Problem der Menschheit weiter verschärfe: die Erschöpfung der Ressourcen aufgrund des rasanten Wachstums der Weltbevölkerung. Und das, was wir *nicht* wissen, verlocke uns dazu, weitreichende Verfahren wie etwa die somatische Gentherapie zu erproben, bevor wir uns Gewißheit über ihre Neben- und Langzeitwirkungen verschafft hätten. Er fordert eine intensivere und bessere Aufklärung über Themen wie Fortpflanzung, Ernährung, körperliche Bewegung und dergleichen und eine Verringerung der staatlichen Forschungsgelder, die für Gentherapie bereitgestellt werden. Auf einem Gebiet nimmt Neel eine entschiedene Haltung ein. Er zitiert die eigene Erklärung, die er abgab, als er aus dem Wissenschaftlichen Beirat des National Institute of Aging austrat. Indem das Gremium Forschungen fördere, die darauf abzielten, die Lebenserwartung zu verlängern, und zwar insbesondere durch Eingriffe in die genetisch gesteuerten »Alterungsschalter«, verfolge es Zwecke, die im Widerspruch zur öffentlichen Gesundheit ständen. Denn uns fehlten schon heute die Mittel, um der wachsenden Zahl von Senioren einen hinreichenden Lebensunterhalt zu gewähren, und wir sollten ihre Zahl nicht noch weiter erhöhen. Neel gab dem National Institute of Aging den Rat als jemand, der sich nicht für die Partikularinteressen der Senioren, sondern für das Allgemeinwohl einsetzte.

Sofern Forschungen den ethischen Standards genügen, dürfen sie in einer demokratischen Gesellschaft nicht eingeschränkt werden. Ich würde jedoch den Forschungen, die auf die Änderung der Funktionsweise der ›Alterungsschalter‹ abzielen, im Gegensatz zur Erforschung von Alterskrankheiten (die, wenn sie erfolgreich ist, natürlich eine gewisse Verlängerung der mittleren Lebenserwartung mit sich bringt) eine geringere Priorität einräumen.

(386)

Eine Antwort auf Neel lautet, daß wir die Kategorie der tabuisierten Forschung bewahren und manchmal durchsetzen sollten. Dennoch ist Neels eloquenter Widerstand gegen Bestrebungen, vermeintlich therapeutische Verfahren auf der Grundlage unzureichender Kenntnisse der genetischen Mechanismen zu erproben, wissenschaftlich wohlfundiert. Ähnliche Warnungen, wie sie Neel ausgesprochen hat, hätten im Prozeß *Buck gegen Bell* gegenüber Richter Holmes vorgebracht werden können, Warnungen vor den unzuverlässigen Angaben des Eugenics Record Office. Denn Holmes' selbstsicheres Mehrheitsvotum basierte auf falschen Aussagen von »Sachverständigen«.

Ethische Überlegungen: Himmlers »Lebensborn«

Der Schritt von rechtlichen zu ethischen Überlegungen führt uns zu Fragen von noch größerer Komplexität. Ich werde sie an einem Fallbeispiel verdeutlichen, das aus der Wissenschaft unter einem totalitären Regime stammt. Doch den besten Zugang zu diesem

Fallbeispiel verschaffen uns weitere Hintergrundinformationen zur Genetik und Eugenik.

Der österreichische Mönch und Naturwissenschaftler Gregor Mendel war der Adam der Genetik. Aus den Experimenten, die er als Zwanzigjähriger mit Gartenerbsen durchführte, gingen die Grundgesetze der Vererbung hervor. Seine Beschreibungen des Verhaltens der dominanten und rezessiven Merkmale bei einer domestizierten Hülsenfrucht zeugen von tiefer Ehrfurcht. Aber nicht alle Wissenschaftler sind von Ehrfurcht erfüllt. In den zwanziger Jahren fand ein brillanter Genetiker von der Universität Texas, Hermann Muller, heraus, wie man diese Gesetze umgehen kann, indem er mit Röntgenstrahlen Mutationen bei Taufliegen auslöste. Er wurde später für seine Arbeit mit dem Nobelpreis ausgezeichnet.

Muller, der ein verschrobener, etwas labiler Mann war, soll sich nach Aussage eines Freundes vor allem für drei Dinge interessiert haben: Wissenschaft, Sex und Sozialismus. Er habe diese Neigungen als Student in New York und als Forscher in Leningrad erworben. Er verurteilte mutig die Theorie des Biologen Lyssenko in der Sowjetunion, und dennoch sah er die Zukunft der Gesellschaft im leninistischen Sozialismus, während er das Konkurrenzprinzip des amerikanischen Kapitalismus mißbilligte. Mehr als jeder andere amerikanische Wissenschaftler stand Muller für eine mehrfache Neuausrichtung der Biologie in den zwanziger und dreißiger Jahren: Der Schwerpunkt verschob sich vom Organismus beziehungsweise von der Zelle zum *Gen* als der Grundeinheit des Lebens. Jedes Gen trägt Informationen, deren Codes entschlüsselt werden müssen; und erstmals wurde eine Manipulation der Lebensprozesse nach Frankensteinschem Muster zur Erreichung bestimmter gesellschaftlicher Ziele als wünschenswert erachtet. In seinem 1935 erschienenen Buch *Out of the Night* predigte er die »Entelegenesis«, das heißt die eugenische Züchtung durch künstliche Befruchtung und die Erzeugung von Retortenbabys. Das Buch blieb in den Vereinigten Staaten weitgehend unbeachtet, während es in England von G.B. Shaw, C. P. Snow, J. B. S. Haldane und Julian Huxley begeistert aufgenommen wurde.

Sie fanden Mullers fortschrittlichste Ideen unwiderstehlich. »Wie viele Frauen wären in einer aufgeklärten Gesellschaft ohne abergläubische Tabus und sexuelle Versklavung begierig und stolz darauf, ein Kind von Lenin oder Darwin zu gebären und aufzuziehen! Liegt es nicht auf der Hand, daß eher Beschränkung als Zwang verlangt würde?« (S. 122). Shaw und Huxley zögerten nicht, sich für dieses Modell der Trennung der menschlichen Fortpflanzung von geschlechtlicher Liebe und familiären Banden einzusetzen. Die Eugenik konnte weit auf das Feld der Sozialreform vordringen.

Im Jahr 1939 beschloß Muller, seinen Ideen eine größere öffentliche Resonanz zu verschaffen, indem er sie in einer Erklärung in sechs Punkten zusammenfaßte. Er brachte zweiundzwanzig berühmte britische und amerikanische Biologen dazu, sie zu unterzeichnen.[53] Das Dokument wurde beim Siebten Internationalen Kongreß der Genetiker, der 1939 in Edinburgh stattfand, der Öffentlichkeit vorgestellt, erschien in *Nature* (am 16. September) und wurde unter dem Namen »Manifest der Genetiker« bekannt. Sein utopisches Ziel, die »Verbesserung« der Menschheit, beruht auf einem Gesellschaftsentwurf, der eine umfassende »Kontrolle« des menschlichen Lebens erfordert: »…sowohl die Umwelt als auch die Vererbung stellen bestimmende und zwangsläufig einander ergänzende Faktoren des menschlichen Wohlergehens dar, doch beide Faktoren unterliegen der potentiellen Kontrolle des Menschen und erlauben in ihrer wechselseitigen Verschränkung einen unbegrenzten Fortschritt.«

Um dieses Ziel bei der Vererbung zu erreichen, »ist eine Art bewußter Lenkung der *Auslese* nötig… Dies wiederum erfordert ihre staatliche Organisation.« Hochfliegender Idealismus weicht allmählich einer bestürzenden Naivität, wie aus dem folgenden Passus hervorgeht, in dem sich Biologie und Politik verbinden. Ein aufmerksamer Leser wird die Kontroverse zwischen Sozialismus und Kapitalismus vernehmen.

Gesellschaftlich gesehen, sind die wichtigsten genetischen Ziele die Verbesserung jener genetischen Merkmale, die (a) zur Gesundheit, (b) zu der komplexen Eigenschaft, die Intelligenz genannt wird, und (c) zu jenen Charaktermerkmalen beitragen, die Zusammengehörigkeitsgefühl und soziales Verhalten fördern, und weniger jene (heute von vielen hochgeschätzten) Merkmale, die persönlichen »Erfolg« im heutigen Sinne begünstigen.

Wenn biologische Prinzipien allgemeiner bekannt sind, wird man erkennen, daß man sehr viel mehr erreichen kann als nur die Verhütung genetischer Degeneration und daß die Anhebung des Niveaus der Durchschnittsbevölkerung auf das annähernd höchste Niveau, das heute hinsichtlich körperlicher Gesundheit, Intelligenz und Charaktermerkmalen bei einzelnen Individuen anzutreffen ist, ein Ziel darstellt, das – was rein genetische Aspekte betrifft – innerhalb von vergleichsweise wenigen Generationen erreicht werden könnte. Dann könnte ein jeder »Genialität«, gepaart selbstverständlich mit Beständigkeit, als sein Geburtsrecht ansehen. Wie der Verlauf der Evolution zeigt, wäre dies keineswegs ein Endstadium, sondern nur ein Vorgeschmack auf weitere Fortschritte in der Zukunft.

Der Fortschritt wird folgen, wenn der Staat als Repräsentant des Volkes die natürliche Selektion unter seine Kontrolle bringt und uns das Geburtsrecht der Genialität verleiht. Das Manifest fordert, die Genforschung »stark auszuweiten und ihre Genauigkeit zu erhöhen«. Man fragt sich, ob Muller und die Mitunterzeichner das Buch *Brave New World* [*Schöne neue Welt*] kannten, das Aldous Huxley sieben Jahre zuvor veröffentlicht hatte, und ob sie ahnten, was sich vor ihren Augen in Nazi-Deutschland ereignete. Der letzte Satz des Manifests spricht vage von der Notwendigkeit, »unmittelbare Übel zu beseitigen«, bevor man »die endgültige genetische Verbesserung der Menschheit« erreichen könne. Vermutlich spielt dieser Satz auf den Mißbrauch der Naturwissenschaft in allen Gesellschaften an. Hat vielleicht der Nichtangriffspakt, den Hitler und

Stalin im August 1939 schlossen, genau zu dem Zeitpunkt, als das Manifest der Eugeniker abgefaßt wurde, die Verurteilung der Vorgänge in Deutschland verhindert? Ich bezweifle, daß selbst jemand wie Muller der Linie der kommunistischen Partei so weit gefolgt wäre. Unkenntnis ist eine plausiblere Erklärung.

Jedenfalls wissen wir heute, was unter Hitler im Namen der »erbbiologischen Aufwertung« geschah. In dem Maße, wie in den dreißiger Jahren in den Vereinigten Staaten und Großbritannien die Unterstützung für die Hauptströmung der Eugenik schwand, wurde sie in Deutschland zur staatlichen Politik. Ich meine damit nicht nur die Greuel der negativen Eugenik, für die wir das Wort *Genozid* erfinden mußten und auf die ich hier nicht eingehen werde, sondern mehr noch die kaum bekannten gesellschaftlichen Experimente in positiver Eugenik mit dem Ziel, die Reproduktion der »erbtüchtigsten« und begabtesten Deutschen durch gelenkte Fortpflanzung zu fördern.

Die aufschlußreichste Darstellung dieser positiven Eugenik stammt von einem Überlebenden des Holocaust, der mit Beharrlichkeit die Verschwörung des Schweigens aufzudecken suchte.[54] Nach den schweren Verlusten im Ersten Weltkrieg erachtete man es in Deutschland als dringende Notwendigkeit, die Bevölkerungszahl und die Geburtenziffer zu erhöhen. Unter dem Einfluß mehrerer rassistischer Ideologen, deren Anschauungen unter den Nazis zur Staatsdoktrin erhoben wurden, wurde die Reinigung des deutschen Volkes durch »rassenhygienische« Maßnahmen – staatlich anerkannte Ehen und Experimente mit künstlicher Befruchtung – zum höchsten Ziel. Unter Hitler in die Praxis umgesetzt, führten diese politischen Leitlinien zu einigen seltsamen Widersprüchen. Um ein produktives Familienleben, das in dem Schlagwort »Kinder, Küche, Kirche« zum Ausdruck kam, für Frauen wieder attraktiv zu machen, wurde Ende der dreißiger Jahre ein Programm eingeführt, das die Familie als Grundeinheit der Gesellschaft schwächte und die Geburt unehelicher Kinder förderte, für die das Dritte Reich anschließend die Vormundschaft übernahm. So lebte Heinrich Himmler offen mit einer Geliebten zusammen und versteckte die Kinder nicht, die aus dieser Verbindung hervorgingen. Martin Bormann tat das gleiche. Treue zur Familie konnte die reproduktive Fruchtbarkeit behindern.

Heinrich Himmler war nicht nur Leiter der gesamten Staatspolizei, der Gestapo und der SS, sondern vermutlich auch der Erfinder der Gaskammer, der organisatorische Kopf der »Endlösung« und der stärkste Rivale Hitlers. Außerdem gründete und unterstützte er konsequent eine finstere Einrichtung mit dem schönen Namen »Lebensborn«. Nach 1935 übernahmen diese Entbindungsheime nach und nach Aufgaben, die weit über die Unterstützung für unverheiratete Mütter hinausgingen. Sie wurden zu Auslesezentren, von denen aus die körperlich »Minderwertigen« und rassisch Unerwünschten zur »Desinfektion« oder »Umsiedlung« geschickt wurden. Beide Wörter meinten die physische Vernichtung. Viele dieser Heime wurden in der Nähe von Kasernen der SS-Truppen errichtet, in denen Himmler die rassische Elite sah. Diese indirekte Aufforderung zur Kontaktanbahnung und Fortpflanzung trug diesen Heimen den Ruf ein, Bordelle beziehungsweise Begattungsstätten der SS zu sein. In diesen Einrichtungen wurde auch eine Reihe von rassischen und eugenischen Experimenten durchgeführt. Diese verächtliche Einstellung des Nazi-Staates zur Fortpflanzung seiner Bürger führte im Januar 1943 zu einem erstaunlichen Vorfall.

Da in München mehrere entschieden nazifeindliche Flugblätter kursierten und sich weitere Anzeichen mangelnder Linientreue bemerkbar machten, rief Paul Gießler, der Gauleiter von Oberbayern und SA-Kommandeur, die Studenten der Universität (von denen viele in Uniform erschienen) zu einer Massenversammlung auf. Gießler prangerte das mangelnde patriotische Bewußtsein und die fehlende Kriegsbegeisterung der Studenten an. Dann wandte er sich an die Studentinnen und beschwor sie, jede von ihnen solle dem Vaterland und dem Führer jährlich ein Kind schenken, vorzugsweise einen Sohn. Und mit einem höhnischen Grinsen fuhr er dann fort: »Sollte eines der Mädchen Schwierigkeiten haben, einen Partner zu finden, weil es ihm an attraktivem Aussehen fehle, dann wolle er gern einen seiner Adjutanten zur Verfügung stellen, für deren Stammbaum er die Hand ins Feuer lege. Auf jeden Fall

verspreche er den Mädchen eine höchst erfreuliche Erfahrung…«
(zitiert [in indirekter Rede] in Richard Hanser, *Deutschland
zuliebe*, München 1980, S. 231). Gießlers Auftritt wurde mit
Fußscharren, Murren, Zwischenrufen und Pfiffen quittiert, und
schließlich kam es zu einem allgemeinen Tumult. Die SS-Männer
an den Türen konnten die Masse der Studenten nicht aufhalten, die
auf die Ludwigstraße hinausströmten. Arm in Arm sangen und riefen sie in Sprechchören Slogans in der einzigen regimefeindlichen
Protestkundgebung, die je in Nazi-Deutschland stattfand. Einen
Monat später wurden drei unerschrockene Studenten, die Flugblätter verteilt hatten, die Anführer der Widerstandsgruppe Weiße
Rose, auf ausdrücklichen Befehl Himmlers hingerichtet.

Als die Nazis andere europäische Länder besetzten, insbesondere
solche, die sie für arisch hielten, begannen sie, für das Dritte Reich
Kinder zu fordern, die von deutschen Soldaten gezeugt wurden.
Einige Lebensborn-Heime wurden außerhalb Deutschlands errichtet. In manchen Fällen wurden Mütter mit ihren Kindern entführt.
Später wurde unter Himmlers Leitung eine großangelegte Operation des Säuglingsraubs durchgeführt, um den absehbaren Bedarf
an Menschen zu decken. Die Kinder wurden nach streng physio-
gnomischen und rassischen Kriterien ausgewählt. Die unerwünschten Kinder wurden in Arbeitslager geschickt oder einfach
vernichtet – etwa indem man sie erfrieren ließ. Strenge Disziplin,
Tätowierungen und Injektionen zur Beschleunigung des Reifungs-
prozesses waren weit verbreitet. Die ausgewählten Kinder wurden
von ihren Müttern getrennt, von deutschen Familien adoptiert, von
Kindesbeinen an mit Nazi-Propaganda indoktriniert und in der Pu-
bertät wieder unter die Vormundschaft des Staates gestellt.

Bei diesem großangelegten Fortpflanzungs- und Umsiedlungs-
projekt in positiver Eugenik nutzten Himmler und seine Helfers-
helfer wissenschaftliche Erkenntnisse für gesellschaftliche Zwecke
– zur Steigerung der Geburtenziffer in Deutschland und zur Über-
wachung der rassischen Reinheit der Bevölkerung. Nach Darstellung von Hillel und Henry wurden diese Ziele trotz Himmlers per-
sönlichem Einsatz nie erreicht. Das ist nicht weiter verwunderlich.
Diese irrwitzige faustische Vereinnahmung wissenschaftlicher Er-

kenntnisse verstieß nicht nur gegen die Unverletzlichkeit des menschlichen Lebens; sie beruhte zudem auf wissenschaftlichen Irrtümern. In den letzten Jahren ihres Bestehens nahm die zentrale Kontrolle über die Lebensborn-Heime immer mehr ab. Wie zu erwarten war, wurden viele Kinder, die ohne Eltern aufwuchsen und praktisch eingesperrt waren, zu geistig und seelisch verkümmerten Menschen, die nicht einmal für die Sache der Nazis eingesetzt werden konnten. Himmler beging 1945 Selbstmord, und bei den Nürnberger Prozessen wurden die Akten des Rasse- und Siedlungshauptamtes (der SS) und des Lebensborn-Programms im Rahmen der Ermittlungen nicht besonders gründlich ausgewertet. Nicht weniger als 200 000 geraubte Kinder, vor allem aus Polen, wurden nie identifiziert und repatriiert.

Könnte ein umfassendes Projekt der positiven Eugenik zur Verbesserung des menschlichen Genpools unter anderen Umständen, ohne das Ziel rassischer Reinheit, seine Zwecke in Einklang mit der Würde und Freiheit des Menschen erreichen? Beschränken wir diese vielschichtige Frage auf die vermeintlich aufgeklärten Vorschläge Mullers und seiner berühmten Kollegen im Jahr 1939. Sie forderten eine »staatliche Organisation«, um die drei »genetischen Ziele« zu erreichen: Gesundheit, das komplexe Merkmal Intelligenz und »Zusammengehörigkeitsgefühl und soziales Verhalten«. Man kann sich zahlreiche Strategien vorstellen, einige davon ohne Zerstörung der Familie als sozialer Grundeinheit, mit denen sich diese Ziele erreichen lassen. Aber wir haben gelernt, gegenüber Utopien mißtrauisch zu sein. Das Haupthindernis liegt dabei für die meisten von uns auf der Hand. Die Umsetzung einer solchen Strategie setzt voraus, daß Fragen über das Wesen von »Intelligenz« und von »Zusammengehörigkeitsgefühl und sozialem Verhalten« zuvor in befriedigender Weise geklärt werden. Aus philosophischen, ethischen und humanen Gründen werden diese Fragen in einer freien Gesellschaft lange strittig bleiben. Wenn sie von einer herrschenden Minderheit entschieden und normativ in ein Gesellschaftssystem integriert werden, verlieren andere Bürger möglicherweise die Freiheit und Würde, die für das menschliche Dasein von zentraler Bedeutung sind.

Sollten wir trotzdem nicht schon heute einige kleine Schritte unternehmen, um auf der Grundlage unseres beschränkten Wissens unser Schicksal selbst in die Hand zu nehmen? Zumindest könnten wir einige Erbkrankheiten besiegen. Doch einige Optimisten wollen mehr. Muller und die zweiundzwanzig Biologen, denen »die Anhebung des Niveaus der Durchschnittsbevölkerung ... binnen weniger Generationen bis fast auf das höchste Niveau, das heute bei einzelnen Individuen anzutreffen ist« vorschwebte, befürworteten ein wissenschaftliches Projekt, das die meisten von uns ablehnen würden. Sie wollten allzuschnell eine Richtung einschlagen, die den Genpool verringern und die Gesellschaft entmenschlichen würde.

Im 15. Jahrhundert entwarf Nikolaus von Kues ein theologisches System auf der Grundlage der *docta ignorantia* – des »wissenden Nichtwissens«. Ich habe das Wort geprüft, das T. H. Huxley für die moderne wissenschaftliche Version des wissenden Nichtwissens vorgeschlagen hat: *Agnostizismus*. Durch das, was wir wissen, wird uns erst das ganze Ausmaß unserer Unkenntnis bewußt. Können wir angesichts solcher Beschränkungen endgültige Fragen formulieren? Ja, versuchsweise. Diese Fragen müssen sich auf den Ursprung, den Aufbau, die elementaren Vorgänge und die Entwicklungsrichtung der unbelebten und belebten Natur beziehen. Eine weitere Frage schließt die anderen in sich ein: Sind dies die richtigen Fragen? Die Tatsache, daß wir auch weiterhin nicht wissen, wie wir die endgültigen Fragen stellen sollen (selbst wenn wir bereits aus der Vergangenheit plausible Antworten darauf haben), sollte uns in einer Haltung der Ehrfurcht und des Staunens gegenüber der Welt bestärken. Wenn wir alle darauf bestehen würden, dem Gesang der Sirenen zu lauschen, würden viele von uns sehr wahrscheinlich nicht die Vorsichtsmaßnahmen treffen, die Odysseus ergriffen hat, um sich und seine Gefährten zu schützen.

Diese grundlegende Unwissenheit inmitten der florierenden Zunahme unseres Wissens liefert die ethische Grundlage dafür, sich langsam im Dunkel voranzutasten und sowohl der Anziehungskraft des Reduktionismus als auch dem Lockreiz einer allumfassenden Theorie zu widerstehen. Wir haben wenig Grund, auf unsere Wankelmütigkeit, gerade in den letzten Jahren, stolz zu sein. Die Antworten, die einflußreiche Vertreter der Wissenschaft auf endgültige Fragen gegeben haben, haben sich, soweit meine Erinnerung zurückreicht, um 180 Grad gewandelt.

Gebt mir ein Dutzend gesunder, wohlgebildeter Kinder und meine eigene Umwelt, in der ich sie erziehe, und ich garantiere, daß ich jedes nach dem Zufall auswähle und es zu einem Spezialisten in irgendeinem Beruf erziehe, zum Arzt, Richter, Künstler, Kaufmann oder zum Bettler und Dieb, ohne Rücksicht auf seine Begabungen, Neigungen, Fähigkeiten, Anlagen und die Herkunft seiner Vorfahren.

(John Watson, *Behaviorismus*, Köln 1968, S. 123)

Watson hat in seinem Buch *Behaviorismus* (dessen Originalfassung 1924 erschien) sowohl subjektive Zustände als auch Erbfaktoren als unwesentlich abgetan und die soziale Umwelt zur allmächtigen Determinanten der menschlichen Entwicklung erklärt. Zehn Jahre später verstärkte Ruth Benedict den Einfluß des Behaviorismus auf die Gesellschaftspolitik mit ihrem Werk *Patterns of Culture*. »Die die menschliche Kultur formende Kraft geht vom Gegenpol [der biologischen Mechanismen] aus. Nicht ein Aspekt der Gesellschaftsstruktur, der Sprache und der lokalen Religion wird über die menschliche Keimbahn weitergegeben« (S. 12). Heute, zwei Generationen später, verkündet ein anderer Watson – James – das genaue Gegenteil. Watson, der zusammen mit Francis Crick die Struktur der DNA aufklärte, erhofft sich von der Molekularbiologie die wahre Weisheit: »Die genetische Nachricht, die in unserer DNA codiert ist, wird uns die endgültigen Antworten auf die Frage nach den chemischen Grundlagen des menschlichen Daseins liefern« (*Science*, 6. April 1990).

Eine Generation von Genetikern ist James Watson gefolgt und hat unsere Aufmerksamkeit in Anspruch genommen. Und seit mittlerweile zwanzig Jahren hat die neue Synthese der Soziobiologie Watsons Vision bestätigt und weiterentwickelt. E. O. Wilson definiert Soziobiologie als »die systematische Erforschung der biologischen Grundlagen aller Formen des Sozialverhaltens«. Wir sollten intellektuelle Moden in der Wissenschaft, zumal in unserer Zeit, kritisch hinterfragen. Muß ich James Watson mehr Glauben schenken als John Watson, weil James nach John kam? Oder weil sich die Genetik besser behauptet hat als der Behaviorismus? Und ist das überhaupt der Fall?

Die Moral der Geschichte von Himmlers Lebensborn-Programm und der beiden Watsons legt uns meines Erachtens einen klugen Agnostizismus nahe, gemäß der Mahnung des Engels Raphael an Adam und Eva: »Seid bescheiden klug.«

Vermischte Überlegungen: Das Humangenomprojekt

Am Ende des zwanzigsten Jahrhunderts scheint es so, als wären einige Kontroversen über das Verhältnis zwischen Genetik und Gesellschaft beigelegt. Psychiatrische Anstalten stellen keine Sterilisationsanträge für Schwachsinnige mehr, auch wenn die entsprechenden Gesetze vielleicht weiterhin gültig sind. Wir leben nicht mehr in ständiger Furcht vor epidemischen Krankheiten, die durch Experimente mit rekombinanter DNA verursacht werden könnten. Nur einige wenige Länder, wie etwa Singapur, haben eine Gesellschaftspolitik auf eugenischer Grundlage erprobt, und keine Gesellschaft hat dies auf eine so rassistische und unmenschliche Weise getan wie die Lebensborn-Heime. Doch dafür sind andere Kontroversen aufgetaucht.

Das Humangenomprojekt (HGP), das heftig umstritten ist, seitdem es Mitte der achtziger Jahre erstmals vorgeschlagen wurde, hat sich zum Ziel gesetzt, nicht nur die etwa 100 000 Gene, die in unseren dreiundzwanzig Chromosomenpaaren enthalten sind, zu kartieren, sondern auch die drei Milliarden Nukleotidbasen, aus denen sich die DNA des vollständigen Humangenoms zusammensetzt, zu sequenzieren. Seit dem Watson-Crick-Modell, also seit fünfzig Jahren, wissen die Biologen, daß diese Informationen von entscheidender Bedeutung sind; und seit etwa zehn Jahren verfügen wir über die Technologie, die die Sequenzierung ermöglicht.

Mindestens neunzig Prozent der Basen im menschlichen Genom scheinen keine Informationen zu tragen. Dieses Basen bilden die rätselhaften Intronen, die zwischen den informationshaltigen Exonen liegen. Es kann sich dabei allerdings kaum um »Müll« oder »Ausschuß« handeln, wie die poetischeren Gemüter unter den Genetikern früher glaubten. Es stimmt auch, daß die labortechnischen Verfahren des HGP keine offenkundigen biologischen Risiken aufwerfen, daß die dabei gewonnenen Daten die Genforschung voranbringen und daß das HGP, ungeachtet der hochtrabenden Worte, die von seinen Befürwortern benutzt werden (*Abenteuer, Wette, Eroberung, Durchbruch*), ein umfangreiches, kostspieliges und dennoch recht konventionelles wissenschaftliches Forschungsprojekt ist. Sollten wir darüber in Begeisterung geraten?

Zweifellos wird das HGP zur Weiterentwicklung von Techniken beitragen, die bereits zur Prognose des Beginns bestimmter Erbkrankheiten verwendet werden. Die Kartierung unserer Gene und die Sequenzierung unserer DNA wird die Methoden, mit denen wir eine unbefruchtete Eizelle, eine befruchtete Eizelle vor der Einnistung (»früher Embryo«), Feten, das Neugeborene und Erwachsene untersuchen, um Erbkrankheiten aufzuspüren und darauf zu reagieren, verbessern und verfeinern. Gegenwärtig kann man Neugeborene auf über zehn Krankheiten testen; wir haben etwa achthundert Krankheiten auf den Chromosomen lokalisiert und etwa fünftausend als erblich identifiziert. Die hohen Investitionen in die Genforschung sollten nützliche Nebenwirkungen haben. Doch auch ohne das HGP würde die vollständige Sequenz nach und nach aufgeklärt.

Trotz dieser Vorteile hat sich ein recht hartnäckiger und prononcierter Widerstand gegen das Projekt entwickelt. Kritiker innerhalb und außerhalb der Fachzunft sehen im HGP eine gute Sache, die auf Abwege geraten ist, eine Technologie, die ihren Erfindern entglitten und zu einem Zweck an sich geworden ist, ein Forschungsprojekt, das falsche Hoffnungen weckt.

Die Einwände lassen sich in fünf einander überlappende Kategorien einteilen. Hierzu muß ich auf den folgenden Seiten auf fachliche Details des Projekts eingehen. Meine Argumentation erfordert diese eingehende Prüfung der Fallgeschichte, die gegenwärtig noch nicht abgeschlossen ist.

1. Das HGP ist ein wertloses Großprojekt, kurzlebiger und nutzloser als der neue Palast eines Kaisers und entsprechend lukrativ nur für bestimmte Kategorien von Erwerbstätigen. Der Staat unterstützt das Projekt auf Empfehlung derjenigen, die am meisten davon profitieren werden: Genetiker und Molekularbiologen, Verwaltungsbeamte und andere Bürokraten, einige Mediziner und medizinisches Personal, die in den Bereichen Gen-Screening und Gentherapie tätig sind, sowie gewerbliche Firmen und Unternehmer. Vielen aktiven Befürwortern könnte man einen Interessenkonflikt vorhalten, und sie müßten sich in Gesetzgebungs- oder Gerichtsverfahren selbst für befangen erklären. Eine nüchterne, objektive Bewertung des HGP durch einen Ausschuß nicht involvierter Naturwissenschaftler, Mediziner und Laien würde zahlreiche Änderungen am Verfahren, an den Prioritäten, bei der Finanzierung und der Kontrolle empfehlen.

2. Das HGP ist ein Beispiel für ein zentral gesteuertes Großforschungsprojekt, das ohne hinreichenden Grund mit Steuergeldern gefördert wird. Das Manhattan-Projekt und (mehr in technologischer als in militärischer Hinsicht) das Apollo-Projekt waren Reaktionen auf Herausforderungen durch eine fremde Macht, die die Sicherheit der Vereinigten Staaten bedrohte. Beide waren Sofortprogramme, die unsere besten wissenschaftlichen Köpfe und gigantische Ressourcen in Anspruch nahmen. Keine vergleichbare Krise motivierte die Entscheidung der amerikanischen Bundesregierung, die Forschung auf einem bestimmten Gebiet der Biologie zu beschleunigen. Diese Konzentration der finanziellen Mittel führt zu einer Unausgewogenheit in der staatlich geförderten Forschung.

3. Das HGP ist im wesentlichen aus zwei Gründen schlechte Wissenschaft. Obgleich weit über 90 Prozent des genetischen Codes bei allen Menschen identisch ist, gibt es noch immer kein Standardgenom, keine einzigartige Sequenz der vier Nukleotidbasen, die den »Menschen« definiert. Unsere Art wird sowohl durch die Milliarden von Basenpaaren, die wir miteinander gemein haben, als

auch durch die Unterschiede (Polymorphismen) zwischen den einzelnen Genomen, welche die Mannigfaltigkeit menschlicher Körper und Psychen hervorbringen, definiert. Beim HGP werden nicht
die Basen sämtlicher Individuen sequenziert, sondern die eines Zu-
fallsgemischs (Mosaiks) von Individuen, und zwar in Abhängigkeit
davon, an welches Labor die Arbeit vergeben wird und wessen DNA
ein Labor zufällig aus seiner Bibliothek auswählt. Das HGP wird
sich nicht der eigentlich aufschlußreichen Aufgabe widmen, die Se-
quenzen und Gene verschiedener Individuen zu vergleichen und
sie mit dem Leben dieser Personen zu korrelieren. Es wird weiterhin die anonyme Routinearbeit betreiben, jedes Nukleotid in einer
nicht real existierenden »Strohpuppe« bzw. »Collage« der Menschheit zu erfassen. Es macht das zu seiner Hauptaufgabe, was bei
einem bescheideneren Forschungsprojekt, das sich auf gewisse viel-
versprechende Genorte beziehungsweise Gene bei mehreren Individuen und auf die Variation der Ausprägung dieser Gene im Er-
scheinungsbild der Individuen konzentrieren würde, schließlich als
Nebenprodukt anfallen würde. Die zentrale Leitung des Projekts
hat zu einer Umkehr der Prioritäten geführt.

Ferner fördert das HGP die Tendenz zu einer einfaktoriellen Erklärung biologischer Phänomene auf einer niedrigen Größenordnung. Es vernachlässigt größere und komplexere Einheiten wie
Zelle, Organ, Organismus und Art. Der angesehene Wissenschaftshistoriker Horace Freeland Judson verdeutlicht diese Neigung in seiner Anmerkung zu dem Wort *fundamental.* »Man hat
die Sequenz [von Basenpaaren in der menschlichen DNA] immer
wieder ›die fundamentale Karte‹ genannt, aber dies ist ein schwer-
wiegender semantischer Fehler – denn die Sequenz ist das fundamentale Gebiet des Genomprojekts. Und Karten sind nie identisch
mit dem kartographisch erfaßten Gebiet« (zitiert in Kevles und
Hood [Hg.], *The Code of Codes,* S. 78).

Judsons semantische und wissenschaftliche Voreingenommenheit kommt hier stärker zum Tragen als das Körnchen Wahrheit,
das der Passus enthält. In einem bestimmten Individuum bildet die
Basensequenz einen wichtigen Teil des Gesamtorganismus und, ja-
wohl, einen Teil des Territoriums. Doch Judson hat Scheuklappen

angelegt. Das reaktionsträge DNA-Molekül, das sich weder von selbst reproduzieren noch etwas anderes produzieren kann, kann nur von einem beschränkten Standpunkt aus als »fundamental« bezeichnt werden, einem Standpunkt, der winzige Größe und alles, was als Code oder Information erfaßt werden kann, in den Vordergrund stellt. Viele Elemente des Organismus – etwa Neuronen und Hämoglobin – könnten ebenfalls »fundamental« genannt werden, weil sie genauso wesentlich sind. Auf keines – nicht einmal auf Muskelfasern – kann verzichtet werden. Indem das HGP unsere Aufmerksamkeit und unsere Ressourcen auf den kleinsten und mechanischsten Aspekt des Organismus richtet, hindert es uns an einem angemessenen beziehungsweise umfassenden Verständnis von uns selbst. Für diese Methode gibt es einen harten Terminus: *Reduktionismus*.

4. Das HGP lockt uns mit der trügerischen Hoffnung auf ein Allheilmittel. Praktisch jedes offizielle Dokument ist in einem überschwenglichen, mitunter geradezu euphorischen Stil abgefaßt und verheißt uns eine neue Welt, die durch die Anwendung genetischer Erkenntnisse entstehen soll. Auch kommerzielle und journalistische Texte über das HGP haben einen optimistischen Tenor. Soweit sich diese Publikationen auf eine logische Argumentation stützen, die im allgemeinen nicht explizit ist, läßt sie sich folgendermaßen nachzeichnen:

Wie alle Lebewesen wird auch der Mensch von seinem Erbmaterial gesteuert, das unseren Lebenszyklus ebenso vollständig codiert wie das, was man früher »Schicksal« oder »Los« nannte. Nachdem wir jetzt die Feinstruktur und die universellen Funktionen der DNA aufgeklärt haben, können wir beginnen, die Ursache vieler Erbkrankheiten zu ermitteln, und pränatale Verfahren (selektive Abtreibung, Implantation und In-vitro-Fertilisation) entwickeln, um sie auszumerzen oder zu vermeiden. Die Gentherapie, bei der das Erbgut eines lebenden Menschen verändert wird, wurde mit zweifelhaftem Erfolg zur Behandlung einer Immunmangelkrankheit erprobt. Solche Eingriffe ermöglichen uns, Verbesserungen der Persönlichkeit und des Verhaltens eines Individuums, vielleicht sogar in der Keimbahn, in Betracht zu ziehen. Wir wollen die schnelle und dauerhafte Heilung, ohne unsere Lebensweise verändern zu müssen.

Diese Argumentation ist in mehreren Punkten irreführend. Sie suggeriert, daß viele Krankheiten schon bald heilbar sein werden, während der Erfolg der oben erwähnten Gentherapie zweifelhaft bleibt. Zudem werden in absehbarer Zukunft allenfalls die wenigen monogenen (durch *ein* Gen bedingten) Erkrankungen gentherapeutisch behandelbar sein. Dagegen sind die genetischen Grundlagen der häufigsten Krankheiten wie Herzerkrankungen, Schizophrenie, Alkoholismus, Depression und Krebs möglicherweise so komplex und polygen, daß eine gentherapeutische Heilung unerreichbar bleibt. Die Kosten und Risiken dieser Verfahren, die aus dem HGP hervorgehen, sowie ethische und rechtliche Überlegungen sollten uns dazu veranlassen, äußerste Vorsicht walten zu lassen. Obgleich die vom HGP geweckte Hoffnung auf ein Allheilmittel den amerikanischen Kongreß beeindruckt hat, bleibt sie zweifelhaft und jedenfalls auf die ferne Zukunft bezogen.

Andere Schattenseiten lauern im Hintergrund und sollten jeden nachdenklich stimmen, der geneigt ist, unsere Gene als unsere »Blaupause« und unser Schicksal zu bezeichnen.[55] So haben beispielsweise eineiige (monozygote) Zwillinge verschiedene Fingerabdrücke; die Raten, mit denen multifaktorielle Krankheiten beide Zwillinge betreffen, reichen von 17 Prozent (Krebs) bis zu 61 Prozent (Psoriasis). Was sagt uns dies über die Macht der Gene, das Leben zweier Individuen zu determinieren, deren Genome – 46 Chromosomen und etwa 100 000 Gene – wie bei Klonen völlig identisch sind? Da sie in vielen Fällen in sehr ähnlichen Umwelten aufwachsen, können wir diese Unterschiede nicht völlig auf diese Variable zurückführen. Auch andere Kräfte und Faktoren spielen eine Rolle. Daher haben die Genetiker von den Physikern den Terminus »Black Box« (Schwarzer Kasten) als Metapher übernommen, um die Unsicherheiten der Genausprägung in lebenden Personen zu bezeichnen. Dieses Black-Box-Konzept bildet den Gegensatz zu der Idee des Codes oder Schicksals. Schwere Anomalien und Verhaltensstörungen lassen sich normalerweise auf ein Gen zurückführen. Die meisten Erbkrankheiten sind jedoch polygen und lassen sich nicht mit einer einfachen Mendel-Tabelle vorhersagen. In der Molekularbiologie gibt es mindestens vier Fachtermini für die Unsicherheiten, die den genetischen Determinismus begrenzen und modifizieren.[56] All diese Gesichtspunkte und Black-Box-Faktoren sollten die Hoffnungen dämpfen, die das HGP im Hinblick auf die Heilung unserer individuellen und gesellschaftlichen Übel weckt. Auf genetischer Ebene gilt ebenso wie auf jeder anderen physiologischen, psychologischen oder gesellschaftlichen Ebene Goethes Diktum: *Individuum est ineffabile*. Das individuelle Verhalten läßt sich nicht vorhersagen oder erklären.

5. Das HGP wirft eine große Zahl offenkundiger und gravierender »ethischer, rechtlicher und sozialer Fragen« auf. Fünf Prozent des HGP-Budgets werden mittlerweile für Forschungen in diesem Bereich ausgegeben. In vielerlei Hinsicht werden wir die Debatten, die in der ersten Hälfte des zwanzigsten Jahrhunderts von den Anhängern der Eugenik ausgelöst wurden, noch einmal führen müssen. Doch selbst wenn sich die Gentherapie als Fehlschlag erweisen sollte, könnten Verfahren der Pränataldiagnostik, die sich nur die Begüterten leisten können, einen Zustand herbeiführen, der sich mit Schlagwörtern wie »genetische Elite«, »biologische Unterschicht« und »genetische Diskriminierung« umschreiben ließe. Regierungen könnten eugenische Maßnahmen beschließen, um den nationalen Genpool zu verbessern. Solche Programme könnten äußerst aufgeklärt sein – oder so finster wie das, was die Nazis anstrebten. Wir glauben, heute die Rolle von Dädalus spielen zu können, dem einfallsreichen Erfinder und Bildhauer, der den Göttern diente. Doch mit gleicher Wahrscheinlichkeit tendieren wir dazu, in die Rolle des Ikarus zu schlüpfen, seines vermessenen Sohnes, der höher fliegen wollte, als ihn seine Flügel trugen.

Ein impliziter Kommentar zu diesen Fragen zeigt sich in der Tatsache, daß ein bekannter Historiker und Kritiker der Eugenik, Daniel Kevles, mittlerweile zu einem Befürworter des HGP geworden ist. Seine Wandlung ist für die Dynamik unserer wissenschaftlichen Kultur in den neunziger Jahren ebenso bezeichnend, wie es die von Muller für die dreißiger Jahre und von Sinsheimer für die siebziger Jahre war. Kevles unterstrich in seinem früheren Buch *In the*

Name of Eugenics (1985) die Zeitlosigkeit seines Themas, indem er mit skeptischem Blick die Behauptungen der bedeutenden Eugeniker prüfte. Er zitiert, ohne ihr beizupflichten, Galtons Aussage: »Was die Natur blind, langsam und erbarmungslos tut, kann der Mensch mit Weitblick, schnell und gütig tun« (S. 12). Er schilderte auf anschauliche Weise die Ertüchtigungswettbewerbe für Familien, die die Amerikanische Gesellschaft für Eugenik in den zwanziger Jahren förderte. Ausgewählte Familien, die die gewünschten körperlichen, geistigen und moralischen Merkmale aufwiesen, wurden auf Landesschauen direkt neben Zuchtvieh ausgestellt. Das Kapitel über Genetik und Molekularbiologie seit dem Zweiten Weltkrieg trägt den Titel »Eine neue Eugenik«; und das folgende Kapitel über die Kontroverse um die Soziobiologie trägt den Titel »Spielarten der Hybris«. Das abschließende Kapitel, »Abgesänge auf den Gottesmord«, verstärkt den Eindruck, daß wir das Buch als eine strenge Mahnung zur Vorsicht gegenüber den Bestrebungen der zeitgenössischen Genetik lesen sollten.

Sieben Jahre später gab Kevles gemeinsam mit Leroy Hood das Buch *The Code of Codes* (*Der Supercode*) heraus. In dieser Aufsatzsammlung kommen unterschiedliche Standpunkte zu Wort, und sie enthält zwei Beiträge, die dem HGP ganz besonders kritisch gegenüberstehen. Kevles Beiträge fallen allerdings nicht in diese Kategorie. Der skeptische Tonfall ist aus seiner Stimme verschwunden. Sein historischer Essay schließt mit einem geläufigen Klischee. »Das Humangenomprojekt stellt nach und nach die Technologie, die Verfahren und die Erfahrung bereit, die erforderlich sind, um den biologischen Gral zu bergen« (S. 36). Ich bemerke hier keine ironische Distanzierung. In dem abschließenden, gemeinsam mit Hood verfaßten Beitrag dürfte Kevles vor allem für den Abschnitt über die eugenischen Folgen des HGP verantwortlich zeichnen. Hier scheint er den Tenor seines früheren Buches umzukehren: »Wir sollten uns daran erinnern, daß die Eugenik keine sektiererische Lehre war, die nur von einigen verschrobenen Wissenschaftlern und übelmeinenden Gesellschaftstheoretikern verfochten wurde…Objektive, gesellschaftlich unvoreingenommene Erkenntnisse sind nicht ipso facto unvereinbar mit gewissen eugenischen Zielen« (S. 317).

Was immer diesen Gesinnungswandel herbeigeführt hat, verabsäumt es Kevles jedenfalls, angemessen auf die »ethischen, rechtlichen und gesellschaftlichen Folgen« einzugehen, die von den Autoren des von ihm herausgegebenen Sammelbandes zur Sprache gebracht werden.

Die fünf Einwände gegen das Humangenomprojekt, die auf den letzten Seiten dargelegt wurden, bringen uns zu einem Umstand von großer Tragweite. Man kann ihn entweder als verheißungsvoll oder als katastrophal ansehen. Wir können heute damit anfangen, die zentrale Triebkraft der Evolution, die natürliche Selektion, für unsere eigenen Zwecke zu beeinflussen. Ohne mit der Wimper zu zucken, zitiert Kevles Sinsheimers Prophezeiung aus dem Jahr 1969. »Zum ersten Mal in der Geschichte versteht ein Lebewesen seinen Ursprung und schickt sich an, seine Zukunft zu gestalten« (S. 18). Bis heute galt die »Hand« der natürlichen Selektion, die die Evolution lenkt, als unsichtbar wie Adam Smiths freier Markt und als blind wie der Zufall. Jetzt verwandelt sich diese unsichtbare Hand möglicherweise in unsere eigene eingreifende Hand, die Lenkung und Zweckgerichtetheit in einen Bereich einführt, in dem sie vorher nicht existierten – es sei denn, man glaubt an einen Schöpfergott. Wenn die Möglichkeit uns dort lockt, könnten wir ihr dann überhaupt wie die Prinzessin von Clèves widerstehen?

Weshalb sollten wir *nicht* eingreifen? Gewisse gesellschaftliche Kräfte wie der Wohlfahrtsstaat, die moderne Medizin und Verfahren der Geburtenregelung beeinträchtigen bereits die normalen Kräfte der Evolution und wirken sich indirekt auf die genetische Zusammensetzung der Menschheit aus. Angesichts dieser partiellen und unkoordinierten Besetzung des Territoriums behaupten einige Wissenschaftler und Politiker, wir müßten, gerüstet mit den neuen genetischen Erkenntnissen und den heute verfügbaren Techniken, in dieser Eroberung fortfahren.

Offenbar können wir es einfach nicht unterlassen, die Frucht dieses neuen »Baumes der Erkenntnis« zu essen. So gesehen, gleicht das HGP einer kleinen Zwischenstation auf der Straße, die uns möglicherweise dazu führt, daß wir unsere eigene Evolution manipulieren können. Zugleich fällt das HGP in alle vier Kategorien (praktische, vorsorgliche, rechtliche, ethische), unter denen ich die Möglichkeit erörterte, der Forschung Beschränkungen aufzuerlegen.

Die Haltung der Ambivalenz

Ich habe mich bislang in diesem Kapitel ebensosehr mit den Thesen der Wissenschaft wie mit ihren Leistungen befaßt. Im einleitenden Abschnitt habe ich zwei verblüffende Aussagen nebeneinandergestellt: eine, in der die Herstellung der Atombombe als »Sünde« bezeichnet, die andere, in der das Humangenomprojekt unser »Gral« genannt wird. Im zweiten Abschnitt kritisiere ich die Behauptung, die reine Wissenschaft lasse sich von der angewandten Wissenschaft beziehungsweise Technik unterscheiden, und man könne sie in der Praxis auseinanderhalten. Die fünf Fälle, die ich untersucht habe, zeigen, daß es praktisch unmöglich ist, diese Unterscheidung unter den mannigfaltigen Zwängen des modernen Lebens durchzuhalten. Diese Fallbeispiele verdeutlichen in unterschiedlicher Weise, daß es Zeiten gibt, da wir erwägen sollten, der wissenschaftlichen Forschung gewisse Beschränkungen aufzuerlegen – am offenkundigsten einigen ihrer Anwendungen und vielleicht auch der Grundlagenforschung auf einigen wenigen heiklen oder gefährlichen Gebieten. Wir verabscheuen den bloßen Gedanken, daß Forschungen zum Zweck der Entwicklung chemischer und biologischer Waffen und anderer zerstörerischer Technologien betrieben werden könnten. Können wir solche Projekte einfach einstellen? Im Fall des menschlichen Genoms sprechen ebenso viele Gründe dafür, die Genforschung zu verlangsamen und zu diversifizieren, wie dafür, sie im Rahmen eines staatlich geförderten Projekts wie des HGP zu beschleunigen.

Historisch gesehen, erleben wir heute die Behauptungen der Wissenschaft, ebenso wie die Menschen im Abendland die Behauptungen älterer Glaubenssysteme von gleicher Bedeutung erlebten. Zwischen dem neunten und dem fünfzehnten Jahrhundert mobilisierte das Christentum ganz Europa für die eine Kirche, die später unter dem Druck von Reformen und Zweifeln, die hauptsächlich in ihr selbst entstanden, zerfiel. Die großen neuzeitlichen Aufrufe zur Revolution mit dem Ziel, die Tyrannei der Monarchie durch die *res publica* zu ersetzen, riefen schon bald Abscheu vor den Auswüchsen der Revolution hervor. In ähnlicher Weise ist die gewaltige Anziehungskraft des Sozialismus zwischen 1850 und 1980 als Mittel zur Verbesserung der Lebensqualität aller Bürger unter dem Druck von Reformen und Kritik von innen zusammengebrochen. Früher oder später scheinen wir immer wieder eine ambivalente Einstellung zu einigen unserer größten historischen Errungenschaften zu entwickeln – einer universalen Kirche, einer nach Gleichheit strebenden Revolution, dem Ideal einer sozialistischen Gesellschaft. Eine vergleichbare und ebenso tiefverwurzelte Ambivalenz zeigt sich heute in unserer Einstellung zur Wissenschaft, und zwar just zu dem Zeitpunkt, da die Wissenschaft und ihre Anwendungen immer stärker in unser Leben eingreifen. Wir erwarten von der Wissenschaft sowohl einfache Antworten als auch wunderbare Verwandlungen unseres Daseins. Gleichzeitig fürchten wir einige der unserer Meinung nach elementarsten Produkte der wissenschaftlichen Forschung. Die eingehende Analyse einiger Beispiele wird zeigen, wie nahe unsere Hoffnungen und unsere Befürchtungen beieinanderliegen – wie schwierig es also ist, unsere Ambivalenz gegenüber der Wissenschaft zu überwinden.

Viele Mythen und Legenden, unter anderem auch die Sphinx-Fabel, sagen uns, daß eine unserer uralten Ängste dem Ungeheuer gilt. Ein Mischwesen aus Teilen verschiedener Spezies empfinden wir, selbst wenn es eine bloße Ausgeburt unserer Phantasie ist, als eine unnatürliche Dissonanz in einer größeren Harmonie. Satan selbst besitzt Hörner, Hufe und einen Schwanz. Frankensteins monströses Geschöpf nimmt die Science-fiction-Werke von Philip K. Dick (und den Film *Blade Runner*, der auf einem seiner Romane basiert) vorweg, in denen künstliche »Androiden« praktisch mit Menschen identisch sind und diese allmählich verdrängen. In Dicks Erzählung *The Electric Ant* (1969) stellt der Erzähler nach einem Unfall fest, daß er selbst ein Android ist. Von dieser Erkenntnis überwältigt, repariert er sich selbst, um ein paar Stunden lang ein intensives »Leben« zu genießen, und begeht dann Selbstmord, indem er sein »Realitätssimulationsband« durchschneidet. Er kann seine Monstrosität selbst nicht ertragen.

Doch die tiefgreifenden und in mancher Hinsicht monströsen Manipulationen an unserer DNA, die das Humangenomprojekt in Aussicht nimmt, stellen zugleich willkommene Therapien für grausame Krankheiten dar. In ähnlicher Weise kann der invasive Austausch von Körperteilen, der bei einer Organtransplantation erforderlich ist, unser Leben retten. Hybride Rassen gewisser Nutzpflanzen scheinen große Vorteile zu verheißen. Neue Technologien zwingen uns dazu, den Begriff der Monstrosität zusammen mit unserem Begriff der Natürlichkeit zu überdenken.

Unsere ambivalenten Gefühle gegenüber dem Monster entsprechen unserer Reaktion auf ein anderes Produkt der Wissenschaft: die Kettenreaktion. Als unkontrolliertes Phänomen läßt sie uns an grassierende Seuchen oder nukleare Zerstörung denken. Doch die Kettenreaktion wird uns vielleicht eines Tages eine saubere, sichere Energiequelle liefern.

Wie wir vielleicht schon ahnten, verfügen wir seit Jahrhunderten über ein altes Gleichnis, das diese ambivalente Haltung thematisiert. Erstmals aufgezeichnet in einem Dialog des griechischen Satirikers Lukian und im 18. Jahrhundert von Wieland ins Deutsche übersetzt, wurde der Stoff von Goethe zu einer schwungvollen, volkstümlichen Ballade verarbeitet. Heute kennen Menschen in aller Welt den »Zauberlehrling« dank Walt Disneys Film *Fantasia* (dem Teil, der von Paul Dukas' dramatischer Orchestermusik unterlegt ist). Goethe stellt die unbesonnene Beschwörung eines wassertragenden Besens durch den Zauberlehrling als eine entfesselte Kettenreaktion dar, die, humorvoll-ironisch ausgemalt, schließlich in die Katastrophe mündet. »Herr und Meister! hör mich rufen!«

Dukas' Trompeten und Disneys expressionistische Animation werden der Geschichte voll und ganz gerecht. Lukian und Goethe haben Noah und die Sintflut ohne die vorbereitenden Weisungen Gottes nacherzählt. Statt daß ein Paar von allen Lebewesen in der Arche gerettet wird, ertränkt der Zauberlehrling beinahe alles Leben. Der glückliche Ausgang wirkt viel ungewisser als der in der

Bibelgeschichte. Das nächste Mal gibt es vielleicht keinen Hexenmeister mehr, der unseren Hilferuf hört und uns noch eine Chance gibt, uns selbst und unsere Neugierde zu zügeln. Aber könnte die magische Kettenreaktion ohne den Hexer nutzbar gemacht werden?

Unsere Ambivalenz gegenüber den äußeren Phänomenen der Wissenschaft – das Ungeheuer und die Kettenreaktion – gleicht unserer Einstellung zu bedeutsamen inneren Zuständen: Selbsterkenntnis und Glaube an die Unsterblichkeit. Von Sokrates bis Freud haben uns große Denker zu verstehen gegeben, daß unsere Psyche und unser Körper unsere eigentlichen Studienobjekte sind. Wie könnten wir uns vor der Selbsterkenntnis fürchten?

Die unverblümteste Antwort findet sich bei Ralph Waldo Emerson. In seine kraftvolle und mitunter auch läppische Prosa streut er oftmals eine subtile Erkenntnis ein. Die nachfolgende ist sehr tiefsinnig und verdient es, daß man genauer darüber nachdenkt: »Es ist sehr bedauerlich, aber es läßt sich nichts mehr an der Erkenntnis ändern, daß wir existieren. Diese Erkenntnis wird Sündenfall genannt« (»Experience«).

Die bloße Tatsache der Existenz verwirrt uns. Aber Emerson schreckt vor der Frage zurück: existieren als was? Meines Erachtens fürchten wir zwei Aspekte unseres Falls in die Selbsterkenntnis. Die Wissenschaft hat beide nachhaltig gefördert. Der eine ist die Erkenntnis, daß wir lebendige Wesen und als solche in eine Art Determinismus eingeschlossen sind wie Androiden, Marionetten oder Maschinen. Dies ist der »Olympia-Komplex«. In der Erzählung *Der Sandmann* von E. T. A. Hoffmann verliert Nathanael schließlich den Verstand, weil die tanzende Holzpuppe Olympia, die er für ein Wesen aus Fleisch und Blut gehalten hatte, ihn an die Möglichkeit gemahnt, daß auch er nur ein mechanisches Konstrukt, ein Automat ist. Nathanael wird der Boden der Wirklichkeit und seiner Identität unter den Füßen weggezogen. Verzweifelt stürzt er sich von einem Turm. Molekularbiologie und Soziobiologie behandeln unsere vitalen Funktionen als determiniert und klammern Bewußtsein und Willensfreiheit aus. Sind wir alle, ohne es zu wissen, tanzende Puppen?

Der andere furchteinflößende Aspekt des Falls in die Selbsterkenntnis ist die Entdeckung, daß jeder von uns ein völlig freies Subjekt ist, ein einzigartiges Individuum, das die Bürde der Verantwortung für sein Leben tragen muß. Einige Teilgebiete der Neurologie und Biologie, die sich mit dem Gehirn befassen, betonen die bemerkenswerten Entwicklungsunterschiede zwischen eineiigen Zwillingen. Eine solche abgründige Einzigartigkeit übersteigt möglicherweise unser Vermögen, sie zu ertragen. »Gott verabscheut nackte Singularität«, schreibt Stephen Hawking in Anlehnung an Roger Penroses Hypothese von der »kosmischen Zensur«. Wir können den Gedanken nicht ertragen, daß wir ein *hapax* sind, das einzige Exemplar eines einmaligen Bewußtseins. Wir sehnen uns nach Zugehörigkeit. Doch ohne die tragende Gegenwart eines Glaubens oder einer Gemeinschaft fühlen sich heute viele Individuen völlig verlassen.

Dostojewskijs namenloser Erzähler in *Aufzeichnungen aus dem Kellerloch* kämpft mit gleicher Verzweiflung gegen diese *beiden* Gefahren der Selbsterkenntnis. Er hat das Gefühl, nur eine Klaviertaste zu sein, ein Rädchen in einer Maschine, die in einem utopischen Kristallpalast des naturwissenschaftlichen Determinismus aufgestellt ist. Und er fürchtet, daß seine absichtlich kapriziösen Handlungen, über die er im Zweiten Teil berichtet und die sein Bewußtsein von allen Determinismen befreien sollten, ihn von allen anderen Menschen, selbst von Lisa, die ihn zu verstehen scheint, isoliert haben. Befreit von der Wissenschaft, fühlt er sich hilflos. Der Mann im Kellerloch findet keinen Standpunkt zwischen dem »Niemand-Sein« des bloßen Rädchens und dem intensiven und hysterischen Selbstsein gegen alle Mitmenschen.

Die Wissenschaft zwingt uns auch, erneut über die Aussicht auf Unsterblichkeit nachzudenken. Vermutlich ersehnen die meisten von uns die Unsterblichkeit eher, als daß sie sie fürchten – zumindest in einer ihrer zahlreichen Formen: ruhmreiche Taten, die in Geschichten und Sagen gepriesen werden, das Fortleben in den eigenen Nachkommen, das Weiterleben in einem bleibenden materiellen Monument, Reinkarnation und das Streben nach dem ewigen Seelenleben nach dem Tod. Heute müssen wir uns vielleicht mit einer sechsten imaginären Form der Unsterblichkeit auseinandersetzen: dem unbegrenzten Fortleben im eigenen Körper.

Getreu dieser Auffassung haben einige vermögende, optimistische und egozentrische Personen, die sich nicht mit dem Tod abfinden wollten, ihren Leichnam in flüssigem Stickstoff konservieren lassen, um auf den Tag zu warten, da die Wissenschaft sie von den Toten auferwecken und ihnen das ewige Leben auf Erden schenken werde. Heute könnte jemand mit diesem Wunsch schlicht eine DNA-Probe von sich aufbewahren lassen – als »Blaupause« seiner Persönlichkeit und um sich die Möglichkeit offenzuhalten, ein neues Individuum aus seinem Genom zu klonieren. Organtransplantationen stellen gleichsam einen Versuch der »stückweisen« Verjüngung dar. Eine alte philosophische Frage lautet, wie stark man eine Socke ausbessern darf, daß sie noch immer die ursprüngliche Socke ist. Forscher, die Alterungsprozesse untersuchen, werden möglicherweise Verfahren entwickeln, um das Leben zu verlängern. Wir können nicht mehr wie früher Geschichten über den Jungbrunnen mit einem Lächeln abtun. Dieser Wunsch wird uns vielleicht in irgendeiner Form erfüllt werden. Die meisten von uns wären entsetzt über die Aussicht, in einem verlängerten Leben ohne absehbares Ende eingesperrt zu sein. Ob nach dem Naturgesetz oder nach uralter Sitte oder nach beidem – wir stellen uns vor, daß das menschliche Leben durch die Sterblichkeit begrenzt und definiert wird. Die Aufhebung des Todes erschreckt uns stärker als der Tod selbst. Dennoch klammern sich die meisten von uns an irgendeine Form der Unsterblichkeit, durch die wir die nackte Auslöschung überwinden wollen. Die Medizin verringert nicht unsere Ambivalenz gegenüber diesen letzten Fragen von Leben und Tod, sie verstärkt sie.

Wir können vermutlich die Angst vor unserem Selbstbild als uralte Monster und vor der Aussicht, daß wir die grundlegenden Gegebenheiten des menschlichen Daseins verändern können, zum großen Teil ertragen. Doch unsere Ambivalenz gegenüber traumatischen Veränderungen in unserem Leben, die durch die Wissenschaft ausgelöst werden, führt uns zu der Frage, ob wir dieser gigantischen und wachsenden internationalen Institution nicht gewisse Beschränkungen auferlegen sollten. Die Ereignisse im Zusammenhang mit der rekombinanten DNA sagen uns, daß Wissenschaftler unter gewissen Umständen ihre Aktivitäten von selbst auf ein begrenztes Gebiet beschränken können. Doch dasselbe Beispiel läßt sich auch als falscher Alarm deuten, als ein Beleg dafür, daß Pessimisten zu weit gehen können und daß wir die Wissenschaft sich selbst überlassen sollten. Die Lebensborn-Geschichte gemahnt uns daran, daß wissenschaftliche Erkenntnisse niemals vor dem Mißbrauch für nichtwissenschaftliche, verbrecherische und inhumane Zwecke geschützt werden können. Aber die Bewertung des Humangenomprojekts ist eine viel diffizilere Sache.

Was also können wir gegen diese beunruhigenden Aussichten tun – das Ungeheuer, die Kettenreaktion und die Unsterblichkeit selbst? Selbst die einfachste und maßvollste Beschränkung – die der Verringerung der Geschwindigkeit, mit der Forscher und Techniker neue Ressourcen und neue Bedürfnisse entwickeln – wäre kaum konsensfähig und ließe sich nur schwer umsetzen. Sie widerspricht zudem mühsam erworbenen gesellschaftlichen, intellektuellen und ökonomischen Freiheitsgrundsätzen. Lassen Sie mich mutmaßen. Wer wird gegen den Rundfunk-Neurologen vorgehen, der ein sendbares Signal entwickelt, das jede Person innerhalb eines Radius von dreihundertzwanzig Kilometern hypnotisieren kann? Unsere Ambivalenz reicht sehr weit.

Ich habe in diesem Kapitel bereits eine Frage angeschnitten, deren Zeit jetzt gekommen ist. Gibt es vorhandene oder hypothetische Erkenntnisse, deren Besitz als böse *an sich* angesehen werden muß? Auf jede rein theoretische Frage wie diese muß man eine rein theoretische Antwort geben. Wie Nicholas Rescher behauptet, muß die Antwort »nein« lauten. Das Böse und Unheilvolle liegt allein in der Art und Weise, wie Wissen erworben und angewendet wird. Doch kein menschliches Leben, nicht einmal ein Leben, das der Wissenschaft gewidmet ist, genügt der theoretischen Reinheit dieser Frage. Nur in einer Situation, die so künstlich ist wie Odysseus' Segelfahrt an den Sirenen vorbei, läßt sich Wissen von seiner Aneignung und Anwendung unterscheiden. Es heißt, die Chinesen hätten das Schießpulver erfunden und dann nur in Feuerwerkskör-

pern und nicht für Schußwaffen verwendet. Und, wie Anhänger der
freien Käuflichkeit von Schußwaffen behaupten, sind Schußwaffen
an sich weder gut noch böse. Die gleichen Argumente gelten für
Drogen und viele andere Versuchungen.

Doch kein moralisches Subjekt existiert außerhalb der unmittelbaren Umstände eines konkreten Lebens – Umstände, die sich in
einer abstrakten Frage verflüchtigen. »Ob gut oder böse … die Erkenntnis kann nicht verderben … wenn Wille oder Gewissen nicht
verdorben sind.« Miltons *Areopagitica* legt die beste Begründung
für »die Erkenntnis des Guten durch das Böse« vor, die jemals niedergeschrieben wurde. Doch aus dem mit »wenn« eingeleiteten
Nebensatz in dem Milton-Zitat folgt, daß nur wenige menschliche
Subjekte so isoliert sind, daß sie Wissen von allen möglichen Anwendungen trennen können. Wir müssen für das schlimmste Sze-
nario zumindest gewappnet sein. Diejenigen, die der rekombinanten DNA-Forschung ein einstweiliges Moratorium auferlegten,
entschieden sich für eine umsichtige Strategie. Selbst Milton war
nur gegen die *vorbeugende* Zensur; er lehnte keine Maßnahmen
gegen »verderbliche und verleumderische Bücher« ab, die bereits
erschienen waren.

Im Zusammenhang mit diesen Fragen lohnt es sich, einen vor-
handenen Präzedenzfall zu betrachten. Die meisten gewählten und
ernannten Beamten in einer Demokratie legen einen Eid auf die
Verfassung ab, der sie dienen. Demgemäß kann und sollte ihr Verhalten und Verantwortungsbewußtsein höheren Maßstäben genügen, als dies bei einem gewöhnlichen Bürger der Fall ist. Nach alter
Sitte leisten Ärzte einen Eid, der sowohl die große Macht ihres
Fachwissens als auch ihre Verantwortung, diese Macht besonnen
und vorsichtig einzusetzen, zum Ausdruck bringt. Der Wortlaut
des Hippokratischen Eides, der heute an den medizinischen Fakultäten in den Vereinigten Staaten und in anderen Ländern aus der
Mode gekommen ist, besticht zwar nicht durch ästhetischen Reiz,
doch die in ihm liegende Selbstverpflichtung hat enorme Bedeutung:

Ich schwöre,…, daß ich nach bestem Vermögen und Urteil diesen Eid und diese Verpflichtung erfüllen werde: den, der mich diese Kunst lehrte, meinen Eltern gleich zu achten… Meine Verordnungen werde ich treffen zu Nutz und Frommen der Kranken, nach bestem Vermögen und Urteil; ich werde sie bewahren vor Schaden und willkürlichem Unrecht… Ich werde niemandem, auch nicht auf seine Bitte hin, ein tödliches Gift verabreichen oder auch nur dazu raten… Heilig und rein werde ich mein Leben und meine Kunst bewahren… Welche Häuser ich betreten werde, ich will zu Nutz und Frommen der Kranken eintreten, mich enthalten jedes willkürlichen Unrechts und jeder anderen Schädigung, auch aller Werke der Wollust an den Leibern von Frauen und Männern… Was ich bei der Behandlung sehe oder höre oder auch außerhalb der Behandlung im Leben der Menschen, werde ich, soweit man es nicht ausplaudern darf, verschweigen… Wenn ich nun diesen Eid erfülle und nicht verletze, möge mir im Leben und in der Kunst Erfolg zuteil werden und Ruhm bei allen Menschen bis in ewige Zeiten…

Ein solcher ritueller Eid kann die menschliche Natur nicht verändern. Er definiert einen Berufsstand und bringt jedem, innerhalb und außerhalb des Berufsstandes, dessen Prinzipien, Ideale und mögliche Pflichtverletzungen zu Bewußtsein. Ein solcher Eid verlangt von dem Berufsstand, gegen die Mitglieder, die ihn nicht befolgen, Sanktionen zu verhängen. Die Tatsache, daß heute viele Mediziner den Eid entweder nicht kennen oder schlicht ignorieren, ändert nichts an seiner symbolischen Bedeutung. Genau diese Form der Selbstbindung an eine Reihe von Prinzipien, die einen bestimmten Wissenskanon »heiligt« und ihre praktische Umsetzung reglementiert, verkörpert jene Art verantwortungsbewußter Tradition, die unsere Kultur in den akademischen Berufen braucht. Medizinische Fakultäten wären gut beraten, die Eidesformel zu neuem Leben zu erwecken, und ärztliche Standesorganisationen täten gut daran, sich über ihre heutige Bedeutung Klarheit zu verschaffen. Die Naturwissenschaftler haben keinen vergleichbaren Eid hervorgebracht, keine symbolische Anerkennung der Tatsache, daß eine besondere Macht eine besondere Verantwortung mit sich bringt. Vielleicht sind die naturwissenschaftlichen Fachgebiete zu zahlreich und zu disparat, als daß eine Erklärung sie alle abdecken könnte. Dennoch bin ich fest davon überzeugt, daß es sich lohnen würde, eine solche Formel zu entwerfen. Bevor ich mich zu diesem Vorschlag durchringen konnte, mußte ich den tiefverwurzelten Abscheu gegen alles, was den Treueiden gleicht, die in den fünfziger und sechziger Jahren in einigen amerikanischen Bundesstaaten von College-Professoren verlangt wurden, überwinden. Doch die Menschheit als Ganzes hat anders als ein einzelner Staat ein legitimes Interesse an der fachlichen Loyalität eines Wissenschaftlers, dem wir eine lange und privilegierte Ausbildung ermöglicht haben. Einem Leben, das der Wissenschaft gewidmet wird, obliegt mittlerweile eine ebenso große Verantwortung, wie sie mit der Priesterweihe, der Aufnahme in den Ritterstand, der Verbeamtung oder der ärztlichen Heilkunst verbunden ist.

Es ist ermutigend festzustellen, daß ein so bedeutender Naturwissenschaftler und Arzt wie James Neel dieser Beurteilung wohlwollend gegenübersteht. Gegen Ende seines Buches *Physician to the Gene Pool*, in dem Abschnitt, in dem er das »genetische Dilemma der Menschheit« erörtert, greift er ähnliche Fragen nach der Verantwortung von Wissenschaftlern auf. Unter der Überschrift »*Primum non nocere*« stellt er vier grundlegende Empfehlungen vor. »Dieser hippokratische Aphorismus, der vor über 2000 Jahren als Richtschnur für das ärztliche Handeln formuliert wurde, hat bis heute nichts von seiner Gültigkeit verloren: *Vor allem keinen Schaden zufügen* ... Obgleich Hippokrates seinen Schwur für Ärzte schrieb, ist er auch für Genetiker von großer Bedeutung« (S. 344–45).

Wenn Doktoranden in naturwissenschaftlichen Fächern einen Eid mit der Mahnung *primum non nocere* ablegen müßten, würden sie ermuntert, die Folgen ihrer Arbeit sorgfältig zu überdenken, einschlägige Fälle in der Wissenschaftsgeschichte zu studieren, die Verwertung ihrer Forschungsergebnisse durch ungeeignete Dritte zu verhindern und allgemein die ethische Bindung ihrer

Fachzunft zu stärken. Die meisten Wissenschaftler besitzen bereits ein recht gut entwickeltes Berufsethos. Das Bemühen, dieses Ethos zu definieren und zu verkünden, könnte den Wissenschaftlern zum gegenwärtigen Zeitpunkt helfen, den Vorstoß von Forschungsprojekten auf zweifelhafte Gebiete kritisch zu prüfen, und das Vertrauen der gewöhnlicher Bürger in einen Berufsstand erneuern, der offenbar den Nimbus nicht nur der Evolution, sondern auch der Revolution geerbt hat.

Doch wir sollten in diesen Angelegenheiten kein allzu hehres Pathos anschlagen und die Wissenschaft nicht zum Schreckgespenst aufbauen. Der große amerikanische Wissenschaftstheoretiker C. S. Peirce gelangte zu der Überzeugung, daß wir uns die Wissenschaft nicht als eine Gesamtheit von systematisch geordneten und angewandten Erkenntnissen vorstellen sollten. Sie stelle vielmehr »eine Lebensweise« dar, die nicht der erkannten Wahrheit gewidmet sei, sondern »der Wahrheit, die der [Wissenschaftler] noch nicht erkennt, aber zu erkennen strebt« (*Values in a Universe of Chance*, 268). In *Science and Human Values* (1956) behauptet Jacob Bronowski, die Tradition der kunstgerecht betriebenen Wissenschaft bringe fundierte Werte hervor, die mit denen vergleichbar seien, die früher im religiösen Glauben und in der Autorität gewurzelt hätten. Die Wissenschaft basiert auf »der Gewohnheit der einfachen Treue zur Erfahrung, [die] die Triebkraft der Zivilisation gewesen ist«.

Die Wissenschaft ist weder Sünde noch Gral. Da sie nicht unser Kind ist, sondern unsere Erfindung, wird die Wissenschaft als Disziplin niemals erwachsen werden, um eigenständig zu denken und für sich selbst Verantwortung zu übernehmen. Nur Individuen können dies tun. Wir alle sind Treuhänder der Wissenschaft, einige mehr, andere weniger. Die Erkenntnisse, die unsere vielen wissenschaftlichen Disziplinen zusammentragen, sind nicht an und für sich tabuisiert. Doch die menschlichen Subjekte, die nach diesen Erkenntnissen streben, konnten sich noch nie davon distanzieren beziehungsweise ihre Anwendung auf unser Leben beherrschen oder verhindern. Trotz der Geschichte von Odysseus und den Sirenen ist die »reine Forschung« ein moderner Mythos. Daher müssen wir in dem Maße, in dem die Wissenschaft auf einigen Gebieten zu einem gewaltigen Unternehmen heranwächst, das sowohl von kommerziellen und Rüstungsinteressen wie vom Erkenntnisstreben angetrieben wird, dieses unverhältnismäßige Wachstum kritisch prüfen. Der freie Markt ist möglicherweise nicht der beste Führer bei der Erschließung neuer Wissensbereiche. Staatliche Planung war nicht immer zu unserem Besten. Während wir diese diffizilen Fragen erwägen, sollten wir die Legende von Ikarus und Bacons »Sphinx« sowie die ganz anders gelagerten Fallgeschichten des Himmlerschen Lebensborn-Programms und das Manhattan-Projekt nicht vergessen. In diesem Zeitalter der Liberalität und Permissivität könnte ein besonnener Eid für Naturwissenschaftler durchaus dazu beitragen, daß wir uns nicht wie der Zauberlehrling verhalten.

Kapitel VII

Der göttliche Marquis

∎

Noch nie wurde ein Mädchen von einem Buch verführt.
Jimmy Walker, Bürgermeister von New York

Vor vierzig Jahren, bevor das Fernsehen sich als dominantes Medium etablierte, verspotteten viele Liberale den Psychologen Fredric Wertham vom New Yorker Bellevue Hospital wegen seiner Warnungen vor den ernsthaften Auswirkungen, die die Gewalt in Comics auf das Verhalten von Kindern und Jugendlichen zeigte. Niedrigste Profitgier treibe die Verleger von Comics dazu, ohne jedes soziale Verantwortungsgefühl eine Eskalation von Gewalt darzustellen, schrieb Wertham in *The Seduction of the Innocent* (1954; Die Verführung der Unschuldigen). Den Comics fehle die traumähnliche Qualität der Märchen, welche die Gewalt mäßigt und mildert. Mehr als zwanzig Jahre später argumentierte Bruno Bettelheim in *The Uses of Enchantment* (1976; *Kinder brauchen Märchen*), allerdings ohne auf Comics und das Fernsehen einzugehen, daß Märchen den Kindern nicht beibringen, Gewalt und Destruktivität nachzuahmen, sondern zu überwinden. Bettelheim verteidigte diesen wichtigen Teil unseres kulturellen Erbes und mißbilligte implizit die Auswirkungen der modernen Massenmedien.

Inzwischen dreht sich eine ähnlich gelagerte Debatte über unser moralisches Umfeld um Obszönität (Materialien, die das Schamgefühl verletzen und daher nicht den im ersten Zusatzartikel zur amerikanischen Verfassung garantierten Schutz der Rede- und Pressefreiheit genießen) und Pornographie (Material, das primär

dem Zweck der sexuellen Erregung dient). Nach dem Befreiungs-
schlag der sechziger Jahre wurden in den siebziger Jahren in
Europa und in den Vereinigten Staaten durch wichtige Gesetzes-
vorlagen und Gerichtsurteile praktisch alle Beschränkungen für
obszönes und pornographisches Material aufgehoben, abgesehen
von deren Verbreitung an Jugendliche. Nach der gegenwärtigen
Rechtslage ist eine gerichtliche Verfolgung von Obszönität nahezu
aussichtslos.

Eine der unmittelbaren Folgen dieser Entwicklung bestand
darin, daß es auf einmal wieder möglich und sogar äußerst lukrativ
wurde, die Werke eines Autors zu übersetzen und zu publizieren,
die als Extrembeispiel tabuisierter Texte galten. Der Marquis de
Sade hatte fast zwei Jahrhunderte lang im kulturellen Unbewußten
Europas geschlummert. Die Neuveröffentlichung seiner Werke
führte nun dazu, daß de Sade rehabilitiert und als großer revolutionärer Autor gefeiert wurde. Er profitierte sogar von einer merkwürdigen zweifachen Annahme zu seinen Gunsten: Er hatte
Haftstrafen verbüßt, und seine Werke waren zensiert worden.
Brauchen wir noch irgendwelche weiteren Beweise für sein Heldentum? Das wiedererwachte Interesse für de Sade ist jedoch mehr
als nur eine Gegenreaktion gegen die Diskriminierung eines Verfolgten; es berührt unser literarisches und moralisches Denken viel
tiefer. Wir glauben fast, daß die Wiederentdeckung und Freigabe
unterdrückter Erfahrung einen Riß in unserem Sein schließt und
uns zu einem freieren Leben verhilft. Und wir neigen dazu, den
Freudschen Ausdruck »jenseits des Lustprinzips« in der Weise mißzuverstehen, daß wir ihn auf einen Schattenbereich der Gewalt und
Zerstörung projizieren, der es nach unserer Meinung verdient, aus-
geleuchtet zu werden. Die Renaissance de Sades kommt diesen beiden zeitgenössischen Tendenzen entgegen.

Pornographie wird es immer geben. Sie dient einem bestimmten
Zweck und stellt in ihren traditionellen Formen keine ernsthafte
Gefahr für Sitte und Moral dar. Die gesündeste Reaktion besteht
normalerweise in einem Lachen, nicht in schockierter Empörung.
Doch das Leben und das Werk des Marquis de Sade stellen uns vor
besondere Probleme. Mit Nachdruck wurde seine überragende Be-

deutung als Moralist, Philosoph und Romancier reklamiert. Seine Schriften bilden den wohl schwierigsten Testfall tabuisierter Texte, einen Fall, den ich im thematischen Kontext dieses Buches nicht ausklammern kann.

Der Fall de Sade

In den ersten beiden Juliwochen des Jahres 1789 versammelten sich in Paris immer wieder große Menschenmassen um die Bastille. Sie meinten, in der königlichen Festung säßen Häftlinge ein, mit denen sie sympathisierten und die sie aus der despotischen Gewalt des Königs befreien müßten. Die Menge wußte nicht, daß dort nur ein paar Adelige – meist wegen sittlicher Vergehen – inhaftiert waren, die es kaum verdienten, im Namen des Volkes befreit zu werden. Am 2. Juli vernahm die Menge auf der Straße eine Stimme, die anscheinend durch ein Abflußrohr gleichsam wie durch ein Megaphon verstärkt wurde; jemand schrie, die Gefangenen würden abgeschlachtet und müßten befreit werden. Der Häftling, der seine Stimme erhoben hatte, wurde kurzerhand in die Irrenanstalt von Charenton verlegt. Als das Volk am 14. Juli die Bastille stürmte, plünderte man seine Zelle und raubte beziehungsweise vernichtete seine persönliche Habe, seine Möbel, seine sechshundert Bände umfassende Bibliothek und eine beträchtliche Sammlung von Manuskripten, von denen einige vorsichtshalber in der Wand versteckt waren.

Der Mann, der eine solch unerhörte List ersann, um nach zwölf Jahren Haft wieder die Freiheit zu erlangen, war kein geringerer als der Marquis de Sade. Seinem Namen verdanken wir den Begriff »Sadismus«. Nach einigen skandalösen Vorfällen war er 1777 verhaftet worden, vor allem aufgrund des Betreibens seiner unnachsichtigen Schwiegermutter. Polizei- und Gerichtsakten geben Aufschluß über die gravierenden Beschuldigungen, die wegen sittlicher Delikte in vier schweren Fällen in Paris, Arcueil, Marseille und auf seinem eigenen Château de La Coste bei Marseille gegen ihn erhoben wurden. Die Vorwürfe lauteten unter anderem auf homosexuelle und heterosexuelle »Sodomie«, das heißt Analverkehr (damals beides Kapitalverbrechen), Auspeitschen von Prostituierten, Masturbieren auf ein Kruzifix, Verführung junger Mädchen, Todesdrohungen und andere »Exzesse«. Aufgrund dieser Anklagepunkte wurde de Sade *in effigie* verbrannt, mehrmals auf Befehl des Königs inhaftiert, von einem aufgebrachten Vater mit der Flinte angeschossen und vom obersten Gericht der Provence zum Tod auf dem Schafott verurteilt. Während seine treue Ehefrau zu ihm stand, konnte seine Schwiegermutter es ihm nicht verzeihen, daß er sich mit ihrer anderen Tochter heimlich nach Italien davongemacht hatte. Ein königlicher Geheimbefehl, der de Sades Verhaftung verfügte und der Schwiegermutter in die Hände fiel, führte schließlich dazu, daß de Sade 1777 in Paris verhaftet wurde, als er anläßlich des Todes seiner eigenen Mutter dorthin gereist war.

Im Gefängnis protestierte de Sade sofort, »mein Blut ist zu heiß, um solch schreckliches Unrecht zu ertragen«, und er drohte, sich das Leben zu nehmen. Ein paar Jahre später schrieb er seiner Frau, die widerliche Enthaltsamkeit, die ihm auferlegt sei, »brachte mein Gehirn zum Kochen. Es bleibt mir nichts übrig, als phantastische Kreaturen heraufzubeschwören, die ich zum Leben erwecken werde«. Er prahlte genausoviel wie er klagte. Nach kurzer Einzelhaft in der Festung von Vincennes durfte er Bücher, Kerzen und Schreibsachen in seiner Zelle haben. Zu seiner Lektüre zählten Werke von Cervantes, Rousseau, Voltaire, Madame de La Fayette, Prévost, Marivaux, Laclos, Richardson, Boccaccio sowie Klassiker, die er bereits am strengen Jesuiten-Kolleg Louis-le-Grand gelesen hatte. In den achtziger Jahren begann de Sade, wie besessen zu schreiben. Seine Schreibmarathons hielten auch an, nachdem er in die Bastille verlegt worden war. In einer siebenunddreißigtägigen Schreiborgie entwarf er das unvollendete Manuskript seines enzyklopädischen Werkes über Lust und Gewalt, *Les cent vingt journées de Sodome (Die 120 Tage von Sodom)*, das er auf die beiden Seiten einer zwölf Meter langen Papierrolle schrieb. Als dieses Manuskript nach der Erstürmung der Bastille verschwunden war, war de Sade völlig verzweifelt über den Verlust seines ersten und ehrgeizigsten Werkes. Später übergab er seiner Frau zwei umfangreiche

Manuskripte: einen pikaresken Briefroman über Liebe, Korruption und Reiseabenteuer, *Aline et Valcourt*, sowie mindestens zwei Fassungen von *Justine ou les malheurs de la vertu (1791, Justine oder die Leiden der Tugend)*, eines selbst für jene Zeit so schamlosen, unzüchtigen Werkes, daß de Sade sich nie als dessen Verfasser bekannte.

Der Kavallerieoffizier de Sade stammte von zwei uralten, berühmten Adelsgeschlechtern aus der Provence ab. Er wuchs im Umkreis des königlichen Hofs in Paris in einer Atmosphäre legitimierter Ausschweifung auf. Einer seiner fiktiven Briefe wird oft als scharfsinnige Selbstanalyse zitiert: »[Diese Kindheit] machte mich ungezogen, tyrannisch, jähzornig; ich dachte, alles müsse nach mir gehen, alle Welt müsse meine Launen erdulden, und es liege allein an mir, sie zu ersinnen und zu befriedigen.« Trotz seiner Verbindungen zum Hof und mehrerer Güter in Südfrankreich befand sich de Sade immer in finanzieller Verlegenheit. Im Alter von dreiundzwanzig Jahren hatte er des Geldes wegen geheiratet. Seine Frau gebar ihm zwei Söhne und eine Tochter, während er in Bordelle ging und das Geld mit Schauspielerinnen durchbrachte.

Als die verfassunggebende Versammlung 1790 den königlichen Haftbefehl aufhob, gewann de Sade seine Freiheit wieder, verlor dafür aber seine Frau, die sich von ihm scheiden ließ. Er versuchte sich an Dramen und veröffentlichte *Aline et Valcourt* (unter seinem Namen) sowie *Justine* (anonym). Seit jener Zeit lebte er mit Constance Quesnet zusammen, einer mittellosen Schauspielerin mit Kind, die von ihrem Mann verlassen worden war. Sie blieb vierundzwanzig Jahre lang, bis zu de Sades Tod, seine Lebensgefährtin. In dieser Zeit erlangte de Sade einen gewissen Ruf, doch er lebte weder in Reichtum noch in Sicherheit.

In der turbulenten Zeit der Königsmorde und der heraufziehenden Schreckensherrschaft wogen de Sades Aktivitäten in der revolutionären Section des Piques in Paris und die von ihm verfaßten Flugschriften seine Angreifbarkeit als Adeliger zunächst auf. 1793 wurde er indes als falscher Patriot und Libertin, als Feind der Revolution verhaftet und entkam nur knapp der Guillotine; 1794 wurde er wieder freigelassen. Die folgenden Jahre waren sehr schwer für ihn. Er veröffentlichte vier weitere unzüchtige Bücher, darunter *La philosophie dans le boudoir* (1795; *Die Philosophie im Boudoir*) und *Histoire de Juliette*.

Die dritte längere Kerkerhaft, die de Sade in seinen letzten dreizehn Lebensjahren verbüßte, verdankte er nicht seiner politischen Überzeugung beziehungsweise seiner persönlichen Moral, sondern allein seinen Schriften. Als Napoleon an die Macht gekommen war, ließen der Präfekt von Paris und der Polizeiminister de Sade 1801 wegen seines »infamen Romans *Justine* und des noch schrecklicheren Werkes *Juliette*« ohne den Skandal eines öffentlichen Prozesses in Haft setzen. De Sade verbrachte diese Jahre größtenteils in der Irrenanstalt von Charenton, wo er immer fettleibiger wurde. Eine Zeitlang durfte er als eine Art Therapie Theaterstücke für die Insassen aufführen. Die Tapferkeit, die sein Sohn auf dem Schlachtfeld bewies, veranlaßte ihn dazu, direkt bei Napoleon um seine Freilassung zu ersuchen. Es erfolgte keine Reaktion, und so blieb er auf Wunsch und auf Kosten seiner Familie in Charenton. Coulmier, der Direktor der Irrenanstalt, unterstützte in der Regel de Sades Bemühungen, eine Verlegung in ein Gefängnis zu verhindern, wie sie der leitende Amtsarzt und ein Inspektor forderten. Ihrer Meinung nach war er nicht geisteskrank, sondern kriminell. Napoleon selbst sprach sich im Geheimen Staatsrat dagegen aus, de Sade in ein Gefängnis zu verlegen. Bis zum Schluß verführte de Sade junge Frauen und Knaben in der Anstalt. Er starb im Alter von vierundsiebzig Jahren an Lungenstauung und »gangränösem Fieber«.

Es läßt sich durchaus argumentieren, daß die politischen Ereignisse und die philosophischen Bewegungen im achtzehnten Jahrhundert in Europa und Amerika zweierlei leisteten, nämlich die Menschen aus der Herrschaft der Priester und Könige zu befreien und eine bürgerliche Gesellschaft zu schaffen, die auf den Grundsätzen des Rechtsstaates und der parlamentarischen Demokratie beruhte. In Frankreich war der Preis, den die Menschen dafür bezahlen mußten, erschreckend. Zu den vielen Helden jenes Jahrhunderts zählten die unterschiedlichsten Gestalten: Voltaire, fast ein König; Rousseau, fast ein Prophet; Tom Paine, fast ein Held; und

Thomas Jefferson, fast ein Staatsmann. Ihre Bedeutung liegt in den historischen Ereignissen, die sie heraufbeschworen, und den Institutionen, an deren Bildung sie beteiligt waren.

Was sollen wir nun aber mit dem Marquis de Sade anfangen, der derselben Epoche angehörte? Sollen wir ihn in jene Bewegung der politischen Befreiung und Erneuerung einreihen? Wohl kaum. Er war und blieb ein arroganter Aristokrat, er verschmähte die Revolution und träumte von seiner eigenen moralischen und philosophischen Schreckensherrschaft, die all seine Probleme lösen und ihn von seinen »Verfolgern« befreien sollte. Er war gleichsam ein Dorn im Auge der Aufklärung. Er trieb den revolutionären Libertinismus in seiner politischen Argumentation, seiner erzählerischen Phantasie und seinem persönlichen Verhalten zu ausgesprochen undemokratischen Extremen. Nur sehr schwer trennen lassen sich seine berühmt-berüchtigte Person, seine alarmierenden Ansichten über Gott, die Natur und den Menschen sowie seine skandalösen Schriften. Heute versuchen wir, diese Aspekte gesondert zu behandeln – als Biographie, Philosophie und Pornographie. In seinem Lebenslauf vermischen und überlagern sie sich jedoch, besonders in seinen Versuchen, sich zu rechtfertigen. Aus dem Gefängnis schrieb er lamentierende Briefe an seine Frau.

Ich bin daher des reinen und schlichten Libertinismus schuldig, wie ihn alle Menschen mehr oder weniger praktizieren, je nach Temperament und Neigung.

(1781)

Nicht die Art, wie ich denke, sondern die Art, wie ich über andere denke, ist der Grund meines Elends. Mein Fanatismus resultiert aus den Verfolgungen, die ich durch meine Tyrannen erlitten habe.

(1783)

Solche Unschuldsbeteuerungen gegenüber einer Vertrauensperson deuten darauf hin, daß de Sade sich in bezug auf die Ursache seiner Probleme etwas vormachte. In seinen fiktiven Werken, in denen er dramatische Wirkung zu erzielen suchte, scheute er sich jedoch nicht, das in der oben zitierten Passage als »reinen und schlichten Libertinismus« bezeichnete Verhalten als »schändliche Verworfenheit« zu beschreiben.

Vielleicht hatten de Sades zwanghafte Vorstellungen eine physische Ursache. Neuere Biographien, besonders die von Maurice Lever, belegen die Tatsache, daß de Sade zwar ein »explosives« sexuelles Temperament besaß, aber nur schwer zum Orgasmus kam. Zwei Praktiken erleichterten es ihm, den Höhepunkt zu erreichen: Schmerzen, die er anderen zufügte und selbst erduldete, sowie passive anale Penetration, welche er im Gefängnis mittels spezieller Godemichés simulierte, die seine Frau ihm besorgte. Wie relevant sind solche Überlegungen? Es entsteht der Eindruck, de Sades reale und phantasierte sexuelle Exzesse könnten gleichermaßen einem krankhaften Handikap und seinem heißblütigen Temperament entsprungen sein.[57]

Im Fall de Sade stehen wir vor einer weiteren Unklarheit. Was ist das Ziel seiner Absichten? Warum widmete er seine Zeit im Gefängnis dem Schreiben, da er doch wußte, daß die Manuskripte höchstwahrscheinlich beschlagnahmt werden oder verlorengehen würden? Hatte er eine Mission entdeckt oder schlug er bloß die Zeit tot, indem er sich seinen Phantasien hingab?

Antworten auf diese Fragen finden wir vielleicht in der Art und Weise, wie sich de Sade am Anfang und Ende seiner Bücher direkt an den Leser *und den Zensor* wendet. Er benutzt dabei zwei Methoden. In *Justine*, beispielsweise, beschreibt er zunächst die immer stärker werdenden sexuellen Torturen, die diese unglückliche Schönheit über sich ergehen läßt. Trotz allem bewahrt Justine ihre Unversehrtheit und ihre Unschuld – nur um am Ende für ihre Tugend von einem Blitzstrahl getroffen zu werden, den Gott auf sie niedergehen läßt und der ihren jugendfrischen Leib ein für allemal schändet. Tugend kann nicht siegen. Dann rückt er die Geschichte so zurecht, als ob sie hehren Zwecken diente. Dies sei keine lasterhafte Geschichte, behauptet er. In der ekstatischen Widmung an seine »aufgeklärte« Gefährtin Constance beteuert er, er habe die Szenen der orgiastischen Ausschweifungen und Folterungen geschrieben »einzig in der Absicht, aus all dem eine der sublimsten Parabeln zu gewinnen, die je zum Zwecke der menschlichen Erbauung verfaßt wurden«. Die Vokabeln »sublim« und »Erbauung« sind schon unter normalen Umständen ambivalent genug, um möglicherweise Gelächter hervorzurufen. Doch wir lesen nicht Rabelais. Auf der letzten Seite desselben Buches verwandelt der Blitzstrahl Justines verderbte Schwester, Juliette, in eine fromme Karmeliterin. In den gleichen salbungsvollen Tönen, die der Autor beziehungsweise der Erzähler zu Beginn anschlägt, legt er dem Leser nun ans Herz, derselben Moral zu folgen wie seine Heldin und fest zu glauben, daß »wahres Glück nur im Schoß der Tugend zu finden« sei. (In der Fortsetzung erfahren wir, daß die Bekehrung nicht von Dauer ist.)

Im Vorwort zu *Les crimes de l'amour* (1800) liefert de Sade einen eindrucksvollen historischen Essay zur Romanform und unterstreicht die Originalität seiner eigenen fiktiven Werke, in denen dargestellt werde, wie der Mensch durch Laster und Leidenschaft verändert wird. »Niemals, ich wiederhole, niemals werde ich das Verbrechen als irgend etwas anderes darstellen denn als Werk der Hölle.« Ein Abschnitt über die moralische Unterweisung und Läuterung des Menschen bildet die Einleitung zu *Eugénie de Franval*, der Geschichte eines reichen Adeligen, der seine Tochter sorgfältig dazu erzieht, mit vierzehn Jahren seine sklavische Mätresse zu werden. In der »Warnung«, die *Aline und Valcourt* vorangestellt ist, nennt de Sade dreimal seine »moralische Absicht«, nämlich »das Laster zu schildern«, damit die Menschen es verabscheuen.

In den erzählerischen Teilen dieser Romane liefern de Sades fiktive Charaktere leidenschaftliche Plädoyers für Sittenlosigkeit, Selbstsucht, Frevel, Folter und alle möglichen verderbten Handlungen, die sie vollziehen. In den didaktischen Passagen, die diese Erzählungen einrahmen, ist de Sade darum bemüht, seine Stoffe als negative Schulbeispiele hinzustellen und die Flut seiner orgiastischen Ausschweifungen wieder in die Bahnen der Moral zu lenken. Er bediente sich desselben Arguments, das Milton in *Areopagitica* und indirekt auch in *Paradise Lost* geltend gemacht hatte: Das Laster und seine Versuchungen nicht zu kennen, bedeute nur eine »leere Tugend«. Meint de Sade diese Behauptungen ernst, wie einige Kritiker und Leser zu glauben scheinen? Oder zwinkert er seinem Leser schmunzelnd zu, mit einem bösen Seitenblick auf den Zensor?

In einer anderen Reihe von Werken stimmte de Sade ganz andere Töne an. Hier konnte er den Zensor ignorieren, denn er hatte nicht vor, diese Werke unter seinem eigenen Namen zu veröffentlichen. Seiner *Philosophie im Boudoir* ist eine ganzseitige Widmung vorangestellt, die folgendermaßen beginnt: »An die Libertins. Wollüstige jeglichen Alters und jeden Geschlechts, Euch allein entbiete ich dieses Buch; macht Euch seine Grundsätze zu eigen, sie fördern Eure Passionen ...« (85). In seinem ersten größeren Werk, *Die 120 Tage von Sodom*, erhebt de Sade an keiner Stelle den Anspruch der moralischen Erbauung. In der hundert Seiten langen Einleitung betont er in Fanfarentönen, die an Rousseaus *Bekenntnisse* erinnern, die Größe und Originalität seines Werkes liege darin, daß dies die »schmutzigste Geschichte« sei, die seit Anbeginn der Welt geschrieben wurde. Ist dies seine wahre Haltung?

Jeder, der mehr als nur ein paar Kostproben aus de Sades Werken gelesen hat, dürfte es unbefriedigend finden, daß die Diskussion auf zwei Grundpositionen reduziert wird: de Sade ist *für* die Verderbtheit beziehungsweise de Sade ist *gegen* die Verderbtheit. Wir haben es nicht mit einem normalen menschlichen Geist zu tun, sondern mit einem von vornherein zügellosen Temperament, das durch die lange Inhaftierung gezwungen war, sich ständig mit seinen wuchernden Phantasien auseinanderzusetzen, ohne diese durch die gewöhnlichen Alltagsgeschäfte eines Menschen in Freiheit kompensieren zu können. Ganz im Gegensatz zur Prinzessin von Clèves und zu Emily Dickinsons poetischer Persona, die ihre leidenschaftlichen Regungen gemäß den Offenbarungen einer ausgesprochen klaren Phantasie zügelten, nutzte de Sade seine Phantasie dazu, das Feuer seiner Lüste noch zu schüren. Die komplizierten Konstrukte seiner fiktiven Orgien und die permanenten Übertreibungen, die seinen Stil prägen, vermitteln das Bild eines Menschen, der sich etwas beweisen will und der schreibt, als ginge es um eine

Wette. Er scheint mit sich selbst und seinen Verfolgern darum ge-
wettet zu haben, daß er jede menschliche Tugend – und vor allem
jede christliche Tugend – systematisch umzukehren imstande sei.
Sein Repertoire an Verderbtheit sollte ein einzigartiges Oeuvre
schaffen, das absolut originell und für seine Gegner vollkommen
skandalös sein mußte. Er wollte mit einem einzigen Streich Rache
üben und sich selbst ein Denkmal setzen. Seine Schriften zeugen
gleichsam vom Entschluß eines besessenen Monarchen, sich selbst
ein Mausoleum zu errichten, das für alle Zeiten an das Ausmaß
seiner Überspanntheiten erinnern soll. De Sades persönliche Exzesse zielten primär darauf ab, Jugendliche zur Unzucht zu verführen. Sein literarisches Denkmal würdigt jedes auch nur denk-
bare sexuelle Delikt. Hier liegt die Bedeutung seines »Fanatismus«,
mit dem er an seinen Prinzipien und seinem Geschmack festhielt –
jenes Fanatismus, den er in dem Brief an seine Frau aus dem Jahre
1783 so trotzig bezeugte. De Sades literarische »Wette« wächst sich
zu einem Akt monumentaler Auflehnung aus. Ich habe das Wort
gageure (Wagnis, Wette) in seinen Schriften nur an einer einzigen
Stelle entdeckt. Im Rahmen einer Wette läßt sich der Herzog von
Blangis (in *Die 120 Tage von Sodom*) an einem einzigen Tag fünf-
undfünfzigmal anal penetrieren. Der Herzog schließt im weiteren
Verlauf noch ein paar weitere Wetten (»*paris*«), die er allesamt gewinnt. Eine Art von Wettfieber – Wetten gegen Gott, gegen die
Menschlichkeit, gegen die Zivilisation an sich – treibt die fiktiven
Charaktere de Sades und den Autor selbst in einem weitaus zwang-
hafteren Maße an, als es bei Faust der Fall ist.

Nach de Sades Tod verschwanden seine Werke im Untergrund.
Aufrechterhalten wurde sein Ruf in erster Linie durch böse
Attacken und das Ausschlachten des lasziven Reizes in der Presse.
C. A. Sainte-Beuve bemerkte 1843, Byron und de Sade hätten einen
enormen Einfluß auf moderne Autoren, »letzterer heimlich, aber
nicht allzu heimlich«. Flaubert und Baudelaire hinterließen in
ihren Briefen und Notizbüchern kurze, lebhafte Äußerungen über
de Sade. Symbolisten und Dekadenzdichter in Frankreich und ein
paar Autoren wie Swinburne in England begegneten de Sades
Schriften, ohne ihn aus der Sphäre des Heimlichen herauszuholen.

Doch die Saga des Marquis de Sade war noch nicht zu Ende. Das
Blatt sollte sich noch einmal wenden.

Die Rehabilitierung eines Propheten

*Dem Starken mit dem Dolch folgt der Schwache mit dem
Lappen.*

Lord Acton

Ab 1810 wurde in der Bibliothèque Nationale ein Exemplar jedes
Buches hinterlegt, das in Frankreich veröffentlicht wurde. Um unzüchtige und obszöne Werke zu archivieren und gleichzeitig vor
der Öffentlichkeit zu verschließen, wurde eine spezielle Sammlung
angelegt, die bald unter dem Namen *Enfer*, »Hölle«, geführt wurde.
Diese Werke bildeten eine Art offiziellen Untergrund; um sie einsehen zu können, war eine besondere Genehmigung erforderlich.
De Sades Werke und Manuskripte wurden in dieser relativ gut ab-
geriegelten institutionalisierten »Hölle« untergebracht und waren
auch in vielen privaten Sammlungen zu finden. Im neunzehnten
Jahrhundert wurden ein paar Exemplare unter der Hand zu hohen
Preisen in Umlauf gebracht.

Um 1850 schien der große französische Historiker Michelet entdeckt zu haben, wie de Sade in der Weltordnung einzustufen sei –
nämlich als höchster Vertreter einer korrupten Monarchie und als
»Professor emeritus des Verbrechens«. »Gesellschaften enden mit
derlei Ungeheuern: das Mittelalter mit einem Gilles de Rais, jenem
berühmten Kindermörder; das Ancien Régime mit einem Sade, jenem Apostel der Mörder« (*Geschichte der Französischen Revolution*). Mit dem Interesse, das die Mediziner dem Leben und Werk
de Sades entgegenbrachten, änderte sich gegen Ende des neunzehnten Jahrhunderts sein Status als Ausgestoßener. Richard von
Krafft-Ebing prägte in *Psychopathia sexualis* (1886) die Bezeichnung »Masochismus« und übernahm den Begriff »Sadismus«, der
in Frankreich bereits um 1830 in den allgemeinen Sprachgebrauch
eingegangen war. Im Jahre 1901 warnte ein Dr. Jacobus in einem

Werk mit dem Titel *Der Marquis de Sade und seine Werke im Lichte der Medizin und der modernen Literatur* vor der schrecklichen Auswirkung, welche die Lektüre dieser »brutalen« Romane zeitige. Ein Berliner Arzt, Iwan Bloch, machte 1904 das lang verschollene Manuskript des Romans *Die 120 Tage von Sodom* ausfindig und veröffentlichte die erste limitierte und fehlerhafte Ausgabe als ein Werk, das sich auf Krafft-Ebings Fallgeschichten bezog. Die Bühne war nun frei für de Sades Rehabilitierung – ein verworrenes Kapitel der Geistesgeschichte, das noch nie richtig dargestellt wurde. Ich teile diese Entwicklung in vier Phasen ein.

Die erste Phase umfaßt die ersten vier Jahrzehnte des zwanzigsten Jahrhunderts. Während der turbulenten Dekade, die vor dem Ersten Weltkrieg in Paris herrschte, galt der junge Dichter Guillaume Apollinaire als Leitfigur der Avantgarde. Seine Meisterschaft im freien und gebundenen Vers, seine erstaunliche, wenn auch bisweilen absonderliche Belesenheit, seine Rabelais'sche Phantasie und sein enger Kontakt zu jungen Künstlern, die bald als »Kubisten« bezeichnet werden sollten – all dies begründete seinen Ruf, reichte jedoch nicht aus, seinen Lebensunterhalt zu sichern. Sein ausgefallener Geschmack führte ihn zu den »Giftschränken« der Bibliothèque Nationale, aus deren Beständen er eine Reihe unzüchtiger Werke herausgeben wollte. Der wichtigste Titel dieser Sammlung, *Das Werk des Marquis de Sade: Auszüge*, erschien 1909 mit einer fünfzigseitigen Einführung Apollinaires unter der imposanten Überschrift »Der göttliche Marquis«. Die relativ verläßliche Biographie und Zusammenfassung wichtiger Werke enthalten einige hochtrabende Äußerungen über de Sades wissenschaftlichen Beitrag zur Psychopathologie der Sexualität und über seine damals kaum erkannte kulturelle Bedeutung.

Der Marquis de Sade, dieser unabhängigste Geist, der jemals gelebt hat, hegte sehr eigenwillige Ideen über die Frau, die genauso frei sein sollte wie der Mann. ... ›einer der merkwürdigsten Menschen des achtzehnten Jahrhunderts, ja der modernen Menschheit überhaupt‹. ... daß der Mann, der

während des ganzen neunzehnten Jahrhunderts für nichts er-
achtet wurde, sehr wohl das zwanzigste beherrschen könnte.[58]

Kurz bevor Apollinaire im Alter von achtunddreißig Jahren starb, lernte er den jungen Maurice Heine kennen, mit dem er plante, de Sades Werke zu publizieren. Heine machte André Breton und die Surrealisten mit de Sades Schriften bekannt und reiste 1929 nach Berlin, um das Manuskript der *120 Tage von Sodom* von dem Berliner Arzt zurückzuholen, der die Erstausgabe zusammengeschustert hatte. Heine startete ein ehrgeiziges Programm zur Publikation und Erforschung de Sades. Eine verbürgte Version der *120 Tage von Sodom* erschien zwischen 1931 und 1937 in drei Bänden. Im ersten Surrealistischen Manifest (1924) wurde de Sade als »Surrealist des Sadismus« erwähnt. In einem Vortrag in Oxford im Jahre 1936 erklärte der kommunistische und surrealistische Dichter Paul Eluard, de Sade sei so »offen und rein« gewesen wie keiner seiner Zeitgenossen (*L'évidence poétique*). Im Jahre 1930 veröffentlichte der italienische Kritiker Mario Praz *La carne, la morte e il diavolo nella letteratura romantica* (*Liebe, Tod und Teufel. Die schwarze Romantik*), ein einflußreiches Buch über die Dekadenz, in dem auch de Sade gründlich und kritisch gewürdigt wird. Im folgenden Jahr gab ein junger englischer Anthropologe, Geoffrey Gorer, die erste von drei Ausgaben von *The Life and Ideas of the Marquis de Sade* heraus (die anderen folgten 1952 und 1962). Die erste Fassung unterstrich die philosophischen und politischen Verbindungen zwischen de Sades Ideen und dem Nazismus. Die späteren Ausgaben würdigten de Sades Beitrag zur Pathologie der Sexualität. In einem kurzen Aufsatz mit dem Titel »Beliefs« (»Anschauungen«), der in *Ends and Means* (1937) erschien, widmete Aldous Huxley dem Marquis de Sade zwei Seiten; dabei sprach er von der »Philosophie der Bedeutungslosigkeit, die zu ihrem logischen Schluß geführt wird«, und stellte eine ähnliche Behauptung auf wie Apollinaire und Eluard: »De Sade ist der einzige vollkommene und kompromißlose Revolutionär der Geschichte.«

Da de Sade nur schwer zugänglich, hauptsächlich aus zweiter

Hand bekannt und von einer Aura gefährlicher Verführungskraft umgeben war, genoß er in dieser Zeit den Rang einer archäologischen Stätte, die von einem uralten Fluch geschützt wurde. Die ersten Sade-Forscher waren gleichsam Forscher eines exotischen Randgebietes der menschlichen Kultur. Es überrascht kaum, daß sie eher überzogene Statements zu diesem wirklich extremen Fall abgaben. Sie wußten damals nicht, daß de Sades exzessive Schriften und die übertriebene Beurteilung des Autors zu einer ansteckenden intellektuellen Bewegung führen würden. Als sich ein paar Jahrzehnte später die Ergebnisse dieser Sondierungsarbeiten als durchaus einträglich erwiesen, war der Zustrom kaum mehr zu bremsen.

In den dreißiger Jahren nahmen zwei junge französische Autoren de Sade sehr ernst und sehr persönlich. Der Neo-Nietzscheaner Pierre Klossowski analysierte de Sades »Liquidation des Begriffs des Bösen« und dessen Wiedereinsetzung in der Idee des Verbrechens als einer Form des verbotenen Wissens – »*crime-connaissance*«. Georges Bataille äußerte sich empört darüber, daß die Surrealisten de Sade für sich vereinnahmten, denn sie hatten keinerlei Vorstellung von seiner wahrlich exkrementösen Vision und drückten sich vor der Verpflichtung, seine Exzesse nicht nur zu imaginieren, sondern zu *praktizieren*. (Bataille selbst hegte Pläne, Menschenopfer auszuprobieren.)

Dieses sporadische Interesse an de Sade in der Zeit von Apollinaire bis 1939 stellte eine Entrümpelung, aber noch keine Wiederbelebung dar. Wirklich spürbar drehte sich der Wind in der Dekade nach dem Zweiten Weltkrieg. Beinahe jedes Jahr erschien ein wichtiges kritisches Werk beziehungsweise eine neue Ausgabe. In dieser zweiten Phase wurde de Sade aus seiner Verbannung in der »Hölle« befreit und von Verlegern und Lesern in eine Reihe mit anerkannten Standardautoren gestellt. Zu den Kritikern, die diese Rehabilitierung bewerkstelligten, zählten einige der berühmtesten Köpfe jener Zeit. Man könnte spekulieren, daß die nach und nach bekannt gewordenen Greueltaten, die in Deutschland und der Sowjetunion begangen worden waren, einige Leser dazu trieb, in der Phantasie und in den scheinbar harmlosen Schreckensvisionen eines Marquis de Sade Zuflucht zu suchen. Seine Rehabilitierung läßt sich indes auch heute noch nicht so einfach erklären. Ich führe sie eher auf einen unheimlichen post-Nietzscheschen Todeswunsch im zwanzigsten Jahrhundert zurück. Dieser Todeswunsch strebt nach einer absoluten Befreiung in dem Wissen, daß er eine absolute physische, moralische und geistige Zerstörung zur Folge haben wird. Auf manche Menschen übt die Apokalypse eine starke Anziehungskraft aus.

Der einflußreichste und am häufigsten publizierte Essay dieser Phase ist zugleich der früheste Beitrag dieser Periode, nämlich Jean Paulhans vierzigseitiger Aufsatz »Der Marquis de Sade und sein Komplize«, der 1946 als Einführung zur zweiten Auflage des Buches *Les infortunes de la vertu* erschien. Zu Beginn des Textes wird im Plauderton »das Geheimnis« der Evangelien des Neuen Testaments offenbart, nämlich daß »Jesus Christus leichten Herzens und guter Laune« sei. Diese Einleitung legt sozusagen den Keim zu der Idee, nach einem neuen Evangelium Ausschau zu halten und in de Sade ein Geheimnis beziehungsweise ein Mysterium zu entdecken. Paulhan räumt kurz ein, Verbrecher seien gefährlich und müßten bestraft werden. Doch de Sade war, Paulhan zufolge, kaum ein Verbrecher und hatte mit seinen dreißig Jahren Kerkerhaft im übrigen »bezahlt, teuer bezahlt«. Außerdem seien Kriminelle im allgemeinen weitaus interessanter als gesetzestreue Bürger; sie seien »ungewöhnlicher« und lieferten mehr »Stoff zum Nachdenken«. Deshalb verdiene de Sade unsere wohlwollende Betrachtung, zumal seine Schriften, Paulhan zufolge, nicht mehr an Gewalt und Grausamkeit enthielten als Bartolomé de Las Casas' *Brevísima Relación de la destrucción de las Indias* (1552). Die Konsequenzen sind offenkundig. Unsere beste zeitgenössische Literatur, der es vor allem darum geht, »im Infamen das Sublime zu erkennen«, ist »von Sade genauso beherrscht und geprägt wie die Tragödie des achtzehnten Jahrhunderts von Racine«. In einem schwärmerischen, seitenlangen Satz rühmt Paulhan de Sades »unbeirrtes Streben nach der Wahrheit« und schließt mit der knappen Proklamation: »Seine Bücher erinnern an die heiligen Schriften der großen Religionen.«

Solch eine Behauptung dürfte kaum zu überbieten sein, doch Paulhan hat noch mehr auf Lager. Er wartet mit einer verwässerten

Definition des Sadismus auf, die Folter und Mord zu einer selbstsüchtigen Art von Utilitarismus verkürzt. »Wir verlangen danach,
glücklich zu sein; wir verlangen auch danach, daß andere etwas
weniger glücklich sind als wir.« Auf den letzten Seiten des Aufsatzes greift Paulhan wieder das einleitende Motiv des Mysteriums
auf.

*Sadismus ist letzten Endes wahrscheinlich nichts anderes als
eine Annäherung und gleichsam die (vielleicht ungeschickte
und sicherlich abscheuliche) Erprobung einer Wahrheit, die so
heikel und so geheimnisvoll ist, daß sie, sobald sie einmal als
solche erkannt wurde, ... auf der Stelle und auf wundersame
Weise offenkundig wird.* (34)

Von welcher »Wahrheit« spricht Paulhan hinter all den umständ-
lichen Einschränkungen und Negationen dieses Satzes? Wieso
dieser sibyllinische Ton, statt einer klaren, expliziten Aussage?
Paulhan denkt vermutlich, de Sade offenbare das schreckliche Geheimnis, daß unser höchster Lustgewinn nur durch Schmerz zu
erzielen sei – Schmerz, den wir selbst erdulden, und vor allem
Schmerz, den wir anderen zufügen. Die entscheidende Frage ist jedoch nicht, wer dieses Phänomen entdeckt hat, sondern wie weit es
überhaupt auf den Menschen anwendbar ist. Paulhan setzt ohne
jede Beweisführung voraus, daß Sadismus ein universelles Faktum
sei, und präsentiert uns einen verlockenden und im Grunde unschuldigen de Sade, ohne Berücksichtigung der konkreten Verbrechen, die jener selbst beging, und der zwanghaften Vergehen an der
Menschlichkeit, die er sich auf den Tausenden von Seiten seines literarischen Werks in glühenden Farben ausmalte.[59]
   Ein Jahr nachdem Paulhans Aufsatz erschienen war, veröffentlichte dessen Freund Georges Bataille in seiner eigenen Zeitschrift
Critique einen Artikel über de Sade, der später zum Mittelstück seines Buches *La littérature et le mal* (1957) wurde. Bataille war
zunächst ein Anhänger und dann ein Gegner der Surrealisten; er
schrieb mehrere pornographische Romane, gründete (mit Roger
Caillois und Michel Leiris) das Collège de Sociologie und ent-

wickelte eine Philosophie, die auf dem Glauben an eine heilige De-
struktion gründete – ein mystischer Nihilismus, der an Nietzsches
Dionysos-Kult grenzte. Sein Denken und Schreiben trieb Bataille
in die Nähe erotischer Gewalttätigkeit und menschlicher Opferung
sowie zu dem Chaos und der Zerstörung, die er in Hitler und Stalin verkörpert sah.

Heute ist Bataille in Intellektuellenkreisen vielleicht am ehesten
dafür bekannt, daß er eine komplexe Theorie der Tabuübertretung
propagiert hat. Manche finden sie höchst profund, anderen erscheint sie unreif und zugleich bedrohlich pervers. Für ein paar privilegierte Individuen (deren geringe Zahl gewöhnlich verschwiegen wird) seien Verbote von Gewalt und Verbrechen nicht in erster
Linie dazu da, eine entsprechende Handlung zu unterbinden, sondern jenen Aktivitäten, die bewußt als Übertretungen erlebt werden, zusätzliche Würze und Intensität zu verleihen. Bataille stützt
seine Argumentation auf Hegels dialektischen Begriff »aufheben«.
Diese Form der »Übertretung sollte nicht verwechselt werden mit
einem Rückfall in den ›Naturzustand‹; sie hebt das Verbot auf, ohne
es zu unterdrücken ... eine Komplizenschaft zwischen Gesetz und
Gesetzesbruch« (*L'érotisme*, 39). Die höchste Verwirklichung der
Tabuverletzung findet Bataille in de Sades Schriften. Die Transgression, das Negieren jeder Solidarität mit anderen Menschen, offenbart sich als »unpersönlicher Egoismus« – ein ausgesprochen
treffender Begriff für die Haltung sowohl de Sades als auch Batailles.[60]

Hundert Jahre vorher hatte Baudelaire dem Prinzip der Tabuübertretung in *Les fleurs du mal* immer wieder lyrischen Ausdruck
verliehen. Der Titel drückt metaphorisch aus, was »unverblümt« in
der letzten Zeile des Gedichts »L'irrémédiable« auftaucht.

> *Tête à tête sombre et limpide*
> *Qu'un cœur devenu son miroir!*
> *Puits de Vérité, clair et noir,*
> *Où tremble une étoile livide,*

Un phare ironique, infernal,
Flambeau des grâces sataniques,
Soulagement et gloire uniques,
– La conscience dans le Mal!

(»L'irrémédiable«)

Zweisamkeit, drin Licht und Dunkel streitet,
Lebt im Herzen, das sein Spiegel ward!
Born der Wahrheit klar und schwarz, drauf zart
Eines Sterns blaßzitternd Licht hingleitet.

Doch ein Leuchtturm, höhnend in der Nacht,
Eine Fackel von des Satans Gnaden,
Einziger Trost und Ruhm auf irren Pfaden
Ist das Wissen um des Bösen Macht.

(»Das Unlösbare«, dt. von T. Robinson)

In seinem Buch über Baudelaire wirft Sartre dem Dichter vor, an einem Begriff der Sünde und des Bösen festzuhalten, um damit die Schmutzigkeit seines Lebens dramatisch zu beleuchten. Sartre stellt diese Haltung als klassischen Fall von Zynismus hin. Als Bataille Sartres Buch über Baudelaire rezensierte, konnte er dessen beweiskräftiger Argumentation nicht widersprechen. »Sartre hat recht: Baudelaire wollte sich schuldig fühlen, wie ein Kind.« Auch Bataille will sich schuldig fühlen; seine Theorie der Tabuübertretung ist selbst kindisch – eine aufpolierte säkulare Form der Sünde, die einigen ausgewählten Individuen mit ausgefallenem Geschmack das Leben interessant machen soll.

In einem Aufsatz von 1947 mit dem Titel »Sade«, der viele seiner späteren Schriften erhellt, zitiert Bataille auch Swinburne, Apollinaire und Paulhan zur Bestätigung von de Sades Genie und der Bedeutung und Schönheit seines literarischen Werkes. Bataille nähert sich dem Kern seiner Argumentation in einer langen Passage über de Sades »moralischen Zustand«.

Sade unterschied sich deutlich von seinen Helden, indem er menschliche Gefühle zeigte; dabei erlebte er Zustände der Verzückung und der Ekstase, die seiner Meinung nach in vielerlei Hinsicht allen möglich zu sein schienen. Er befand, daß er diese gefährlichen Zustände, in die ein unüberwindliches Verlangen ihn trieb, nicht aus dem Leben ausklammern konnte beziehungsweise sollte. Anstatt sie in seinem Normalzustand zu vergessen, wie es Brauch ist, wagte er es, ihnen direkt ins Auge zu blicken, und stellte sich der enormen Herausforderung, die sie für alle Menschen bilden. ... In der Einsamkeit der Zelle artikulierte Sade erstmals diese unkontrollierbaren Tendenzen, auf deren Verneinung das Bewußtsein das Gebäude der Gesellschaft – und das Bild des Menschen – gegründet hat.

(La littérature et le mal, S. 141)

Dies gleicht einem Antrag auf Freispruch für das schlimmste kriminelle Verhalten, das sich hinter Mr. Hydes »unwürdigen Vergnügungen« verbergen mag. Hinter den Behauptungen über de Sades Wagemut und Originalität führt Bataille mit den Begriffen »unüberwindliches Verlangen« und »unkontrollierbare Tendenzen« eine Theorie des Schicksals beziehungsweise des Determinismus ein, die einen Anstrich von Bewunderung hat – die Idee, daß de Sade und seine fiktiven Helden für ihr Handeln nicht verantwortlich gemacht werden sollten. Im nächsten Absatz beschreibt er, wie die wilden Ausschweifungen in *Die 120 Tage von Sodom* alles beschmutzen, verfluchen und zerstören. Doch für Bataille hat de Sade die Wahrheit erfaßt.

In Wirklichkeit ist dies das einzige Buch, in dem der Geist des Menschen an das heranreicht, was ist. Die Sprache von 120 Tage von Sodom ist die eines Universums, das in einem langsamen, aber sicheren Verfall begriffen ist und die Totalität des Seins, die es erzeugt hat, peinigt und zerstört. (143)

»Was ist« bedeutet somit die totale Zerstörung alles Seienden – eine Phantasievorstellung, die mit Gottes allumfassender Schöpfungskraft konkurriert. Bataille zitiert auch Paulhans Sentenz vom Erkennen des »Sublimen im Infamen, der Größe im Subversiven«. Bataille will uns einreden, daß de Sades verderbte Szenen der systematischen Folter, Tötung und Perversion eine neue Form des Sublimen darstellen – vergleichbar mit der wilden Schönheit verheerender Stürme und schrecklicher Naturkatastrophen, die als erhebende Schauspiele angesehen werden. Die Herausgeber von Batailles Schriften in englischer Übersetzung bezeichnen diese Schilderungen als »befreiend«.

Als ein paar Jahre später Albert Camus eine Studie über Terror, Mord und Revolte in der modernen Welt schrieb, meinte er, de Sade einen größeren Stellenwert einräumen zu müssen. Camus teilt in *Der Mensch in der Revolte* (1951) nicht Paulhans und Batailles Begeisterung für de Sades Werk, sondern konzentriert sich auf dessen Leben. In seinen sorgfältig formulierten Passagen über de Sade würdigt Camus diesen als den ersten Vertreter einer »metaphysischen Revolte«; de Sade lehnte sich gegen Gott, gegen den Menschen, gegen alles auf. Er rebellierte im Namen einer absoluten Freiheit, die de Sade zufolge jedes Verbrechen, einschließlich Mord rechtfertigte. Camus greift de Sade als ersten auf und behandelt ihn so ausführlich wie keine zweite Gestalt in *Der Mensch in der Revolte*; doch insgesamt stellt er ihn als Negativbeispiel hin. Für Camus hat de Sade alles falsch verstanden.

Sades Erfolg in unserer Zeit erklärt sich durch einen Traum, den er mit der zeitgenössischen Sensibilität gemeinsam hat: die Forderung nach totaler Freiheit und die Entmenschlichung, vom Intellekt kalt durchgeführt. ... Zwei Jahrhunderte im voraus hat Sade die totalitäre Gesellschaft in verkleinertem Maßstab gefeiert im Namen einer von Sinnen geratenen Freiheit, welche die Revolte in Wirklichkeit nicht fordert.
(40–41)

Wenn wir *Der Mensch in der Revolte* gelesen haben, begreifen wir, was Batailles »in Wirklichkeit« bedeuten soll. Camus wollte nichts von de Sades absoluter Verneinung wissen. Könnte die Revolte irgendeine Philosophie begründen, meint Camus, so wäre dies eine Philosophie der Grenzen. In Camus' ernüchternden Paradoxen über die Freiheit äußert sich ein tiefer Unmut über die intellektuellen Moden, die de Sade hochstilisieren, und zugleich eine rätselhafte Indifferenz gegenüber den Schriften, die diese Moden ins Leben gerufen haben.

Simone de Beauvoir geht in ihrem achtzigseitigen Traktat »Müssen wir Sade verbrennen?« (1952) an keiner Stelle auf Camus ein. Aufgrund des Zeitpunkts der Veröffentlichung steht diese Schrift jedoch in engem Zusammenhang mit dem großen öffentlichen Streit, den Camus und Sartre über die Kritik des Stalinismus in *Der Mensch in der Revolte* austrugen. Indirekt ficht Beauvoir Camus' Äußerungen über de Sade an, denn sie stellt die biographischen Fakten hintan und richtet ihr Augenmerk auf dessen Werk. »Sades Erotik mündet nicht in Mord, sondern in Literatur.« Unbeeindruckt von de Sades »origineller Intuition«, nach der Koitus und Grausamkeit identisch sind, fällt sie umgehend ein plattes Urteil: »Weder in seinem Leben noch in seinem Werk überwindet er die Widersprüche des Solipsismus.« Doch de Sade hat auch Beauvoir verhext, und so gerät ihre Argumentation ins Wanken.

Obwohl Sade weder ein geschickter Künstler noch ein verständlicher Philosoph ist, verdient er es aufgrund seiner unbeugsamen Aufrichtigkeit, als großer Moralist anerkannt zu werden.[61] ...

[Sade] billigt die Blutrache, nicht aber den Gerichtshof; man kann töten, aber nicht verurteilen. ...

Es ist Sades ungeheures Verdienst, die Wahrheit des Menschen gegen jeden Abwehrmechanismus der Abstraktion und Entfremdung proklamiert zu haben.

Am Ende ist aus dem Solipsisten ein Realist geworden. Beauvoir erkennt durchaus, daß de Sades »Wahrhaftigkeit« im Grunde ein

Egoismus ist, der an Wahnsinn grenzt. Aber sie weiß nicht, wie sie diesen problematischen Fall lösen soll, und kommt zu dem lahmen Schluß: »Der größte Wert seines Vermächtnisses besteht darin, daß es uns beunruhigt.«[62]

Diese zweite, ausgesprochen verworrene Phase in der Rehabilitierung de Sades fiel mit der Lockerung der Zensur in Frankreich, England und den Vereinigten Staaten zusammen. Die Gerichtsentscheidungen über *Fanny Hill*, *Lady Chatterleys Liebhaber* und vier der unzüchtigsten Bücher de Sades in den fünfziger und sechziger Jahren ebneten den Weg für die legale Veröffentlichung sämtlicher Werke de Sades in preiswerten Ausgaben, die beachtliche Profite brachten. Der amerikanische Verlag Grove Press investierte einiges in ein langfristig angelegtes Projekt, de Sade ins Englische zu übersetzen.

Die dritte Phase der Rehabilitierung de Sades begann in den sechziger Jahren. Sie entwickelte sich zunehmend zu einer Rechtfertigung und brachte eine ganze Flut von Schriften hervor. In seinem Vorwort zu *Les infortunes de la vertu* aus dem Jahre 1965 spricht Gilbert Lely davon, wie sich die Sadeschen Werke von »widernatürlichen und kriminellen« Traktaten zu »Meisterwerken der französischen Literatur« gewandelt hätten. Im selben Jahr erschien in der Reihe *Yale French Studies* ein Sonderband über de Sade, und Klossowski ergänzte seine früheren Artikel, wie etwa den Aufsatz *Sade mon prochain* von 1947, durch eine revisionistische Vorlesung und stellte damit 1967 einen gründlichen und zugleich rätselhaften Band mit dem Titel *Sade mon prochain* (»Sade, mein Nächster«) zusammen. Ein paar Jahre später erschienen zwei neue Biographien auf Englisch, und in den siebziger und achtziger Jahren schlugen sich in der Auseinandersetzung viele Frauen auf de Sades Seite.

Einer der wichtigsten Aufsätze über de Sade, der 1944 in Deutschland erschienen war und erst 1972 ins Englische übersetzt wurde, floß etwa um diese Zeit in die Debatte ein. Die beiden Gründungsväter der Frankfurter Schule, Max Horkheimer und Theodor Adorno, bezogen in *Die Dialektik der Aufklärung* einen vierzigseitigen Exkurs mit dem Titel »Juliette oder Aufklärung und Moral«

ein. Ihre Prosa ist keineswegs leicht verständlich, und die Autoren begehen den gravierenden Fehler, de Sade nicht als Aristokraten, sondern als einen Vertreter des Bürgertums einzustufen, aber wie Klossowski ringen sie mit einem Dämon. Die Erörterung ist spannend.

Horkheimer und Adorno behaupten, jeder sei ein abergläubischer Narr, der wie Kant von der Annahme ausgehe, die Moral von der Vernunft herleiten zu können. Allein de Sade habe eine moralische Ordnung entdeckt, die auf der Selbsterhaltung des bürgerlichen Individuums beruhe. De Sades Orgien mit ihrer kunstvollen Organisation ohne jegliches reale Ziel sollten als eine Form des modernen »Sports«, des freien Spiels der Vernunft betrachtet werden. Sie böten uns das Vergnügen, die Zivilisation mit ihren eigenen Waffen anzugreifen – das heißt, mit systematischer rationaler Planung. In den düster elegischen Schlußpassagen scheinen die Autoren zu argumentieren, de Sade zeige uns das wahre Gesicht der aufgeklärten Ratio – Grausamkeit als Größe, Sozialismus totalitärer Prägung und das homerische Epos der Herrschaft. Es bleibt unklar, ob wir diese Aussicht begrüßen oder davor zurückschrecken sollten. Horkheimers und Adornos Ambivalenz gegenüber de Sade entspricht der Ambivalenz des gesamten Buches gegenüber dem gescheiterten Projekt einer Vernunft der Aufklärung.

Der andere bedeutende Exponent dieser dritten Phase der Sade-Renaissance zeigt nichts von dieser Ungewißheit in bezug auf die Frage, wie wir de Sades historische Rolle interpretieren sollten. Für Michel Foucault ist die Tatsache, daß de Sade uns die Wahrheit über das Verhältnis des Menschen zur Natur offenbarte, eine entscheidende Voraussetzung dafür, daß sich aus dem Klassizismus des siebzehnten Jahrhunderts das moderne Zeitalter entwickelt hat. Im folgenden seien vier Passagen aus Foucaults beiden wichtigen Werken von 1961 und 1966 zitiert, die den ansonsten verborgen bleibenden Kern seines Ethos offenbaren.

Sadismus ist eine massive kulturelle Tatsache, die genau am Ende des achtzehnten Jahrhunderts in Erscheinung tritt und eine der bedeutendsten Umwandlungen in der westlichen

Vorstellung in Gang setzt ... der Wahn des Verlangens, das krankhafte Ergötzen an Liebe und Tod in der grenzenlosen Anmaßung der Begierde.

(Wahnsinn und Gesellschaft)

Durch Sade und Goya erhielt das Abendland die Möglichkeit, seine Vernunft in der Gewalt zu überschreiten.

(Wahnsinn und Gesellschaft)

Von [Sade] an werden Gewalt, Leben und Tod, Verlangen, Sexualität unterhalb der Repräsentation eine immense, schattige Schicht ausbreiten, die wir jetzt so, wie wir können, wieder in unseren Diskurs, in unsere Freiheit, in unser Denken aufzunehmen versuchen.

(Die Ordnung der Dinge, S. 264)

Tatsächlich hat unter den Veränderungen, die das Wissen von den Dingen und ihrer Ordnung ... berührt haben ..., eine einzige, die vor anderthalb Jahrhunderten begonnen hat ..., die Gestalt des Menschen erscheinen lassen.

(Die Ordnung der Dinge, S. 462)

In dem letztgenannten Zitat, das der letzten Seite der *Ordnung der Dinge* entnommen ist, wird de Sade nicht namentlich genannt. Doch aus dem Zusammenhang und in Verbindung mit den anderen Passagen ergibt sich ziemlich eindeutig, daß sich die von Foucault gewürdigte große kulturelle »Veränderung« auf de Sades Moralphilosophie und deren praktische Anwendung im Leben bezieht. In seinem Aufsatz »A Preface to Transgression« [Ein Vorwort zur Tabuverletzung] von 1963 greift Foucault auf Batailles Paradoxe zurück, um de Sades tabuverletzende Sprache zu verherrlichen. Der beschwörende Stil des Aufsatzes gleitet oft in reine Mystifikation ab. Wir sollten uns über Foucaults Haltung, die sich hinter diesem schillernden Stil verbirgt, völlig im klaren sein: Für Foucault ist de Sade unser Erlöser.

In dieser dritten Phase warnten nur wenige davor, de Sade vorschnell als neuen Propheten und Erlöser hinzustellen. Bevor das freidenkerische Gären der sechziger Jahre seinen Höhepunkt erreichte, erschien ein sachkundiges Buch, das sich zum ersten Mal unerschrocken mit de Sade als Denker auseinandersetzte und ihn im Rahmen der Geistesgeschichte des achtzehnten Jahrhunderts beleuchtete. In Lester G. Crockers *Nature and Culture: Ethical Thought in the French Enlightenment* (1963) wird de Sade gleichsam in die philosophische Oberliga aufgenommen und neben Hobbes, Hume, Voltaire und Diderot gestellt. Nach den Ausführungen über das »Naturgesetz«, »Theorien des sittlichen Empfindens« und die »utilitaristische Synthese« beherrscht in dem Kapitel »Die nihilistische Auflösung« über vierzig Seiten hinweg de Sade fast ganz allein die Bühne. Überall in dem Buch wird de Sade zitiert. Andererseits spricht Crocker de Sade jegliche Originalität ab, wenn es um philosophische Ideen beziehungsweise literarische Form geht. Als Beweis liefert er einige Zitate aus Julien Offray de La Mettries *Le bonheur* (1748), das de Sade sorgfältig gelesen hatte.

> *In bezug auf Glück sind [Begriffe wie] richtig und falsch völlig unwichtig. ... Ein Mensch, der größere Befriedigung daraus zieht, Unrecht zu tun, wird glücklicher sein als einer, der weniger Befriedigung daraus zieht, tugendhaft zu handeln. ... Es gibt eine besondere Art von Glück, die im Laster und im Verbrechen selbst zu finden ist. ...*
>
> *Auf daß die Befleckung und der Orgasmus deine Seele möglichst genauso klebrig und schlüpfrig mache wie deinen Körper. ... Ich dränge nur nach Seelenfrieden im Verbrechen.*

De Sade fand in La Mettries Ideen eine philosophische Entsprechung zum Terror in der politischen Geschichte. D'Argens und L'Abbé Dulaurans, die de Sade ebenfalls bekannt waren, schufen Romanfiguren, die den seinen an Lasterhaftigkeit und Egoismus fast in nichts nachstanden. Crocker betont indes, daß de Sade der erste war, der ein »vollständiges System des Nihilismus [entwarf], mit all seinen Implikationen, Verästelungen und Konsequenzen. ... Nihilismus ist der Wurm im Kern unserer Kultur. Es ist der Makel, den wir ständig überwinden müssen.« Crockers These verdankt vieles Camus. Mit dem Resümieren und Zitieren der Sadeschen Ideen über Natur und Kultur skizziert er nach und nach ein philosophisches System, das genauso schockierend inhuman ist wie die kriminellen Handlungen, die in den Romanen begangen werden. Crocker scheint sogar die schwer faßbare »Wahrheit« entdeckt zu haben, auf die viele bei de Sade verwiesen haben.

Gerechtigkeit ist die höchste Torheit, denn sie gebietet uns, die Interessen anderer zu wahren, nicht unsere eigenen. In der konkreten Praxis finden wir das »gerecht«, was in unserem eigenen Interesse liegt, je nachdem ob wir stark oder schwach sind. ... Und warum, fragt Sade, sollten wir solch eine Wahrheit vor uns verbergen? (410–411)

Crocker versäumt es zu erwähnen, wie viele dieser Streitfragen in Platons *Gorgias* von Callicles aufgegriffen und von Sokrates beantwortet wurden. Crocker zeigt geschickt die Widersprüche in Sades nihilistischer Synthese auf, die diese als philosophischen Standpunkt unhaltbar machen. Für Crocker war de Sade »der erste, der das Scheitern des Rationalismus zur Kenntnis nahm« und »die Krise der abendländischen Kultur vorhersagte«. Keine andere Erörterung der Sadeschen Ideen innerhalb ihres historischen Zusammenhangs ist so klar und prägnant wie die Crockers. Leider schließt er sich der abgedroschenen Auffassung an, de Sades »Sexualwissenschaft« leiste einen Beitrag zur modernen Psychologie.

Crocker war Experte auf dem Gebiet der französischen Literatur und Philosophie des achtzehnten Jahrhunderts. Roland Barthes, einer der einflußreichen Vordenker der sechziger und siebziger Jahre, hatte am Collège de France den Lehrstuhl für Semiotik inne, der speziell für ihn eingerichtet worden war. In *Sade, Fourier, Loyola* (1971) behandelte Barthes de Sade aus ganz anderen Gründen und mit ganz anderen Folgen. Crocker besetzte mit de Sade die nihilistische Nische in seiner Analyse der Ethik der französischen Aufklärung und räumte ihm so einen Platz in der Geschichte der abendländischen Philosophie ein. Barthes brauchte de Sade (flankiert von Fourier und Loyola) als endgültigen Test und Beweis seines semiotischen Systems, demzufolge sämtliche literarischen Werke einem ergötzlichen Gebäude von Zeichen angehören, ohne Beziehung zur Realität und jenseits aller moralischen Beurteilung. Ich glaube, de Sade wäre kaum erfreut darüber gewesen, daß Barthes seine Werke in »Texte« verwandelte – in harmlose linguistische Strukturen und syntaktische Konstrukte, in reine Kombinationen von Worten ohne jeglichen Einfluß auf unser Leben. Genauer gesagt wäre de Sade wahrscheinlich darüber erzürnt, daß Barthes seinem Lebenswerk eiskalt den Giftzahn zog.

Bereits in seinem Vorwort verwirft Barthes die klassische Vorstellung des Horaz, wonach literarische Werke zugleich *dulce et utile* – sowohl gefällig als auch lehrreich – seien. In Barthes klammheimlicher Revolution annektiert der erste Begriff schlicht und einfach den zweiten.

Das Vergnügen einer Lektüre garantiert seine Wahrheit. Wenn ich Texte und nicht Werke lese und sie mit einem Blick absuche, der nicht ihr Geheimnis, ihren ›Inhalt‹, ihre Philosophie, sondern einzig und allein ihr Glück beim Schreiben genießen will, kann ich hoffen, Sade, Fourier und Loyola ihrer Bürgschaften zu entledigen (der Religion, der Utopie, des Sadismus); ich versuche, den moralischen Diskurs, der über sie gehalten wurde, zu zerstreuen oder einfach zu umgehen.

(14)

Barthes sagt, er wolle die drei Autoren der alles beherrschenden bürgerlichen Ideologie »stehlen«, um der Gewalt ihrer »Ausschweifung … als Literatur« Gehör zu schenken.

Nach den Manierismen und analytischen Tricks seines früher entstandenen kritischen Werks *S/Z* offenbart diese dreifache Studie Barthes' immensen Einfallsreichtum als Leser. Er entdeckt zwischen de Sade, Fourier und Loyola echte Entsprechungen in bezug auf Stil und Anlage. Der Art und Weise, wie Barthes sein Material aufbereitet und die verschiedenen Kapitel anordnet, läßt sich entnehmen, daß es ihm vor allem darum ging, de Sade jedem kritisch zensierenden Urteil zu entreißen. Nach einer meisterhaften Bestandsaufnahme der Sadeschen »Protokolle« – verborgene Festungen, Nahrung und Kleidung, Geld, Charakterporträts – behandelt er de Sades schrecklichste Episoden als reine Permutationen erotischer Posen – durchaus vergleichbar mit einer Sprache, die nach grammatikalischen Regeln aus Wörtern Sätze bildet. Alles reduziert sich auf eine Reihe von Codes, und »der Satz … verwandelt das Netz von Verbrechen in einen wunderbaren Baum [erotischer Verästelungen]«. Als Beispiel für diese genialen Sprachkonstrukte nennt Barthes einen lakonischen Satz de Sades: »Um Inzest, Ehebruch, Sodomie und Gotteslästerung zusammenzubringen, fickt er seine verheiratete Tochter mit einer Hostie in den Arsch« (178). Für Barthes klingt das alles so normal wie Algebra oder ein Kreuzworträtsel.

Barthes zufolge schreibt de Sade wahre »Poesie«, in der die Alltagssprache eine Verschiebung erfährt. Da de Sade keinerlei Abbildung oder Nachahmung der Realität praktiziere, da die verderbte und kriminelle Juliette lediglich »aus Papier« beziehungsweise aus Wörtern bestehe und »keine Angst einflößt, weil sie in der Realität unvorstellbar ist«, haben wir Barthes zufolge keinen Grund, diese Werke zu verurteilen oder zu zensieren. Seiner Meinung nach erzählen sie lediglich Geschichten und spielen mit brillanten Wortwitzen, die uns großes Vergnügen bereiten. Wir könnten ebensogut Scrabble spielen.

Barthes vermochte de Sades Werke indes nicht vollkommen zu entschärfen, indem er sie in eine aufpolierte L'art-pour-l'art-Tradition einreihte. Der italienische Poet, Filmemacher und Kommunist Pier Paolo Pasolini, der die kritischen Schriften Barthes' und anderer über de Sade gelesen hatte, nahm einen Roman de Sades zur Vorlage für seinen letzten und skandalösesten Film, *Salò oder die 120 Tage von Sodom* (1975). Die grelle Publicity beim Erscheinen des Films mischte sich mit dem Abscheu angesichts des brutalen Mordes, der Pasolinis angeschlagenes Leben als bekennender Homosexueller beendete. Es gibt vielleicht keinen zweiten Film des Mainstream, der so bewußt auf eine Schockwirkung angelegt ist. In *Salò* werden brutale sexuelle Perversionen so rigoros durchgesetzt, daß der einzige rebellische Moment gewöhnlicher heterosexueller

Liebe sofort mit der Hinrichtung der beiden Beteiligten bestraft wird. Dies ist keine komische Szene. Die offen ausagierten greulichen Episoden der Koprophilie, Sodomie und Folter werden durch die szenische Ausstattung mit dem Faschismus in seinen letzten Zügen in Verbindung gebracht. Aus Pasolinis zahlreichen Äußerungen geht hervor, daß er die unerbittliche Obszönität und Grausamkeit des Films als Angriff auf »die Macht« verstand, die alles, einschließlich unserer Sexualität, zur Ware erklärt. *Salò* kann auch als extreme Verkörperung eben jener etablierten Macht in Gestalt von kalkulierter Provokation und Skandal gesehen werden.

Ein asiatischer Autor und ein anderer europäischer Regisseur waren darum bemüht, de Sade auf eine subtilere Weise wiederzubeleben als Pasolini dies tat. Der japanische Schriftsteller Yukio Mishima, der 1970 Harakiri beging, hatte 1965 das Bühnenstück *Madame de Sade* veröffentlicht. Bei den wechselnden Dialogen zwischen sechs Frauen bleibt de Sade stets hinter der Bühne, während seine treue Frau ihn wiederholt als goldhaarig, zärtlich, sanft und liebevoll bezeichnet. Am Ende des Stücks (das die Tatsache ausspart, daß sie ihn fallenließ, als er aus dem Gefängnis entlassen wurde) läßt sie in einer aufschlußreichen Koda die meisten der prometheischen und faustischen Statements vom Stapel, die im zwanzigsten Jahrhundert über de Sade geäußert wurden. »Er ist der unabhängigste Mensch der Welt. ... Er türmt Übel auf Übel und steigt ganz hinauf. Mit ein wenig mehr Anstrengung werden seine Finger die Ewigkeit berühren. ... Er schuf etwas Heiliges aus dem Schmutz, den er zusammentrug.«

In den neunziger Jahren hat Ingmar Bergman das Stück auf Schwedisch inszeniert, worauf das Werk international als Meisterwerk des Theaters gefeiert wurde. Die Rehabilitierung de Sades war so erfolgreich vonstatten gegangen, daß kein Kritiker, den ich las, bereit war, nach den Prämissen und dem Tenor des Stücks zu fragen. Der Theaterkritiker des *New Yorker*, John Lahr, bezeichnete die Aufführung als einen »erhabenen« Abend und befaßte sich dann aber nicht mit Madame, sondern mit Monsieur de Sade. »Perversion wird hier nicht zu einem Akt der Erniedrigung, sondern der Entdeckung. ... Das Böse selbst wird zum Mirakel.«

Nachdem Pasolini, Mishima und Bergman die Türen sogar noch weiter aufgestoßen hatten, wurde es fast zur Alltäglichkeit, de Sades verderbte Welt zu feiern. Eine frenetische Zelebrantin, Camille Paglia, zögerte nicht, in *Sexual Personae* (1990) ausgesprochen freizügige Passagen de Sades zu zitieren, welche die Verbindung zwischen sexueller Lust und Handlungen wie Folter und Mord illustrieren. Vor diesem Hintergrund erscheint ihr de Sade als »ein bedeutender Schriftsteller und Philosoph, dessen Fehlen in den Lehrplänen der Universitäten die Ängstlichkeit und Heuchelei der liberalen Geisteswissenschaften deutlich werden läßt«. Paglia verläßt sich jedoch auf dasselbe Alibi der ästhetischen Distanz wie Barthes.[63] Hier zieht Kunst keinerlei Verantwortung nach sich und entzieht sich jedem Urteil. »Die endlosen Morde und Katastrophen der Literatur dienen der Beschaulichkeit, nicht der moralischen Unterweisung.« Ein besonders schreckliches Zitat kommentiert sie so: »Vergessen wir nicht, dies sind Ideen, keine Taten.« An anderer Stelle unterstreicht sie de Sades »komisches Naturell«. Aber irgendwie wird de Sade große Bedeutung beigemessen. In Leuten wie Paglia hat der Marquis eine ergebene Kultgemeinde gefunden.

Die vierte Phase der Sade-Rehabilitierung bildet schließlich seine endgültige Weihe. Bisher begegneten wir Behauptungen, de Sade sei der unabhängigste aller Revolutionäre, der Schöpfer einer neuen Erhabenheit, ein großer Lehrer der Tabuverletzung und ein bedeutender Wortkünstler ohne jede moralische Dimension gewesen. Seine Weihe und Aufnahme in die Ruhmeshalle der großen Meister vollzog sich in zwei Schritten, zunächst 1989 in *A New History of French Literature*, die Denis Hollier von der Yale University bei der Harvard University Press herausgab. In dieser revisionistischen Literaturgeschichte beleuchten dreihundert fünfseitige Beiträge nacheinander konkrete historische Daten, die wichtige literarische Ereignisse markieren, meist die Veröffentlichung eines bedeutenden Werkes. Im siebzehnten Jahrhundert beispielsweise qualifizieren sich Corneille, Molière und Racine jeweils für einen vollen Eintrag; Saint-Simon dagegen geht leer aus. Aus den neun Jahrhunderten Literaturgeschichte, die hier abgedeckt sind, verdient nur ein einziger Autor *zwei* volle Einträge: der Marquis de Sade.

Unter dem Stichwort »Sommer 1791« wird die anonyme Veröffentlichung von *Justine* behandelt. Die Verfasserin des Beitrags, Chantal Thomas, vergleicht *Justine* mit Voltaires *Candide* und bezeichnet de Sades Roman als »ein besonders bewundernswertes Beispiel dieser Dynamik des Schreckens« und bringt ihn in Zusammenhang mit den populären *histoires tragiques*, »die die Tugend des Lesers durch das Schauspiel des Lasters läutern sollen«. »Die Leidenschaften bei de Sade sind zwar zweifellos exzessiv und systematisch tabuverletzend, aber niemals unglaubwürdig.« Offensichtlich hatte Thomas es versäumt, Barthes zu lesen. Aber auch sie findet bei de Sade ihre Version der »Wahrheit«.

Der Libertin stellt sich einer unentrinnbaren Wahrheit, der des absoluten Egoismus der Lust . . . . Aufgrund dieser Unvoreingenommenheit, die in dem, was gemeinhin als Sadismus bezeichnet wird, ja gerade nicht existiert, liegt Sades Werken ein Prinzip der Losgelöstheit, der Leichtigkeit zugrunde. (583)

Lassen wir uns nicht irreführen. Die Kaltblütigkeit, die de Sade mit der Ausführung seiner bestialischen Torturen propagiert, besteht darin, jegliches Gefühl für einen anderen Menschen zugunsten einer infantilen egoistischen Lust systematisch auszuschalten. De Sades kalter Sadismus zeugt von einer puren Verderbtheit und keineswegs von einer »Leichtigkeit« – schon gar nicht von jener, die Milan Kundera in seinem Roman *Die unerträgliche Leichtigkeit des Seins* meinte. Thomas kommt zu dem Schluß: »Entgegen aller gängigen Auffassung sollte Sades Name im Grunde das Bild geopferter Unschuld beschwören.« Hier lernt man zumindest, hellhörig zu werden, wenn die Floskel »im Grunde« fällt.

Der Eintrag zum Jahr 1791 in der *New History of French Literature* trägt den Titel »Pleasure, Perversion, Danger« [Lust, Perversion, Gefahr]. Der Vermerk zum März 1931 mit dem Titel »Sadology« greift den Faden mit Maurice Heines bearbeiteter Ausgabe der *120 Tage von Sodom* wieder auf. Carolyn J. Dean, die Verfasserin dieser Seiten, skizziert die Wiederentdeckung de Sades in diesem Jahrhundert und zitiert gleich zu Beginn Apollinaires Prophezeiung, wonach de Sade »sehr wohl das zwanzigste [Jahrhundert] beherrschen könnte«. Dean zieht dies in keiner Sekunde in Zweifel. »[Apollinaire] hatte recht. … Sade wurde nun als unscheinheiliger – wenn auch extremer – Ausdruck der Natur gepriesen, der eher von der Vielfalt und Komplexität der natürlichen Impulse zeugte als von einer individuellen pathologischen Verderbtheit.« Ohne auch nur zu murren, werden hier de Sades laufende Behauptungen über die Natürlichkeit aller von ihm propagierten und beschriebenen Vergehen als wahr geschluckt. An einer Stelle erwähnt Dean beinahe beiläufig »den entsetzlichen, unfaßbaren Kern seiner Erfahrung, wonach Sexualität nicht mit Lust, sondern mit Gewalt in Verbindung gebracht wird«. Genauso ist es. Doch wie fast alle, die sich für Sades Rehabilitierung eingesetzt haben, billigt Dean diese Verknüpfung der Sexualität mit Egoismus, Grausamkeit, Verbrechen und Gewalt.

Nach diesen Lobpreisungen versucht Dean, sich im letzten Satz wieder in die Realität zurückzuwinden. »Ab den dreißiger Jahren erschien das Feiern de Sades durch die Surrealisten furchtbar naiv angesichts einer politischen Gewalt, in der sich einige von Sades Horrorszenarien zu wiederholen schienen« (894). Diesem zögerlichen Einwand gehen zwei Seiten voraus, auf denen energisch das Gegenteil vertreten wird. »Naiv« ist ein eigentümlich schwaches Wort für ein solches schreckliches Fehlurteil. Außerdem trifft dieser kritische Vorwurf viel weniger auf die Surrealisten zu als auf spätere Fürsprecher wie Bataille und Blanchot, deren Schriften diesen Beitrag zur »Sadology« überhaupt erst rechtfertigen.

In beiden Einträgen der *New History of French Literature*, unter 1791 und 1931, wird der nackte Horror in den Schriften de Sades kurz angedeutet und dann durch bagatellisierende Konzessivsätze verharmlost. Thomas schreibt: »… zwar zweifellos exzessiv und systematisch tabuverletzend«. Dean formuliert es noch knapper: »– wenn auch extrem –«. Dadurch wird das Zentrum, de Sades unmenschliche Exzesse, an den Rand geschoben. Die beiden Autorinnen sprechen von de Sade in annehmbaren abstrakten Begriffen wie Natur, Tabuverletzung, Ironie und Kreativität sowie »Sieg der Begierde über die objektive Wirklichkeit«. Diese neue Literaturgeschichte ist bestrebt, de Sade als beherrschende und bewundernswerte Figur der französischen Literatur hinzustellen. – Seine zweite Weihe empfing de Sade, als seine Werke 1990 in der angesehenen und aufwendig gedruckten Reihe der Bibliothèque de la Pléiade erschienen. Dies bedeutet ungefähr genausoviel Ehre, wie wenn das Werk eines bildenden Künstlers in den Louvre aufgenommen wird. In einer ausführlichen Einleitung rechtfertigt Michel Delon die Veröffentlichung in dieser Reihe und zeichnet das zeitweise Verschwinden und spätere Wiederauftauchen der Sadeschen Werke nach. Die Einführung legt für den aufmerksamen Leser auch eine Argumentation zugunsten de Sades dar, die manches verschweigt und manches offenbart. Sades Werke, so schreibt Delon zu Beginn, hätten all jene aufgerüttelt und zusammengeschart, die sich der Literatur als Institution widersetzten. Romantiker, Dekadente, Ästheten, Surrealisten und die Gruppe Tel Quel – sie alle »fanden sich in ihrer Ablehnung der bürgerlichen Ordnung und des moralischen Dogmatismus bestärkt durch die Lektüre der [Sadeschen] Romane, die das gute Gewissen auslöschen«. Und all dies ist in Delons Augen natürlich zu begrüßen. Zum Schluß beruft er sich auf Michel Foucault und gibt zu verstehen, daß dessen positives Urteil über de Sade auf einer rein ästhetischen Würdigung beruhe – so wie man vielleicht ein Streichquartett bewundert. Delon erwähnt indes nicht, daß Foucault lautstark de Sades moralischen Nihilismus billigt. Wettgemacht wird diese Unterlassung zum Teil durch Delons eigene Auffassung darüber, wie die Ästhetik die Moral okkupiert. »Wenn sich das Schöne damit zufriedengibt, die Natur so nachzuahmen, wie es die Alten festlegten, muß uns das Erhabene wie die rohe und ungebändigte Natur vorkommen – die Natur, welche Stürme und Vulkanausbrüche entfesselt, die Natur, die Pyromanen und Folterknechte anstachelt« (de Sade, Pléiade, LVI). Nach dieser Rechtfertigung der Erhabenheit des Verbrechens, die wie ein Echo de Sades und Batailles klingt, frohlockt Michel Delon abschließend darüber, daß de Sade endlich wieder Eingang in das Pantheon der großen Literatur gefunden habe. »Sade eröffnet in der Literatur eine Ära des Mißtrauens gegenüber jeder Macht und gegenüber jedem Diskurs. … Sade gehört, ohne Banalisieren, ohne Provokation, in die Bibliothèque de la Pléiade.«

Ist es möglich, daß das Dünndruckpapier, der Ledereinband und der wissenschaftliche Apparat der Pléiade-Ausgabe aus de Sade einen Autor machen, den unsere Kinder mit Genuß und Gewinn gleich neben Dickens, Balzac und Melville lesen können? »Dem Starken mit dem Dolch folgt der Schwache mit dem Lappen.« Gilt Lord Actons Bonmot über die Geschichte auch für die Literatur? Beinahe alle literarischen und philosophischen Diskussionen über de Sade, die ich referiert habe, wischen die Verderbtheit und Grausamkeit seiner Erzählungen weg, indem sie allein seine Ideen bedenken. Die Pléiade-Ausgabe führt uns alles vor, ohne uns auch nur eine einzige Greueltat vorzuenthalten. Aber damit beginnt unsere Aufgabe als Leser erst richtig. Denn nach der Rehabilitierung und der offiziellen Salbung de Sades tun wir gut daran, uns gründlich zu vergewissern, ob innerhalb des hübschen Einbandes der Dolch noch gezückt ist.[64]

Zu diesem Zweck möchte ich im folgenden zunächst zwei besondere Fälle betrachten, die belegen, welchen Einfluß de Sades Ideen und fiktive Szenen auf Personen mit auffälliger Charakterstruktur haben können, und dann erst direkt auf de Sades Werke eingehen. Das ist zwar ein großer Umweg, doch ich glaube, dies öffnet uns die Augen für die ganze Tragweite dieses Falles.

Der Moors murders-*Fall*

Am 7. Oktober 1965 um sechs Uhr früh meldete sich auf dem Staleybridge-Polizeirevier in Hyde unweit Manchester bei Wachtmeister Antrobus ein Ehepaar namens Smith. Wir befinden uns wohlgemerkt nicht in der burlesken Welt eines Eugène Ionesco oder eines Thornton Wilder, die in ihren Stücken genau diese Namen verwenden. David Smith, ein verheirateter Siebzehnjähriger mit einem Vorstrafenregister wegen Gewalttätigkeiten, hatte beschlossen, der Polizei zu berichten, was er in der vorausgegangenen Nacht, angelockt durch einen engen Freund, miterlebt hatte, nämlich einen blutrünstigen Mord. Smith hatte seine Schwägerin Myra kurz vor Mitternacht nach Hause gebracht und war in deren Wohnung in eine Szene hineingeraten, die Myras Freund sowie Smiths Kumpel Ian Brady teilweise extra für ihn inszeniert hatten. Monatelang hatte Brady zunächst Myra und dann auch Smith mit langen Diskussionen, Büchern über sadomasochistische Praktiken und Nazipropaganda in eine von Gewalt und Mord geprägte Welt eingeführt. In jener Nacht brachte Brady vor Smiths Augen einen jungen Homosexuellen namens Evans um und versuchte, Smith zur Teilnahme an dem Verbrechen zu bewegen. Smith half nach der Tat mit, die Wohnung aufzuräumen, und ging dann nach Hause. Ein paar Stunden später beschlossen er und seine Frau in Panik, das Verbrechen zu melden, das heißt, ihren engsten Freund und ein Familienmitglied anzuzeigen. In dem gewaltigen Presserummel um den nachfolgenden Prozeß, bei dem Smith als Hauptzeuge auftrat, zahlten ihm die Zeitungen beträchtliche Summen für Exklusivinterviews. Bradys Verteidigung versuchte mit allen Mitteln, Smith eine Mittäterschaft bei dem Mord, den er miterlebt und angezeigt hatte, nachzuweisen.

Dies bildete den Hintergrund für den Prozeß um die sogenannten *Moors murders*, die »Moormorde«, der 1966 in der idyllischen mittelalterlichen Stadt Chester geführt wurde. Der Fall ging drei Wochen durch alle englischen Zeitungen und entsetzte die Öffentlichkeit. Bei den vorausgegangenen Untersuchungen stieß man auf zwei weitere, frühere Morde an noch jüngeren Opfern, deren Leichen im nahegelegenen Saddleworth-Moor versenkt worden waren. Meine Darstellung stützt sich auf die Artikel der Londoner *Times*, die zwischen dem 19. April und dem 17. Mai 1966 fast täglich erschienen, und auf später dazu veröffentlichte Bücher.

Knapp zwei Jahre zuvor, im November 1963, hatten Ian Brady und Myra Hindley den vierzehnjährigen John Kilbride in ihre Wohnung gelockt und – nach dem Bericht des Gerichtsmediziners – zu »sexuellen Handlungen« gezwungen und kurz darauf getötet. Brady fotografierte Hindley an dem frischen »Grab« im Moor. Zwei Jahre nach dem Mord an dem Jungen, am 26. Dezember 1965, entführten die beiden die zehnjährige Leslie Ann Downey. In Hindleys Wohnung entkleideten und knebelten sie das Kind und nahmen dessen Schreien und Flehen auf Tonband auf.

Brady machte pornographische Fotos von dem Mädchen und brachte es dann um – wahrscheinlich durch Ersticken. Die Fotos wurden den Geschworenen gezeigt, in den Pressemeldungen jedoch nicht näher beschrieben. Der Fotoexperte, der bestätigte, daß sie mit Bradys Kamera aufgenommen worden waren, konnte nur sagen, für diese Bilder sei »kein Adjektiv der englischen Sprache angemessen«. Auf der sechzehnminütigen Tonbandaufnahme von Leslie Ann Downeys Stimme, die bei absoluter Stille im Gerichtssaal den Geschworenen vorgespielt wurde, waren Schritte, gedämpfte Stimmen, deutliches Flehen wie »Bitte, lieber Gott … Bitte, Mama … Was habt ihr mit mir vor? … Ich will zu meiner Mama«, leises Wimmern und schließlich schreckliches Schreien zu vernehmen. Auf der Zuschauergalerie hielten sich zwei Frauen die Ohren zu. Andere Anwesende im Gerichtssaal beherrschten sich, bis die Weihnachtsmusik und die Glockenklänge zu hören waren, die Brady und Hindley am Ende mit aufgenommen hatten. Zu Beginn des Prozesses waren auf Antrag der Verteidigung alle Frauen unter den Geschworenen gegen Männer ausgetauscht worden.

Im Laufe des Prozesses verwies der Generalstaatsanwalt, der die Anklage vertrat, auf die Sammlung von fünfzig Büchern, die in einem Koffer gefunden worden waren; darunter Titel wie *Orgies of Torture and Brutality, History of Torture through the Ages, Sexual Anomalies, Cradle of Erotica,* Geoffrey Gorers *The Life and Ideas of the Marquis de Sade* und Hitlers *Mein Kampf.* Am 20. April zitierte er aus einem »orangefarbenen Buch« de Sades Plädoyer, wonach Mord »notwendig, niemals kriminell« sei. Smith bezeugte, daß ihm diese Passage von Brady laut vorgelesen worden sei und daß Brady de Sades Werke bewunderte und ihn als »ausgezeichneten Autor« lobte. Am Tag darauf nahm Bradys Verteidigung Smith ins Kreuzverhör, um die angebliche Beeinflussung durch Brady auf den Grund zu gehen. Dabei wurden Abschnitte aus Smiths Tagebuch vorgelesen. Im Gerichtsprotokoll vom 23. April hieß es: »Mr. Hooson forderte Smith auf, Seite 24 aufzuschlagen und zu lesen: ›Vergewaltigung ist kein Verbrechen, sondern ein Geisteszustand. Mord ist ein Steckenpferd, ein absolutes Vergnügen.‹ Smith erwiderte, ›Das ist nicht meine Auffassung. Das ist wohl die Ansicht des Marquis de Sade.‹«

Brady gab später zu, daß die Bücher in dem Koffer sein Eigentum waren. Am 2. Mai wandte sich die Anklage wieder dem Mord an dem jungen Homosexuellen zu, den Smith angezeigt und der das ganze Verfahren ins Rollen gebracht hatte. Ich zitiere einen Ausschnitt aus dem Protokoll des Kreuzverhörs des Angeklagten Brady.

Generalstaatsanwalt: Aber es gab nichts Gemeineres, als diesen Jungen zu töten?

Brady: Ja. Aber das hängt davon ab, wie man darüber denkt.

Generalstaatsanwalt: Sie stimmen doch nicht mit dem Marquis de Sade in dessen Ansicht über Mord überein, oder?

Brady: Ich habe de Sade gelesen; das Buch gehört Smith.

Generalstaatsanwalt: Sie haben es gelesen und Gefallen daran gefunden?

Brady: Ja.

Generalstaatsanwalt: Und Sie billigen, was darin steht?

Brady: Zum Teil.

Generalstaatsanwalt: Und die Äußerungen über Mord?

Brady: Die nicht.

Darauf verwies der Generalstaatsanwalt Brady auf eine Liste von Buchtiteln, die er, wie er sagte, nicht laut vorlesen wollte, und fragte Brady: *Das sind alles schmutzige pornographische Bücher?*

Brady: Die kann man nicht als pornographisch bezeichnen. Man kann sie an jedem Bücherstand kaufen.

(Gerichtsprotokoll vom 3. Mai)

Während des gesamten Verfahrens wahrten sämtliche Beteiligte ein hohes Maß an Höflichkeit, außer Brady und Hindley, die sich abwechselnd stur und trotzig verhielten. Ihre Anwälte versuchten mit allen Mitteln, Smiths Aussagen in Zweifel zu ziehen und ihn als Mittäter zu belasten. Doch die Tonbandaufnahme, die Fotos und die anderen Beweismittel überzeugten die Geschworenen. Nach einer über zweistündigen Beratung kamen sie zu einem Urteil; sie befanden Brady in drei Fällen und Hindley in zwei Fällen des Mordes für schuldig. Weil in England kurz zuvor die Todesstrafe abgeschafft worden war, entgingen sie dem Galgen und verbüßen noch immer mehrfach lebenslängliche Haftstrafen.

In dem Prozeß wurde über die Schuldfrage in der Anklage wegen Mordes entschieden. Man versuchte nicht, zu einem Urteil über zwei Sachverhalte zu gelangen, die mehrfach zur Sprache kamen, aber ungelöst blieben, nämlich Art und Ausmaß der sexuellen Gewalttätigkeiten im Vorfeld der Morde und das Maß, in dem die im Prozeß genannten Bücher die Angeklagten beeinflußt haben mochten. Smith, der von Brady dazu gedrängt worden war, sich für Mord und andere Verbrechen zu interessieren, sagte aus, daß er sich übergeben hätte, nachdem er Zeuge des Mordes an Evans geworden war. Auf die Frage, weshalb er wenige Stunden danach die Polizei verständigte und seine besten Freunde anzeigte, antwortete Smith: »Ich hätte niemals damit leben können.« Das ist gewiß eine absolut abgedroschene Phrase, doch aus ihr spricht das, was man früher als »Stimme des Gewissens« zu bezeichnen pflegte. Im *Euthyphron* und in der *Apologie* bezeugt Sokrates, er habe sich stets auf »ein göttliches Zeichen« verlassen. Smith war zwar alles andere als ein vorbildlicher Bürger, doch die Absicht, ihn zu korrumpieren, stieß auf eine klare Grenze – eine Grenze, die Brady und Hindley weit überschritten hatten.

Etwa zur Halbzeit des Prozesses errechnete ein Kolumnist des *New Statesman* den Umfang der Zeitungsberichterstattung während der ersten Prozeßwoche. *The Express* führte mit etwa vier vollen Kolumnen pro Tag. Die *Times* brachte es auf halb so viel. Leitartikler äußerten sich besorgt über den Schaden, den solch unkontrollierte Berichterstattung in der Öffentlichkeit anrichten könnte. Pamela Hansford Johnson, die den Prozeß persönlich mitverfolgt hatte, veröffentlichte im Jahr darauf ein Buch, das die Vorgänge gründlich analysierte. *On Iniquity* (1967) beginnt mit einer sorgfältigen Rekapitulation der Morde, wie sie nach den Zeugenaussagen vor Gericht rekonstruiert worden waren. Johnson erör-

tert auch die moralischen Fragen, die durch die Ereignisse aufgeworfen wurden, insbesondere über die Zusammenhänge zwischen
der Affektlosigkeit mancher Menschen und der Stimulierung der
Phantasie durch obszöne und pornographische Schriften. An einer
zentralen Stelle dieses höchst brisanten Buches fragt sich Johnson,
ob »Grausamkeit ähnlich wie Kriminalität auf Nachahmung beruht«. In *Beyond Belief*, das im selben Jahr erschien, lieferte Emlyn
Williams einen halbfiktiven Bericht über die Kindheit und Jugend
Bradys und seine früheren Verbrechen. Die aufgrund von Mutmaßungen konstruierten Bühnenszenen klingen zwar plausibel,
haben jedoch weniger Gewicht als Williams' Belege, daß Brady
immer wieder brutale Gewaltfilme, Nazibücher und Werke von
oder über de Sade konsumiert hatte.

Wie Johnson vorausgesagt hatte, schienen die *Moors murders*
fast völlig aus dem Bewußtsein der Öffentlichkeit zu schwinden,
sobald sie nicht mehr die Schlagzeilen füllten. Die Presse in den
Vereinigten Staaten räumte dem Prozeß relativ wenig Raum ein.
Die amerikanischen Zeitungen sollten ein paar Jahre später die Gelegenheit haben, sich auf einen noch viel gräßlicheren Fall zu
stürzen.

Ted Bundys Predigt

Im Januar 1989 bereitete sich der Bundesstaat Florida nach zehn
Jahre langem juristischem Tauziehen und kurzfristigen Voll-
streckungsaufschüben darauf vor, einen zweiundvierzigjährigen
Serienmörder auf dem elektrischen Stuhl hinzurichten. Die Ent-
führungen, Vergewaltigungen und anderen Gewaltverbrechen, die
der Verurteilte Ted Bundy begangen hatte, schienen durch sein
sympathisches Aussehen und seine gewandte Ausdrucksweise sogar noch an Schrecken zu gewinnen. Bundy war ein Rollenvorbild,
das auf Abwege geraten war. Als in den Abendnachrichten des Sen-
ders NBC von der Hinrichtung am frühen Morgen desselben Tages
berichtet wurde, sah man auch Szenen des makabren Rummels, mit
dem das Ereignis in Florida gefeiert wurde (auf Transparenten war

zu lesen: *Burn, Bundy, Burn* oder *Roast in Peace* [*Brenn, Bundy, brenn* beziehungsweise *Röste in Frieden*]). Der Bericht enthielt ferner Ausschnitte aus einem Interview mit Bundy, das am Nachmittag davor aufgenommen worden war. Kurz nach den Nachrichten, in der Sendung *Inside Edition*, konnte man das vollständige Interview sehen. Mancher Zuschauer hatte das Gefühl, Bundy hätte seinen eigenen Tod überlebt und verfolgte uns noch aus einem elektronischen Jenseits. Oder bezweckte man mit dem Interview mit Bundy das, was man früher bei Hinrichtungen tat, wenn man auf einem Spieß den abgehackten Kopf für die blutdürstige Menge hochhielt? Jedenfalls antwortete Bundy eine halbe Stunde lang ausführlich auf knappe Suggestivfragen von Dr. James Dobson, einem Psychologen, Erweckungsprediger und Vorsitzenden der Vereinigung »Focus on the Family«.

Bundy war als uneheliches Kind zur Welt gekommen und hatte im Haus seines tyrannischen Großvaters in Philadelphia eine sehr schwere Kindheit erlebt. Als er vier Jahre alt war, zog seine Mutter mit ihm in den Staat Washington, wo sie heiratete. Bundy wuchs in Tacoma in bescheidenen, kleinstädtischen Verhältnissen auf. Die Familie ging regelmäßig in die Kirche. Bundy war ein ordentlicher Schüler, glänzte an der University of Washington im Fach Psychologie, scheiterte jedoch mit dem Jurastudium. Er hatte erfahren, daß er unehelich geboren war, und er war von einem attraktiven Mädchen aus der Oberschicht abgewiesen worden. Bundy arbeitete im Beraterstab für Verbrechensverhütung in Seattle und beeindruckte die Republikaner in zwei Wahlkämpfen mit seinen erfolgversprechenden Talenten. Niemand ahnte allerdings, daß Bundy junge Frauen mit langem schwarzen Haar, in der Regel Studentinnen, entführte, mißbrauchte, erwürgte und verstümmelte. In den siebziger Jahren fielen diesem attraktiven Hochstapler in vier verschiedenen Bundesstaaten mindestens vierzig, vielleicht sogar über einhundert Frauen zum Opfer. Im Jahre 1977 wurde er in Utah wegen gewalttätiger Entführung verhaftet und verurteilt, konnte aber aus der Haft entfliehen. Er flüchtete ausgerechnet nach Florida, wo – wie er von seinen Mithäftlingen erfahren hatte – die strengsten Bestimmungen für die Todesstrafe bei Mord herrschten.

Im Vergleich zu der Perfektion seiner früheren Verbrechen, bei denen er so gut wie keinerlei Spuren hinterlassen hatte, lag fast etwas vorsätzlich Auffälliges in der Art und Weise, wie er vier Studentinnen der Florida State University in deren Verbindungshaus die Köpfe einschlug, wobei zwei der Opfer starben. Drei Wochen später suchte er sich eine Zwölfjährige aus. Im Jahre 1978 wurde er gefaßt. Die Justiz des Staates Florida hatte es mit einem selbstsicheren, ja überheblichen Täter zu tun, der die Vorlage zu mehreren Büchern und einem Fernsehfilm lieferte. In zwei aufeinanderfolgenden Prozessen befanden ihn die Geschworenen für zurechnungsfähig und des Mordes schuldig. Darauf folgte ein zehn Jahre langes juristisches Tauziehen, um dem elektrischen Stuhl zu entgehen, den er offenbar gesucht hatte, als er nach Florida geflohen war. Als alle Wege der Revision und des Aufschubs ausgeschöpft waren, gestand Bundy reuevoll eine Reihe unaufgeklärter Verbrechen und versprach noch weitere Geständnisse, falls man ihm mehr Zeit gewährte. Der Gouverneur von Florida, Bob Martinez, erfaßte den Sachverhalt ganz richtig: »Daß er nun über die Leichen von Opfern um sein Leben feilscht, ist verabscheuungswürdig.«

Bundy selbst hatte 1987 einen Briefwechsel mit Dobson aufgenommen und wünschte das Interview direkt vor seiner Hinrichtung. Dazu äußerten sich zwei Magazine folgendermaßen:

Der Verurteilte brachte seine Verbrechen mit Gewaltpornographie und mit Alkohol in Verbindung. Bundy sagte, schon als Kind faszinierte ihn sexuelle Gewalt, die »einen Haß hervorbringt, der nicht zu beschreiben ist«. Er sagte, Alkohol baue seine Hemmungen zu töten ab.

(MacLean's, 6. 2. 1989)

Er sagte, er sei in einem rechtschaffenen christlichen Elternhaus aufgewachsen. Er sagte, er sei ganz normal gewesen, aber die Gewalt in den Medien – insbesondere pornographische Gewalt – habe »einen ganz, ganz schlimmen« Haß in ihm hervorgebracht. Andere Kriminelle, sagte er, seien auf ähnliche Weise durch Pornographie angestachelt und ver-

*rückt gemacht worden. Bundy unterbrach gelegentlich und
sprach von anderen Dingen, doch sein Gesprächspartner
lenkte ihn wieder auf sein Thema zurück.*

(*The New Yorker*, 27. 2. 1989)

Beide Darstellungen sind zwar unvollständig, aber zutreffend. In
einer Kolumne von John Lee in *U.S. News & World Report* wird dagegen die Wahrheit verzerrt. »Bundy brachte die traditionell linke
Erklärung für Verbrechen vor (›das gesellschaftliche Umfeld hat
mich dazu getrieben‹), allerdings mit einem traditionell rechten
Dreh (das gesellschaftliche Umfeld bestand in Pornographie, nicht
in Armut oder Diskriminierung)« (6. Februar 1989).

Bundy selbst äußerte sich folgendermaßen: »Ich gebe nicht der
Pornographie die Schuld; ich behaupte nicht, daß sie mich dazu
trieb, gewisse Dinge zu tun. Ich übernehme die volle Verantwortung für alles, was ich getan habe. ... Die entscheidende Frage ist,
wie diese Art von Literatur mit dazu beitrug, die Formen gewalttätigen Verhaltens zu bilden und zu prägen.« Er kam noch einmal
auf diesen Punkt zurück. »Ich will damit nicht sagen, daß ich so
etwas wie ein hilfloses Opfer bin. Aber dennoch geht es hier um
einen Einfluß ...«

Die Redakteure des *New Yorker* reagierten auf das Interview
ziemlich nüchtern und unsentimental – eine Sicht, die ein großer
Teil der Leserschaft des Magazins geteilt haben dürfte.

*Es war im Grunde kein sehr interessanter Austausch. Wie es
bei Fernsehinterviews oft der Fall ist, gab es wenige Überra-
schungen; keiner wurde laut, nichts wurde hinterfragt. Ein
Blick genügte, um alle Vorbedingungen und Abmachungen zu
durchschauen; man hätte jederzeit abschalten können, ohne
viel zu versäumen.*

(*The New Yorker*, 27. 2. 1989)

Der *New Yorker* schien das Interview als vorprogrammiert abtun
zu wollen. Kein interessanter Austausch? Diese Behauptung müssen wir erst einmal prüfen.

Wer den Fall Bundy auch nur einigermaßen gründlich verfolgt hat, findet andere triftige Gründe, dem Interview mit Skepsis zu begegnen. Erstens wußte dieser Paria die Publicity auszuschlachten und fand eine Möglichkeit, die Medien dahingehend zu manipulieren, in einem der drei landesweiten Fernsehsender während der Hauptsendezeit seine Apotheose zu inszenieren. Sein erstmaliges Reuebekenntnis nach zehnjährigem Mauern kam einer Beichte gleich – dem einzigen bemerkenswerten Aspekt dieser gesamten Aktion. Zweitens gab die Inszenierung Bundy die Gelegenheit, das Thema Pornographie zur Sprache zu bringen und somit einen Teil der Schuld für seine Verbrechen auf die Gesellschaft abzuwälzen, auch wenn er die Verantwortung für seine Taten zu übernehmen bereit schien. Drittens entlarvt jedes der vorliegenden Dokumente Bundy als geübten und systematischen Lügner, der keinerlei Bezug zur Wahrheit hat und nur Eigennutz und Heimlichtuerei kannte. Wieso sollten wir ihm überhaupt irgend etwas glauben? Viertens bildet die Programmgestaltung mit einem Medienstar, dem ein willfähriger Interviewer nach ausreichender Vorbereitung seichte Fragen vorgibt, wohl am wenigsten die geeignete Methode zur Ermittlung und Wahrheitsfindung. Und schließlich mußte der Werbesponsor der Sendung – Dobsons Vereinigung »Focus on the Family«, die sich aktiv gegen Pornographie einsetzt – den Inhalt der Sendung als vorprogrammiert diskreditieren.

Gibt es irgendwelche Gründe, Bundys Äußerungen Beachtung zu schenken? Gleichgültig, wieviel zusätzliche Berühmtheit und persönliche Befriedigung Bundy sich mit seinem Geständnis in letzter Minute verschafft haben mochte – die Bemerkungen über Pornographie brachten ihm gar nichts ein. In der gedämpften Weise, in der er sie vorbrachte, wirkten sie alles andere als sensationell und insofern vielleicht »uninteressant«. Abgesehen davon können wir keineswegs mit Bestimmtheit sagen, wer bei der Frage des Zusammenhangs zwischen Gewaltpornographie und Kriminalität als Experte gelten sollte. Angesichts seiner eigenen unbeschreiblichen Verbrechen, seiner zehnjährigen Haftstrafe und der Zeit, die er mit anderen Schwerverbrechern im Todestrakt verbrachte, können wir Bundy einschlägige Erfahrungen und Einsichten nicht absprechen. Darüber hinaus decken sich die Äußerungen über Pornographie in dem Interview mit Dobson mit dem, was Bundy bereits zuvor mehrfach geäußert hatte, ohne auf Widerspruch zu stoßen. Ganz klar bekunden dies die Autoren des sachlichsten Buches über Bundy, Stephen Michaud und Hugh Aynesworth, die ihn abwechselnd über einen Zeitraum von mehreren Jahren interviewten. »[Wir waren] erstaunt über den Wirbel nach der Ausstrahlung von Dr. Dobsons Sendung. Sie enthielt nichts, was nicht bereits seit 1983 gedruckt vorlag, außer Teds Verteidigungsmasche nach dem Motto ›Der Teufel hat mich dazu getrieben‹.«[65]

Somit wiederholte Bundy in diesem letzten Interview bereits früher gemachte Äußerungen. Es ist möglich, daß er aus Erfahrung sprach. Es ist möglich, daß die weitgehend vernünftigen, wenn nicht sogar abgedroschenen Bemerkungen über Pornographie unsere Aufmerksamkeit verdienen. Wir können ihm den Status eines privilegierten Zeugen nicht absprechen, solange wir angemessene Skepsis wahren. Was hat Bundy nun aber tatsächlich gesagt?

Dobson begann das Gespräch mit einem hochdramatischen Hinweis auf die nackten Tatsachen. »Sie sollen morgen früh um sieben Uhr hingerichtet werden.« Wenig später kam die kritische Frage: »Wo hat das Ganze angefangen?« Bundy beschrieb sein »rechtschaffenes christliches Elternhaus«. Mit zwölf entdeckte er harmlose Pornographie aus dem Drugstore, bald darauf noch freizügigere Bücher. »Am gefährlichsten sind die, die Gewalt und sexuelle Gewalt enthalten.« Das Verlangen nach Erregung, das diese Bücher stillten, durchlief verschiedene Stadien, wie bei einer Sucht, »bis zu dem Punkt, wo die Pornographie nur noch bis zu einem gewissen Maß genügt. Man kommt an den kritischen Punkt, wo man sich fragt, ob das tatsächliche Tun einem vielleicht das gibt, was über das reine Lesen oder Anschauen hinausgeht.« Seine Hemmungen nahmen immer mehr ab. Der Alkohol trug das Seine dazu bei. Hier stellte Bundy jedoch fest, daß nicht jeder auf diese Weise beeinflußt wird. »Manche Leute würden sagen, tja, ich habe mir das Zeug angeschaut, aber es läßt mich kalt.«

Nachdem Dobson Bundys Herkunft beleuchtet hatte, wollte er etwas über dessen Verbrechen erfahren. Zweimal fragte er: »Wie wirkte sich das emotional auf Sie aus?« – einmal ganz allgemein und einmal in bezug auf den letzten grausigen Sexualmord an der zwölfjährigen Kimberly Leach. Der letzteren Frage wich Bundy aus. »Darüber kann ich nichts sagen. Ich verstehe es selbst nicht.« Auf die erste Frage antwortete er, indem er eine »tranceartige oder traumhafte« Wirkung beschrieb, die der dramatischen Verfassung in Stevensons *Dr. Jekyll und Mr. Hyde* verblüffend ähnelte – allerdings bei voller Erinnerung. Dies scheint der Kern seines Bekenntnisses zu sein.

Am Morgen aufzuwachen und zu begreifen, was ich getan hatte, mit klarem Verstand und allen moralischen und ethischen Empfindungen, die in dem Augenblick ungetrübt waren. [Ich war] absolut entsetzt darüber, daß ich imstande war, so etwas zu tun. ... im Grunde war ich ganz normal. .... Ich war ganz in Ordnung. Das menschliche Naturell, der Grundcharakter, den Gott mir gegeben hat, war intakt, doch er wurde manchmal leider überwältigt. Ich glaube, die Menschen müssen erkennen, daß jene, die von der Gewalt in den Medien – vor allem von pornographischer Gewalt – so stark beeinflußt wurden, nicht von Natur aus Monster sind. Wir sind eure Söhne, und wir sind eure Ehemänner. ... Es gibt keinen Schutz vor den Einflüssen, die in einer Gesellschaft wirken, die dies duldet.

In Bundys Bemerkungen hallen die hämischen Worte wider, die Charles Manson nach seiner Verurteilung dem amerikanischen Bürger an den Kopf warf. »Ich bin das, was ihr aus mir gemacht habt, und der tollwütige Köter-Killer-Teufel-Aussätzige ist ein Spiegelbild eurer Gesellschaft.« Bundy verurteilte jedoch nicht die ganze Gesellschaft, sondern nur ein spezifisches Segment davon, nämlich die Gewaltpornographie, der manche anfällige Individuen wehrlos ausgeliefert sind.

Im zweiten Teil des Interviews erklärte Bundy, er sei zwar kein

Soziologe, aber er habe viele Männer gekannt, die »motiviert waren, Gewaltverbrechen zu begehen, genau wie ich. Und jeder einzelne, ohne Ausnahme, hatte sich intensiv mit Pornographie abgegeben.« Er zitierte auch aus einem FBI-Bericht über Serienmörder. Dobson leitete zu den entscheidenden Fragen über. »Denken Sie an all diese Opfer? ... Empfinden Sie Reue?« »Absolut«, antwortete Bundy, doch er wandte sich sofort wieder dem Thema der sexuellen Gewalt in den Medien zu. Er sagte, er hoffe, daß man seinen Warnungen über die Auswirkungen solcher Fernsehsendungen Glauben schenken werde. »Da sitzen Kinder vor den Bildschirmen und schalten alle Programme durch und stoßen spät am Abend auf solche Filme.« Dann folgten als Koda Bundys Äußerungen zu seiner bevorstehenden Hinrichtung.

Ich verdiene sicherlich die höchste Strafe, die die Gesellschaft kennt. ... Eins sollte bei unserer Diskussion hoffentlich herauskommen, nämlich daß die Gesellschaft es, wie ich finde, verdient, vor sich selbst geschützt zu werden, denn wie wir bereits gesagt haben, sind in diesem Land bestimmte freie Kräfte am Wirken – wie gesagt besonders diese Art von gewalttätiger Pornographie. ...

Wir befinden uns hier auf einer ganz anderen Ebene als bei den einmaligen, ungeplanten Tötungsdelikten eines Billy Budd oder eines Meursault. Aber wir bleiben immer noch in jener Sphäre, die von dem Begriff des »Mysterium iniquitatis« umschrieben wird. Hier spricht ein pathologischer Lügner und ein genialer Betrüger. Wir tun gut daran, seine Rückgriffe auf die Religion unberücksichtigt zu lassen und uns vor solchen Maschen wie »Ich war ganz in Ordnung« in acht zu nehmen. Im wesentlichen wollte er drei Dinge vermitteln: eine Rechtfertigung, eine Diagnose und eine Warnung. Auch wenn Bundys Reuebekenntnis, hinter dem sich wohl nichts anderes als ein Gesuch um Strafmilderung verbarg, das einzig Bemerkenswerte an der ganzen Sache war, so fällt es nicht ins Gewicht. Wir können nur sagen: Zu wenig, zu spät.

Seine psychologische Selbstdiagnose in dem Gespräch mit Dobson entsprach im wesentlichen den meisten früheren Versuchen, seinen Fall zu analysieren, einschließlich Bundys eigenen Bemühungen, bei denen er von »gestörter« und »gespaltener Persönlichkeit« sprach und für den bösen Teil seines Ichs unter anderem Begriffe wie »Alpha- und Beta-Persönlichkeit«, »das Wesen« und »der große weiße Hai« verwendete. Hinter solchen Versuchen der Beschreibung und der Erklärung steckt die Haltung »verstehen heißt verzeihen«. Gleichzeitig behauptete Bundy immer wieder – so wie fast jeder, der sich mit dem Fall befaßte –, niemand könne ihn verstehen. Das Rätsel einer so abgrundtiefen Verderbtheit liegt jenseits unseres Vorstellungsvermögens oder unseres Verständnisses.

In dem Interview nahm die Warnung vor Gewaltpornographie klarere Konturen an als Bundys indirekte Bitte um Strafmilderung beziehungsweise Selbstdiagnose. Diese Äußerungen deckten sich mit vielen früheren Aussagen, doch in der entscheidenden Passage verlagerte Bundy den Akzent; er sprach nicht von gewalttätiger Pornographie, sondern von pornographischer *Gewalt*. Diese Gewalt wirke sexuell erregend. Nachdem Michaud und Aynesworth in *The Only Living Witness* den Hintergrund des Falls beleuchtet hatten, berichteten sie in *Conversations with a Killer* direkt von ihren Gesprächen mit dem Mörder.

Ted eröffnete seine Geschichte mit einem Auftakt von opernhaften Dimensionen. … Seine ersten wesentlichen Aussagen bezogen sich auf die Rolle der Sexualität und der Gewalt in der Entwicklung eines Psychopathen. … »dieses Interesse richtet sich aus einem unerfindlichen Grund auf sexuelle Sachverhalte, die mit Gewalt zu tun haben. Ich kann die allmähliche Entwicklung dieses Prozesses gar nicht genug betonen.« (104)

Auf den beiden folgenden Seiten wird anschaulich erläutert, wie Gewaltpornographie dazu führen kann, daß »Frauen als Objekte gebraucht, mißbraucht und in Besitz genommen werden«. Nachfolgende Untersuchungen ergaben, daß Bundy wahrscheinlich schon vor seinem vierten Lebensjahr Einblick in die große Sammlung von Pornographie erhielt, die sein Großvater mütterlicherseits in einem Treibhaus aufbewahrte. In dem Gespräch mit Aynesworth vom 23. April 1978 sprach Bundy in der vereinbarten Form der dritten Person über das »von uns erstellte Profil« des Serienkillers, für den der Geschlechtsakt zu einem ritualisierten, unpersönlichen Symbol des Besitzens geworden war.

> *Was die Vorstellung des Besitzens betrifft, so zeigt sie sich meines Erachtens bei dieser Art von Mensch in der Kontrolle und Beherrschung. ... Mit anderen Worten, ich denke, wir könnten über den Marquis de Sade und andere Leute lesen, die sich ihre Opfer irgendwie aus dem Verlangen suchen, sie zu besitzen, und sie ausführlich quälen, demütigen und peinigen – wodurch sie stärker das Gefühl bekommen, über Macht zu verfügen.*
>
> (*Ted Bundy: Conversations with a Killer*, S. 125)

Ted Bundy hatte, wie Ian Brady, Werke von und über de Sade gelesen und sprach hier in scheinbar objektiven Begriffen über de Sades Einfluß auf jenen Menschen – ihn selbst –, der sich in den Gesprächen hinter der dritten Person verbarg.

In dem Interview mit Dobson versäumte es Bundy, eine wichtige Feststellung zu treffen. Er behauptete, Gewaltpornographie übe einen kriminellen Einfluß nur auf eine kleine Minderheit aus, der er angehöre. Und er behauptete, nur ein verborgener, im Grunde undurchschaubarer Teil von ihm habe die Verbrechen begangen, während der Rest seiner Persönlichkeit »normal« geblieben sei. Er prüfte aber nicht, ob vor allem der kranke, verderbte Teil seiner selbst auf Gewaltpornographie ansprach und von dieser beeinflußt wurde. Die patente Redewendung von der »gespaltenen Persönlichkeit« an sich erklärt gar nichts. Wenn wir jedoch bereit sind, Bundys letzter Botschaft an die Gesellschaft, der er zum einen angehörte und an der er sich zum anderen grauenhaft verging, irgendwelchen Glauben zu schenken, sollten wir den Hinweis beachten, daß die meisten normalen Menschen solchen verderblichen Einflüssen widerstehen könnten, daß aber einige Gemüter dafür äußerst anfällig seien. Diese wenigen können wir nicht an ihrer äußeren Erscheinung erkennen, wahrscheinlich nicht einmal mittels psychologischer Tests und Befragungen, bestenfalls, wenn es bereits zu spät ist, wie der Fall Bundy belegt.

Ich kann Bundys letztes Interview nicht bloß als öffentliche Zurschaustellung abtun. Wie viele andere hat er behauptet, Gewaltpornographie berge Gefahren für manche Menschen – Jugendliche und gewisse Persönlichkeitstypen – und durch diese letztlich für uns alle. Solche Aussagen sind, genau wie die Hinweise auf die Lektüre Ian Bradys im Fall der *Moors murders*, ein wichtiger Aspekt der Pornographiedebatte. Wo liegt die Beweislast? Auf diese Frage werden wir immer wieder zurückgeworfen. Müssen wir, bevor wir die Pornographie vom Recht der Meinungs- und Pressefreiheit ausnehmen, Beweise dafür verlangen, daß von ihr direkte Einflüsse krimineller Art ausgehen?[66] Oder müssen wir umgekehrt Beweise einfordern, daß *keine* schädlichen Einflüsse auf einen kriminellen Charakter vorliegen, bevor wir der unbeschränkten Verbreitung aller Formen von Gewaltdarstellung und Pornographie in den zahlreichen heute verfügbaren Kommunikationsmedien stattgeben? Wie viele konkrete Fälle und welches Gefahrenrisiko, besonders für Kinder und Frauen, müssen wir im Namen der freien Meinungsäußerung in Kauf nehmen? Eine hinreichende Messung der Wirkungen, die Bilder, Texte und Ideen auf unser Verhalten ausüben, liegt wahrscheinlich wie das »Mysterium iniquitatis« jenseits unserer Fähigkeiten und bildet somit eine Domäne unzugänglicher Erkenntnis.

Nun haben wir zwei Hypothesen vorliegen. Der Marquis de Sade verdient eine Rehabilitierung als großer Schriftsteller und moralischer Denker. Der Marquis de Sade zählt zu den größten Immoralisten und ist in der Lage, in verrückten Köpfen üble Mordgelüste zu entfachen. Es ist an der Zeit, daß wir de Sade direkt ins Auge schauen.

Auf engerer Tuchfühlung mit de Sade

Wir überbewerten das sexuelle Verlangen in uns und setzen es
an die Stelle der Liebe, die wir nur unzureichend spüren.
Graham Greene, »Note on Turgenev«

An den Leser: In diesem Abschnitt zitiere und diskutiere ich Passagen, die vielen Menschen extrem obszön und anstößig erscheinen werden. Die meisten Abhandlungen über de Sade und selbst einige Anthologien vermeiden eine solche Deutlichkeit und beschränken ihre Zitate auf philosophische Erörterungen über Gewalt, Leidenschaft, menschliche Eigenarten, Freiheit und ähnliches. Durch solche Säuberungen wird de Sade jedoch bis zur Unkenntlichkeit verzerrt. Die Handlungen, die er in seinen Werken beschreibt, ergänzen seine Ideen und dürften diese in ihrer psychologischen Wirkung sogar noch übertreffen. Ich bin der Meinung, der Leser sollte de Sades Einfluß voll, wenn auch kurz, zu spüren bekommen, um über eine Grundlage zu verfügen, auf der die in diesem Kapitel erörterten Themen betrachtet werden können.

Wie ernst sollen wir de Sade nehmen? Wird sich die derzeit modische Sade-Renaissance nicht genauso wieder legen wie beispielsweise Lavaters Phrenologie im letzten Jahrhundert? Ändert es irgend etwas, daß sowohl Ian Brady als auch Ted Bundy de Sade gelesen haben? Die Deutungen und Stellungnahmen, die ich in dem vorausgehenden Abschnitt über de Sades Rehabilitierung skizziert habe, lassen klar erkennen, wie stark seine Präsenz am Ende des zwanzigsten Jahrhunderts, insbesondere unter Intellektuellen, geworden ist.

Zu Beginn dieses Kapitels bezeichnete ich de Sade als »Testfall«. Diese Aussage läßt sich nun in eine allgemeine und eine konkrete Frage umformulieren. Sollen wir in den Kanon unserer literarischen Klassiker die Werke eines Autors aufnehmen, der sämtliche

Grundsätze menschlicher Gerechtigkeit und Gesittung, die in vier Jahrtausenden abendländischer Zivilisation entwickelt wurden, entweiht und aus den Angeln hebt? Hat das zwanzigste Jahrhundert einen der gravierendsten Irrtümer der Kulturkritik begangen, indem es de Sades Schriften in unsere literarischen Meisterwerke einreihte? Viele Leser werden wahrscheinlich irritiert auf solch dezidierte Fragen reagieren und sich denken: So schlimm kann er ja gar nicht sein, und so voreingenommen müssen wir uns doch gar nicht geben. Derweil entscheidet ein ganz kleiner Kreis von Kritikern und Lesern für die übrige Allgemeinheit über diese Fragen. Wir sollten daher das Beweismaterial gründlich prüfen.

Eine Bemerkung sei vorausgeschickt. Große Teile des Sadeschen Oeuvres wirken wie Werke der Romantik vom Ende des achtzehnten Jahrhunderts, die sich aus zeitgenössischer Reiseliteratur speisen. Sie scheinen der absichtlichen Anstößigkeit seiner bekannteren Werke zu widersprechen. Abgesehen von ein paar Schilderungen des wilden Lebens in Afrika dürfte *Aline und Valcourt* die meisten Leser eher langweilen als schockieren. Das Werk enthält sogar eine Beschreibung des de Sadeschen Utopia, des Reiches Tamoé auf einer abgeschiedenen Insel vor der Küste Neuseelands. König Zamé, der Europa besucht hat, regiert Tamoé wie ein sozialistischer Despot. Grundlage bilden gleiche Lebensbedingungen für alle, staatliche Kinderbetreuung von Geburt an, Mäßigung, Wohltätigkeit und milde Strafen für die wenigen Vergehen, die begangen werden. Diese Schilderungen, die eine überraschende Ähnlichkeit mit Thomas Moores *Utopia* aufweisen, sind von einem ernsten Ton getragen, ohne jene satirischen Effekte, die *Gullivers Reisen* die scharfe Würze verleihen. Die libertinären Schriften in de Sades Oeuvre enthalten jedoch zahlreiche Schilderungen einer gänzlich anderen Gesellschaft: In einem unterirdischen Bunker, geschützt von Gräben und Toren, schafft sich ein Mensch oder ein kleiner Kreis von Menschen ein sicheres und luxuriöses Ambiente für sexuelle Ausschweifungen und Gewalttaten, die ein paar Herren an entmenschlichten Opfern verüben.

Zwei Stichproben aus der innersten Sphäre des Sadeschen Universums mögen dies veranschaulichen. Sie können das weite Ter-

rain, das sie umgibt, nur andeuten. Ich habe diese extremen Beispiele bewußt ausgewählt, denn de Sades bedeutendere Werke konfrontieren den Leser auf verhängnisvolle Weise mit solch unmenschlichen Konstellationen. Wir verfügen bereits über einen
Begriff, der jene Sphäre umschreibt, die wir jetzt betreten: *Tabu*.
Frazer definierte das primitive Tabu unter anderem als einen Ort,
bei dem »noch nicht zwischen heilig und unrein unterschieden«
wird. Das vielleicht überzeugendste Beispiel für dieses Spannungsverhältnis ist Evas gespaltene Reaktion in jenem Augenblick, in
dem die Schlange die Frucht vom Baum der Erkenntnis anpreist:
Furcht und Faszination. Sie bewirken all das Leid, das Eva – und mit
ihr auch Adam – durchleben muß. De Sade schlachtet eine neue
Form des Tabus aus, die ich als »zivilisiertes Tabu« bezeichnen
möchte. Nachdem Religion, Philosophie und Staatskunst im Laufe
von vier Jahrtausenden allmählich dazu beigetragen haben, daß das
Heilige und das Unreine unterschieden werden, macht sich de Sade
daran, die beiden wieder zu vermengen. Durch das geschickte Einbeziehen von Furcht und Faszination versucht er, unseren zutiefst
unreinen Impulsen etwas Heiliges zu verleihen und umgekehrt.
Wer bei der Lektüre de Sades nicht ein Gefühl des Tabus registriert,
läßt ein Element der Menschlichkeit vermissen.

Die Philosophie im Boudoir[67] schildert in Form von Dialogen die
systematische Initiation der fünfzehnjährigen Eugénie durch ihre
sechsundzwanzigjährige Freundin, Madame de Saint-Ange, deren
jüngeren Bruder und langjährigen Inzestpartner, den »Chevalier«,
und den sechsunddreißigjährigen Dolmancé, »einen Sodomisten
aus Prinzip«, der jeden gewöhnlichen Liebesakt verachtet. Durch
systematische Belehrung und anschauliche Unterweisung – dazu
gehören auch die genaue Untersuchung und Erläuterung von Dolmancés Glied und Eugénies Klitoris, Vagina und Anus – bereiten sie
Eugénie auf die aktive Teilnahme an ihren Orgien vor. Die Pausen
werden hauptsächlich durch Dolmancés philosophische Erörterungen gefüllt, in denen er Sodomie, Gewalt und Mord rechtfertigt und
die Fortpflanzung als widernatürlich verdammt. Nach ausgiebiger gegenseitiger Masturbation und Penetration (die Frauen verwenden dabei Godemichés) entjungfert der Chevalier die junge

Eugénie in einer kunstvoll arrangierten Szenerie. Anschließend wird sie gleich noch einmal gevögelt, und zwar von einem Diener mit einem riesigen Glied, der extra zu diesem Anlaß herbeigerufen wird.

Eine Unterbrechung wird dazu genutzt, ein revolutionäres Pamphlet vorzulesen. Die Broschüre trägt den Titel »Franzosen, noch einen Schritt, wenn ihr Republikaner sein wollt«. Auf sechzig Seiten wird eine vollkommen freizügige Gesellschaft beschrieben, in der jede Ausschweifung und jedes Verbrechen einschließlich Mord erlaubt, aber Todesstrafe und Krieg ausgeschlossen sind. Mitleid und Wohltätigkeit werden von Dolmancé als die verachtenswertesten menschlichen Eigenschaften abgetan. Der Chevalier, der noch nicht vollkommen verroht ist, verteidigt in einer schwungvollen Rede die Reinheit des Herzens, die Empfindsamkeit und die geheiligte Stimme der Natur in unserer Seele, die uns zur Tugend mahnt. Dolmancé beteuert spöttisch, die Natur sei überall grausam und undankbar und »das Herz … drückt stets nur die Fehlberechnungen des Geistes aus« (294). Eine einzigartige Flamme selbstsüchtiger Leidenschaft bereite einem ein unschätzbares Hochgefühl, das dadurch entstehe, »daß man die Vorschriften der Gesellschaft durchbrochen und sämtliche Gesetze umgestoßen hat« (295). Eugénie erklärt Dolmancé zum Sieger dieses Wettstreits; nun ergreift sie selbst die Initiative und befragt Dolmancé zu der »Grausamkeit, die Sie mit soviel Feuer befürworten« (296). Ab hier genügt die bloße Paraphrase nicht mehr.

Eugénie: … sagen Sie mir, was bedeutet Ihnen das Objekt Ihrer Lust.

Dolmancé: Überhaupt nichts …

Eugénie: Aber es ist Ihnen lieber, wenn dieses Objekt Schmerz empfindet, nicht wahr?

Dolmancé: Selbstverständlich ist mir das lieber; ich habe es Ihnen bereits gesagt: die weitaus aktivere Schmerzwirkung lenkt die animalischen Impulse energischer und schneller in jene Richtung, die der Wollust dienlich ist. Blicken sie in die Serails Afrikas, Asiens, eures südlichen Europa, und stellen

Sie fest, ob die Herren dieser berühmten Harems sich, wenn sie steif sind, die Mühe machen, den Wesen, die ihnen dienen, Lust zu bereiten; sie befehlen, man gehorcht; sie genießen, niemand wagt Einwände; sind sie befriedigt, so entfernt man sich. Manche dieser Gebieter würden die Kühnheit, ihre Wollust zu teilen, als einen Mangel an Respekt bestrafen. Der König von Achem läßt unbarmherzig jeder Frau den Kopf abschneiden, die es gewagt hat, sich in seiner Gegenwart bis zum Orgasmus hinreißen zu lassen, und sehr oft köpft er sie eigenhändig. Dieser Despot, einer der interessantesten Asiens, wird ausschließlich von Frauen bedient. …

Es gibt keinen Mann, der nicht Despot sein wollte, wenn er steif ist: offenbar ist seine eigene Lust geringer, wenn die anderen ebensoviel zu genießen scheinen wie er. Eine in diesem Augenblick ganz natürliche Regung des Hochmuts will, daß er als einziger Mensch auf der Welt das empfinden dürfe, was er nun fühlt; der Gedanke, ein anderer könnte die gleiche Lust wie er genießen, würde eine Art Gleichheit schaffen, und diese hinwiederum würde den unsagbaren Zauber brechen, den das Gefühl absoluten Herrschertums in diesem Moment bedeutet. …

Die Hilflosigkeit, zu der die Natur die Frauen verurteilte, beweist eindeutig ihre Absicht, wonach der Mann, der in diesem Augenblick mehr denn je seine Macht genießt, sie mittels aller ihm gutdünkenden Gewalttaten ausübe, sogar durch Torturen, wenn er das will. Würde der Höhepunkt der Lust eine Art Raserei sein, wenn die Mutter der Menschengattung nicht wünschte, daß das Verhalten beim Koitus das gleiche sei wie das Verhalten in der Wut? Kurz, wo ist der kräftig gebaute Mann, der Mann mit gesunden Organen, der sich nicht danach sehnte, auf die eine oder andere Art den Gegenstand seiner Lust zu quälen? Ich weiß wohl, eine Unzahl von Dummköpfen, die sich niemals über ihre Empfindungen klar sind, werden meine Gedankengänge mißverstehen; aber was kümmern mich die Narren? … diese niedrigen Weiberknechte …

Verfickt! Ich bin steif! ... Haben Sie die Güte, Augustin
[den Diener] *wieder hereinzurufen.* [Man klingelt; er tritt
ein]. *Es ist unerhört, wie der erlesene Arsch dieses jungen
Menschen mir während meiner ganzen Rede im Kopfe umgeht! Alle meine Gedanken schienen sich unwillkürlich auf
ihn zu beziehen. ... Enthülle meinen Augen dieses Meisterwerk, Augustin ... auf daß ich es eine Viertelstunde lang küsse
und liebkose! Komm, schönes Herz, komm, damit ich mich in
deinem schönen Arsch der Gluten würdig erweise, mit denen
Sodoms Flamme mich erfüllt. Er hat die herrlichsten Arsch-
backen ... die weißesten! Eugénie soll hinknien und ihm inzwischen den Schwanz saugen! In dieser Stellung wird sie
dem Chevalier den Hintern zurecken, den er arschficken wird,
und Madame de Saint-Ange wird sich rittlings auf Augustins
Hüften setzen und mich ihren Hintern küssen lassen; sie
könnte sich sogar mit einem Bündel Ruten bewaffnen und
aufs trefflichste, wie mir scheint, wenn sie sich ein wenig
bückt, den Chevalier auspeitschen, den diese stimulierende
Zeremonie dazu anregen wird, unsere Schülerin nicht zu
schonen.* [Die Gruppe arrangiert sich.]

(Die Philosophie im Boudoir, S. 296–99)

Zum Schluß leckt Dolmancé wonnetrunken den Samen des Che-
valiers aus Eugénies tropfendem Hintern.

In der letzten Szene tritt Eugénies Mutter auf, um die Tochter
zurückzuholen. Die vier Libertins vergehen sich gnadenlos an der
Frau; sie wird vergewaltigt, gequält und von einem syphilitischen
Diener durch zwei Körperöffnungen infiziert. Eugénie erreicht
schließlich einen Orgasmus, als sie ihrer Mutter unter Blutströmen
Vagina und Anus zunäht. Die Schülerin hat ihren Lehrer längst
überflügelt und ist fast zu einem Mann geworden.

Ich kenne zwei verantwortungsbewußte Leser, die auf *Die Philosophie im Boudoir* auf ganz unterschiedliche Weise reagieren. Der
eine meint, das Werk sei so extrem und schrecklich, daß das darin
beschriebene Gebaren und die zu dessen Rechtfertigung vorgebrachten Prinzipien schieren Ekel auslösten. Der andere findet die

Situationen so grotesk und übertrieben, daß er darauf nur mit spöttischem Lachen reagieren kann. Beide empfinden das Buch wie eine Predigt über das Höllenfeuer oder einen alten Armeelehrfilm über Geschlechtskrankheiten. (Der zweite Leser betrachtet de Sades andere Werke als extrem langatmig und unlesbar.) Offensichtlich berührt das Buch die Leser auf ganz unterschiedliche Weise. Wie viele würden gegebenenfalls nach Gewalt und Grausamkeit trachten, um ihre sexuelle Lust zu steigern?

Die Philosophie im Boudoir ist eines der wenigen Werke de Sades, in denen sich leichte Ansätze einer Situationskomik erkennen lassen. Es handelt sich dabei aber eher um stilistische Entgleisungen als um bewußt angestrebte Wirkungen. Dolmancés Predigten über die systematische und kriminelle Eigenliebe werden nie durch Ironie gebrochen. So unvorstellbar es auch scheinen mag, Dolmancé und de Sade meinen tatsächlich, was sie über Unsittlichkeit, Folter, Tyrannei und Massenmord äußern. Dies ist kein frivoles Spiel wie bei Oscar Wilde, und auch kein schmutziger Kasernenwitz. Selbst Barthes, der nichts an de Sade auszusetzen hat, kann diesem Dialog nicht die erschreckende moralische Bürde nehmen. Wenn Ian Brady und Ted Bundy als Maßstäbe dienen können, dann vermag solch ein Werk auf manche Menschen, besonders auf junge, labile und kriminell veranlagte, eine ungeheuer starke Tabuwirkung in Form von Faszination und Abscheu auszuüben. Solche Menschen können sich einer derart tiefgreifenden Wirkung nicht entziehen. Die Botschaft wirkt in ihnen fort und fordert sie persönlich heraus, selbst entsprechend zu handeln. Und schließlich glauben sie vielleicht sogar, wie Brady beim Kreuzverhör im Grunde zugab, daß Argumente wie die de Sades auch Folter und Mord rechtfertigten.

Die Philosophie im Boudoir ist mit etwa dreihundert Seiten unvergleichlich viel kürzer als alle anderen wichtigen Werke de Sades. Der Roman *Justine*, dessen verschiedene Fassungen sich auf Tausende von Seiten belaufen, erzählt auf scheinbar amüsante Weise von einer jungen Frau, die selbst angesichts der schrecklichsten Schändung durch diverse Unholde tugendhaft und unschuldig bleibt. Justine bildet eine zweidimensionale Variante der bereits hochgradig unglaubwürdigen Clarissa. Ihre Schwester Juliette beschreitet in dem umfangreichen gleichnamigen pikaresken Roman den umgekehrten Weg. Juliette wird anfangs in einem Kloster in lesbische Orgien eingeführt und gibt sich später dem Libertinismus und der Prostitution hin, um ihre Leidenschaften zu befriedigen, andere Menschen zu beherrschen und Reichtümer anzuhäufen. Juliette übertrifft beinahe, aber nicht ganz, die Verderbtheit der Männer, deren Favoritin sie wird. Nach sieben ausschweifenden Jahren auf Reisen kehrt sie nach Paris zurück und vereinigt sich in einer gewaltigen Orgie mit ihrem ersten Meister, Noirceuil, der einst ihre Eltern ruiniert und getötet hatte. Für ihn ist »Verbrechen die Seele der Schlüpfrigkeit« und er rechtfertigt seine Frevel mit einer Philosophie, nach der diese Greuel schlicht und einfach dem Plan der Natur entsprechen. Noirceuil ist adelig, reich und mächtig und hat kurz zuvor seinen besten Freund und Gönner ermordet, um diesen im Amt des Premierministers abzulösen. Für Noirceuil ist sein elf Zoll langes Glied sein einziger Gott. Er fordert auch Juliette auf, dieser obersten Gottheit, diesem despotischen Glied, Ehre zu erweisen. Am Ende trifft Juliette auch wieder auf ihre siebenjährige Tochter, die in die abschließende Orgie ebenso einbezogen wird wie Noirceuils jugendliche Söhne, die beide bewußt zu absoluten Rohlingen erzogen wurden.

Nach einer bizarren Doppelhochzeit zweier gleichgeschlechtlicher Paare verschanzen sich Noirceuil und Juliette in seinem Schloß zu einem großen Bacchanal mit ihrer Tochter, seinen Söhnen, zwei Folterknechten und einem halben Dutzend Opfern beiderlei Geschlechts. Sie ergötzen sich an den unbeschreiblichsten Demütigungen und Freveltaten. Die Söhne müssen den Vater von hinten nehmen, während er das hysterische Kreischen einer Jungfrau nachahmt. Es wird ausgepeitscht, es fließt Blut, Brüste werden abgerissen, Glieder verrenkt und gebrochen und Augen ausgestochen, während Noirceuil seine Opfer sodomisiert und Juliette sich von willfährigen Lakaien gleichzeitig vorn und hinten bedienen läßt. De Sade nimmt kein Blatt vor den Mund. Noirceuil wird durch die brutale und tödliche Folter zweier weiblicher Opfer extrem erregt; er besteigt einen seiner Söhne von hinten, während er buchstäblich das Herz des Jungen verzehrt, das Juliette diesem aus dem Leib reißt. Die weitere Aktion wird von Juliette folgendermaßen erzählt.

Währenddessen richteten sich seine [Noirceuils] funkelnden Augen auf meine Tochter, er war geil wie ein Rasender, faßte sie und bestieg sie von vorne. »Teufel,« rief er, »wie mich dieses kleine Geschöpf aufregt, was willst du mit ihr tun, Juliette, wirst du die Dummheit soweit treiben, noch Gefühle für dieses Hodensekret deines scheußlichen Gatten zu besitzen. Verkaufe mir diese Hure, Juliette, ich bezahle sie dir, ja, ja, Juliette, ermorden wir deine Tochter, und antworte mir erst auf mein Verlangen, wenn du zwei Schwänze in deinem Körper stecken hast.«

Das Verbrechen hat nichts Schreckliches mehr an sich, sobald man fickt. Man bestieg mich also. »O Verbrecher«, rief ich aus, als es mir kam, »mache mit Marianne, was du willst, verfluchter Hund, ich liefere sie dir aus.« Kaum hatte er diese Worte gehört, als er herauszog, das unglückliche Kind ergriff und es nackt in die Flammen hineinwarf. Ich half ihm, indem ich mich gleich ihm mit einem Eisen bewaffnete, um die Unglückliche zurückzustoßen, sobald sie entfliehen wollte. Während wir von beiden Seiten bearbeitet wurden, verbrannte Marianne vor unseren Augen. Noirceuil entlud, ich gleichfalls, und wir verbrachten die Nacht in dem denkbar glücklichsten Zustand.

»Nun«, fragte mich Noirceuil, »gibt es etwas auf der Welt, das die göttlichen Genüsse des Verbrechens aufwiegt?« – »O mein Freund, ich kenne keines.« – »So möge also nichts in der Natur uns andere Anschauungen einflößen. Das Glück hängt mit der Festigkeit der Grundsätze zusammen, und derjenige, der immer schwankt, wird nie Genuß empfinden.«

(*Juliette*, Zweites Buch, sechster Teil, S. 902)

In der sicheren Abgeschiedenheit der Güter Noirceuils praktizieren sie eine Woche lang jede nur erdenkliche Bestialität. Sie vergehen sich systematisch an Schulkindern, die sie mißbrauchen, quälen und schließlich massenweise vergiften. Juliettes Phantasie überflügelt am Ende sogar die von Noirceuil. Während sie ihn per Masturbation befriedigt, überredet sie ihn, fünfzehnhundert Menschen zu vergiften, deren Tod man auf eine Epidemie zurückführen würde. Nach Juliettes Bericht über diese letzte Episode ihrer Geschichte erfahren wir, wie ihre prüde Schwester in ein heftiges Unwetter hinausgeschickt wird, in dem sie durch die Naturgewalt eines Blitzes umkommt, wobei ihre Scheide zerfetzt wird und ihr Anus unversehrt bleibt. Auf Juliettes Vorschlag hin schänden die vier Libertins, einschließlich Noirceuil, die Leiche, während Juliette sich selbst befriedigt.[68] Auf der letzten Seite des Romans trifft ein königlicher Kurier aus Versailles ein und teilt mit, daß Noirceuil zum Minister ernannt worden sei und in diesem Amt die Zügel der Regierung übernehmen solle. Noirceuil erklärt triumphierend, daß seine Ernennung die Belohnung des Lasters und die Bestrafung der Tugend darstelle – wobei »wir vielleicht zögern würden, dies zu sagen, wenn wir einen Roman schrieben«. Sollen wir diese Worte als bewußten literarischen Witz verstehen, der alles neutralisiert und all das Negative aufhebt? Nein, denn Juliette selbst hat das letzte Wort in bezug auf den moralischen Ton, der diese Geschichte beherrscht. »Wieso sollte man fürchten, die Geheimnisse bekanntzugeben, welche die Wahrheit der Natur selbst entreißt? … Die Philosophie muß alles aussprechen.«

Die Abschnitte, die ich aus *Philosophie im Boudoir* und *Juliette* zitiert habe, erlauben es mir, einige allgemeine Aussagen über de Sades meistgelesene Werke zu machen. Die darin geschilderten Situationen entspringen einer strengen Klassenordnung, wie sie in Frankreich während des Ancien régime herrschte. Die männlichen Protagonisten sind wohlhabend, mächtig, gewöhnlich aus adeligem Hause; sie besitzen riesige Güter, auf denen sie sich als Tyrannen gebärden und ungestört ihren Lastern frönen können. De Sades revolutionäres Pamphlet und seine Schilderung des utopischen Inselreiches Tamoé bekunden ein gewisses Interesse am normalen Bürger. In seinen fiktiven Werken aber beschränkt sich die totale Freiheit, nach Belieben der eigenen Lust nachzugehen, auf eine winzige Minderheit reicher und mächtiger Adeliger. Alle anderen werden zu Opfern degradiert. Louis Verneuil verleiht dieser Doktrin in *La Nouvelle Justine, VII* vollen Ausdruck.

Es ist undenkbar, daß Gesetze für alle Menschen in gleicher Weise gelten. Diese moralische Medizin unterscheidet sich in nichts von der physikalischen Medizin. Wäre man nicht voll des Spotts für einen Quacksalber, der für alle Klienten nur ein einziges Heilmittel besäße und einen Schauermann mit demselben Abführmittel versorgte wie eine launische alte Jungfer? Natürlich! Gesetze werden nur für die gewöhnlichen Leute gemacht; da diese zugleich schwächer und zahlreicher sind, brauchen sie Beschränkungen, die den Mächtigen in keiner Weise berühren und betreffen. In einem Staat kommt es entscheidend darauf an, daß das Volk niemals in die Autorität der Mächtigen eingreift.

(zitiert in Châtelet, S. 121)

Ehefrauen müssen sich in die Rolle von Sklavinnen fügen. De Sades Heldinnen sind durchweg jung, schön, wohlgestaltet, im allgemeinen willfährig und selbst bei anhaltendem Mißbrauch unverwüstlich. In *Philosophie im Boudoir* und *Juliette* beginnt de Sade jedoch, die Stellung der Frau in der Gesellschaft und auch ihre Funktion in seinen Fabeln abzuwandeln. Einige wenige weibliche Opfer streben danach, mit Gerissenheit und Unverfrorenheit ihren männlichen Herren überlegen zu werden. Eine der lesbischen Nonnen im ersten Teil von *Juliette* hat eine drei Zoll große Klitoris, die »dafür bestimmt ist, die Natur zu empören«. Von dieser Frau heißt es, »sie ist ein Mann«. Etliche weibliche Figuren im weiteren Verlauf des Romans »haben eine Erektion« (*bander*) und »ejakulieren Sperma«. Frauen und Männer können niemals gleichgestellt sein, solange sie nicht ein einziges Geschlecht gebildet haben, das sich dem Analverkehr hingibt. Bei all dem stärkt de Sade das starre gesellschaftliche Klassensystem und strebt, soweit die körperlichen Unterschiede dies zulassen, lediglich nach einer gewissen Zersetzung und Vereinheitlichung der sexuellen Ordnung. Die Rollen und die Macht, die de Sade in *Juliette* für die Frauen propagiert, schließen letztlich jedes Gefühl der Zärtlichkeit und der Intimität zwischen Partnern jedweden Geschlechts aus.

Die philosophischen Erörterungen, die in de Sades fiktiven Werken etwa die Hälfte des Raums einnehmen, rechtfertigen Laster und Gewalt als einen notwendigen Teil der Natur im allgemeinen und des Menschen im besonderen. Kein gewalttätiges, mordlustiges Verhalten sollte als verwerflich oder kriminell verurteilt werden. Die Argumente, die immer wieder vorgebracht werden, nämlich daß Vergewaltigung und Mord natürlich und unvermeidlich seien, klingen wie die Argumente des Dr. Pangloss, für den Kriege und Erdbeben in der unergründlichen Vorsehung Gottes enthalten sind. Theoretisch hat de Sade jedes negative Vorzeichen in ein positives verwandelt, doch die Worte selbst bleiben unverändert. Er behält das Vokabular der Verurteilung und der moralischen Empörung bei. Worte wie *gräßlich, monströs, schändlich, infam* und dergleichen würzen unentwegt seine Sätze. Die Umwertung aller Werte findet keine neue Sprache; sie verstärkt vielmehr die Schärfe konventioneller Begriffe, um so das Skandalöse des Geschilderten zu unterstreichen. Und für das normale Volk hat sich überhaupt nichts geändert, außer daß seine Ausbeutung durch die Mächtigen eine neue Rechtfertigung erfährt. In *Justine* erklärt Monsieur de Saint-Fond, alles was als unzüchtige Gewalttat bezeichnet werde, wie etwa Mord im Verlauf von Orgien, Inzest, Vergewaltigung, Sodomie und Ehebruch, solle niemals bestraft werden, außer in der Kaste der Sklaven. Für die oberste Schicht, die Elite der Libertins, gälten die Gesetze nicht, sondern bestärkten bestenfalls deren Überlegenheit.

Die zentrale Metapher für diese moralische und gesellschaftliche Dynamik ist das Feuer. De Sade hat sich ihrer sein Leben lang bedient. In *Philosophie im Boudoir* fordert Dolmancé Eugénie auf, »das himmlische Feuer, das in uns lodert, in Fluten von Fucke zu ertränken«. Doch das Feuer erstirbt nie. Ein paar Seiten später, als sie gewisse Skrupel in bezug auf Kindesmord äußert, erwidert Dolmancé, die Flamme der Philosophie habe alle solche Täuschungen ausgelöscht. In der Szene aus *Juliette*, die ich auf Seite 339 zitiert habe, lodern echte Flammen. Dieses Feuer soll die alles verzehrende Lust von Noirceuil und Juliette symbolisieren und sowohl Juliettes Tochter vernichten als auch jeden letzten Rest von Mutterliebe in Juliette tilgen. Das Feuer spricht eine klare Sprache: Meine Lust wird alles zerstören; die Intensität meines Orgasmus (ein Wort, das de Sade noch nicht zur Verfügung stand) macht die ganze übrige Welt zu meinem Opfer.

Die beiden zitierten Passagen können bestenfalls andeuten, in welchem Maße de Sade bei der Beschreibung seiner Charaktere und Szenarien auf Klischees zurückgreift. Alle Frauen sind »schön wie Venus« oder »herrlich wie der Tag«. Die Superlative überschlagen sich regelrecht, mit denen die schreckliche Macht der Männer und insbesondere die Größe des Gliedes konstatiert wird. Größe und Zahl sollen jedes Gefühl der Langeweile bezwingen. De Sade will eine cartoonhafte Welt zweidimensionaler Figuren, die frei sind von jeder Reflexion und Reue. Ihre ausufernden Gespräche rechtfertigen ihr Verhalten. Wenn de Sade weitere und tiefere Sinnhorizonte andeuten will, greift er in aller Regel auf ein Allerweltswort zurück, das Adjektiv »interessant«. Saint-Fonds versklavte Frau trägt die Bezeichnung »dieses interessante Wesen«. Und damit hat es sich.

In solch einer Comics-Welt brechen zwangsläufig Momente der Komik hervor. Die unschuldige Eugénie ist stets darum bemüht, ihren korrupten Lehrern voraus zu sein. Die Kandidaten für die schreckliche Tortur, die zu Beginn von *Die 120 Tage von Sodom* geplant wird, werden ausgesiebt wie Astronauten. Wieso reagieren wir auf diese Welt voller Feuer, Sperma und Blut, in der alles grotesk überzeichnet ist, nicht einfach mit schallendem Gelächter? Der englische Dichter Algernon Swinburne reagierte anscheinend in dieser Weise, als er 1862 zum ersten Mal de Sade las. Er hätte sich fast »totgelacht« über de Sades naive Art, »Masse und Zahl für Größe« zu halten. Später griff Swinburne intensiv auf de Sades Betonung des Schmerzes zurück. Auch Apollinaire neigte halb zu dieser Rabelais'schen Reaktion. Doch wenn man bedenkt, wie stark de Sade mit Klischees arbeitet, so fragt man sich, warum er so selten mit einem Lachen abgetan wird.

Die Erklärung liegt meiner Meinung nach in dem Trick, dessen sich de Sade bedient und den man als »Bolero-Masche« bezeichnen könnte. Mit leichten Abwandlungen in Instrumentierung und Tonart wird ein und dasselbe Motiv immer und immer wieder von neuem wiederholt, wobei sich die Intensität steigert, bis sich das Thema unauslöschlich eingeprägt hat. Philosophische Diskurse über das Böse und die Eigenliebe wechseln sich ab mit Szenen, in denen diese Ideen ausagiert werden. Beide Ebenen sollen lasziv wirken. Es ist so, als hätte de Sade widerlegen wollen, was Proust ein Jahrhundert später schrieb: »Nichts ist begrenzter als Lust und Laster.« Die Erzählung fließt immer weiter, wobei der Grad der Verderbtheit stetig gesteigert wird. Als einziges stilistisches Wirkungsmittel beherrscht de Sade das Crescendo. Er weiß genau, wie man die Lautstärke langsam erhöht. Diese »Bolero-Masche« bringt uns nicht zum Lachen, sondern löst andere Reaktionen in uns aus. Es ist denkbar, daß sie uns erregt. De Sade macht kein Geheimnis daraus, daß genau dies seine Absicht ist. Oder wir fühlen uns zugleich fasziniert und abgestoßen – eine Reaktion, die das Tabu definiert. Oder wir fangen an, beunruhigt über den Sinn solch grotesker Geschichten nachzudenken. Oder wir verfallen einer Langeweile, die hin und wieder durch neue Schreckenstaten unterbrochen wird.

De Sades streng eingehaltene »Bolero-Masche« und sein bevorzugtes Szenarium von Initiation und Belehrung zielen gemeinsam auf einen einzigen Effekt ab. De Sades Schriften sind didaktisch. Er will überzeugen und bekehren – in erster Linie sich selbst, und dann die übrige Welt. In dieser Hinsicht hatte Barthes recht, wenn er de Sade in eine Reihe mit Loyola und Fourier stellte – zwei bedeutenden Proselyten, die eine strenge Doktrin predigten. De Sade war in seinen Schriften zu sehr Fanatiker, um ein Lachen auszulösen. *Die Philosophie im Boudoir* ist eine Unterweisung in Sünde und Unzucht. *Juliette* bildet den Triumph der neuen Doktrin, indem hier das Opfer zum Täter, die Frau zum Mann wird. Eine von Juliettes lesbischen Freundinnen, Madame de Clairwil, trachtet nach einem »Verbrechen, dessen Wirkung andauert, selbst wenn ich ablasse ... während ich schlafe«. Juliette antwortet ihr, Unterweisung,

Lektüre und aktives Handeln seien drei Möglichkeiten, einen starken verderblichen Einfluß geltend zu machen, der ewig anhalte. Wir erkennen schnell, daß sich in der Veröffentlichung von Büchern wie denen de Sades alle drei Wirkungen vereinigen.

Wozu wollte de Sade uns bekehren? Wie ich bereits erörtert habe, können wir seinen Beteuerungen, er schildere das Laster, um die Tugend aufrechtzuerhalten, keinen Glauben schenken. Dem widersprechen die Werke selbst sowie spätere, ehrlichere Absichtserklärungen. Nein, er predigt Sünde, Selbstsucht und Zerstörung und schildert uns diese so lebendig wie möglich. Eine zeitgenössische Kennerin der französischen Literatur, Jane Gallop, argumentiert über Dutzende von Seiten, de Sades zentrale Doktrin sei das Primat der Sodomie. De Sade und scheinbar auch Gallop finden den Analverkehr radikaler, brutaler und »auf lustvollere Weise kriminell« als den vaginalen Geschlechtsverkehr. »Analverkehr ist der Grundpfeiler eines Systems, das dem einzelnen Perversen, der in seiner Eigentümlichkeit gefangen ist, die Möglichkeit zu einem verallgemeinerten Austausch eröffnet.« Abgesehen von solch dubioser Psychoanalyse hat Gallop vollkommen recht, wenn sie auf die Allgegenwart der Sodomie in de Sades Schriften hinweist. Camille Paglia drückt sich hier klarer aus: »Sodomie wird verstanden als ritueller Eintritt in die Unterwelt, die durch die Gedärme des Mannes symbolisiert wird.«

De Sades Predigten sollen uns aber doch sicher zu einem umfassenderen Glauben bekehren als nur zum Analverkehr. Hier stellt sich die wichtige Frage, wie logisch beziehungsweise widersprüchlich de Sades Werk ist, und diese Frage führt uns ins Zentrum seines Ethos und zu der Faszination, die er in unserer Zeit auszuüben scheint, mehr allerdings auf Intellektuelle als auf reine Lüstlinge. Eine weitere Szene aus *Juliette* klärt die Begriffe des Dilemmas. Auf einem geschützten Landgut hält Juliette eine angesehene dreiköpfige Familie gefangen, bis diese hingerichtet werden soll. Bald empfängt sie den gutgebauten Henkersknecht Decour, der die Hinrichtung ausführen soll. Beim Abendessen erklärt Decour, Mord sei lediglich ein notwendiger Schritt im natürlichen Prozeß des Vergehens und der Erneuerung.[69] Gleichzeitig bekennt er, daß er immer eine Erektion bekommt, wenn er jemanden hinrichtet. Die Diskussion führt zu ausgiebigem Sex in allen Varianten, begleitet von wildem Auspeitschen, bis Juliette schließlich die passenden Worte für den Anlaß findet: »Wenn man es gewohnt ist, die Gesetze der Natur in einer Hinsicht zu verachten, empfindet man keinerlei Lust, es sei denn, man übertritt sie allesamt, eins nach dem anderen.«

Irgend etwas stimmt hier nicht. Eben erst hieß es, Mord sei ein notwendiges Element im Prozeß der Natur. Nun wird Mord als verallgemeinerte Übertretung der Gesetze der Natur bezeichnet. Dieser Widerspruch ist Teil einer größeren Paradoxie. Einerseits bestehen innerhalb des grundlegenden Nihilismus der Natur keinerlei Gebote oder moralische Grundsätze, die uns von einer absoluten Zügellosigkeit und Zerstörungswut zurückhalten. Andererseits verlieren das Leben und insbesondere unsere Lust jegliche Intensität in solch einem Vakuum, das aller definierenden Gesetze beraubt ist. Ab einem bestimmten Punkt kann der eingefleischte Libertin keinen Orgasmus mehr erreichen, ohne das Gefühl zu haben, die Gesetze und Zwänge, die er ablehnt, zu übertreten. Die Tür muß zugleich offen und verschlossen sein. Im ersten Kapitel von *Juliette* prahlt die lesbische Oberin, »meine Wollust ist eine Epidemie, sie verdirbt alles, was mich umgibt«. Die zerstörerische Kraft dieser Wollust entspreche dem Plan der Natur, und was wir als »Gewissen« bezeichneten, entspringe nutzlosen Vorurteilen. Man könne ein entgegengesetztes Gewissen entwickeln, das einen dazu treibe, jeder Ausschweifung ohne Reue nachzugehen. Aber trotzdem scheint sich dadurch überhaupt nichts zu ändern. »Schaffe die Strafe ab, ändere die öffentliche Meinung, zerschlage das Gesetz, erneuere das denkende Subjekt – und das Verbrechen wird immer noch existieren, allerdings wird der Einzelne keine Reue empfinden.«

Weshalb haben sich die Vorzeichen nicht einfach längst geändert? Weshalb hat sich das Verbrechen nicht in Tugend verkehrt, wenn es doch das Wesen der Natur verkörpert? Zumindest das Wort »Verbrechen« sollte doch wohl durch neutrale Begriffe ersetzt werden, denen kein moralisches Urteil anhaftet. Doch de Sade kann die Grenzen, die er durch philosophische Ausführungen und konkrete Übungen so massiv verletzt, letztlich nicht auflösen. Um das erstrebte Gefühl der Exzentrik und der extremen Gewalt zu erleben, bleiben de Sades Libertins letztlich allesamt parasitische Nutznießer des zwanghaften Systems, das sie verhöhnen. Ohne sittliche Zwänge und Grenzen hätte keine Form des menschlichen Verhaltens irgend etwas Schamloses. Die unschuldige Waise Justine wird von einem ihrer ersten Ausbeuter belehrt, Gott interessiere uns am allerwenigsten und unseren Leidenschaften fehle jeder Reiz, es sei denn sie setzten sich über den Willen Gottes hinweg.[70] Hier soll beides gleichzeitig gegeben sein. Selbst wenn der Sünde als Teil des natürlichen Prozesses ein positives Vorzeichen verliehen wird, muß sie ihr negatives Vorzeichen behalten, um uns den entsprechenden Nervenkitzel zu bereiten. De Sade, der Missionar der Übertretung, nimmt Beschränkungen und Begrenzungen hin, eben um sie mit Füßen treten zu können. Solch eigenwillige Ungezogenheit erwarten wir bestenfalls bei Kindern und gewissen Geistesgestörten, nicht aber bei Erwachsenen. Einer genialen Spielart dieser Haltung begegnen wir in der witzigen Bemerkung des Augustinus, daß er natürlich entschlossen sei, seine Schuld zu bekennen und sein sündiges Leben zu ändern – aber noch nicht gleich. Sartre deckte auf, daß auch Baudelaire an diese pikante Auffassung von Sünde gebunden war, und bezeichnete diese Haltung als eine Art Heuchelei vor sich selbst.

Zwei fundierte Bücher sollen meine knappe Erörterung des Themas Tabuverletzung bei de Sade und Gefolge ergänzen. Mario Praz befaßt sich in *Liebe, Tod und Teufel. Die schwarze Romantik* (1930) mit europäischen Autoren der Dekadenz, die das Böse feiern. Susan Brownmiller konfrontiert uns in *Against Our Will: Men, Women, and Rape* (1975; [Gegen unseren Willen: Männer, Frauen und Vergewaltigung]) mit der zählebigen Tradition des männlichen Outlaw, dem im Namen der Eroberung und der Auflehnung jede Ausschweifung gestattet ist. Die beiden Bücher entfalten ein vollständiges Curriculum der Tabuverletzung, der Bejahung des Bösen als eines Privilegs der Starken – von Richardson und Laclos über Huysmans bis zu Kubricks Verfilmung von Burgess' *Uhrwerk Orange*. Leider lassen Praz und Brownmiller jenen Autor praktisch unerwähnt, der zum wichtigsten Bannerträger des Sadeschen Nihilismus geworden ist. Bei Nietzsche wird das Ethos der Übertretung aller expliziten sexuellen Gewaltszenen beraubt und zu einem verführerischen intellektuellen Walhalla lyrischer Philosophie erhöht. Wir haben keine Belege dafür, daß Nietzsche den göttlichen Marquis je gelesen hat. Trotzdem bietet der Philosoph des Übermenschen eine Modifikation, die manchem Zeitgenossen sogar noch attraktiver erscheinen mag: de Sade ohne Orgasmus.

De Sades Werke konfrontieren uns mit einem extremen Versuch innerhalb der abendländischen Kultur, die Beschränkungen der Zivilisation abzustreifen, um zur Barbarei zurückzukehren. In all seinen größeren Schriften geht es de Sade um ein vollständiges Verwerfen der alttestamentarischen Gesetze und Prophezeiungen, der griechischen Philosophie und der klassischen Tragödie, der christlichen Nächstenliebe und aller Prinzipien demokratischer Gleichheit und Gerechtigkeit. Er will den alten Vergeltungsgrundsatz, »Zahn um Zahn«, und das Recht des Stärkeren wieder einführen. Vielleicht birgt die schiere Ungeheuerlichkeit des Sadeschen Werkes eine Art »Größe«, eine monumentale Verirrung und eine exemplarische Lektion, die uns in Ehrfurcht versetzen sollte. Doch all dies erscheint weniger großartig, wenn wir ihn in Gänze lesen und seine nihilistischen Ideen über Egoismus und Macht in gräßliche Szenen voll Blut und Fäkalien eingebettet sehen. Er wußte, wie »bedeutsam solche Bilder für die Entwicklung des menschlichen Geistes« sind und wie man »furchtlos das menschliche Herz ergreift und dessen ungeheure Abschweifungen beschreibt« (*Justine*). De Sade war stets ein Lehrer und ein Prediger.

»Müssen wir de Sade verbrennen?«

Simone de Beauvoirs Frage provoziert dadurch, daß sie auf die extremen Maßnahmen der Inquisition anspielt. Ich bin jedoch nicht der Meinung, daß die Frage ausgeklammert werden oder unbeantwortet bleiben sollte, auch wenn keine Form von Zensur und Bücherverbrennung de Sades Werk – geschweige denn seinen Mythos – aus öffentlichen und privaten Bibliotheken, aus dem Fundus der Geschichte und aus dem kollektiven Gedächtnis tilgen könnte. Sein üppig illustrierter moralischer Nihilismus ist auf der höchsten intellektuellen und der untersten kriminellen Ebene in unseren Kulturkreislauf eingedrungen. Die Absatzzahlen, die seine amerikanischen Verleger angeben, bestätigen dies. Zwischen 1965 und 1990 sind von der 750 Seiten umfassenden Ausgabe, die *Die Philosophie im Boudoir* und *Juliette* enthält, 350 000 Exemplare verkauft worden; zur Zeit werden durchschnittlich etwa viertausend Exemplare pro Jahr verkauft. Der Begleitband, *Die 120 Tage von Sodom*, weist etwas geringere Absatzzahlen auf. Dies sind dennoch immense Auflagenhöhen, die enorme Gewinne abwerfen.

Nein, wir müssen de Sade nicht verbrennen. Dieser Meinung bin ich nicht deswegen, weil dies unmöglich wäre, sondern weil wir keinen Menschen oder dessen Lebenswerk zerstören sollten, selbst wenn dieses Werk absolut ungeheuerlich ist. In medizinischen Laboratorien werden schließlich auch die virulentesten Stämme tödlicher Krankheitserreger zum Zweck der Forschung und Lehre aufbewahrt. Doch damit ist die Sache nicht getan. Beauvoirs Frage geht an dem eigentlichen Problem vorbei.

Die eigentliche Frage ist noch provokativer und noch aktueller: Müssen wir de Sade rehabilitieren? Sollten wir ihn als Denker und Schriftsteller in dieselbe Reihe stellen wie Machiavelli und Rousseau, wie George Eliot und Dostojewskij? Sollten wir der *History of French Literature* folgen und sein Werk als »Sieg der Begierde über die objektive Wirklichkeit« feiern? In meinem Kapitel über »Die Rehabilitierung eines Propheten« widerlege ich die vier Grundbehauptungen, die vorgebracht wurden, um de Sades Rang zu begründen: Er verfügte über eine immense Vorstellungskraft; seine Werke stellen wichtige wissenschaftliche Dokumente dar; er war ein großer Revolutionär; und er hat eine ganz neue und bedeutende Moralphilosophie entwickelt. Jede dieser Behauptungen ist nur beschränkt gültig und vom literarischen und philosophischen Standpunkt aus höchst fragwürdig.

Ein weiterer biographischer wie auch literarischer Umstand entkräftet diese vier Behauptungen noch zusätzlich. Obwohl de Sade

die Sodomie nachdrücklich als höchste Form der tabuverletzenden
Lust propagiert, verschweigt er nicht, daß seine treuste (und jahrelang zwangsläufig einzige) Bindung die zur körperlichen und geistigen Autoerotik darstellte. Mit zunehmendem Alter vermerkte de
Sade in seinen Tagebüchern immer häufiger seine eigene sexuelle
Aktivität, einschließlich Masturbation. Er zeichnete auch das Verhalten seiner fiktiven Charaktere auf. Auf dem Gipfel ihres materiellen Erfolgs als Verbrecherin pflegt sich Juliette regelmäßig
selbst zu befriedigen, wobei sie an ihr riesiges Goldvermögen
denkt, das ihr, zumindest symbolisch, die Möglichkeit zum Verbrechen eröffnet. Im vierten Teil des gleichnamigen Romans weiht Juliette die Comtesse de Donis gründlich in ihr »Geheimnis« ein, wie
sich mittels Verbrechen die Lust zu unendlichem Glück steigern
läßt: »Bleiben Sie vierzehn Tage, ohne sich mit der Wollust zu be-
schäftigen ... Führen Sie dann vor Ihr geistiges Auge alle möglichen Verirrungen vor ... Wählen Sie nun aus, was Ihnen Vergnügen macht ... [bis Sie] wie Messalina entladen. ... und notieren Sie
sich die Art der Verirrungen, an denen Sie sich entflammt haben.«
(572–3) Man sollte sich diese Aufzeichnungen bei späteren Anwendungen wieder ansehen und den Vorgang in Abständen mit ge-
steigerter Intensität wiederholen. Juliette beteuert, mit dieser Methode schon Erfolge erzielt zu haben.

Albert Camus, der sich gründlich mit dem Fall de Sade befaßt
hatte, zog den zwingenden Schluß: »Prometheus endet als Onan.«
De Sade war mehr in seinen masturbatorischen Phantasien gefangen als in seinen Zellen in der Bastille und in Charenton.

Damit sind wir bei einer der größten Fragen angelangt: Wie sollen wir moralische Fragen überhaupt behandeln? Wenn wir die Autorität eines offenbarten Glaubens oder einer bestehenden Tradition akzeptieren, können wir uns auf überlieferte Gebote und
Prinzipien stützen und diese in besonderen Fällen als Leitlinien
nutzen. Wenn wir solch eine Autorität nicht anerkennen, zumindest nicht in dem fraglichen Bereich, können wir uns gleichwohl
– wie etwa Aristoteles und Cicero – auf eine praktische Argumentation (*phronesis*) stützen, die auf dem Vergleich exemplarischer
Fälle beruht. Dieser Ansatz hängt eng mit dem Gewohnheitsrecht,

dem gesunden Menschenverstand und der klinischen Methode in der Medizin zusammen, denn *phronesis* impliziert, daß moralische Erkenntnis spezieller ist als theoretische. Sie verlangt eine gründliche Vertrautheit mit der relevanten Geschichte. Der Vorteil der Fallmethode besteht darin, daß sie die Extreme des Dogmatismus in der Theoriebildung und des Relativismus in der reinen Beschreibung umgeht.[71]

Welches sind denn nun die Fälle, die wir mit einbeziehen sollten, um eine erweiterte Sicht auf Leben und Werk des Marquis de Sade zu gewinnen? Wo finden wir weitere nennenswerte Schriften, in denen Geschichten und Belehrungen in der Absicht miteinander verbunden werden, das sexuelle und moralische Verhalten einer Kultur zu beeinflussen? Barthes' Verknüpfung de Sades mit Loyola und Fourier ist zu begrenzt und zielt in die falsche Richtung. De Sades eigene Hinweise auf einflußreiche Gestalten beziehen sich auf ein viel breiteres historisches und geographisches Spektrum. Im folgenden zitiere ich einige Beispiele, die ich für relevant halte. Sie führen uns weit von der skandalösen Welt de Sades weg, dennoch werde ich nicht von meinem Thema abkommen. Wir müssen den göttlichen Marquis in einen Kontext stellen, der über den pornographischen Roman des achtzehnten Jahrhunderts weit hinausgeht.[72]

In China verfaßten zu Beginn der Han-Dynastie (206 v. Chr. bis 24 n. Chr.) taoistische Ärzte und Gelehrte eine umfangreiche Sammlung klassischer Handbücher zur Sexualität, die oft als *The Art of the Bedchamber* bezeichnet wurden. Robert H. van Gulik hat darauf hingewiesen, daß die sexuelle Begegnung sowohl in kosmischer als auch persönlicher Hinsicht therapeutische Auswirkungen zeitigte, wenn sie mit der richtigen Handhabung des weiblichen Yin und des männlichen Yang vollzogen wurde. In *Secrets of the Jade Chamber* wird ausführlich dargelegt, wie die sexuelle Lust gesteigert und verlängert werden kann. Erneuter Popularität erfreuten sich diese Handbücher in einer Zeit kultivierter Ausschweifungen am Ende der Ming-Dynastie im Ausklang des siebzehnten Jahrhunderts. Die Inhalte der Handbücher werden durch kunstvolle Euphemismen – wie etwa »Jadestab« und »rote Blume« – verschleiert, zugleich aber durch anschauliche Illustrationen erklärt. Unter der Mandschu-Dynastie wurden diese Texte zwar verboten, doch sie haben die sexuelle Praxis und die sexuelle Moral in China nachhaltig beeinflußt.

Im Vergleich zu den obskuren taoistischen Handbüchern, die sich auf Wissenschaft und Tradition stützen, liest sich Ovids berühmte *Ars Amatoria* wie ein heiteres Lehrbuch über das Flirten und Verführen in der vornehmen Gesellschaft. Ovids Erzähler putzt sich heraus, versucht sein Glück und macht sich über sich selbst lustig, während er gutmütige Ratschläge bar jeder sexuellen Obsession zum besten gibt. Die kurzen Passagen am Ende des zweiten und dritten Buches, wo es darum geht, wie man sich im Bett vergnügt, empfehlen echte Aufmerksamkeit und Höflichkeit gegenüber dem Partner und vermitteln eine gesunde Einstellung zu Dingen wie Stellungen, Timing und Bettgeflüster. Ovids spritzige Verse und seine oft witzigen Bilder (aus den Bereichen Militär und Landwirtschaft) lassen eine Welt erstehen, in der sich Liebe, Lust und Lachen verbinden. Ovids anhaltende Beliebtheit entspringt seiner Kunst, eine lyrische Frivolität ohne jede Grobheit entstehen zu lassen.

Eine weitere große Tradition der sexuellen Unterweisung wurde nach dem dritten Jahrhundert unserer Zeitrechnung im indischen *Kama Sutra* zusammengetragen. Dieses Werk deckt alles ab, von der Technik bei der Kopulation über das angemessene soziale Verhalten bis hin zu den Komplikationen der sogenannten romantischen Liebe. Der Tantrismus eröffnete dem kultivierten Streben nach sexueller Lust eine weitere Ebene, die der Magie, der Spiritualität und des Rituellen.

Was Westeuropa zu der Verbindung von sexueller Praxis und religiösem Glauben beisteuerte, sieht etwas anders aus. Aus den Kreuzzügen, der Katharersekte, der Liebeslyrik der Troubadoure und dem französischen Heldenepos (*chanson de geste*) entwickelten sich am Hof der Eleanor von Aquitanien jene Institutionen, die wir als höfische Liebe und Ritterlichkeit bezeichnen. Andreas Capellanus (André de Chapelain) erörterte in *De Amore* (ca. 1180), wie der Ritter danach streben sollte, die Gunst seiner Dame zu gewinnen und nicht mehr von ihr zu verlangen als ein Wort des Lobes. Diese reine Liebe, *amor purus*, blieb weitgehend ein Ideal beziehungsweise ein Mythos, nahm aber auf die europäische Geschichte über mehrere Jahrhunderte großen Einfluß.[73]

Wurde die Sexualität in der höfischen Liebe teilweise von der Spiritualität absorbiert, so wurde sie in der französischen Pornographie des achtzehnten Jahrhunderts von der revolutionären Politik und dem Antiklerikalismus vereinnahmt. In den Werken von Nerciat, Mirabeau und Restif de la Bretonne sowie zahlreichen anonymen Titeln wie *Thérèse philosophe* (1748) verbinden sich philosophische Erörterung und erotische Erzählung in der Absicht, den Leser über den neuen Libertinismus des Geistes und des Körpers aufzuklären. Bücher über erotisches Gebaren dienten der plastischen Veranschaulichung revolutionärer Ideen und warfen außerdem hohe Erträge ab. Dieser Boom der Pornographie diente als Vehikel für die Angriffe gegen Kirche, Monarchie und Aristokratie und bildete zugleich eine höchst unterhaltsame Form der Sexualkunde. Die Autoren verfolgten in ganz unterschiedlichem Maße politische Ziele. Nach der Revolution wurde die Pornographie teilweise durch andere Institutionen und Medien, wie Roman und Theater, abgelöst. Die Wiederentdeckung und Neuveröffentlichung dieser Werke seit den neunziger Jahren hat ein interessantes und pikantes neues Spezialgebiet der Forschung eröffnet, wobei die historische und literarische Bedeutung dieser Werke häufig überbewertet wird.[74]

Als letztes möchte ich die Sammlung *1001 Nacht* zitieren, die seit dem achtzehnten Jahrhundert unter anderem von abendländischen Übersetzern aus einem Korpus orientalischer und indischer Märchen in arabischer Sprache zusammengetragen wurde. Die Rahmenhandlung hat direkt mit unserem Thema zu tun. Das wollüstige Verhalten seiner Gemahlin und seiner Sklavinnen bewegt den Sultan Schahrban dazu, sie alle zu foltern beziehungsweise zu erdrosseln. Danach beschafft der Wesir dem Sultan jede Nacht eine neue Frau, die am Morgen erdrosselt wird, um jeder Treulosigkeit vorzubeugen. Wir erfahren nicht, ob Schahrban an dieser barbarischen Praxis irgendein Vergnügen findet. Schließlich

bittet des Wesirs eigene Tochter, Scheherazade, für eine Nacht als
Gemahlin des Sultans auserwählt zu werden. Sie macht der Plage
ein Ende, indem sie am Morgen eine so fesselnde Geschichte zu erzählen beginnt, daß der Sultan in der folgenden Nacht wieder nach
ihr verlangt, um die Fortsetzung zu hören. Es gelingt Scheherazade,
ihre erzählerische Kunst 1001 Nächte lang aufrechtzuerhalten. Danach schenkt der Sultan ihr das Leben, aus Liebe zu den drei wunderschönen Kindern, die sie ihm geboren hat.

So verschieden alle diese Werke auch sein mögen, so sind sie
meiner Meinung nach alle darum bemüht, sexuelles Verhalten zu
beeinflussen, um damit wiederum das gesellschaftliche Leben in
einer Kultur zu verändern. Hier wird die Sexualkunde als Möglichkeit gesehen, die Lebensbedingungen zu verbessern. Vergleichen wir diese Werke nun mit de Sade, so offenbart sich ein Aspekt,
der für diese Untersuchung von entscheidender Bedeutung ist. De
Sade will die Welt genauso verändern wie die übrigen Autoren,
wahrscheinlich sogar noch mehr. Doch einzig und allein bei ihm
wird die höchste Lust des Körpers und des Geistes abhängig gemacht von der Grausamkeit und Gewalt, die dem Partner oder den
Partnern zugefügt wird, und von Perversionen, die sich um analen
Geschlechtsverkehr drehen. In der taoistischen *Art of the Bedchamber*, in Ovids *Ars Amatoria*, im *Kama Sutra*, im Tantrismus
und in der höfischen Liebe wird an keiner Stelle zum Erlangen sexueller Erfüllung auf Praktiken verwiesen, die wir als sadistisch
oder masochistisch bezeichnen würden. Die französische Pornographie des achtzehnten Jahrhunderts schreckt vor nichts zurück,
doch sie erklärt nicht die Gewalt zu ihrer primären Triebkraft. In
1001 Nacht stehen zwar auch Strafe und Gewalt in engem Zusammenhang mit der Sexualität, doch die ausgedehnte Erzählung schildert, wie der Sultan von seiner Grausamkeit geheilt wird und eine
Form familienorientierter Liebe entdeckt. In etlichen der genannten Werke werden gewaltfreie Praktiken wie Fellatio, Cunnilingus,
akrobatische Stellungen und Analverkehr als abweichende Spielarten anerkannt, aber nicht verherrlicht. Der Marquis de Sade unterscheidet sich von den anderen Autoren – ich zögere, sie als seine
»Vorläufer« zu bezeichnen – genau in Hinsicht auf jenes Wort, das

auf seinem Namen beruht. Er ist der einzige »Sadist«. Seine systematische Verknüpfung von sexuellem Genuß mit Böswilligkeit, Folter, Gewalt und Mord ist etwas gänzlich Neues in der Sozialgeschichte. Bis zum neunzehnten Jahrhundert war dafür gar kein Wort erforderlich. Hierin liegt die »Veränderung«, die Foucault erkannte und würdigte. Hierin liegt die Weihung eines neuen literarischen Klassikers begründet, der für unsere Nachkommen kanonisiert wurde.

Es gibt natürlich zahlreiche Einzelfälle von Männern und Frauen, die im Ausleben ihrer Sexualität in frevelhafter Grausamkeit schwelgten. Ein paar wurden aufgrund ihrer Ausschweifungen regelrecht berühmt. Wir erinnern uns an Nero, Gilles de Rais, die Gräfin Erzebet Bathory und vielleicht auch an Lord Castlehaven, einen skandalösen Zeitgenossen Miltons. In unserer heutigen Zeit gibt es mehr solcher Gestalten, als wir wahrhaben wollen, von Jack the Ripper bis Jeffrey Dahmer. Die meisten sind pathologische Fälle. Niemand hat die Auffassung vertreten, daß einer dieser Gewalttäter ein Exempel statuiert, in dessen Namen wir die Gesellschaft umstrukturieren sollten, um ein höheres Maß an menschlicher Erfüllung zu erlangen. Die Rehabilitierung des Marquis de Sade dagegen scheint genau dies zu verfolgen. Die vielen Kritiker, die ich zitiert habe, behandeln ihn als exemplarisch. Kann dies ihr Ernst sein? Wissen sie überhaupt, was sie tun?

Michel Delon geht in der Einführung zu der Pléiade-Ausgabe der Sadeschen Werke direkt auf diese Fragen ein. Er zitiert viele der Quellen, die ich bereits erörtert habe, und argumentiert, es sei historisch unumgänglich, de Sade in diese Klassikerreihe aufzunehmen. Und er bringt drei weitere Argumente vor: Die Angst vor dem »verderblichen Einfluß« durch einen Autor wie de Sade verweist er in den Bereich der »Hirngespinste«. Zweitens sieht er die Rehabilitierung de Sades als wirksames Mittel, die Bourgeoisie mit ihren falschen Prinzipien moralischer Hygiene zu bekämpfen. Und drittens behauptet er, de Sade stelle keine größere moralische Gefahr dar als die Schilderung der Foltern in den Legenden heiliggesprochener Märtyrer.

Delons Argumente für de Sade halten einer genaueren Prüfung

nicht stand. Die »unaufhaltsame Evolution«, die de Sade angeblich zum Klassiker gemacht hat, kennzeichnet im Grunde die Verantwortungslosigkeit jener Kritiker, die sich dem Paradigmawechsel nicht widersetzt haben. Die Gefahr der negativen Beeinflussung junger und zu Gewalt neigender Menschen läßt sich nicht mit einem höhnischen Wort abtun. Der Verweis auf ein überholtes Vorurteil gegen jene Gesellschaftsschicht, die unsere demokratischen und rechtsstaatlichen Institutionen begründete, beweist eine einzigartige politische Naivität – oder Zynismus. Und Delon verzerrt und verwertet (wie Paulhan) rein äußerliche Ähnlichkeiten, wenn er Beschreibungen, welche die Folter christlicher Märtyrer *anprangern*, auf dieselbe Stufe stellt wie de Sades *Verherrlichung* der Folter zum Zweck der sexuellen Befriedigung.

Ich habe mich dafür ausgesprochen, de Sade nicht zu verbrennen, ihn aber auch nicht als neuen Klassiker einer revolutionären moralischen Befreiung zu glorifizieren. Aber was sollen wir denn nun mit ihm anfangen? Um diese Frage klug und besonnen zu beantworten, müssen wir einige grundsätzliche Dinge bedenken. Wir sind auf gewisse ineinandergreifende Institutionen angewiesen – Familie, Schule, Staat –, um die unauslöschliche menschliche Selbstsucht und Böswilligkeit einigermaßen zügeln zu können. Wir scheinen uns darauf zu verlassen, daß die Freiheiten, die wir in den vergangenen vier Jahrhunderten errungen oder uns selbst eingeräumt haben, diese Institutionen stärken und sichern. Bisweilen sieht es jedoch so aus, als wären sie eher gefährdet. In jedem Falle muß jedes Kind von neuem lernen, welche Eigenschaften der menschlichen Natur eine Kultur zu fördern und welche sie zu unterbinden wünscht. Solange dieser Prozeß der Sozialisierung nicht abgeschlossen ist, sollte gefährdendes und destruktives Gedankengut nur mit äußerster Vorsicht in der Lebenswelt des Kindes zugelassen werden. C. S. Lewis hat dies eindrucksvoll auf den Punkt gebracht – für Kinder wie für Erwachsene.

Jene grundlegende Rechtschaffenheit der menschlichen Reaktion, auf die wir so leichtfertig die unfreundlichen Attribute »stereotyp«, »primitiv«, »bourgeois« und »konventionell«

*klatschen, ist alles andere als »gegeben«, sondern entspringt
einem labilen Gleichgewicht eingeübter Gewohnheiten, die
mühsam erworben werden und leicht wieder verlorengehen
und von deren Beibehaltung unsere Tugenden wie auch
unsere Genüsse und vielleicht sogar das Überleben der Spezies abhängen. ... Auch wenn Gifte zur Mode werden, bleiben
sie nach wie vor tödlich.*

(A Preface to »Paradise Lost«, 4. Kapitel)

Die Welt ist voll von gesunden und vergiftenden Einflüssen. Die
Mindestverpflichtung des Kritikers besteht darin, literarische
Werke als das zu erkennen, was sie sind, und falsche Behauptungen
zu widerlegen.

Kein Etikettenschwindel

In der Grove-Press-Ausgabe von *Justine and Other Writings* von
1965 wurde de Sade in englischer Sprache erstmals als frei publi-
zierter seriöser Autor dargestellt. Die umfangreiche Einführung
beginnt mit einem Vorwort der Übersetzer und einer Einleitung
des Herausgebers. Diese beiden Texte zeigen, wie de Sade seit
dreißig Jahren auf der Verpackung etikettiert wurde und wird.

Der Herausgeber (Barney Rosset, der seine Einleitung allerdings
nicht namentlich unterzeichnete) geht vorsichtig ans Werk und zitiert viele der von mir diskutierten kritischen Stimmen, die de Sade
zu rehabilitieren bestrebt sind. Zum Schluß geht er auf die allge-
meinere Frage ein: »Was ist so sonderbar und wert, untersucht zu
werden« in diesem »gefühllosen Universum am anderen Pol von
Gethsemane und Golgatha«? Rosset liefert eine Antwort, die Milton und Baudelaire leicht nachvollzogen hätten.

*Um von dieser außergewöhnlichen Phantasie zu profitieren,
... müssen wir sie nicht unterschreiben. Aber wenn wir sie unbeachtet lassen, so tun wir dies auf eigene Gefahr. Denn de
Sade zu ignorieren heißt, einen Teil von uns selbst nicht er-*

> *kennen zu wollen, jenen unantastbaren Teil, der in jedem von uns schlummert und der, wenn er nicht vom Licht der Vernunft erfaßt wird, das absolut Böse zur Verhaltensregel machen und die Welt in den Abgrund reißen kann, so wie wir es in diesem Jahrhundert bereits erlebt haben.*

Ein paar Zeilen weiter unten wiederholt Rosset dieses Argument. Zwanzig Jahre nach Hitler können de Sades Werke »uns an das absolut Böse gemahnen, zu dem der Mensch fähig ist«. Rossets Logik klingt im Grunde schlüssig: Je stärker der Impfstoff, desto zuverlässiger die Immunisierung. Er übersieht dabei jedoch, daß ein Impfstoff über einem gewissen Grad an Virulenz bei bestimmten Immunsystemen infektiös wirken kann. Doch für Rosset ist und bleibt de Sade ein negatives Schulbeispiel.

Die Übersetzer, Richard Seaver und Austryn Wainhouse, haben einen ganz anderen Ansatz. Sie weisen bereits zu Beginn auf de Sades »ungeheure und unvergleichliche literarische Leistung« hin und räumen dann ein, daß de Sade selbst als Autor eigentlich unbekannt bleiben und lediglich im Untergrund wirken wollte. Seine Geheimnisse könnten dem normalen Leser gar nicht offenbart werden. Für einen vernünftigen Menschen symbolisiere de Sade vor allem den Tod. Doch bei manchen Lesern führten de Sades Geheimnisse in eine andere Richtung und stießen auf einer tieferen, dunkleren Ebene auf Widerhall.

> *Egal wie stark* [der Leser] *in der Normalität verwurzelt sein mag, die das Alltagsleben erst ermöglicht, viel stärker noch verwurzelt und unendlich viel tiefer – in den abgelegeneren Bereichen seines unveräußerlichen Selbst, in seinen Trieben, Träumen, seinen ununterdrückbaren Lüsten – wohnt das Unmögliche, wie ein Souverän im Untergrund. Was de Sade uns zu sagen hat – und was wir als normale soziale Wesen gar nicht registrieren und schon gar nicht respektieren können –, existiert bereits in uns, wie ein Echo, eine vergessene Wahrheit oder wie die göttliche Verheißung, deren Erfüllung schließlich das wichtigste Anliegen unserer menschlichen Existenz ist.*

Seaver und Wainhouse schildern hier ganz anschaulich die subtile Art und Weise, in der de Sades Bilder und Gedanken die Moral mancher Leser infiltrieren und eine tief in uns schlummernde Neigung wecken. Die Rhetorik und die Metaphern der zitierten Passage verweisen auf die Macht von verbotenem Wissen, das durch esoterische Schriften nur einem Kreis von Auserlesenen eröffnet wird.

Diesem verbotenen Wissen weisen die Übersetzer Bezeichnungen mit stark positiver Bedeutung zu: »Souverän im Untergrund«, »vergessene Wahrheit« und »göttliche Verheißung«. Ihr eigener Herausgeber verwendet viel klarere Begriffe: »Terrorist«, »satanischer Zug« und »das absolut Böse«. Die Übersetzer machen aus einem abschreckenden Beispiel einen exemplarischen Helden. Im darauffolgenden Absatz erklären sie: »Es ist nicht unsere Absicht, ein spezielles Plädoyer zugunsten de Sades vorzubringen.« Doch genau dies tun sie mit ihrer Beurteilung der grundlegenden Natur des Sadeschen Universums. Solchen Behauptungen begegnet auch der mit de Sade nicht vertraute Leser bereits auf der zweiten Seite eines Vorworts, das an »einen der Schätze unserer Kultur« heranführen soll.

Die Verwirrung, die durch diese einleitenden Seiten entsteht, veranlaßt mich dazu, in schematischer Form die Situation klarzulegen, in die de Sade und seine Anhänger uns bringen. Die Kategorien, die ich dabei aufstelle, klammern bewußt jenen Mittelbereich aus, den viele von uns am liebsten sondieren und propagieren würden. Doch klare Unterscheidungen dienen uns hier am besten.

Seit Platon und Aristoteles lassen sich Diskussionen über die Gewalt und das Böse in der Kunst in zwei Positionen zusammenfassen: die Theorie der Korrumpierung und die Theorie der Katharsis (Läuterung).[75] Edgar Wind, der in *Art and Anarchy* diesen Komplex untersucht, hat den Zusammenhang auf eine knappe Formel gebracht: »Kunst vermag Gefühle zu intensivieren (nicht nur zu läutern).«

Wie ich bereits erwähnt habe, behauptet de Sade manchmal (in Vorahnung auf den Zensor), er schreibe über Laster und das Böse, um uns von diesen zu heilen, und manchmal, um uns dafür zu gewinnen. Moderne Kritiker, die sich um de Sades Rehabilitierung bemühten, haben eine dritte Position dargelegt: Er fertige harmlose sprachliche Konstrukte ohne jede (beabsichtigte) moralische Dimension – Texte, die wir unter rein ästhetischen Prämissen betrachten sollten. Indem ich die genannten Positionen zusammenfasse, ergeben sich sieben Arten, de Sade zu lesen, wobei das folgende Schema keinen Anspruch auf Vollständigkeit erhebt.

A. *De Sade ist frei von moralischen Intentionen – ein Wortkünstler, der lediglich Texte kreiert* (Barthes).

1. Sade hat keinen moralischen Einfluß, sondern rein ästhetische Wirkung.
2. Sade bewirkt (unbeabsichtigt) moralische Erbauung (Katharsis).
3. Sade bewirkt (unbeabsichtigt) moralische Zersetzung (Korrumpierung).

B. *De Sade birgt eine starke und bewußt kalkulierte moralische Komponente.*

4. Sade versucht, uns zu läutern – mit Erfolg (Katharsis).
5. Sade versucht, uns zu läutern – ohne Erfolg (Zersetzung).
6. Sade versucht, uns zu korrumpieren – mit Erfolg (Zersetzung).
7. Sade versucht, uns zu korrumpieren – ohne Erfolg (Katharsis).

Von den sieben Arten, de Sades Wirkung zu beurteilen, erscheint mir die erste ganz offenkundig unhaltbar. Jene, die diese Sichtweise vertreten, versuchen in aller Regel, de Sade mit einseitigen oder falschen Begründungen in den Rang eines großen Literaten zu erheben. De Sades persönliches Naturell und auch die psychischen Belastungen, unter denen er lebte, lassen keine klare Aussage darüber zu, welche Absichten er beim Schreiben verfolgte. In Anbetracht der höchst widersprüchlichen Belege ist es durchaus denkbar, daß er sich selbst beweisen wollte, allein durch sein Schreiben Rache zu üben und die Gesellschaft zu zerstören, die ihn sein halbes Leben lang der Freiheit beraubte.

Die Übersetzer und der Herausgeber der Grove-Ausgabe sind so klug, die moralische Dimension der Schriften de Sades anzuerkennen. Von einem »Souverän im Untergrund« zu sprechen, den de Sade angeblich in jedem von uns anspricht, klingt fast so, als würde in uns ein schlummernder Übermensch – der ein wenig dem Monster Frankensteins gleicht – zum Leben erweckt, um die Taten auszuführen, die de Sade beschreibt. Die Übersetzer scheinen der Ansicht zu sein, daß de Sade einigen wenigen großen Geistern eine ungeheure Befreiung beschere (Punkt 6) und daß andere, normal Sterbliche, entsetzt zurückschreckten (Punkt 7). Indem sie de Sade als »einen der Schätze unserer Kultur« bezeichnen, scheinen sie das zersetzende Element seines Werkes zu begrüßen. Der Herausgeber hingegen erkennt das verderbliche Potential in de Sades Phantasie, die für seine Begriffe »eher surreal als real« ist. Er schätzt de Sades Werke, weil diese seiner Meinung nach einen heilsamen Effekt haben – ob nach Punkt 4 oder 7 bleibt unklar. Vielleicht weil das Vorwort und die Einleitung mitten in der Euphorie der sechziger Jahre verfaßt wurden, werden die puritanische und viktorianische Moral als heuchlerisch verhöhnt und de Sade als Befreier hingestellt.

Wie soll es uns angesichts dieser widersprüchlichen Behauptungen gelingen, de Sade richtig zu verstehen? Wie sollen wir vor allem den Einfluß dieser Inhalte und dieses Stils, mit denen wir uns inzwischen ein wenig vertraut gemacht haben, beurteilen? Die Argumente, die ich im folgenden vorbringe, sollen dazu beitragen, daß sich die Richtung der derzeitigen Meinung ändert, ja sogar umkehrt.

Den schwierigsten Aspekt will ich zuerst aufgreifen: die Frage, wie gesellschaftlicher Schaden durch Werke wie die de Sades empirisch zu belegen ist. Die beiden Fälle, die ich beleuchtet habe, die von Ian Brady und Ted Bundy, führen uns unter Umständen zu einem umfangreichen und letztlich nicht sehr schlüssigen Korpus an Literatur über die Ursachen gewalttätigen Verhaltens und über die Auswirkungen von Pornographie auf diverse Gruppierungen. Stattdessen verweise ich auf zwei Gutachten der amerikanischen Regierung zur Pornographie. Beide Gutachten sind scharf unter Beschuß genommen worden, doch beide verdienen meiner Meinung nach Unterstützung. Der *Report of the Commission on Ob-*

scenity and Pornography (1970) kommt zu folgendem Schluß: »Empirische Untersuchungen, die diese Frage klären sollten, haben bislang keine Beweise dafür erbracht, daß Kontakt mit freizügigen Materialien über Sexualität eine signifikante Rolle bei der Verursachung straffälligen oder kriminellen Verhaltens bei Jugendlichen oder Erwachsenen spielt« (32). Das Gutachten von 1970 enthält die Empfehlung, solche Materialien nur für Minderjährige zu zensieren.

Der *Final Report* der Pornographie-Kommission des Justizministeriums (1986) kommt zu einem anderen, wenn auch nicht unbedingt entgegengesetzten Schluß. »Intensiver Kontakt mit sexuell definiertem und gewaltverherrlichendem Material, wie es hier beschrieben wird, steht in einem Kausalzusammenhang mit unsozialen sexuellen Gewalttaten und bei einigen Untergruppen auch mit rechtswidrigen sexuellen Gewalttaten« (326). Das Gutachten von 1986 läßt die früheren negativen Erkenntnisse über sexuell freizügiges Material gelten und konzentriert sich auf Gewaltpornographie, der gesellschaftlich signifikante Auswirkungen zugeschrieben werden. In den nachfolgenden Diskussionen wurden zwei wesentliche Aspekte festgehalten.[76] Erstens hat das Element der Gewalt, besonders in Verbindung mit Sexualität – ganz unabhängig davon, ob diese freizügig dargestellt wird oder nicht – schädliche gesellschaftliche Auswirkungen. Zweitens bedeutet »Kausalzusammenhang« in diesem Kontext nicht, daß alle Individuen, die solchem Material ausgesetzt werden, zwangsläufig beeinflußt werden, sondern nur ein geringer Prozentsatz. Dies ist dieselbe Art von statistischem Zusammenhang, den wir berücksichtigen, wenn wir davon sprechen, daß Rauchen zu Lungenkrebs führt, daß Alkoholkonsum die Ursache von Verkehrsunfällen sein kann und daß das Anlegen von Sicherheitsgurten die Zahl der Unfalltoten reduziert. In dem Gutachten von 1986 wird zwar ein Zusammenhang besonders zwischen Darstellungen sexueller Gewalt in Film und Fernsehen und sexueller Gewalt in der Gesellschaft bestätigt, es wird jedoch keine Änderung der damals geltenden Bundesgesetze zur Obszönität gefordert.

Ich habe diesen Sachverhalt angesprochen, um darauf hinzuweisen, daß nach dem Gutachten von 1970 de Sades Œuvre sexuell freizügiges Material darstellt, das keine Gefahr für die Gesellschaft birgt, während es nach dem Gutachten von 1986 der extremen Form sexueller Gewaltdarstellung zuzurechnen ist – der einzigen Kategorie, die als mögliche Ursache sexueller Gewalt bei den solcher Darstellung ausgesetzten Lesern angegeben wird. Wie aus anderweitigen Schriften und Regierungsberichten hervorgeht, berührt dieser Sachverhalt nicht nur Grundrechte nach dem ersten Zusatzartikel zur amerikanischen Verfassung, wie Rede- oder Pressefreiheit, sondern auch Fragen der Volksgesundheit und des Allgemeinwohls. Ich würde sagen, daß das Gutachten von 1986 uns in die Lage versetzt, de Sade richtig zu verstehen und ihn in die richtige Schublade zu stecken, ohne zu einer Ketzerverbrennung aufrufen zu müssen.

Mit dem Verweis auf mögliche negative Auswirkungen von Gewaltpornographie auf »einige Untergruppen« wird in dem Gutachten von 1986 eingeräumt, daß sich die meisten wissenschaftlichen und rechtlichen Diskussionen über die Auswirkungen von Pornographie und Obszönität auf die Einflüsse bei »nicht anfälligen Normalbürgern« beschränken. Doch im Dickicht der menschlichen Natur gibt es alle möglichen unvorhersehbaren Neigungen in viele Richtungen. Das Wort »Untergruppen« erinnert an die Hicklin-Entscheidung von 1867. Ein britisches Gericht urteilte damals, ein Buch mit dem Titel *The Confessional Unmasked* »ziele darauf ab, jene zu verderben und zu korrumpieren, die offen für solche moralischen Einflüsse sind«. In einem nicht ganz so weit zurückliegenden Fall im Amerika der fünfziger Jahre ging es um siebzehn erstinstanzliche Gerichtsurteile gegen einen gewissen Winters, der in New York City »nicht jugendfreie« Comics vertrieb, die aber hauptsächlich an Minderjährige verkauft wurden. Das New Yorker Berufungsgericht befand, daß »Ansammlungen von Bildern oder Geschichten über blutrünstige oder lüsterne Gewalttaten fraglos so massiv sein können, daß sie möglicherweise zu Gewalttaten anstiften«. Als das Oberste Bundesgericht der Vereinigten Staaten diese Entscheidung als vage und unklar zurückwies, äußerte Richter Frankfurter auf beredte Weise seine Gegenmeinung: »Es wäre purer Dogmatismus …, der New Yorker Legislative das Recht abzusprechen zu glauben, die von ihr verbotene Form von Publikation ziele darauf ab, krankhafte und unreife Gemüter zu befriedigen.«

Angesichts der Häufigkeit von Gewalt- und Sexualverbrechen in unserer Gesellschaft wären wir gut beraten, die Auswirkungen von Gewaltpornographie nicht nur auf »normale, nicht anfällige«, sondern auch auf »krankhafte und unreife Gemüter« zu berücksichtigen.[77] Hier wäre es auch sinnvoll, eine Art »Kosten-Nutzen-Analyse« anzustellen. Wir müssen die Vorteile der Pressefreiheit und der unbeschränkten Verbreitung von Ideen gegen den Vorteil einer ausgewogenen Umwelt abwägen, in der Jugendliche sicher aufwachsen und auch Labile leben können, ohne sich und andere zu gefährden. Anders gesagt: Wir müssen die Vorteile der angeblichen Ventilfunktion von Gewaltpornographie für einige Menschen gegen die Gefahr abwägen, daß durch die Wirkung solcher Materialien einige Untergruppen zu unsozialem oder kriminellem Verhalten angestiftet werden können. Iwan Karamasow sah das Dilemma ganz konkret: »Welchen Preis würden wir bezahlen, um die Folter eines einzigen hilflosen Kindes zu verhindern?« Wir sollten erkennen, daß sich Dostojewskij hier nicht einfach sentimental gibt. Das Thema ist ausgesprochen wirklichkeitsnah.

Wie ich bereits argumentiert habe, tragen die Liberalen ebenso die Beweislast dafür, daß die allgemeine Verbreitung von Gewaltpornographie keinen gesellschaftlichen Schaden anrichtet, wie die Konservativen beweisen müssen, daß solcher Schaden entsteht beziehungsweise entstehen kann.

Ich möchte noch einmal auf die medizinische Analogie, Infektion und Immunität, zurückkommen. Das menschliche Immunsystem funktioniert auf eine höchst komplexe Weise, die wir noch längst nicht vollständig erforscht haben, und dient dazu, uns vor bakteriellen und viralen Krankheitserregern zu schützen. Seine zahlreichen Komponenten, von der Thymusdrüse bis zu den T-Zellen, unterscheiden natürliche Bestandteile des Organismus, die als »eigen« erkannt und geschützt werden, von fremden und gefährlichen Elementen, die angegriffen werden; dazwischen liegen Elemente, die als Teil eines dynamischen immunologischen Milieus toleriert werden können. Das richtige Funktionieren dieses Systems im Zusammenwirken mit vielen anderen Systemen, die unseren Organismus ausmachen, sichert einen relativen Zustand, den wir als »Gesundheit« bezeichnen – die Fähigkeit, eindringende Krankheitserreger zu erkennen und abzuwehren. Wir können nur darüber staunen, wie einfallsreich und sensibel unser Immunsystem funktioniert. Es strebt kein krankheitsfreies Milieu an, sondern einen Zustand, in dem unsere Abwehr nicht überfordert wird. Dieser Zustand wird als Homöostase bezeichnet, als Gleichgewicht innerhalb des lebenden Organismus in Abgrenzung zu den drohenden Wechselfällen der äußeren Umgebung. Die größte Panne, die diesem fein abgestimmten System unterlaufen kann, besteht darin, das »Eigene« nicht zu erkennen und eigene Zellen anzugreifen. (Siehe Tauber, *The Immune Self*.)

Die Art, wie ein Kind aufwächst und erzogen wird, wirkt sich auch auf sein moralisches Immunsystem aus, das es ihm erlaubt, am allgemeinen kulturellen Austausch teilzuhaben. So wie einem Kind zu bestimmten Zeitpunkten Impfungen verabreicht werden können, die sein Immunsystem beispielsweise gegen Polio aktivieren, so machen bestimmte Bilder und Geschichten das Kind mit Aspekten der Gewalt und des Bösen vertraut, gegen die es eine Abwehr entwickeln kann. Oder aber es wird infiziert. In fortschrittlich liberalen Gesellschaften unterliegt nicht nur unser physiologisches, sondern auch unser moralisches Abwehrsystem enormen Belastungen. Im Namen der Pressefreiheit rechtfertigen wir unter Umständen anstößige Praktiken, obwohl wir deren Auswirkung auf die Gemeinschaft fürchten. Und wir verfolgen das allgemein verbreitete Phänomen, daß die Medien diese Praktiken direkt in unser moralisches Immunsystem einschleusen. Unter dem Druck solcher Belastungen suchen wir immer noch nach einer vernünftigen Kontrollinstanz, welche die niedrigsten kommerziellen Anreize für das Interesse an Gewalt und Laszivität beschränkt.

Vor dieser breiten kulturellen Szenerie bilden die Werke des Marquis de Sade nur eine winzige, aber dennoch symptomatische Episode. Obwohl es sich hier um einen höchst eindeutigen Fall von Gewaltpornographie zu handeln scheint – extreme Gewalt wird verherrlicht und in engen Zusammenhang mit freizügig geschilderten sexuellen Exzessen und Perversionen gestellt –, haben einige unserer gebildetsten Köpfe erfolgreich argumentiert, daß wir diese Werke als literarische und philosophische Meisterwerke einstufen sollten. Solch ein Etikettenschwindel erinnert an die Geschichte von des Kaisers neuen Kleidern. Der Fall de Sade ist indes unendlich viel prekärer. Kann unsere Wahrnehmung dessen, was in diesen Werken wirklich auf dem Spiel steht, so gründlich in die Irre gegangen sein? Haben wir es hier mit einer fortgeschrittenen Form von Naivität zu tun oder mit gewolltem kulturellem Nihilismus?

Auf *einen* Testfall können wir natürlich direkt zurückgreifen. Um dieses Kapitel zu schreiben, habe ich über vier Monate lang täglich mehrere Stunden de Sade gelesen. Und jahrelang hatte und habe ich über diesen Fall nachgedacht, habe andere Schriften über Obszönität und Pornographie gelesen und über die Tatsache nachgesonnen, daß ich in meiner Bibliothek solche Bücher stehen habe. Wie hat es sich auf mich ausgewirkt, daß ich mich über längere Zeit diesem zivilisierten Tabu ausgesetzt habe? Gelte ich als »nicht anfälliger Normalbürger« oder als Subjekt mit einer krankhaften und beeinflußbaren Psyche? Würde ich diese Lektüre anderen empfehlen – Moralphilosophen, Kriminologen, jungen Studenten? (Viele in den genannten Kreisen haben das Terrain bereits sondiert, ohne mein Stichwort abzuwarten.)

Mit dreiundzwanzig Jahren, im Rahmen meiner Examensarbeit über Apollinaire, las ich erstmals eine kleine Kostprobe de Sades, und zwar in einem öffentlichen Lesesaal unter Aufsicht einer älteren Bibliothekarin. Es vergingen fast vierzig Jahre, bis ich ihn systematisch studierte – in Ausgaben, die ich in Frankreich und in den Vereinigten Staaten käuflich erworben hatte. Beide Male hatte das, was ich in de Sades Welt erfuhr, nicht das Geringste mit dem zu tun, was ich über Liebe, Leidenschaft, Beischlaf, Ausschweifung und Zärtlichkeit wußte. De Sades Erzählungen lösten in mir Gefühle und Reaktionen aus, die ich mit zwei sehr vertrauten Erfahrungen ganz anderer Art in Verbindung brachte: als ich das erste Mal Zeuge eines größeren chirurgischen Eingriffs war und als ich im Krieg im Nahkampf eingesetzt wurde. Wenn man bei einer Operation zusieht, ringt man vom Moment des ersten Einschnitts in den Körper an verstört um Distanz, Objektivität und eine rationale Rechtfertigung für einen solch unnatürlichen Akt. Und im Frontkampf kann man sich entweder sofort einer lähmenden Angst oder den Impulsen eines aggressiven Blutrauschs hingeben. In beiden Fällen wird die Welt auf den Kopf gestellt. Was bislang falsch war, ist nun richtig, und zwar im Namen eines höheren – medizinischen oder militärischen – Prinzips. Soweit ich jene frühen quälenden Lektüreerfahrungen mit de Sade noch rekonstruieren kann, versuchte ich damals gleichzeitig, mich zurückzuziehen und mich zu ergeben. Abscheu und Erregung gingen Hand in Hand und bewirkten eine Art von innerem Zittern, das dem Lampenfieber ähnelte. Kaltes Blut und heißes Blut mischten sich und lösten eine angespannte Lähmung aus. Trotz aller Intensität war dieser Zustand das Gegenteil von Leben, Vitalität oder Lust.

Nein, ich glaube, diese Erfahrung hat mir nicht geschadet, aber ich kann mir vorstellen, daß sie schädliche Auswirkungen haben kann. Aus Gesprächen mit Freunden und Kollegen weiß ich, daß sie alle auf ganz unterschiedliche Weise reagiert haben, aber gleichfalls der Meinung sind, keinen Schaden genommen zu haben. Vielleicht nehmen wir alle, wie Descartes, ein genügendes Maß an gesundem Menschenverstand für uns in Anspruch. Die meisten glauben aber auch, daß sich die Lektüre auf einige labilere Gemüter weit stärker, dauerhafter und möglicherweise sogar schädlich auswirken könnte.

Um die Welt und die Menschen kennenzulernen, muß man nicht in jedes einzelne Land der Erde reisen, ganz zu schweigen vom Nordpol. De Sades Werke verkörpern vielleicht nicht unbedingt den moralischen Nordpol, aber eine so anschauliche Schilderung desselben, daß sich einige haltlose Individuen motiviert fühlen mögen, die Expedition zu wagen und den Ort aufzusuchen. Die Verbrechen Ian Bradys und Ted Bundys sind Beispiele für solch eine Reaktionsweise. Hätten sie vermieden werden können? Wir wissen es nicht. Eine der am wenigsten ratsamen Maßnahmen besteht jedoch darin, de Sades Werke als große Literatur einzustufen.

De Sade begründete mit seiner Originalität häufig seinen Anspruch auf Unsterblichkeit. Es gab jedoch bereits jemanden vor ihm, der mit Verrufenheit nach Ruhm und Ehre strebte. Dies war der fast in Vergessenheit geratene Grieche Herostratos. Der Legende zufolge kam dieser gewöhnliche und zutiefst verdorbene Bürger von Ephesus auf die Idee, den Artemistempel seiner Heimatstadt mitsamt ihrer erlesenen Bibliothek niederzubrennen, um sich sofortigen Ruhm und einen bleibenden Platz in der Geschichte zu sichern. Aus kalkulierter Selbstüberhebung beging Herostratos einen Akt der kulturellen Brandstiftung, bei dem wahrhaft wertvolle Kulturgüter und wahrscheinlich auch Menschenleben zerstört wurden.

Was sollen wir mit solch einer Geschichte anfangen? Wenn wir sie als Negativbeispiel weitergeben, verewigen wir damit gleichzeitig auch den Erfolg des Verbrechens. Und wenn wir versuchen, die Geschichte wegen möglicher Fehldeutungen und schädlicher Folgen unter den Teppich zu kehren, begrenzen wir historische Erkenntnis und verlieren eine Fabel. Protestieren können und sollten wir nicht gegen die Existenz der Parabel von Herostratos, wohl aber gegen jede Interpretation, die sie vor allem jungen und ungeformten Menschen gegenüber als Paradebeispiel für Originalität, Mut und Freiheitsgeist hinstellt. Herostratos' Phantasie reichte nicht über den Radius seiner eigenen egoistischen Interessen hinaus, bei deren Verfolgung er die Interessen der anderen durchkreuzte. Wie de Sade demontierte er eben jene Geschichte, in der er sich verewigen wollte.

Der göttliche Marquis steht für verbotenes Wissen, das wir vielleicht nicht verbieten können. Folglich sollten wir seine Werke wenigstens sorgfältig etikettieren, nämlich als potentielles Gift, als Substanz, die unsere moralisch-geistige Umwelt verschmutzt.

Kapitel VIII

Die Sphinx und das Einhorn

■

Ich weiß, daß ich nichts weiß.

Sokrates

Das Unbegreiflichste am Universum
ist, daß es begreiflich ist.

Einstein

Der Untertitel dieses Buches, in dem von »verbotenem Wissen« die Rede ist, birgt ein gewisses Paradox. Wenn wir mit einem Gebiet oder einem Sachverhalt weit genug vertraut sind, um diese Vertrautheit als »Wissen« zu bezeichnen, dann haben wir uns bereits zu intensiv damit befaßt, um noch von »verboten« sprechen zu können. Das Tabu, das Verbot wurde bereits verletzt, das Hindernis und die Gefahr sind bereits überwunden. Logisch wäre es also nur, von Formen des Wissens zu sprechen, die noch unentdeckt, unerforscht oder unbenannt und uns möglicherweise gänzlich verschlossen sind. »Wie willst du nach etwas suchen«, fragt Menon Sokrates, »wenn du nicht einmal weißt, was es ist?« Dieses Paradox schließt die Verwendung des Ausdrucks »verbotenes Wissen« jedoch keineswegs aus. Im Gegenteil – der Ausdruck ist und bleibt sinnvoll, denn mit ihm verbinden sich seit Urzeiten ganz besondere Geschichten und Fallbeispiele.

Wer eine Aufteilung des Spektrums des verschlossenen Wissens in verschiedene Kategorien wünscht, welche die Stoffe der vorausgegangenen Kapitel abdecken, mag sich jetzt dem Anhang I zuwenden. Die sechs Kategorien, die ich dort aufstelle, verleihen den verschiedenen Geschichten und Fallbeispielen, die ich aufgeführt habe, eine gewisse Ordnung. Diese Kategorien bilden, wenn überhaupt, den einzigen Versuch, den ich unternehme, eine Theorie des tabuisierten Wissens zu postulieren.

In diesem Kapitel möchte ich die Frage, die ich zu Beginn des Buches aufgeworfen habe, zu einem Ergebnis führen: Gibt es Dinge, die wir nicht wissen können oder nicht wissen sollten?

Was wir nicht wissen sollten: Wissenschaft und Kunst als Institutionen

In der langen Zeitspanne von viertausend Jahren hat das Abendland nur zwei große Darstellungen, gleichsam »Drehbücher« der Weltgeschichte von hoher Erklärungskraft entdeckt beziehungsweise erfunden. Sie berühren heute jeden Aspekt des menschlichen Lebens. Aus der Mischung des griechisch-römischen Erbes mit der jüdisch-christlichen Tradition entstand eine Kultur, in der die nüchterne Herrschaft von Rang und Macht einer altruistischen Moral, der Gerechtigkeit vor dem Gesetz und der gleichen Würde aller Menschen vor Gott wich. Die verschiedenen alttestamentarischen Bünde und der Erlösungsmythos des Neuen Testaments bilden ein Erklärungsmodell, das uns von einem alleinigen Gott offenbart wurde. Dieses religiöse Wertesystem wurde zwar in den letzten fünfhundert Jahren immer wieder angegriffen und reformiert, doch es hatte keinen ernst zu nehmenden Konkurrenten, bis in der Mitte des neunzehnten Jahrhunderts die Darwinsche Evolutionstheorie aufkam. Der säkulare Humanismus der Renaissance und das Vernunftdenken der Aufklärung ebneten der Evolutionstheorie den Weg, allerdings ohne selbst ein vollständiges alternatives Erklärungsmodell zu begründen. Das neue »Drehbuch«, nach dem das Leben ohne göttliche Schöpfung aus dem Urschleim entstand und sich durch eine natürliche Eliminierung (die fälschlich als »natürliche Selektion« bezeichnet wird) hochentwickelte, hat die alte Darstellung teilweise ersetzt, ohne deren Lehren und Ideale zu zerschlagen. Seit der Renaissance und der Aufklärung haben viele Menschen des Abendlandes für sich ein Modell entworfen beziehungsweise zusammengestellt, das beide Darstellungen berücksichtigt.

Das folgenschwere Ringen zwischen diesen beiden großen Er-
klärungsmodellen, dem christlichen und dem darwinistischen, hat
gerade erst begonnen.[78] Die weit und breit geschätzten Werke
Nietzsches, die auf die Zerstörung der christlichen Ideale abzielen,
sollen uns zu einer atavistischen Moral von Macht, Rang und Ro-
heit zurückführen. Nietzsche war tief von Darwin beeinflußt. Eine
prägnante und unbeirrte Antwort auf Nietzsche lieferte Martin
Luther King mit seiner Entschlossenheit, die Bürgerrechtsbewegung vor der Gewalt der radikalen Schwarzen zu schützen. In
seiner Rede mit dem Titel »Where Do We Go from Here?« – Wohin führt unser nächster Schritt? –, die er 1967 auf der Southern
Christian Leadership Conference hielt, bezeichnete es King als
einen der größten Fehler der Geschichte, daß Macht und Liebe als
Gegensätze verstanden werden und daß Macht mit Gewalt gleichgesetzt wird. King brachte die Sache ohne Umschweife auf den
Punkt.

Aufgrund dieser falschen Auslegung hat Nietzsche, der über
den Willen zur Macht philosophierte, den christlichen Begriff
der Liebe verworfen. Aufgrund derselben Fehldeutung haben
christliche Theologen im Namen der christlichen Idee der
Liebe Nietzsches Philosophie vom Willen zur Macht verwor-
fen. Nun müssen wir das Ganze klarstellen. Wir müssen er-
kennen, daß Macht ohne Liebe falsch und rücksichtslos und
Liebe ohne Macht sentimental und blutleer ist. Im Idealfall ist
Macht Liebe, die die Interessen der Gerechtigkeit umsetzt.

(*A Testament of Hope*, S. 247)

King hat hier mit den Worten »Liebe« und »Macht« nicht nur ge-
spielt. Er griff damit auf einige seiner früheren Quellen (vor allem
Paul Tillich), auf eigene Schriften und auf seine Erfahrungen als
geistiger und taktischer Führer der Bürgerrechtsbewegung zurück.
»Das Ganze klarstellen« bedeutete für King, sich auf eine gründlich
überlegte philosophische Position zu beziehen – das Credo der Gewaltfreiheit. In Reden wie »Die Macht der Gewaltfreiheit«, die er
1958 im kalifornischen Berkeley hielt, erläuterte King die intellek-

tuelle Gesinnung, die persönliche Disziplin, die regelmäßige
Übung, den *Satjagraha* Gandhis, die christliche Nächstenliebe und
die Courage als Voraussetzungen für gewaltfreien Widerstand. Der
Kampf, den er anführte, war nicht ein Kampf zwischen zwei Völ-
kern oder Rassen, sondern »zwischen Gerechtigkeit und Ungerechtigkeit, zwischen den Mächten des Lichts und den Mächten der
Finsternis«.

Nietzsches »Herrenmoral«, die auf dem »Willen zur Macht« beruht, weist enge Verbindungen zum Sozialdarwinismus auf. Sie beruft sich auf Überzeugungen und Disziplinen, die jede »Sklaven-
moral« der Liebe und des Mitleids verwerfen. Diese beiden
Propheten, Nietzsche und King, konfrontieren uns mit dem un-
ausgesetzten Ringen zwischen Macht und Gerechtigkeit, dem sich
kein verantwortungsbewußtes Subjekt entziehen kann.

Der Begriff des verbotenen Wissens taucht in beiden »Dreh-
büchern« auf, dem jüdisch-christlichen und dem darwinistischen.
Zahlreiche bekannte Mythen, wie die von Prometheus, Pandora,
Adam und Eva, sowie viele der anderen Geschichten, die ich vorgestellt habe, illustrieren die Entwicklung des verbotenen Wissens
von der griechisch-römischen und der hebräisch-alttestamentari-
schen Tradition hin zum christlichen Erbe. Um so überraschender
ist es, daß der Begriff des Erkenntnistabus auch in dem um so vieles jüngeren darwinistischen System auftaucht. Ich beziehe mich
damit nicht nur auf die Beschränkungen, die der Erforschung der
rekombinanten DNA in den siebziger Jahren von den Forschern
selbst auferlegt wurden, sondern auch auf die Vorbehalte und
Zweifel, die von einigen der engagiertesten Verfechtern der darwinistischen Sicht des Lebens geäußert wurden.

Edward O. Wilson faßte beispielsweise zahlreiche neue Studien
aus den Bereichen Ethnologie, Verhaltensforschung und Populationsgenetik zusammen und veröffentlichte 1975 einen riesigen
Band mit dem Titel *Sociobiology: The New Synthesis*. Wilson er-
teilt einem »solipsistischen Denken« von vornherein eine klare
Absage und bestätigt die natürliche Selektion als allgemein wirksames Prinzip der lebenden Natur, besonders im Bereich des sozialen Verhaltens. Erst nach Hunderten von Seiten enzyklopädischer

Ausführungen über diverse Arten sozialer Tiere kommt Wilson wieder auf den Menschen zu sprechen und das Dilemma, das in unserem wachsenden Wissen über unsere eigene »Maschinerie« besteht. Die Soziobiologie wird nach Meinung Wilsons die Psychologie, die Politik, die Ethik und selbst die Molekularbiologie »ausschlachten«. Dementsprechend glaubt Wilson, daß die wissenschaftlich geplante Gesellschaft im nächsten Jahrhundert unumgänglich sein wird.

An dieser Stelle geschieht etwas Erschreckendes, wie in dem Augenblick, in dem sich Orpheus zurückwendet. Auf der letzten Seite erklärt Wilson ganz gefaßt, daß die soziale Kontrolle den Menschen seiner Menschlichkeit berauben werde, wenn er sich die Herrschaft über die natürliche Selektion anmaße. Im letzten Absatz des Buches wirft er wie unter einem plötzlichen Impuls bestürzende Fragen über die menschliche Natur und die Erkenntnis auf, so als wäre er selbst entsetzt über die Thesen, die er aufgestellt hat. »Um die Gattung unbegrenzt zu erhalten, sind wir gezwungen, die totale Erkenntnis anzustreben, bis auf die Ebene des Neurons und des Gens. Wenn wir weit genug fortgeschritten sind, um uns in diesen mechanistischen Begriffen selbst zu erklären, und wenn die Sozialwissenschaften voll erblüht sind, wird das Ergebnis möglicherweise schwer zu akzeptieren sein« (575). Wilsons verspätete Besorgnis über die Konsequenzen geplanter Eingriffe in die natürliche Selektion endet mit einem rätselhaften Zitat Camus', wonach der Mensch »aller Illusionen beraubt« und sich selbst entfremdet wird. Auf der letzten Seite läßt sich das Gesagte indes nicht zurücknehmen. Doch seine eigene Argumentation hat dem Autor zumindest den Ansatz eines inneren Vorbehalts, die Ahnung eines Tabus, abgerungen.

Wilson steht stellvertretend für eine große Zahl von Naturwissenschaftlern, die Bedenken über die höchst imperialistischen und reduktionistischen Ansprüche des darwinistischen »Drehbuchs« geäußert haben.[79] Die klügsten unter ihnen konstatieren in der einen oder anderen Weise, daß wir auf diesem Gebiet inzwischen vielleicht zu schnell zuviel an Erkenntnis gewinnen.

Um von diesen abgehobenen Spekulationen über abstrakte Er-

klärungsmodelle zu den konkreten Erfordernissen unseres tägli-
chen Lebens zurückzukehren, ist es am einfachsten, die im Vorwort
gestellte Frage noch einmal aufzuwerfen: Gibt es Dinge, die wir
nicht wissen sollten? Die Antworten aus mindestens vier Bereichen
– Religion, Philosophie, Geschichte und Literatur – verdienen
unsere Aufmerksamkeit.

Die Religionen des Abendlandes (und auch die meisten östlichen
Glaubensrichtungen) antworten: Ja, es gibt Dinge, die wir nicht
wissen sollten, können und müssen. Forsch über das hinauszu-
drängen, was Gott uns offenbart hat, und letzte Fragen mit der Ratio allein zu untersuchen, lenkt uns von der Verantwortung ab,
unser Leben nach einem bestehenden Moralkodex zu leben. Der
Glaube an ein höheres Wesen bedeutet eben nicht, daß wir dessen
Stellung unterhöhlen, indem wir nach Bacons »eitlem Wissen«
streben, sondern daß wir Erkenntnis suchen, um Gottes Werk zu
ehren und uns ihm zu unterwerfen. Wir schätzen große Gelehrsamkeit, aber es könnte sich dabei um Teufelswerk handeln. Nach
der religiösen Überlieferung beruht das Seelenheil auf Glauben,
guten Werken oder Vorsehung – nicht allein auf großartiger Erkenntnis. Nikolaus von Kues' »wissendes Nichtwissen« entspricht
dem religiösen Antrieb eher als Pierre Teilhard de Chardins optimistischer katholischer Szientismus.

Sofern sich Philosophen (auch »Naturphilosophen«, die Vorläufer der Naturwissenschaftler) von Religion und Machtpolitik ab-
grenzen, geben sie in der Regel eine negative Antwort auf die Frage,
ob es Dinge gibt, die wir nicht wissen sollten. Philosophen lieben
per definitionem das Wissen – *philósophos* ist der »Freund der
Weisheit« – und erkennen keine äußere Autorität an, die ihr Forschen und ihre Hypothesen beschränken. Ein paar Naturwissenschaftler wie Oppenheimer haben über »die Sünde der Erkenntnis«
in ihrer Arbeit orakelt, und eine Gruppe von Genetikern hat sich
einst bei der Erforschung der rekombinanten DNA ein ver-
langsamtes Tempo auferlegt. Andererseits hat der Philosoph
Nicholas Rescher in *Die Grenzen der Wissenschaft* die theoretische
Unbegrenztheit der naturwissenschaftlichen Forschung propagiert.
Im allgemeinen haben die säkulare Philosophie und die Naturwis-

senschaften keinen überzeugten Grundsatz vertreten, der jene Praktiken hätte bremsen oder beschränken können, die zur »Wissensexplosion« geführt haben. Selbst die ganz gewöhnliche Vernunft verliert an Boden gegenüber dem Ehrgeiz, der Gier und der schieren Dynamik des Entdeckens.

Dennoch finden sich kuriose Nischen und verschlungene Pfade in der Sphäre von Philosophie und Naturwissenschaft. Von der Ironie des Sokrates über Erasmus' Lob der Narrheit bis zu Einsteins Weltraumlifts und der Black Box finden sich immer wieder Belege dafür, daß der Mensch das menschliche Wissen distanziert betrachtet und darin einen großen kosmischen Witz sieht. Die Physiker betonen heute ausdrücklich, daß physikalische Ereignisse einen um so »verrückteren«, ja »chaotischeren« Charakter annehmen, je näher sie im Bereich der Lichtgeschwindigkeit und der Quantenkräfte stattfinden. »Wenn man wirklich an die Quantenmechanik glaubt«, behauptet der Physiker und Mathematiker Robert Wald, »kann man sie gar nicht ernst nehmen.« Von der literarischen Seite beleuchteten den kosmischen Witz Lewis Carroll in seinen Alice-Büchern und Alfred Jarry mit seiner wissenschaftlichen Disziplin der »Pataphysik« (»der Wissenschaft von den Gesetzen, die nur für Ausnahmen gelten«).

Derselbe Eindruck gähnender Unermeßlichkeit und verschwindender Winzigkeit, der aus der philosophischen Tradition des Zweifelns und der Skepsis erwächst, muß nicht unbedingt ein Lachen hervorrufen, sondern bewirkt mitunter ein Gefühl des Abscheus angesichts der Leere, welche die Abschaffung Gottes hinterlassen hat. »Das ewige Schweigen in diesen unendlichen Sphären macht mir Angst«, schrieb Pascal, der in gleichem Maße Naturwissenschaftler und gläubiger Christ war. In Momenten des Schwindels mag der moderne Naturwissenschaftler und Philosoph das Gefühl haben, hilflos zwischen den fundamentalen Konstanten c (der Lichtgeschwindigkeit) und h (dem Planckschen Wirkungsquantum) hin und her zu treiben. Der enorme Anklang, den nicht nur Alice, sondern auch die beiden verlassenen Clowns in Samuel Becketts *Warten auf Godot* bei intelligenten Erwachsenen finden, beruht meiner Meinung nach darauf, daß die Figuren gleichermaßen empfänglich sind für den kosmischen Witz wie für den Horror vacui. Diese tiefgründigen und verschrobenen Einsichten in das Wesen der Dinge ändern indes nichts an der allgemeinen Antwort der Philosophie auf die Frage: »Gibt es Dinge, die wir nicht wissen sollten?« Die Antwort lautet: nein.

Weit erhellender noch als die beiden ersten Erwiderungen ist die Antwort der Geschichte. Hier hat Hans Blumenberg in *Die Legitimität der Neuzeit* (1966) bereits wichtige Vorarbeit geleistet. Im dritten Teil dieses gelehrten Werkes über die Ideengeschichte sind zweihundert Seiten einer systematischen Geschichte der Neugier und des Wissensdurstes von der frühesten Antike an gewidmet. Es ist unvermeidlich, aber auch angemessen, daß in Blumenbergs Abhandlung gleichsam als Refrain der erste Satz aus Aristoteles' *Metaphysik* wiederkehrt, den ich als Leitspruch diesem Buch vorangestellt habe: »Alle Menschen streben von Natur nach Wissen.« Und Blumenberg versäumt es nicht, die beiden ältesten Anekdoten zu diesem Thema zu zitieren, die sich beide um eine Quelle drehen.

Wie auch den Thales, …, als er, um die Sterne zu beschauen, den Blick nach oben gerichtet in den Brunnen fiel, eine artige und witzige thrakische Magd soll verspottet haben, daß er, was am Himmel wäre, wohl strebte zu erfahren, was aber vor ihm läge und zu seinen Füßen, ihm unbekannt bliebe.

(Platon, *Theaitetos*)

In Demokrits entsprechender Schilderung beugt sich ein ungenannter Philosoph über eine Quelle, um darin nach der Wahrheit zu suchen. Die Wahrheit hat sich jedoch in die Tiefen der Erde zurückgezogen und will sich nicht offenbaren. Beide Parabeln geben uns zu verstehen, daß uns die Neugier unter Umständen von dem weglockt, was das Wichtigste ist, nämlich von dem Leben, das unmittelbar vor uns liegt.

Blumenberg zeichnet zunächst nach, wie die Griechen und Römer allmählich eine vorsichtige Antwort auf die Frage fanden, wieviel Wissen wir anstreben sollten. Die Fabel um Thales deutet an, daß die Astronomie möglicherweise eine törichte Verirrung ist. Als

Cicero im ersten Jahrhundert vor Christus eine vorläufige Zwischenbilanz zog, propagierte er einen Mittelweg, auf dem er auch die Erkenntnis der Natur – und selbst die Astronomie – als gute Übung für wesentliches Wissen befürworten konnte: Lebenspraxis, Moral und Politik im weitesten Sinne einer sozialen Verantwortlichkeit. In *De finibus* kritisierte Cicero das Verhalten des Odysseus gegenüber den Sirenen; seiner Meinung nach entsprang es einer reinen Gier nach Erkenntnis, die ihn davon abhielt, in seine Heimat zurückzukehren und sich dort seinen Pflichten zuzuwenden.

Diese vernünftige Mittellösung mußte langsam der Lehre und dem Dogma der römisch-katholischen Kirche weichen, die wohl von keinem so prägnant gefaßt wurden wie von Tertullian: »Seit Christus brauchen wir nicht mehr neugierig zu sein.« Der Mensch solle sich lieber um seine eigene Erlösung kümmern. Die letzten Wahrheiten seien bereits in der Heiligen Schrift offenbart worden. Im frühen Mittelalter galt die Neugier als Folge einer Apathie, einer trägen Gleichgültigkeit gegenüber dem wahren Zweck eines frommen Lebens. Aber indem Thomas von Aquin und die scholastischen Theologen die Gedanken des Aristoteles wieder aufnahmen, verliehen sie der säkularen Erkenntnis und selbst der Neugier einen neuen Stellenwert. Übergangen hat Blumenberg die einschlägige Erörterung in *Summa theologica* (II, qq. 166–67), in der Thomas zwischen Neugier und Studiereifer unterscheidet. Die Neugier wird durch Stolz, Eitelkeit, Aberglauben oder sündhafte Triebe entfacht und führt uns in die Irre. Studiereifer hingegen hängt eng mit Sorgfalt zusammen, fällt unter die Tugend der Mäßigung und führt zur Erkenntnis der höchsten Wahrheit.

Im Jahre 1336 gestand Petrarca in einem berühmten Brief, daß er den Berg Ventoux aus reiner Neugier bestiegen habe. Als er den Gipfel erreichte und wie ein Gott auf die Erde hinuntersah, überkam ihn eine zutiefst mittelalterliche Aversion und veranlaßte ihn, seine Taschenausgabe des Augustinus herauszunehmen. Er schlug zufällig und schicksalhaft ausgerechnet eine Stelle auf, an der genau diese Art weltlicher Ablenkung von der Hingabe an den wahren Glauben verurteilt wurde. Doch nach Kopernikus, Galilei und den Entdeckungsreisen, nach Bacon, Newton und Descartes fanden die Philosophen neue Gründe, die Neugier zu legitimieren und allen Beschränkungen der Erkenntnis entgegenzutreten.

Die heutigen Historiker bringen diesen Wandel eher mit der nordeuropäischen Aufklärung als mit der früher einsetzenden italienischen Renaissance in Verbindung. Doch die Aufklärung wäre ohne die Renaissance gar nicht denkbar. Nirgendwo wird diese Veränderung so sichtbar wie in Goethes Nachahmung von Lessings Strategie, den ketzerischen und sündigenden Dr. Faustus in einen großen strebenden Helden zu verwandeln. Der faustische Mensch bestätigt die Säkularisierung der abendländischen Kultur und deren neu erworbene Freiheit, tabuisierte Wissensbereiche zu ergründen.

Blumenbergs Geschichte der »theoretischen Neugier« geht noch weiter, doch ich möchte hier verweilen und diesen Aspekt näher beleuchten. Die bemerkenswerten geistigen Leistungen, die verschiedene Persönlichkeiten des siebzehnten und achtzehnten Jahrhunderts in Frankreich, England, Schottland, Deutschland und in den Vereinigten Staaten vollbrachten, führten zur Entstehung zweier neuer Institutionen. Innerhalb von drei Jahrhunderten haben diese beiden Institutionen unsere Lebensgrundlagen und unsere Denkweisen einschneidend verändert.

Zum einen rühmen wir die Wissenschaft als ein kollektives Unternehmen, das auf dem Prinzip des Experiments, dem Einsatz präziser Instrumente und der Konvention des wissenschaftlichen Berichts beruht. Initiativen wie die British Royal Society, die 1660 gegründet wurde, und Diderots *Encyclopédie*, die zwischen 1751 und 1772 erschien, verliehen der Wissenschaft eine gewisse Unabhängigkeit von Kirche und Staat. Heute bilden die Wissenschaftler so etwas wie einen eigenen Klerus und einen eigenen internationalen Staat, denn sie fühlen sich hauptsächlich gegenüber sich selbst als den Wächtern der empirischen Forschung verantwortlich.

Zum anderen schätzen wir die Kunst nicht mehr als traditionelle Praxis, die eng mit Begriffen wie Handwerk, Nachahmung des Schönen in der Natur und moralische Zweckdienlichkeit zusammenhängt, sondern als individuelle kreative Tätigkeit, die einem schöpferischen Genius entspringt, auf einer unvoreingenommenen »ästhetischen« Haltung beruht und keinerlei gesellschaftlichen Zwängen unterliegt. Kant in Deutschland (*Kritik der Urteilskraft*, 1790) und Lord Shaftesbury in England ordneten diese Begriffe im achtzehnten Jahrhundert zu einem neuen System von Erfahrungen und Urteilen im Bereich der »schönen Künste«. Kant, einer der abstraktesten Philosophen mit wenig Erfahrung im Bereich der Kunst, betonte von Anfang an, das Schöne bestehe im »reinen zweckfreien Ergötzen«.

Heute sehen wir Wissenschaft und Kunst im wesentlichen als gegensätzliche Unternehmungen an. Es sollte jedoch darauf hingewiesen werden, daß ihre Wurzeln in der »unvoreingenommenen Haltung« sehr nahe beieinander liegen. In der Wissenschaft entwickelte sich daraus das Ideal der Objektivität und der Unpersönlichkeit im Streben nach empirischer Erkenntnis; in der Kunst entstand daraus das ästhetische Prinzip *l'art pour l'art*, das die Kunst von jedem Zweckdenken[80] und jeder Moral[81] befreite. Und die Naturwissenschaften wie auch die Künste bedienten sich von Anfang an des Begriffes »Experiment«, mit dem ihre neuen Anstrengungen und deren Ergebnisse umschrieben wurden.[82]

Darüber hinaus besetzte jede dieser beiden neuen Institutionen in großem Umfang geistiges und sogar spirituelles Terrain, das bislang von der Religion beansprucht worden war. Wissenschaft und Kunst wurden zu gleichsam priesterlichen Berufungen, bei denen Glaube und Hingabe gefordert waren, mit dem Versprechen, das Schicksal der Menschheit zu verbessern. Thomas Henry Huxley beschreibt in seinem Plädoyer für die naturwissenschaftliche Ausbildung ebenso wie Max Weber in seinem Universitätsvortrag »Wissenschaft als Beruf« die Wissenschaft als eine Tätigkeit, die Disziplin und Hingabe erfordert. Die religiösen Bestrebungen der Kunst äußern sich sogar noch sichtbarer, nämlich in der weitverbreiteten Erhebung des Künstlers in den Rang eines neuen Priesters. Die deutschen Idealisten, einschließlich Kants und Hegels, argumentierten, der Künstler werde unsere verlorengegangene Verbindung zum Spirituellen und Transzendenten wiederherstellen.[83]

So entstanden aus der langen Geschichte der Neugier und deren Entwicklung zu verschiedenen Formen der Freigeisterei zwei moderne Institutionen, die immer mehr Unabhängigkeit von religiösen und gesellschaftlichen Zwängen in Anspruch nahmen. Unter Berufung auf Prinzipien wie Forschungsfreiheit, Meinungsfreiheit und künstlerische Freiheit beanspruchen Wissenschaft und Kunst heutzutage ein hohes Maß an Unabhängigkeit von allgemein geltenden Beschränkungen. In extremen Fällen wurde sogar behauptet, es handele sich gleichsam um unfehlbare Transaktionen in einer »zollfreien Zone« der Moral. Im Jahre 1994 berief sich ein krimineller New Yorker Rap-Künstler namens M. C. Pooh auf die Trennung von Kunst und Leben, um seine eigenen kriminellen Handlungen und das Aufhetzen zu Gewalttaten in seinen Darbietungen als »Kunst« zu rechtfertigen. Genetische Experimente, deren Resultate unser biologisches Gleichgewicht möglicherweise ernsthafter gefährden als die Atombombe, werden nach dem Grundsatz der »reinen Forschung« befürwortet. Der uralte menschliche Zug der Neugier hat sich zu zwei mächtigen Institutionen konstituiert. Wissenschaft und Kunst haben unsere Lebenspraxis erweitert; in extremen Fällen drohen sie nun aber auch, diese zu gefährden.

Und so führt uns auch die Geschichte zurück zu der Frage: »Gibt es Dinge, die wir nicht wissen sollten?« Nach allem, was uns die Geschichte lehrt, ist es nötig, daß wir Notiz nehmen von dem langsamen und aufschlußreichen Wandel von Ciceros maßvoller Förderung der Erkenntnis über die Beschränkungen der mittelalterlichen Welt bis zu der immer offener werdenden Haltung des modernen Zeitalters. Unsere heutigen Parolen, die den etablierten Institutionen von Wissenschaft und Kunst scheinbar alle Schranken öffnen, lauten »Experiment«, »Originalität« und sogar »Subversion«.

Es sollte uns daran gelegen sein, diese Geschichte der Neugier klug zu interpretieren. Meiner Meinung nach sollten wir diese Entwicklung bis in die Gegenwart nicht ausschließlich als eine allmähliche Befreiung der menschlichen Kreativität und Phantasie von irrationalen Beschränkungen verstehen. Denn dieselbe Geschichte statuiert auch ein warnendes Exempel und lehrt uns, daß eine vollständige Entfesselung in Wissenschaft und Kunst unsere fragile menschliche Zivilisation gefährden könnte. Selbst die uralte Fabel von Thales, der in die Sterne guckt und in den Brunnen fällt, hat ihre Pointe nicht verloren. Gerade unsere Leistungen könnten uns daran hindern, begleitende Gefahren zu erkennen. Odysseus' Schiffbruch bei der Suche nach neuen Welten, wie Dante es sich ausmalte, weist auf Frankenstein voraus, der bei Blumenberg unerwähnt bleibt, obwohl er unbedingt mit in diese Geschichte gehört. Die Atombombe, die rekombinante DNA und das humane Genomprojekt bilden weitere Testfälle einer Neugier, die als notwendig hingestellt und aus sich selbst heraus gerechtfertigt wird.

Die Geschichte der Neugier verweist auf etwas ganz Simples und Fundamentales. Pascals Begriff der *portée*, der »Reichweite« der menschlichen Fähigkeiten beim Verstehen des Universums, wird normalerweise damit in Verbindung gebracht, daß wir das unendlich Kleine und das unendlich Große nicht begreifen können. Mit Größenordnungen, die von unseren menschlichen Dimensionen weit entfernt sind, wissen wir nicht umzugehen. *Portée* bezieht sich aber auch auf die Zeit, das Tempo, in dem wir uns an neue technologische Entwicklungen und eine sich verändernde Moral anpassen können. In seinem Aufsatz »Was ist Aufklärung?« warnt Kant vor einem unbeschränkten Austausch von Ideen, weil er deren möglichen Einfluß auf die Gesellschaft sieht und fürchtet. Aufklärung läßt sich nur allmählich erreichen, meint Kant.

Eine weitere Frage ist die, wie wir Nutzen von Unsegen, Aufklärung von Barbarei unterscheiden können. Wir wissen, wie nachteilig sich eine zu plötzliche Modernisierung auf eine rückständige Gesellschaft auswirken kann. Der Stamm der Ik in Afrika fiel buchstäblich in die Barbarei zurück, als ihm der Zugang zu seinen Jagdgründen verwehrt wurde. Und dennoch liefern wir uns völlig gedankenlos Einflüssen aus, die uns ungeheuren Belastungen aussetzen. Wissen wir, der Gewalt im Fernsehen und den diversen Suchtmitteln zu widerstehen, besonders wenn diese aus Profitgier vermarktet werden? Sind wir noch in der Lage, wie ein Immunsystem Kräfte und Praktiken abzuwehren, die unsere individuelle und kollektive Gesundheit gefährden? In dem Kapitel über den

Marquis de Sade gebe ich klar zu verstehen, daß Gewaltpornographie und Obszönität nicht allein unter der Perspektive der Pressefreiheit gesehen werden sollten, sondern auch in Hinsicht auf die Volksgesundheit und öffentliche Sicherheit. Aus statistischen Untersuchungen geht hervor, daß Gewaltpornographie bestimmte labile Typen zu kriminellem Verhalten bewegen kann, so wie Strahlung das Erbmaterial verändern kann. Unsere Wissenschaften und Technologien, unsere Künste und Medien überfordern die Fähigkeit vieler Bürger, mit ihren Reizen und Verlockungen richtig umzugehen. Und dabei katapultiert die Dynamik dieser beiden Institutionen unsere Kultur ebenso schicksalhaft in die Zukunft, wie bei den alten Griechen die beiden Rösser des Helios die Sonne jeden Tag über das Himmelszelt zogen. Meiner Meinung nach lehrt uns die Geschichte der Neugier eine maßvolle Gangart. Können wir unser Tempo überhaupt noch selbst bestimmen? Haben wir überhaupt noch Einfluß auf das Tempo der Veränderung? Fordern wir das Schicksal des Ikarus heraus?

Es gibt eine schöne Kurzgeschichte von Kipling, »The Eye of Allah«, die dieses Problem aus der Perspektive einer anderen Zeit beleuchtet. Im Kloster St. Illod im England des dreizehnten Jahrhunderts tut sich der Laienbruder John nicht nur als erstklassiger Buchmaler hervor, sondern auch als Mensch von ungeheurer wissenschaftlicher Bildung. Er reist regelmäßig in das kurz zuvor wieder vom Christentum zurückeroberte Spanien, von wo er wertvolle Farben für das Scriptorium und Arzneien für das Krankenhaus mitbringt. Auf einer seiner Reisen entdeckt er neue Formen von Teufeln, die man zeichnen kann und die die daheim üblichen »Schablonenteufel« weit übertreffen.

Abt Stephen hat sich in gleicher Weise der Kirche und dem weltlichen Studium verschrieben. John nimmt an einem Essen teil, das der Abt zu Ehren zweier Rogers gibt: Roger von Salerno ist ein berühmter italienischer Arzt, Roger Bacon ein streitbarer Naturphilosoph. John zeigt den Gästen seine grotesken neuen Teufel und behauptet, sie seien nicht im Drogenrausch entstanden, sondern nach der Natur gezeichnet. Daraufhin fordert der Abt John auf, das Vergrößerungsgerät zu demonstrieren, das nach den Mohren, die es erfunden hatten, »das Auge Allahs« genannt wurde. Die Gesellschaft blickt durch das »Auge« und nimmt in einem Tropfen abgestandenen Wassers schreckliche plumpe Formen wahr – Lebensformen oder lebende Teufel aus der Hölle? Roger Bacon reagiert ganz begeistert auf diesen »optischen Kunstgriff«, mit dem sich die Wahrheit der Welt offenbaren läßt. Der Abt erklärt jedoch kategorisch, die Mutter Kirche sehe diese Bilder als eine Form der Magie an. Dafür könnten sie alle wegen Ketzerei auf dem Scheiterhaufen landen. Der Abt zerschlägt Johns Vergrößerungsglas mit einem Hammerschlag und erklärt, solch ein Instrument würde »die Welt vor ihrer Zeit aufklären. ... Diese Geburt, meine Söhne, ist verfrüht. Sie würde nur noch mehr Tod, mehr Folter, mehr Uneinigkeit und noch mehr Dunkelheit in dieser düsteren Zeit gebären«.

Mit dieser Kurzgeschichte, die in verdichteter Form den Handlungsbogen und die Moral eines ganzen Romans vermittelt, gibt Kipling zu verstehen, daß unangebrachte und verfrühte Erkenntnis großen Schaden anrichten kann und in diesem Fall das Mittelalter nicht auf vorteilhafte Weise beschließen würde. Der Abt scheint die Erfahrung und die Weisheit zu besitzen, mit der ihm verliehenen Autorität solch eine Entscheidung zu fällen. Da uns heute eine klare Autorität fehlt, die beurteilt, ob eine Erkenntnis zeitlich angebracht ist, sind wir anscheinend machtlos, irgendwelchen Neuheiten oder revolutionären Erfindungen oder kommerziell motivierten Versuchungen zu widerstehen. Unsere Technologie und das Maß unserer Freiheit sind weit fortgeschritten. Aber da eine Gesellschaft Neuerungen nur in einem begrenzten Tempo aufnehmen kann, sollten die fortschrittlichen Institutionen Wissenschaft und Kunst in ihrem Tempo gebremst werden, auch wenn es schwierig sein mag, das richtige Tempo zu bestimmen. Der Abt in Kiplings Short Story fügt sich der Historie als einer Form des Geschicks, die wir weder bremsen noch beschleunigen dürfen. Vor dem dafür bestimmten Zeitpunkt muß der optische Kunstgriff verboten werden, denn verfrühte Erkenntnis könnte Gefahren bergen. Doch wer soll in unserer Zeit der konkurrenzbesessenen Expansion und der grenzenlosen Verführung durch die Werbung als unser Abt fungieren?

Der historische Ausblick empfiehlt uns, unsere Neugier mit einer gewissen Geduld zu paaren. Heute finden sich in unserer Mitte jedoch wenige Instanzen, die Geduld und Beherrschung propagieren.

Die Antwort, welche die Literatur auf die Frage gibt, ob wir bestimmte Dinge nicht wissen sollten, faßt die drei zuvor genannten Antworten zusammen und fügt sie in eine Reihe von Erzählungen ein, die alle zusammen eine höchst komplexe Weisheit enthalten. Die literarischen Geschichten, die ich besprochen habe, illustrieren, wie häufig uns die Neugier zu Anmaßung, Hybris und Pleonexía drängt und wie selten wir Beschränkungen in bezug auf unsere Reichweite und ein gemäßigtes Tempo gelten lassen. Der faustische Mensch bedrängt uns von allen Seiten. Dies scheint am Ende des zweiten Jahrtausends unser Schicksal zu sein. Trotz dieses faustischen Zuges lebt in einigen von uns eine Spur von Quietismus fort, der nicht in die höchsten Höhen aufsteigen muß, um seine menschliche Natur voll zu entfalten.

Der Schleier des Nichtwissens und die Flamme der Erfahrung

Bei der Frage, wie wir unser Leben einrichten sollen, werden wir zum einen von Neugier getrieben und zum anderen von unserem Fassungsvermögen begrenzt. Dabei sind wir mit zwei vertrackten Phänomenen konfrontiert. Zum einen läßt uns der »Reiz des Verbotenen« gegen jede Kraft ankämpfen, die unsere Handlungsfreiheit einzuschränken scheint. Die Widernatürlichkeit dieser Reaktion reicht sehr weit. Alle intelligenten Eltern müssen bei der Erziehung ihrer Kinder dieses Phänomen berücksichtigen. Die positive Bedeutung, die in einigen Kreisen der Tabuverletzung beigemessen wird, entspringt demselben Impuls. Das Motto »enge mich nicht ein«, ein regelrechtes Syndrom, schützt uns vor der Dominanz anderer und drängt uns gleichzeitig zu unsozialen Formen des Egoismus, die sich möglicherweise über jedes Gefühl von Gerechtigkeit und Schicklichkeit hinwegsetzen. Mit diesem Dilemma sind wir fast wieder bei der Kontroverse zwischen Nietzsche und King: Macht versus Liebe, Evolution versus Schöpfung.

Das andere vertrackte Phänomen ist weit weniger bekannt. Eine Form davon habe ich im dritten Abschnitt des ersten Kapitels unter dem Begriff »Nebel der Ungewißheit« behandelt. Nicholas Reschers Ausdruck verweist auf einen grundlegenden Umstand: Was wir als unsere Menschlichkeit ansehen, bringt es mit sich, daß wir keine vollständige Einsicht in die Absichten anderer Menschen, ja nicht einmal in unsere eigenen Motive haben. Allwissenheit würde uns absolut verwirren. Würden wir über solch enormes Wissen verfügen, wären wir entweder Götter (wie Satan es Eva einflüstert) oder Marionetten (wie Nathanael sich in »Der Sandmann« vorkommt). Der »Schleier des Nichtwissens« (wie ich es zu nennen vorziehe) *definiert* unsere menschliche Natur im doppelten Sinne des Wortes *definieren*, das heißt, er beschreibt sie und – nach der Bedeutung der lateinischen Wurzel – begrenzt sie.[84]

Dieser verschwommene Fleck mitten im Zentrum unseres Seins, dieses uns vorenthaltene Wissen im Mittelpunkt unserer Existenz, bildet den Kern von Fausts Klagen zu Beginn des Stückes von Goethe.

> *Und sehe, daß wir nichts wissen können!*
> *Das will mir schier das Herz verbrennen.*

(364–65)

Im ersten Teil des Dramas versucht Faust, seine Grenzen mit den magischen Kräften zu überschreiten, die Mephistopheles ihm verleiht. Dies führt in der Episode mit Gretchen zur Katastrophe. In der ersten Szene des zweiten Teils erwacht Faust allein; er hat ein neues Leben vor sich und ist erstmals bereit zurückzustecken. Denn nachdem er von der aufgehenden Sonne geblendet worden ist, blickt er wieder auf die Erde zurück und sucht sich »in jugendlichstem Schleier« zu bergen. Das unmittelbar folgende Bild des Regenbogens besagt, ähnlich wie das Gedicht »Zueignung« von 1784, daß Faust und Goethe hinter dem Schleier der Poesie Schutz vor der blendenden Wahrheit suchen. Die absolute Wahrheit lähmt. Das

Zwischenreich der Dichtung schirmt davor ab und gewährleistet eine gewisse Bewegungsfreiheit. Nun stürzt sich Faust fünf Akte lang in wilde Abenteuer, die eines Spaghetti-Western würdig wären. Das Motiv des Schleiers zu Beginn deutet darauf hin, daß Faust bei all seinen Eskapaden im zweiten Teil der Tragödie weiß, daß er die Wahrheit nicht kennt.[85]

Ohne solche lebendigen Bilder und Metaphern kommt Kant am Ende einer Erörterung der Frage, wie weit unsere kognitiven Fähigkeiten die Natur begreifen können, im Grunde zu derselben Schlußfolgerung. Kants Version des Schleiers der Unwissenheit erlaubt allerdings keine heimlichen Blicke.

Es ist nämlich ganz gewiß, daß wir die organisierten Wesen und deren innere Möglichkeit nach bloß mechanischen Prinzipien der Natur nicht einmal zureichend kennen lernen, viel weniger uns erklären können; und zwar so gewiß, daß man dreist sagen kann: es ist für Menschen ungereimt, auch nur einen solchen Anschlag zu fassen, oder zu hoffen, daß noch etwa dereinst ein Newton aufstehen könne, der auch nur die Erzeugung eines Grashalms nach Naturgesetzen, die keine Absicht geordnet hat, begreiflich machen werde; sondern man muß diese Einsicht den Menschen schlechterdings absprechen.

(*Kritik der Urteilskraft*, II, § 75)

Molekularbiologen und Genetiker mögen darüber lachen, wie entschieden Kant die Unwissenheit anerkennt. Die Probleme des Reduktionismus und des unendlichen Regreß haben sie allerdings noch nicht gelöst.

Dichter dagegen fühlen sich vom Schleier des Nichtwissens mächtig angezogen. A. E. (George Russell) verfaßte ein vierzeiliges Gedicht mit dem Titel »Truth« [Wahrheit], das mit dem Motiv der Unzugänglichkeit endet.

And only the teaching
That never was spoken
Is worthy thy reaching,
The fountain unbroken.

[Und allein die Lehren,
Die niemals ausgesprochen,
Sind wert dein Begehren,
Der Quell, der ununterbrochen.]

Der amerikanische Dichter Randall Jarrell findet das endliche Leben so schwer faßbar, daß er nur tastende Versuche machen kann, seine Sehnsüchte zu begreifen, und sich damit abfinden muß, sie niemals zu erfüllen.

Wenn ich mir etwas vorstellen kann, ist es nicht das, was ich will.

(»Sick Child«)

Das ist mehr als bloß wieder eine dieser Ungereimtheiten.

Die absolute Wahrheit muß ein unaussprechliches Geheimnis bleiben. Auch Romanciers haben sich mit diesem Umstand befaßt. Um den Gegenstand unserer Erkenntnis nicht zu stören, müssen wir uns unter Umständen von ihm abwenden, so wie Aljoscha in *Die Brüder Karamasow* seinen Blick nicht emporrichten kann, um in dem Konversionstraum die Gestalt Jesu anzusehen. In dem Roman *Die Mühle am Floss* gestattet sich George Eliot als Erzählerin einen rätselhaften und zugleich tiefgründigen Satz über das moralische Dilemma ihrer Figur Maggie, nämlich die Frage, ob diese für sich selbst einen Vorteil suchen soll, der für ihre Nächsten Not und Elend bedeuten würde. »Das große Problem des sich verschiebenden Verhältnisses von Leidenschaft und Pflicht ist keinem eindeutig, der fähig ist, es zu erfassen« (siehe Seite 150). Im Kontext betrachtet bedeutet dieser Satz, daß wir Maggies Situation nicht verstehen, wenn wir versuchen, sie auf moralische Grundsätze zu reduzieren. Diese Art des »Erfassens« entspricht in keiner Weise der minutiösen Unterscheidung von Einzelheiten, wie sie im Roman getroffen wird. Doch Eliot gibt uns auch zu verstehen, daß selbst in einer Erzählung »das sich verschiebende Verhältnis von Leidenschaft und Pflicht« den Schleier des Nichtwissens um uns herum senkt, der zum Leben an sich gehört. Versuche nicht, alles zu verstehen, lautet die Devise. Am Ende meines dritten Kapitels habe ich auf das Hamlet-Motiv in *Faust* verwiesen, das heißt auf die Frage, inwieweit Fausts Selbstreflexion das von ihm angestrebte Handeln behindert. Damit sind wir fast schon bei meiner vierten Kategorie, der des »fragilen Wissens« (siehe Anhang I).[86]

Diese Beispiele verweisen auf eine extreme Form der Erkenntnisbegrenzung, die ich auf die Formel bringen möchte: Wissen ist Ohnmacht. Im Augenblick des Erkennens sind wir unfähig zu erkennen. Das Wesen der Zeit und das Wesen des Bewußtseins verbinden sich, um eine Reihe flüchtiger Momente hervorzubringen, die im Grunde immer unfaßbar für uns bleiben. William James sprach von der »scheinbaren Gegenwart«. Auch Nietzsche erkannte dieses Phänomen. Alles Lebende, so Nietzsche, braucht eine umhüllende Atmosphäre, einen Dunstkreis des Geheimnisvollen. Diese Erkenntnis wiederholt er mehrfach in seinem frühen Aufsatz »Vom Nutzen und Nachteil der Historie für das Leben«. Zum Schluß wird die Historie für ihn gleichbedeutend mit dem Bewußtsein selbst als einem Eingreifen in das handelnde Leben. Proust übernimmt aus dem Physikunterricht dieselbe »Dunst«-Metapher und setzt sie sogar noch lebendiger um als Nietzsche. In der bemerkenswerten Passage, die ich auf Seite 200 zitiert habe, entwickelt Proust ein einprägsames Bild von bewußter Erkenntnis als einem sinnlosen, ja selbstzerstörerischen Prozeß. Wenn wir die innerste Sphäre je erreichen, so ist sie durch unser lärmendes Herannahen längst entleert. Wir wären besser beraten, diskrete Distanz zu wahren. Sokrates lehrte zwar, ein unreflektiertes Leben sei es nicht wert, gelebt zu werden. Mag sein, aber ein überreflektiertes Leben bedeutet möglicherweise nur Verwirrung und Lähmung, wenn der Schleier des Nichtwissens durchstoßen wird.

Mein letztes Zitat stammt von der Historikerin und Wissenschaftsphilosophin Evelyn Fox Keller, und zwar aus einer Diskussion über die Anmaßung der Genetik, jenen »Ort der Freiheit« zu reduzieren oder sogar zu eliminieren, der uns eine individuelle Wahl erlaubt. Ob Keller an Sokrates dachte oder nicht – meiner Meinung nach ist es ihr sehr ernst: »Die bloße Möglichkeit der Wahl ist auf einen Restbereich von Subjektivität angewiesen, der nur in dem Maße frei bleiben kann, wie er unerforscht bleibt« (»Nature, Nurture, and the Human Genome Project«). Manchen Lesern mag dieser Satz vollkommen undurchsichtig erscheinen. So wie ich es verstehe, warnt hier eine Wissenschaftlerin sich selbst und uns vor der Gefahr, daß unsere Erkenntnis und unser Bewußtsein den Schleier des Nichtwissens durchdringt, der unser Menschsein umhüllt, ja sogar ausmacht. Dieser Schleier sollte nicht unbedacht gelüftet werden.[87]

Wir sind dazu erzogen worden, Initiative und Originalität in allen Bereichen zu würdigen, und sind selten gewillt, irgendwelche Einschränkungen hinzunehmen. Bei unserem Eifer, Geheimnisse zu lüften, lassen wir keine Sphäre ungestört, weder im Privatleben der Menschen noch in der Natur selbst. Die Folgen dieser Ungeduld in der Forschung und der Gesellschaftsanalyse sind unschwer zu erkennen. Etwas weniger offensichtlich sind die moralischen Folgen für unser persönliches Leben. Ich habe ausführlich dargelegt, wie in bestimmten Schlüsselszenen in der Odysseus-Passage in Dantes »Inferno« und in Adams und Evas Selbstrechtfertigung in Miltons *Paradise Lost* dem Wort »Erfahrung« eine entscheidende Rolle zukommt, wenn ein bestimmtes Handeln gerechtfertigt werden soll. Leben als Erfahrung oder Experiment – diese Sichtweise verbindet Eva und Adam mit Psyche, Odysseus mit Dante, Dr. Faust mit Dr. Frankenstein, Don Quixote und Don Juan mit Dr. Jekyll. Als extreme Form führen Sades teuflische Helden ihre Forschungsprojekte aus reiner Lust am Bösen aus. Von den literarischen Beispielen, die ich erörtert habe, widerstehen lediglich die Prinzessin von Clèves und die Erzählerin in Emily Dickinsons Gedicht über den Schleier der Versuchung, das Leben als Experiment zu erproben. Der Drang nach Erfahrung umgibt uns wie die Luft, die wir atmen, und zeigt, daß wir den Reiz des Verbotenen akzeptieren und den Schleier des Nichtwissens ablehnen.

Das klassische Epos und der moderne Roman haben den Drang nach Erfahrung ausgiebig gefeiert. Selten wurde dieser Drang jedoch so komprimiert behandelt wie in den philosophisch-moralischen Überlegungen eines Oxforder Altphilologen und Kunstkritikers gegen Ende des neunzehnten Jahrhunderts. Walter Paters Schlußkapitel in seinen *Studies in the History of the Renaissance* (1873) klang so sehr wie ein leidenschaftliches Manifest des modernen ästhetischen Hedonismus, daß Pater selbst es in der zweiten Auflage wegließ. »Es würde möglicherweise einige der jungen Menschen irreführen, in deren Hände es fallen könnte«, erklärte Pater. Oscar Wilde kannte das Schlußkapitel auswendig und nannte es »mein goldenes Buch«. Auf diesen Seiten erklingen der Sirenengesang unserer Zeit und die Stimme eines reuelosen Faust.

Nicht die Frucht der Erfahrung, sondern die Erfahrung selbst ist das Ziel. Von einem bunten, dramatischen Leben ist uns nur eine begrenzte Zahl von Pulsschlägen vergönnt. Wie können wir all das in ihnen sehen, was mit den feinsten Sinnen darin zu sehen ist? Wie können wir rasch von Punkt zu Punkt gehen und dabei stets an dem Brennpunkt gegenwärtig sein, an dem sich die größte Zahl vitaler Kräfte in ihrer reinsten Energie vereinigt?

Unentwegt mit dieser heftigen, funkelnden Flamme zu brennen und diese Ekstase zu bewahren, bedeutet Erfolg im Leben. Gewohnheiten anzunehmen heißt scheitern.

Eine Kerzenflamme, ein flackerndes, verzehrendes Phänomen, das trotz seiner fließenden Bewegung irgendwie seine Form beibehält, bildet die vollkommene Metapher für die Intensität der reinen Erfahrung und deren »Glanz«, wie Pater schreibt. Aus dem obigen Zitat und auch aus anderen Passagen läßt sich nur schwer entnehmen, wie die reine Erfahrung zu irgendeiner Einsicht jenseits ihrer selbst führen soll. In seinen Schlußsätzen versucht Pater, seinen Hedonismus in einen ästhetischen Epikureismus umzumünzen und übernimmt den Begriff *l'art pour l'art*. Doch die flüchtige Intensität der Erfahrung setzt sich gegen die Beständigkeit der Kunst durch.

Wir sind alle condamnés, *wie Victor Hugo sagt. ... Wir verfügen über eine Zeitspanne, und dann kennt uns unser Ort nicht mehr. Einige verbringen diese Zeitspanne in Apathie, einige in höchster Leidenschaft, die Klügsten aber mit Kunst und Gesang. Denn unsere einzige Chance besteht darin, diese Zeitspanne auszudehnen, in der gegebenen Zeit so viele Pulse wie möglich unterzubringen. Leidenschaften können uns dieses beschleunigte Gefühl von Leben, Ekstase und Liebesleid geben. Aber stelle sicher, daß es Leidenschaft ist – daß sie dir diese Frucht eines belebten, vervielfachten Bewußtseins beschert. Am meisten von dieser Weisheit besitzt die poetische Leidenschaft, das Streben nach dem Schönen, die Liebe zur Kunst um der Kunst willen; denn die Kunst gesteht freimütig, daß sie deinen flüchtigen Augenblicken nichts gibt als höchste Qualität, und zwar nur um des Augenblickes willen.*

Im Vergleich zu dieser verführerischen Stimme klingt Goethes Mephistopheles wie der großspurige Clown, der er im Grunde ist. Während Pater in den meisten seiner Werke eher einen lauwarmen Eindruck macht, klingt er hier so verführerisch wie Satan in *Paradise Lost*. Paters eigentümlich explizite Formulierungen sollten in unserem Jahrhundert weder von Alfred Kinsey in dessen Orgasmuszählerei noch von Michel Foucault übertroffen werden, der sich der *expérience limite* opferte. Eine starke Tradition innerhalb der modernen Literatur verleitete uns zu dieser Verherrlichung der reinen Erfahrung ohne jegliche Beschränkung.[88] Was dem Ästheten Pater wie »eine heftige, funkelnde Flamme« erscheint, kann jedoch höchst zerstörerische Formen annehmen, wenn es darum geht, die flüchtige Intensität aufrechtzuerhalten. In den extremsten und verhängnisvollsten Fällen ernten wir nicht »Ekstase«, sondern Serienkiller. Werke wie die gräßlichen Romane von de Sade und Bret Easton Ellis sowie brutale Filme und blutrünstige Fernsehsendungen erfüllen Paters Programmatik, »in der gegebenen Zeit so viele Pulse wie möglich unterzubringen«. Besteht irgendein Grund, solche Machwerke willkommen zu heißen? Ganz entgegen dem Ausspruch von Jimmy Walker, den ich dem siebten Kapitel vorangestellt habe (»Noch nie wurde ein Mädchen von einem Buch verführt«), üben Bücher und Bilder eine starke Verführungskraft aus. Was des einen »funkelnde Flamme« ist, kann vor der Tür des anderen unversehens lodernde Brände entfachen.

Weniger umnachtete Autoren wie Flaubert, Tolstoi und Dostojewskij bedienen sich verschiedener Erzählperspektiven und komplexer Charaktere, um das Ideal reiner Erfahrung kritisch zu beleuchten. In *Schuld und Sühne* läßt sich Raskolnikoff durch Sonjas ruhige Stimme und ihre Worte christlicher Liebe besänftigen und schließlich von seinem Streben nach übermenschlichen Taten abbringen. Sonjas Gegenwart wirkt sich sogar auf Swidrigailows geballte Bosheit aus. Die Literatur zeigt viele Möglichkeiten auf, dem Drang nach Erfahrung zu begegnen. In vielen Fällen folgen die Figuren dem absteigenden Pfad zur Weisheit, den ich am Ende des zweiten Kapitels im Zusammenhang mit Milton beschrieben habe. Auf dem Weg zur Weisheit passieren sie als notwendige Stufe die Erfahrung. Die Erfahrung ist und bleibt indes eine Stufe und ist nicht das Ziel selbst, wie Pater es darstellte.

Gibt es also Dinge, die wir nicht wissen sollten? Die Religion antwortet im allgemeinen mit Ja. Die Philosophie antwortet in der Regel mit Nein. Die Geschichte der Neugier, die ich in vorausgehenden Kapiteln und auch in diesem nachgezeichnet habe, hält keine so simple Antwort bereit. Sie warnt uns vielmehr vor zwei neuen Institutionen, Wissenschaft und Kunst, die in Konkurrenz zur Religion getreten sind und es sich zum Ziel gemacht haben, unsere Erforschung sämtlicher Bereiche des menschlichen Wissens zu beschleunigen. Sind diese Institutionen Ausdruck unseres verantwortungsvollsten Verhaltens? Oder verkörpern sie eine organisierte Form der Hybris? Die Geschichte lehrt uns, bei unserem Streben nach Erkenntnis Geduld zu üben und diese beiden Institutionen in Schach zu halten. Dr. Faustus könnte sich allzu leicht in Dr. Frankenstein verwandeln.

In ihrem innersten Wesen vermittelt die Literatur ein schmerzliches Bewußtsein von dem Schleier des Nichtwissens, der unsere persönlichsten Lebenserfahrungen begleitet. In unvorhergesehenen Momenten mag das Bewußtsein unsere Absichten durchkreuzen. Die Lebensnähe eines Werkes läßt sich unter anderem daran messen, ob es Intervalle von bedeutungsvollem Schweigen schaffen und aushalten kann. Anton Tschechow wußte, daß die eindringlichsten Augenblicke auf der Bühne wortlos sind.

Die Literatur vermittelt auch einen Antrieb zur Erfahrung um der Erfahrung willen, jenen Drang, mit dem Leben zu experimentieren, der Eva dazu trieb, den Apfel zu essen, und Dr. Jekyll veranlaßte, sein verhängnisvolles Alter ego, Mr. Hyde, zu schaffen. Die erstere Episode führte zur Vertreibung aus dem Paradies, die letztere zur Selbstzerstörung. Die Geschichten, die ich zitiert habe, kreisen das Terrain des tabuisierten Wissens ein, ohne es zu verkleinern. Wir können nicht definitiv beweisen, ob es der Prinzessin von Clèves gelungen ist, ihre Selbstachtung und die Achtung ihres Mannes zu wahren und ihre Liebe zum Herzog von Nemours aufrechtzuerhalten. Doch unter gewissen Umständen ist der Pfad der Enthaltsamkeit verantwortungsvoll und vollkommen lebensbejahend. Die Vielzahl solcher Geschichten macht uns deutlich, daß es möglicherweise Dinge gibt, die wir nicht im Flammenschein der Erfahrung kennenlernen sollten.

Abschließende Geschichten

Endlos ist die Zahl der Geschichten, die bestimmte Aspekte der Erkenntnisbegrenzung thematisieren. Diese Geschichten tauchen mitunter in den abstraktesten Bereichen der Philosophie auf.

Die Philosophie zeigt eine Vorliebe dafür, sich selbst in Zweifel zu ziehen. Einige der scharfsinnigsten Denker zerstören die Fundamente ihrer Gedankengebäude so schnell, wie sie sie errichtet haben. »Kein Mensch kennt die Wahrheit über die Götter und all jene Dinge, von denen ich rede«, erklärte der Vorsokratiker Xenophanes. In seiner *Apologie* unternimmt Sokrates den unschlagbaren Schachzug zu behaupten, wahre Weisheit bestehe darin, die Grenzen des Wissens zu erkennen. Mit leicht verändertem Akzent läßt sich der Sachverhalt auch so formulieren: Wenn wir unsere Denkweise rechtfertigen müssen, bevor wir anfangen zu denken,

fangen wir nie an zu denken.[89] Als sich Hegel, der weitschweifigste
aller Philosophen, vor dieses Problem gestellt sah, schilderte er eindrucksvoll, wie gefährlich es sei, das Erkennen selbst unter die Lupe
zu nehmen und das Denken gleichsam auf sich selbst zu richten. Es
ist aufschlußreich, daß Hegel seine Überlegungen nicht mit einer
logischen Argumentation beschließt, sondern mit einer kleinen
Geschichte, die obendrein ziemlich verquer klingt: Dieses sogenannte Instrument, Wissen und Erkennen, zu untersuchen,
schreibt Hegel, bedeutet soviel wie es zu kennen. Aber erkennen zu
wollen, bevor wir erkennen, sei ebenso absurd wie der weise Entschluß des Scholastikus, sich nicht ins Wasser zu wagen, bevor er
schwimmen gelernt hat. Hegels Parabel lehrt uns zum einen, wie
töricht es sein kann, praktischen Tätigkeiten Grenzen aufzuerlegen, und zum anderen, wie notwendig eine gewisse mentale Begrenzung sein mag, um eine Lähmung zu verhindern, wenn wir
versuchen, zu den Grundlagen des Lebens und des Geistes vorzu-
dringen. Schreite einfach zur Tat, lautet die Devise; denke nicht zuviel darüber nach, wie du vorgehst, bevor du es versuchst. Um diese
einfache Aussage zu machen, verwandelt sich der Philosoph Hegel
kurzerhand in den Erzähler eines Ammenmärchens. So erkennt er
stillschweigend und elegant die Grenzen der Philosophie an und
schwenkt zurück zu Menos Frage an Sokrates, wie wir nach etwas
suchen können, von dem wir überhaupt nichts wissen, nicht einmal
den Namen.

Die meisten Geschichten über Erkenntnistabus liegen jedoch
dort für uns bereit, wo wir sie erwarten würden, beispielsweise in
Märchensammlungen. Im Märchen von »Blaubart« heiratet eine
junge Frau einen reichen Mann mit einem schrecklichen, bläulich
schwarzen Bart. Niemand weiß, was aus seinen früheren Frauen
geworden ist. Einen Monat nach der Hochzeit begibt sich Blaubart
auf eine lange Reise. Er vertraut seiner Frau die Schlüssel für seine
Burg an, verbietet ihr jedoch, eine bestimmte Kammer im Keller zu
betreten. Selbst der Besuch von Verwandten und Freunden kann die
junge Frau nicht von ihrer Neugier abbringen. Als sie schließlich
die verbotene Tür öffnet, entdeckt sie die gräßlichen Überreste der
früheren Ehefrauen. Es gelingt ihr nicht, die Blutflecken von dem

Schlüssel zu entfernen, und sie muß ihrem Mann nach dessen Rückkehr ihre Übertretung seines Verbots gestehen. Blaubart erklärt, dafür müsse sie mit dem Leben bezahlen. Sie erbittet sich Zeit zum Beten und hofft, daß ihre Brüder wie erwartet eintreffen. Diese kommen gerade noch rechtzeitig, um sie zu retten, und töten Blaubart. In einer glücklichen Ehe mit einem guten Mann gelingt es der Frau, Blaubart zu vergessen.

Charles Perraults Geschichte aus seiner Sammlung *Contes de ma mère l'Oye* von 1697 enthält etliche Elemente verschiedener Volksmärchen, ist aber im großen und ganzen seiner eigenen Phantasie entsprungen. Der Reiz des Verbotenen läßt sich darin kaum übersehen. Auf Blaubarts böse Natur weisen sowohl sein häßlicher, schrecklicher Bart hin als auch die Tatsache, daß seine früheren Ehefrauen verschwunden sind. Die junge Frau begeht den schwerwiegenden Fehler, ihn wegen seines Reichtums zu heiraten und über seinen Charakter hinwegzusehen. Sie wird durch ebenso offensichtlich positive Elemente gerettet: durch den Glauben (auch wenn sie nur betet, um Zeit zu gewinnen) und die Familie. Diese beiden Kräfte bezwingen Blaubart schließlich. Die Gerechtigkeit siegt, und die Frau erhält eine zweite Chance.

Am Ende seiner Prosafabel hat Perrault zwei moralische Lehren in Versform angefügt: Neugier führt stets ins Verderben. Eifersucht sorgt immer für großen Schaden. Bruno Bettelheim nimmt in seinen Kommentaren in *Kinder brauchen Märchen* eine ähnliche Haltung ein wie Perrault: »Wie immer man ›Blaubart‹ interpretiert, es ist eine warnende Geschichte, die besagt: Ihr Frauen, gebt eurer sexuellen Neugier nicht nach; ihr Männer, laßt euch nicht von eurem Zorn hinreißen, wenn ihr von eurer Frau betrogen werdet« (356). Susan Brownmiller wäre wahrscheinlich ungehalten über diese Verharmlosung und Vertuschung. Für sie enthält die Erzählung einen versteckten Hinweis auf Gilles de Rais, den sie als wahre Quelle der Geschichte zu erkennen meint.[90] Diese historische Gestalt, Jeanne d'Arcs tapferer Oberleutnant, hat in späteren Jahren zahllose Knaben entführt, vergewaltigt und ermordet. Das Märchen von »Blaubart«, so behauptet Brownmiller, birgt zwischen den Zeilen den alten Mythos des heroischen Vergewaltigers und feiert diesen Mythos, indem er in ein unschuldig wirkendes Kindermärchen gekleidet wird. Brownmillers Deutung ist jedoch höchst tendenziös.

Meiner Meinung nach wird in diesem Märchen über scheinbar harmlose Neugier das Motiv des Sexualverbrechens nicht verschleiert, sondern enthüllt. Und die Verbrechen werden nicht verziehen, sondern bestraft. Die junge Frau wird gerettet und erhält eine zweite Chance. Das Märchen »Blaubart« ist kein trojanisches Pferd, mit dem gefährliche Kräfte in unsere Psyche eindringen. Wie alle gesunden Märchen schwächt es die Virulenz des Stoffes so weit ab, daß dadurch eine gewisse Immunität gegen sexuelle Neugier und sexuelle Gewalt herausgebildet werden mag. Es gibt Dinge, in die wir nicht tiefer eindringen sollten.

Das Unheimliche, das in »Blaubart« unter der Oberfläche verborgen ist, tritt in dem uralten Mythos der Sphinx offen zutage. Die Sphinx, ein Ungeheuer mit den Klauen eines Greifs, den Flügeln eines Vogels und dem Antlitz und der Stimme einer Jungfrau, lauert in der Nähe von Theben den Reisenden auf, denen sie Rätsel aufgibt. Ödipus löst eines ihrer Rätsel, besiegt sie und muß folglich sein eigenes tragisches Schicksal erfüllen. Die Sphinx entspricht Blaubart dadurch, daß sie als »Raubtier« dargestellt wird, das von einem Geheimnis umgeben ist. Die Geschichte von Ödipus und der Sphinx wird fast so etwas wie eine Gründungsgeschichte, ähnlich wie die von Kain und Abel oder Romulus und Remus, denn Ödipus errettet die Stadt Theben von der schrecklichen Geißel. Sein Wissen, mit dem er das Rätsel löst, dient einem guten Zweck, doch seine Hybris verdammt ihn hier wie auch in früheren Episoden zu seinem eigenen Untergang.

In Kapitel VI, in dem ich Francis Bacons Version der Sphinx-Geschichte (siehe Anhang III) beleuchtet habe, ging es um deren versteckten warnenden Hinweis auf die traditionelle Unterscheidung zwischen reiner und angewandter Forschung. Auf drei rätselhaften Seiten vertritt der Schirmherr der modernen induktiven Wissenschaften den Standpunkt, die Naturwissenschaft sei ein potentiell gefährliches Ungeheuer, das sowohl auf den steilen Höhen des Wissens throne als auch die Straßen unsicher mache, indem es die

Sterblichen mit grausamen Fragen quäle. Die Sphinx als Naturwissenschaft stellt zwei Arten von Rätseln: Fragen zum Wesen der Dinge und Fragen zur Natur des Menschen. Bacon gibt zu verstehen, daß Fragen zur Natur des Menschen – Dinge, die er an anderer Stelle »eitles Wissen« nennt, was fast ein Euphemismus für »verbotenes Wissen« ist – die eigentliche Gefahr darstellten. Die Moral, die Bacon aus dieser Geschichte zieht, konfrontiert uns wieder mit den Prinzipien von Maß, Tempo, Reichweite und Geduld, die wir bei der Behandlung letzter Fragen, wie den Geheimnissen des Lebens und des Geistes, berücksichtigen sollten. »Es sollte auch nicht außer acht gelassen werden, daß die Sphinx von einem Lahmen mit einem Klumpfuß besiegt wurde, denn die Menschen pflegen allzu rasch und hastig zu den Rätseln zu eilen.« Wir sollten uns vor Schnellprogrammen und reduktionistischen Lösungen hüten. Verkörpert die Sphinx die Naturwissenschaften in ihrer gefährlichsten und verlockendsten Form, dann müssen wir den Mut finden, ihren Rätseln zu widerstehen und sie zu bezähmen, anstatt von ihr verschlungen zu werden.

Ganz in unserer Nähe lauert noch ein weiteres Fabelwesen, das allerdings weniger monströs als vielmehr mysteriös ist. Das Einhorn hat den Leib eines Pferdes und trägt auf seiner Stirn ein ellenlanges, gerades, spiralförmig gedrehtes Horn. Das Einhorn, wohl indischen Ursprungs, wurde zu einem figürlichen Element der schottischen Heraldik und fand durch die Kolonisation den Weg zurück in das indische Landeswappen. Man darf sich das Einhorn durchaus als das Gegenteil des Sündenbocks vorstellen. Anstatt unsere Sünden auf seinem Haupt in die Wildnis davonzutragen, bringt es uns aus der Wildnis Unschuld und Reinheit. Sein drolliges Horn stellt reinen Schmuck dar, auch wenn es das Tier in der Bewegung einschränkt und wie ein Phallus, eine Waffe oder ein Symbol der Macht anmutet.

Das Einhorn nimmt jedoch eine Sonderstellung ein; es ist ein Wesen ohne Geschichte, ohne greifbare Identität. Es kommt in Tausenden von Bildern und Erzählungen vor, doch niemand hat bisher seine wahre und vollständige Legende entdeckt oder erfunden. Das Horn verweist weniger auf Kampf als auf Magie und Erotik. My-

thologische und pseudowissenschaftliche Berichte – erwähnt wird
es bei den Griechen Ktesias und Aristoteles, im Alten Testament als
re'em, in mittelalterlichen Bestiarien und bei Sir Thomas Browne –
beschreiben das Tier übereinstimmend als ein Wesen, das nur selten zu sehen sei und in unvorhersehbarer Weise auftauche und ver-
schwinde.[91] Angeblich wurde das Einhorn gejagt und getötet, ein-
gefangen und gezähmt. Gelegentlich wird es im Kampf dargestellt,
häufiger aber in Szenen der religiösen Anbetung, der Opferung
und der domestizierten Liebe. Aber in all den bruchstückhaften Er-
scheinungsbildern, aus denen unser Wissen über das mystische
Tier besteht, gewinnt das Einhorn keine klare Form und Bedeutung, weder in einem positiven noch in einem bedrohlichen Sinne.
Es stellt ein Rätsel dar, das sich durch keine Erkenntnis oder Interpretation entschlüsseln läßt.

Ich glaube, das Einhorn könnte in Zukunft jenen Bereich reprä-
sentieren, dem wir einen großen Teil jener spirituellen und erlö-
senden Kraft beimessen, die ehemals der Religion zukam: den Bereich der Kunst. Aber haben wir dieses anmutige Tier mit dem
unhandlichen Horn vollständig bezähmt? Sollten wir den Künsten
ab sofort bereitwillig dorthin folgen, wohin sie uns im Namen von
Freiheit und Erfahrung, Phantasie und Grenzüberschreitung
führen mögen? Ich meine, wir wären gut beraten, das Einhorn der
ästhetischen Erfahrung ebenso gründlich im Auge zu behalten wie
die Sphinx der naturwissenschaftlichen Erforschung. Das Einhorn
besitzt in unserer Phantasie einen festen Platz als Mysterium, als
Symbol dessen, was wir *nicht* wissen. Könnte es eine gutartige Variante der räuberischen Sphinx darstellen? Das läßt sich noch nicht
sagen. Jeden Tag erschließen sich die Künste neue Bereiche und
neue Medien. Wir können nicht sagen, in welchem Maße die Ergebnisse aufklären, unterhalten oder korrumpieren werden. Inzwischen haben wir uns weit entfernt von der Unvoreingenommenheit und der Zweckfreiheit, die der Wissenschaft und der Kunst im
siebzehnten und achtzehnten Jahrhundert neue Impulse gaben.
Seither haben sich zur Neugier höchst verwickelte Faktoren hinzu-
gesellt, nämlich das Prinzip des Fortschritts, freies Unternehmertum, zwanghafter Konsum und eine halb autonome Technologie.

Die Sphinx und das Einhorn haben sich weit angenähert – uns und einander. Ihrer Paarung entspringen schwindelerregende Formen der Erfahrung, von der virtuellen Realität über Gene vom Reißbrett bis zur gegenseitigen garantierten Vernichtung. »Nach solcher Erkenntnis, welche Vergebung?« T. S. Eliots schmerzliche Frage in »Gerontion« veranlaßt uns, die Konturen des verbotenen Wissens und der tabuisierten Erfahrung – altbekannter und künftiger Art – in unserer sich verändernden Lebenswelt genau unter die Lupe zu nehmen. Es ist höchste Zeit, ebenso eifrig über Schranken nachzudenken wie über Emanzipation. Wir wandeln schwankend zwischen Sphinx und Einhorn.

Anhang

Sechs Kategorien des verschlossenen Wissens und der begrenzten Erkenntnis

■

Mein Thema ist zu umfassend und zu schwer faßbar, um sich ohne weiteres in ein System oder eine Theorie pressen zu lassen. Trotzdem sind aus meiner Sammlung unterschiedlichster literarischer Geschichten einige Kategorien hervorgegangen, die es uns erlauben, gewisse Unterschiede festzumachen, frühere Diskussionen zu inventarisieren und bei aller Vielfalt Ansätze einer Ordnung zu finden. Ich stelle sechs Kategorien des verschlossenen Wissens und der begrenzten Erkenntnis auf.

– Unzugängliches, unerreichbares Wissen
– Durch göttliche, religiöse, moralische oder weltliche Autorität verbotenes Wissen
– Gefährliches, destruktives Wissen
– Fragiles, heikles Wissen
– Erkenntnis im Double-bind
– Mehrdeutiges Wissen

Die Kategorien überlappen sich zum Teil und decken das gesamte Spektrum keineswegs lückenlos ab. Diese Rekapitulation eröffnet jedoch eine veränderte Perspektive auf vertrautes wie auch auf unvertrautes Material. Die ersten vier Kategorien sollten einigermaßen klar sein. Die letzten beiden umreißen Phänomene, die sich weniger eindeutig darstellen.

Unzugängliches, unerreichbares Wissen

Einige Aspekte des Kosmos, der »Realität«, sind für den Menschen nicht faßbar. Diese Unfaßbarkeit entspringt entweder der Unzulänglichkeit des menschlichen Geistes oder der Unzugänglichkeit gewisser Phänomene, die uns so fern sind, daß wir sie nicht erfassen können. Wir müssen nicht zwischen den zwei Leitsprüchen wählen, die dem achten Kapitel vorangestellt sind. Beide treffen zu. Sokrates geht allerdings weiter als Einstein. Der Satz des Sokrates bereitet den Weg für Pascals *portée* und Huxleys *agnostic*.[92] Einsteins Ausspruch münzt Pascals Appell, der Mensch möge seine Reichweite erkennen,[93] in ein komisches Paradox um. Mein dritter Leitspruch für dieses Buch – *Individuum est ineffabile* – drückt sogar noch eine stärkere Beschränkung aus, indem er zu verstehen gibt, daß wir nicht einmal jene Einzelheiten erfassen können, die uns am nächsten liegen, einschließlich unserer selbst.

Die jüdische Tradition stellt die Unbeschreiblichkeit und Unergründlichkeit des göttlichen Wesens als kategorische Grundannahmen dar, indem sie verbietet, jemals den Namen Gottes auszusprechen. In der Mitte des fünfzehnten Jahrhunderts verfaßte der katholische Theologe Nikolaus von Kues ein einflußreiches Buch mit dem Titel *De docta ignorantia* oder *Vom wissenden Nichtwissen*. Die absolute Wahrheit liegt außerhalb unserer Reichweite, konstatiert er in der Überschrift seines dritten Kapitels. Wir können Gott allein durch den Glauben begreifen, der sozusagen eine negative Theologie darstellt und sich darin äußert, weise in die andere Richtung zu sehen – »wissendes Nichtwissen«. Mystiker wie Meister Eckhart und Johannes vom Kreuz bekunden einen ähnlichen Glauben an das Unbegreifliche und Unaussprechliche. Kants »Ding an sich« mag existieren oder auch nicht. Phänomene oder Erscheinungen, die wir in Raum und Zeit erfassen *können*, werden uns jedenfalls nie zum Numinosen führen. Ein zeitgenössischer Philosoph, Colin McGinn, stützt sich teilweise auf Kants Begriff vom Numinosen und entwickelt eine Position, die er als »Unlösbarkeitsthese« oder »kognitiven Pessimismus« bezeichnet. In seinem Buch *Problems of Philosophy: The Limits of Inquiry* (Probleme der Philosophie: Die Grenzen des Forschens) argumentiert McGinn, daß sich das menschliche Denken im Grunde nicht dazu eigne, die Existenz und das Wesen von Phänomenen wie Bewußtsein und Willensfreiheit zu erfassen. Er weicht der traditionellen Frage der Erkenntnis aus, indem er argumentiert, daß unser Zugang zur Wahrheit möglicherweise nicht auf irgendeiner geistigen Fähigkeit wie dem Verstand beruht, sondern in unseren Genen begründet liegt. Ohne jede Scheu vor einem »Coppelia-Komplex« läßt McGinn die Vorstellung zu, daß wir möglicherweise alle automatisiert sind.

Die modernen Naturwissenschaften steuern einige Beispiele zu dieser Kategorie bei. Gemäß der Relativitätstheorie etwa läßt sich kein universell gültiges »Jetzt« bestimmen, denn jeder sinnvolle Begriff von Gleichzeitigkeit wird durch die endliche Geschwindigkeit des Lichts beschränkt. Wir können erst wissen, was »jetzt« auf einem fernen Stern geschieht, wenn dessen Lichtsignale uns nach Millionen von (Licht)Jahren erreichen.

In dieser Kategorie versagen es uns schlicht und einfach das Wesen der Dinge und der menschliche Geist selbst, alles zu wissen und zu begreifen. Selbst Einsteins Optimismus räumt dieses letztliche Nichtwissen ein.

Durch göttliche, religiöse, moralische oder weltliche Autorität verbotenes Wissen

Adam und Eva, Prometheus und Psyche haben gegen Verbote verstoßen. Diese klassischen Geschichten schildern, welche Konsequenzen es hat, wenn eine starke Neugier oder massiver Unwille gegen ein noch stärkeres Verbot ankämpfen. Ähnliche Motive tauchen in abgewandelter Form in den meisten Geschichten auf, in denen es um ein Suchen und Streben geht, beispielsweise in Dantes *Göttlicher Komödie* (in der Warnung des Petrus im »Paradies«) oder in den Legenden um König Arthur und seine Ritter (Parsifal ist zu folgsam). Selten fand diese Form des Wissens so prägnanten Ausdruck wie in Hawthornes Kurzgeschichte »Ethan Brand«. Der unerschrockene Protagonist setzt alles daran, die ganz und gar unverzeihliche Sünde zu entdecken, und erkennt, daß er diese bereits dadurch begangen hat, daß er diese Absicht verfolgt. In dieser Kategorie kommt auch der »Frau-von-Bath-Effekt«, der Reiz des Verbotenen, ins Spiel. Der zweite Sinnspruch dieses Buches verweist mit einem Lächeln auf den perversen menschlichen Hang, in Verboten etwas Verlockendes zu sehen.

Aus Gründen, die Naturwissenschaftler und Politiker wahrscheinlich auf die Unantastbarkeit der Natur und des Menschen zurückführen würden, sind gegenwärtig Forschungsaktivitäten verboten, die die Keimbahn des menschlichen Erbgutes verändern könnten. Im Bereich technischer und künstlerischer Erfindungen haben wir das Patentrecht und das Urheberrecht, die die Verwertung und Vermarktung geistigen Eigentums bestimmten Regelungen und Schutzbestimmungen unterstellen. Paradoxerweise dienen solche Beschränkungen dem offenen Austausch von Wissen. Zur Wahrung der Würde des autonomen Individuums wurden im Rahmen des Persönlichkeitsrechts relativ spät erst Bestimmungen darüber eingeführt, wie weit andere in unsere Privatsphäre eindringen und wieviel sie über uns erfahren und mitteilen dürfen. Die Welt ist kein transparentes Medium, in dem ungehindert observiert und kommuniziert werden darf. Der Schutz des Persönlichkeitsrechts grenzt das ein, was wir auf rechtmäßige Weise über das Leben anderer Menschen in Erfahrung bringen dürfen. Auf lange Sicht bleibt jedoch nichts sicher und geschützt. Die moderne Informationstechnologie dringt bereits immer tiefer in unsere Privatsphäre ein.

Die menschliche Neugier wird durch diese alten und neuen Verbote in bestimmten Bereichen der Erkenntnis bisweilen eher angestachelt als gebremst.

Gefährliches, destruktives Wissen

Das Spiel mit dem Feuer – oder mit Feuerwaffen – ist das offensichtlichste und brisanteste Beispiel für gefährliches Wissen. In Kapitel VI nannte ich die Atombombe, die rekombinante DNA und das Humangenomprojekt als Exempel für diese Kategorie tabuisierten Wissens. Wir haben die potentiellen Auswirkungen der technologischen Entwicklung auf die globale Umwelt fürchten gelernt. Mit *Frankenstein* prangerte Mary Shelley nicht die Umweltzerstörung an, sondern die psychische Verwüstung durch die Hybris der Naturwissenschaft. Verglichen mit ihrer nachdrücklich warnenden Geschichte zerfließt Goethes *Faust* regelrecht in Ambivalenz. Fausts Verlangen nach reiner Erfahrung, das sich unter anderem in der Episode mit Gretchen und in seinen technischen Experimenten mit der Sumpftrockenlegung zeigt, zieht Leid und Zerstörung nach sich. Dennoch erlöst ihn Gott am Ende – wegen seines steten Strebens. Wie sollen wir dieses riesige Flickwerk von einem Drama verstehen? Im Grunde hat der faustische Mensch heutzutage ebenso viele Kritiker wie Bewunderer.

Im Gegensatz zu *Frankenstein* haben die Werke des Marquis de Sade nichts Warnendes. Sie brandmarken die Grausamkeit, die Gewalt und das sexuelle Gomorrha nicht, sondern feiern die Exzesse, die de Sade als erfüllenden Lebensstil der Reichen und Mächtigen predigt. Die Kritiker, die irgendwelche literarischen und moralischen Tugenden in Sades Werk entdecken, haben einiges zu verantworten. Reine Vorsicht sollte uns dazu bewegen, solchen Formen gefährlichen Wissens gründliche Beachtung zu schenken. Wie Alkohol und Nikotin müssen sie sorgfältig etikettiert werden. Und ihre Verbreitung im Rahmen elektronischer Medien erfordert eine wohlüberlegte Regulierung.

Fragiles, heikles Wissen

Im Kapitel über *Die Prinzessin von Clèves* und Emily Dickinsons Gedicht »A Charm« werden Formen der Erkenntnis und der Erfahrung untersucht, die so fragil sind, daß sie im Augenblick ihrer Realisierung möglicherweise zerbrechen und sich auflösen. Den eigenen tiefsten Empfindungen und auch den Sehnsüchten des anderen darf man sich nur mit größter Vorsicht nähern, um sie nicht gleichsam zu verschrecken. Die symbolistische und dekadente Ästhetik gegen Ende des neunzehnten Jahrhunderts propagierte den Rückzug von der konkreten Erfahrung und die Flucht in den verfeinerten Bereich von Sprache und Phantasie. Paul Verlaine komponierte sein Gedicht »Art poétique« aus den Elementen: Musikalität, Nuancierung und verschleierte Schönheit.

Bei manchen Menschen entsteht die sexuelle Reaktion in einer delikaten Sphäre, die weit entfernt ist von Eroberung und Aggressivität. Höchst aufgeschlossene Männer, für die Vergewaltigung etwas Undenkbares ist, werden auch dann sexuell stark erregt, wenn die Möglichkeit eines Fiaskos nicht ausgeschlossen bleibt. Nicht Aggression, sondern Zärtlichkeit weckt ihr Verlangen.

Eine vergleichbare Unterscheidung fand und findet sich in Schriften, die einst Gefahr liefen, als ketzerisch verdammt zu werden. Wie Leo Strauss bemerkt, schrieben vor dem siebzehnten Jahrhundert in Europa viele originelle Denker »zwischen den Zeilen«, damit aufmerksame Leser etwas von der »verbotenen Frucht« erhaschen konnten. Die eigentliche Botschaft lag oft unter einem schützenden Gewand verborgen; Zugang dazu fand man durch geduldige Auslegung. In seinem *Führer der Unschlüssigen* befaßte sich Moses Maimonides mit verbotenen Themen, den Geheimnissen der hebräischen Bibel, indem er sich der Andeutungen und Anspielungen esoterischer Schriften bediente. Unter bestimmten Umständen überlebt die Wahrheit eher verhüllt als nackt. In den kleinsten physikalischen Größenordnungen werden Teilchen und Wellen so empfindlich, daß sich bereits der Vorgang der Beobachtung selbst auf ihr Energieniveau auswirkt und die Meßergebnisse beeinflußt. Wir wissen nicht im voraus, ob unser Zugang oder Verfahren die erhoffte Reaktion beeinträchtigt. Jedes Fernsehteam wird beobachten können, wie allein seine Anwesenheit die Natur der Ereignisse verändert, die es dokumentieren soll.

Fragiles Wissen findet seine natürliche Heimstatt dort, wo Zurückhaltung und Abgeschiedenheit herrschen.

Erkenntnis im Double-bind

Die fünfte Kategorie unterscheidet sich deutlich von den anderen und läßt sich nicht so leicht umreißen. Sowohl im Alltagsleben als auch in der Geschichte der Philosophie werden zwei Arten oder Richtungen der Erkenntnis unterschieden. Wir können uns einem Gegenstand nähern, uns auf ihn einlassen, mit ihm sympathisieren und uns mit ihm identifizieren, um auf diese Weise *subjektive* Erkenntnis zu erlangen. Oder wir können den Gegenstand distanziert betrachten, zerlegen und analysieren, um somit *objektive* Erkenntnis zu gewinnen. Bei der subjektiven oder empathischen Erkenntnis verlieren wir die rationale Sicht des Gegenstandes. Bei der objektiven Erkenntnis, die an der rationalen Perspektive festzuhalten bestrebt ist, verlieren wir das Bindemittel der Einfühlung. Wir können einen Gegenstand nicht auf beide Weisen gleichzeitig erkennen. Der Versuch, die beiden Ansätze miteinander in Einklang zu bringen oder abwechselnd anzuwenden, verursacht immensen mentalen Streß. Orest schreckte vor seiner objektiven Pflicht zurück, seinen Vater Agamemnon zu rächen, weil es ihm subjektiv widerstrebte, seine Mutter Klytämnestra zu töten. Kant erläuterte in der *Kritik der Urteilskraft*, wie sich die erhabene Größe der Pyramiden in Ägypten am besten erfassen lasse. Er meinte mit verblüffender Einfachheit, »daß man den Pyramiden nicht sehr nahe kommen, ebensowenig als zu weit davon entfernt sein müsse, um die ganze Rührung von ihrer Größe zu bekommen« (I, § 26). Flaubert äußerte sich nicht so besonnen. Je weniger man etwas spüre, desto eher sei man geneigt, es so auszudrücken, wie es ist, bemerkte er in einem Brief an Louise Colet vom 4. März 1852.

Für die Romantiker, die auf das Rationale der Aufklärung reagierten, schien die Unterscheidung der beiden Ansätze der Erkenntnis sogar noch tiefer zu gehen. Schiller trennte in seinem sechsten Brief *Über die ästhetische Erziehung des Menschen* den Verstand klar von Gefühl und Phantasie. Die Zivilisation selbst habe dem modernen Menschen diese klaffende Wunde beigebracht, meinte er. Wordsworth entdeckte eine ähnliche Spaltung innerhalb des menschlichen Geistes.

> *Das Fundament jeder wahren Philosophie ist daher das vollständige Erfassen des Unterschiedes zwischen … jener Intuition, die entsteht, wenn wir im Besitze unserer selbst sind, gleichsam in eins mit dem Ganzen …, und dem, was sich uns darstellt, wenn wir uns als abgespaltene Wesen fühlen und die Natur als Gegensatz zum Geist verstehen. Als Objekt versus Subjekt.*
>
> (The Friend)

Wordsworth hat hier die Begriffe seines Freundes Coleridge übernommen. Thomas Carlyle machte sich darüber lustig, daß in Coleridges weitschweifigen Monologen ständig die näselnden Worte *Om-m-mjekt* und *Sum-m-mjekt* auftauchten. Coleridges intellektuelle Autobiographie, *Biographia Literaria*, enthält im zwölften Kapitel einen Satz, der das Denken als ausgesprochen leicht darstellt. »Während des Akts der Erkenntnis selbst sind das Objektive und das Subjektive so unmittelbar vereint, daß wir nicht sagen können, wem von beiden der Vorrang gebührt.« Der Rest des Kapitels verwischt allerdings diesen Eindruck, daß alles so leicht sei.

Dieses Double-bind, das keine vollständige und ausgewogene Erkenntnis zuläßt, bildet das beherrschende Thema der Schlußkapitel in Claude Lévi-Strauss' Reiseerinnerungen *Tristes Tropiques* (1955; *Triste Tropen*). Nach fünf Jahren Feldforschung bei isolierten Indianern in Brasilien fühlt sich der Autor regelrecht verstört. Er schwebt gleichsam zwischen zwei Kulturen. In dem Maße, wie er als Etnograph Zugang zu der Indianerkultur gefunden hat, die er studiert, hat er seine eigene Kultur aus den Augen verloren und vor allem die wissenschaftliche Disziplin, die den Anstoß zu diesem Unternehmen gab. In dem Maße, wie er Distanz gegenüber der Kultur wahrt, die er studiert, fehlen ihm aber elementare Verbindungen zu dieser Kultur, ohne die ein vollständiges Verständnis gar nicht möglich ist. Auf den letzten Seiten verfällt Lévi-Strauss in immer tieferes Nachsinnen über diese Zwickmühle. »Es führt kein Weg aus diesem Dilemma.« Sein »Fluch« besteht darin, mit zwei Kulturen verbunden zu sein (dies ist die »doppelte Bindung«, die in dem Begriff *Doublebind* steckt) und damit keiner richtig anzugehören. Er fühlt sich wie vor einem Abgrund und empfindet seine Situation als tragisch und »traurig«. Diese Trauer schlägt sich im Titel seines Buches nieder: Es ist eine Trauer über das persönliche und berufliche Dilemma, in dem er steckt. So wie Lévi-Strauss es darstellt, droht dieses Dilemma immer, wenn der menschliche Geist die Natur der Welt und der Menschen erforschen will. Diese Form der Erkenntnisbegrenzung, die dem kühnsten Weltenforscher und dem gewissenhaftesten Gelehrten vertraut ist, zeugt von einer grundlegenden Unvereinbarkeit des menschlichen Geistes und der Welt um ihn herum – und bildet gleichsam die Umkehrung von Einsteins optimistischer Bemerkung: »Das Unbegreiflichste am Universum ist, daß es begreiflich ist.« Der Protagonist in Joseph Conrads *Heart of Darkness* (1902, *Herz der Finsternis*), der die Grenzen der Wildheit in Afrika erforscht, springt über diesen Abgrund des Nichtwissens und opfert seine Menschlichkeit. Dies ist eine Reaktion der Verzweiflung.

Einen noch angestrengteren Versuch als bei Lévi-Strauss, den Konflikt zwischen objektiver und subjektiver Erkenntnis zu überwinden, erkennen wir in William James' *The Varieties of Religious Experience* (1902). James bedient sich eines ähnlichen Stils wie Lévi-Strauss in *Tristes Tropiques*; er stellt verschiedene Fallgeschichten vor und nähert sich dabei so weit wie möglich den religiösen Erfahrungen, die ihn interessieren. Er beweist ein tiefes Verständnis für fremde Erfahrungen, ohne seine Distanz aufzugeben. Im letzten Kapitel äußert er jedoch eine ähnliche Enttäuschung wie Lévi-Strauss, allerdings weniger emphatisch. In bezug auf Religion und Mystik zieht James den lakonischen Schluß: »Wissen über einen Gegenstand ist nicht der Gegenstand selbst.«

Im selben Abschnitt zitiert James plötzlich und ohne jede Erklärung auf französisch das Sprichwort, »Verstehen heißt verzeihen«.[94] Was kann er wohl damit meinen? Ich glaube, James will uns
hier flüchtig auf eine Kehrseite des Double-bind aufmerksam
machen. Äußeres, objektives Wissen führt uns niemals zu einem
vollen Verständnis einer subjektiven Erfahrung. Aber wie das französische Sprichwort zu verstehen gibt, raubt uns eine tiefe Einfühlung in eine fremde Lebenserfahrung die Fähigkeit, diese objektiv
zu sehen und richtig zu beurteilen. In meiner Erörterung von *Billy
Budd* und *Der Fremde* im fünften Kapitel habe ich ausführlich dargelegt, wie sich diese beiden Formen der Erkenntnis in der Wahrnehmung des Lesers gegenseitig durchkreuzen. In beiden Romanen
kommen wir den Protagonisten so nahe, daß wir Gefahr laufen, die
von ihnen begangenen Morde nicht mehr objektiv beurteilen zu
können. Diese fünfte Form begrenzter Erkenntnis ergibt sich aus
einem vertrauten Bruch im Zentrum unseres Denkens. So sehr wir
uns auch darum bemühen mögen, wir können nicht gleichzeitig innerhalb *und* außerhalb einer Erfahrung oder eines Lebens stehen –
einschließlich unseres eigenen.

Mehrdeutiges Wissen

Damit sind die Paradoxe, welche die Erkenntnis beeinflussen,
längst nicht erschöpft, denn es ist notwendig, der Spur unserer Erzählungen bis zu Ende zu folgen. Mit »mehrdeutig« meine ich
einen Zustand, in dem sich das, was wir wissen, direkt vor unseren
Augen in sein genaues Gegenteil verkehrt.

Nehmen wir als Beispiel den Schluß von *Paradise Lost*. Adam
und Eva haben ihre Sünde bereut, und Gott hat ihnen ein endliches
irdisches Leben außerhalb des Paradieses geschenkt. Der Erzengel
Michael führt Adam auf einen Berg und zeigt ihm die Zukunft,
einschließlich der Ankunft Christi und dessen Sühne für Adams
Schuld. Adam ist zugleich erfreut und erstaunt über diesen Wandel, den er nicht verstehen kann, » ... daß aus Bösem / All dieses
Gute einst erwachsen soll ...« (XII, 572–3). Adams Welt ist voll-

kommen auf den Kopf gestellt. Miltons Verse sind die bekannteste literarische Darstellung dieser Umkehrung und Umdeutung des Sündenfalls und der Vertreibung aus dem Paradies, die sich während des Mittelalters allmählich als christliche Doktrin durchsetzte.[95]

Ohne auf Milton zu verweisen, hat sich der Philosoph aller Philosophen, Immanuel Kant, eine eigene säkulare Version dieser Umdeutung ausgedacht. In *Mutmaßlicher Anfang der Menschengeschichte* (1786) äußert er sich gleichsam wie der Verfasser eines verspielten Romans über Adam und Eva. Kant erklärt, daß Verstand und Vorstellung, die weltlichen Tugenden seiner »Lustreise«, schließlich zu einem »Fall« führten, der ebenso zweischneidig sei wie bei Milton. »Für das Individuum, welches im Gebrauche seiner Freiheit bloß auf sich selbst sieht, war bei einer solchen Veränderung Verlust; für die Natur, die ihren Zweck mit dem Menschen auf die Gattung richtet, war sie Gewinn.« In diesem kurzen Aufsatz gelingt es Kant, auf heitere und pfiffige Weise die Geschichte von Adam und Eva umzudeuten.

Solch eine Umkehrung der Wirkung zeigt sich auch anderenorts: im Prinzip der Immunisierung, im »Frau-von-Bath-Effekt« und in der »Eldorado-Reaktion«.[96] In diesen Fällen wird Gift zum Heilmittel, wird das Verbotene zum Reiz, wird das Ideale unerträglich. Wir begegnen im unmittelbaren Wesen der Dinge einer Mehrdeutigkeit.

Diese Formen der Doppeldeutigkeit, diese Paradoxien verwirren uns. Unser Geist fühlt sich von unaufgelösten Widersprüchen unangenehm berührt. Die Tatsache, daß solche Widersprüche selbst der christlichen Lehre, unserem Abwehrsystem und anderen wichtigen menschlichen Funktionen zugrunde liegen, eröffnet uns irritierende Einsichten. Unter bestimmten, wenn auch seltenen Umständen ist A nicht ausschließlich A, sondern A ist A und gleichzeitig B. Solch chamäleonhaften Phänomenen begegnen wir mißtrauisch. Der Ausspruch der Frau von Bath – »Verbietet man uns etwas, so begehren wir es« – umschreibt die labile menschliche Verfassung, die John Locke von der entgegengesetzten Seite betrachtete: »Wo kein Gesetz herrscht, herrscht keine Freiheit.«

Zwei weitere Beispiele mehrdeutiger Erkenntnis müssen noch wahrgenommen werden. Sind Schriftsteller besser daran, wenn sie unterdrückt und verfolgt werden oder wenn sie in einer freien Gesellschaft leben? Nachdem um 1990 die Sowjetunion zerfiel und die osteuropäischen Länder ihre Unabhängigkeit wiedererlangten, ließ die Wertschätzung für die Literatur der Dissidenten rapide nach, und vielen Schriftstellern fiel es schwer, ihre Rolle in einer Marktwirtschaft neu zu definieren. Bei einer Konferenz über die Intellektuellen in Osteuropa, die 1992 von *Partisan Review* veranstaltet wurde, kam Saul Bellow dem zentralen Dilemma sehr nahe, indem er überlegte, »ob wir diese kolonialen Übel der Diktatur brauchen, damit wir ehrlich bleiben?« Jahre zuvor hatte der kubanische Dissident Herberto Padilla diese paradoxe Situation auf fast sprichwörtliche Weise auf den Punkt gebracht: »Die besten Gedichte sind stets unter der Lampe des Kerkermeisters entstanden.« Wir werden wohl nicht so bald erfahren, welches Maß an Freiheit beziehungsweise Unterdrückung Schriftsteller ehrlich und verantwortungsbewußt macht.

Das letzte Beispiel betrifft eine doppelte Pflicht, die uns allen obliegt. Wir müssen zum einen unserer Tradition und Erfahrung, unserer Geschichte und Kultur treu bleiben. Zum anderen müssen wir in der Lage sein, mit entsprechender Flexibilität und Offenheit auf Dinge zu reagieren, die jene Traditionen und Erfahrungen in Frage stellen. Dieser doppelten Verpflichtung ohne Fanatismus nachzukommen und gleichzeitig eine gewisse vernünftige Skepsis zu bewahren, ist und bleibt eine lebenslange Herausforderung. Wie können wir gleichzeitig treu und untreu sein? In den kleinen Entscheidungen des Alltagslebens sind wir auf jeder Ebene des Handelns und der Reflexion immer wieder gefordert, zwischen Glauben und Zweifel hin und her zu wandern.

Das Okkulte

■

Viele Menschen denken bei dem Begriff »verbotenes Wissen« zunächst einmal an jenen Bereich, der als »das Okkulte« bezeichnet wird. Das Wort *okkult* umschreibt in herkömmlicher Weise Traditionen und Schriften, die eng an Religion, Magie und Aberglauben angrenzen. Das Wort selbst bezieht sich auf geheime und verborgene Kräfte oder Fähigkeiten und verweist häufig auf uralte geheime Wahrheiten im Gegensatz zu neueren Entdeckungen. Hinter diesen Bedeutungen steckt oft die Annahme eines unbeschreiblichen spirituellen Wesens, das sich durch Licht oder Liebe offenbart. Gegenüber den vielen verschiedenen Religionen und Kirchen streben okkulte Anschauungen nach dem Universellen und Immerwährenden. Die wesentlichsten Lehrsätze sind höchst einfach und ansprechend: Erstens besteht das Universum aus zwei Ebenen, der materiellen Welt der äußeren Erscheinungen und einer höheren geistigen Wahrheit, die sich hinter den konkreten Erscheinungen verbirgt. Zweitens sind die beiden Ebenen durch Analogien (Entsprechungen und Symbole) miteinander verbunden, und diese Analogien können durch visionäre Sehkraft, Magie und Weissagung offengelegt werden. Wer die Augen richtig aufmacht, so lautet die Devise, der wird vielleicht erkennen, daß alles miteinander verbunden ist. Dies ist die Erkenntnis der verborgenen Wahrheit.

Als junger Philosoph der Romantik brachte F. W. J. Schelling den okkultistischen Standpunkt auf eine beinahe mathematische Formel: Die Entsprechung eines jeden Teils des Universums zum Ganzen sei dergestalt, daß ein und dieselbe Idee unentwegt vom Ganzen zum Teil und vom Teil zum Ganzen widergespiegelt werde. Die Analogien zwischen den unterschiedlichen Teilen der physischen Natur begründeten das oberste Gesetz der Schöpfung – Vielfalt in der Einheit und Einheit in der Vielfalt. Was, so fragt sich Schelling, ist beispielsweise erstaunlicher als die Beziehung zwischen Tönen und Formen, zwischen Tönen und Farben?

Schellings Ausführungen wurden von Madame de Staël in *De l'Allemagne* (1810) und von F. M. C. Fourier in *Nouveau monde industriel et sociétaire* (1829) zitiert und hinterließen unter anderem bei Nerval, Baudelaire und Emerson ihre Spuren. Ich wage zu vermuten, daß die wenigsten Menschen für die Verlockungen des Okkulten in dieser losen Form unempfänglich sind.

Die Tradition des Okkulten wurde von einer Reihe einflußreicher Gestalten seit der Antike entwickelt und übermittelt. Zu nennen sind hier Hermes Trismegistus, eine legendäre Gestalt, die mit der ägyptischen Gottheit Thot in Verbindung gebracht wurde und der die Neuplatoniker des dritten Jahrhunderts diverse Texte zuschrieben; Zarathustra und Pythagoras im siebten Jahrhundert v. Chr.; Simon Magus, ein Zeitgenosse Jesu und der erste Ketzer, sowie Apollonius von Tyana im ersten Jahrhundert n. Chr.; Agrippa, Paracelsus und Nostradamus im sechzehnten und Cagliostro im achtzehnten Jahrhundert. In die mannigfaltigen Lehren dieser Figuren mischt sich stets der wichtigste Strang des Okkultismus, nämlich die hebräische Kabbala, die im zweiten Jahrhundert entstand und im dreizehnten Jahrhundert neu aufgegriffen wurde.[97] Die Kabbala lehrt, daß die Heilige Schrift dem Menschen mit Hilfe einer komplizierten Zahlen- und Buchstabensymbolik die innersten Geheimnisse des Universums offenbaren könne.

Innerhalb dieses mystischen Studiums nach der Kabbala werden zwei Wege unterschieden. Der sogenannte exoterische, das heißt gemeinverständliche Weg steht allen offen, die sich einem ernsthaften Studium der Thora widmen. Der esoterische, das heißt geheime Pfad hingegen ist wenigen Auserwählten vorbehalten, die magische Beschwörungen auszusprechen und unvorhergesehene Gefahren auf sich zu nehmen bereit sind. Auf dem Weg der Kabbala erwartet einige Eingeweihte eine herrliche Offenbarung des Göttlichen, wie etwa in Hesekiels Vision vom Thron Gottes in Form eines Wagens, der von vier geflügelten Wesen flankiert wird. Eine ähnliche Bedeutung hat jenes Dutzend kryptischer Verse aus dem Talmud über die vier Männer, die in den Obstgarten des Königs eindringen. Als sie den steinernen Brunnen erreichen, starrt einer hinein und stirbt, einer starrt hinein und verliert den Verstand, einer fällt vom Glauben ab und verfällt der Ketzerei, und einer geht in Frieden davon. Der Talmud behandelt auch Sicherheitsmaßnahmen bei der Einweihung in diese dunklen und gefährlichen Themen.

Die Rechtsvorschriften zur Blutschande dürfen nicht vor drei Menschen ausgelegt werden, die Schöpfungsgeschichte nicht vor zweien und das Thema des göttlichen Wagens nicht vor einem allein, es sei denn er ist ein Weiser und begreift sein eigenes Wissen. Wer sich diesen vier Themen zuwendet, hätte besser daran getan, niemals auf die Welt gekommen zu sein.

Manche Themen lösen unter Umständen unerwünschte Gedanken aus und alle genannten Themen bewirken möglicherweise »einen Abfall von der wahren moralischen Lehre«. Das *Buch des Wissens* des Maimonides, das von Moslems, Juden und Christen gleichermaßen eifrig studiert wurde, propagiert ebenfalls peinlich genaue Beschränkungen beim Zugang zu verbotenen Sphären.

Die alten Weisen ermahnten uns, über diese Themen nur vertraulich, nur mit einem Einzelnen zu sprechen, und auch nur, wenn dieser klug und zu selbständigem Denken fähig ist. In diesem Falle werden ihm die Hauptpunkte der Themen mitgeteilt und er wird in einen winzigen Teil des Gegenstandes eingeführt. Diese Themen sind überaus tiefgründig, und nicht jeder Geist ist fähig, sie zu erfassen.

(»Über Geheimnisse«)

Nun ist unschwer zu erkennen, daß einige einflußreiche Figuren der Neuzeit in engem Zusammenhang mit dieser okkultistischen Tradition stehen. In Swedenborgs Welt der Geister, Entsprechungen und Analogien lebt die verborgene Lehre der Kabbala wieder auf. Swedenborg gab seine Ideen nicht nur an die Kirche des Neuen Jerusalem weiter, sondern auch an Schriftsteller wie Blake und Emerson und eine ganze Generation romantischer Künstler. Auf seine Weise gehört auch Faust diesem Erbe an. Sein Gelehrtenleben langweilt ihn, und so wendet er sich der Magie zu, um Zugang zu unmittelbarer Erfahrung zu finden. Romantische Dichter aller europäischen Sprachen strebten nach Formen okkulter Erkenntnis, um ihre Beschäftigung mit spirituellen Kräften zu intensivieren. Yeats entwickelte in *A Vision* ein ganzes System spiritueller Wesen. Mallarmé trat in seinen zahlreichen Plädoyers für das Obskure in der Literatur für diese modernen Dichter ein. Er schrieb, wir bräuchten »systematische Methoden, um den Eingang zum Tempel zu schützen, … um jeden abzuweisen, der nicht genügend Liebe besitzt.« Wassily Kandinskys *Über das Geistige in der Kunst* (1912), das als okkultistisches Manifest verstanden werden kann, war vermutlich die einflußreichste Schrift über die bildende Kunst im gesamten zwanzigsten Jahrhundert.

Das Okkulte, so wie es allgemein verstanden wird, bildet keine spezielle Unterkategorie des tabuisierten oder verschlossenen Wissens, sondern faßt unter einem riesigen Sammelbegriff eine Vielzahl zumeist alter religiöser oder weltlicher Überlieferungen aus dem Bereich der Magie und des Übersinnlichen zusammen. Ein populäres, allerdings unwissenschaftliches Kompendium trägt den Titel *Zolar's Encyclopedia of Ancient and Forbidden Knowledge*. Nach einem oberflächlichen Kapitel über die Kabbala behandelt es die Astralwelt, die Geheimnisse der Sexualität, Geisteskraft, Astrologie (sehr ausführlich), Methoden des Gewinnens und einiges mehr. Solche Bereiche habe ich ausgespart. Aufgrund dieser Assoziationen im gängigen Sprachgebrauch hat der Begriff des Okkulten eine so breite Bedeutung angenommen, daß er mit den Begriffen des verbotenen Wissens und der Erkenntnisbegrenzung, wie ich sie behandelt habe, weder korrespondiert noch kontrastiert.

»Die Sphinx« von Francis Bacon

∎

Die Sphinx, so wird berichtet, war ein vielgestaltiges Monster. Sie hatte das Antlitz und die Stimme einer Jungfrau, die Flügel eines Vogels und die Klauen eines Greifs. Sie wohnte auf dem Gipfel eines Berges nahe Theben und bewachte die Straßen. Sie pflegte Reisenden aufzulauern und sie zu überfallen, und wenn sie diese überwältigt hatte, gab sie ihnen gewisse dunkle und verwickelte Rätsel auf, von denen man annahm, daß sie sie von den Musen erhalten habe. Und wenn die unglücklichen Gefangenen sie nicht sogleich lösen und deuten konnten, fiel sie, während diese unschlüssig und verwirrt dastanden, über sie her und riß sie in Stücke. Nachdem dieses Unglück einige Zeit geherrscht hatte, boten die Thebaner jedem, der das Rätsel lösen könne (denn das war der einzige Weg, sie zu besiegen), als Lohn die Herrschaft über Theben an. Die Größe der Belohnung reizte Ödipus, der scharfsinnig und klug war, aber wegen einer Verletzung an den Füßen lahmte, sich auf die Bedingung einzulassen und den Versuch zu wagen. Zuversichtlich und guter Dinge trat er ihr gegenüber, und als sie ihn fragte, welches Tier das sei, das vierfüßig geboren wird, dann zweifüßig, danach dreifüßig und zuletzt wieder vierfüßig wird, antwortete er geistesgegenwärtig: Der Mensch, der bei seiner Geburt und als kleines Kind sich auf allen vieren fortbewegt und zunächst zu kriechen versucht, dann auf beiden Beinen aufrecht geht, sich in späteren Jahren auf einen Stock stützt und so gleichsam auf drei Beinen geht und schließlich als altersschwacher Greis kraftlos wieder auf alle vier zurücksinkt und an das Bett gefesselt ist. Nachdem er mit dieser richtigen Antwort den Sieg errungen hatte, erschlug er die Sphinx, deren Leichnam sodann auf den Rücken eines Esels geladen und im Triumphzug umhergetragen wurde, während er selbst gemäß dem Vertrag König von Theben wurde.

Dies ist eine ebenso schöne wie weise Sage, die zur Beschreibung der Wissenschaft, insbesondere in ihrem Bezug zur Praxis erdacht worden zu sein scheint. Denn die Wissenschaft kann durchaus als Monster bezeichnet werden, insofern sie für die Unwissenden und Unerfahrenen geradezu ein Wunder ist. Ihre Gestalt und ihr Äußeres werden als vielfältig beschrieben, in Anbetracht der immensen Vielfalt der Gegenstände, mit denen sie sich beschäftigt. Das Gesicht und die Stimme einer Frau werden ihr wegen ihrer Anmut und Geschwätzigkeit zugeschrieben; die Flügel werden hinzugefügt, weil die Wissenschaften und ihre Entdeckungen in einem Augenblick umherlaufen und davonfliegen, denn die Verbreitung des Wissens gleicht dem Entzünden einer Kerze durch eine andere, die sogleich aufleuchtet. Scharfe und gebogene Klauen werden ihr sehr schön zugeschrieben, denn die Axiome und Argumente durchdringen den Geist, bemächtigen sich seiner und halten ihn fest, so daß er nicht flüchten und entkommen kann, was auch der göttliche Philosoph bemerkte, als er sagte: »Verba Sapientum sunt tanquam Aculei et veluti Clavi in altum defixi.« (»Die Worte des Weisen sind wie Stacheln und eingeschlagene Pflöcke.«)

Überdies scheint alle Wissenschaft auf steilen und hohen Bergen zu thronen, denn man betrachtet sie zu Recht als etwas Würdiges und Erhabenes, das auf die Unwissenheit gleichsam von einem höheren Ort herabschaut und überdies einen weiten Blick nach allen Seiten genießt, wie man ihn von Bergeshöhen aus hat. Es wird von ihr gesagt, sie belauere die Straßen, denn überall auf der Reise oder Pilgerfahrt des menschlichen Lebens begegnen uns Gegenstände und Gelegenheiten der Betrachtung und drängen sich uns auf. Auch gibt die Sphinx dem Menschen eine Reihe schwerer Fragen und Rätsel auf, die sie von den Musen empfangen hat. Solange sie bei den Musen verbleiben, mag in ihnen keine Grausamkeit liegen, denn solange das Ziel der Betrachtung und Untersuchung nichts anderes als die Erkenntnis ist, wird der Verstand (intellectus) weder bedrängt noch in die Enge getrieben, sondern schweift umher und dehnt sich aus und findet selbst an Zweifeln und an Unbeständigkeit eine gewisse Freude und Unterhaltung. Sobald sie aber von den Musen auf die Sphinx, das heißt auf die Praxis übergegangen sind, die zum Handeln, zur Wahl und zur Entscheidung reizt und drängt, beginnen die Rätsel beschwerlich und grausam zu werden, und solange sie nicht gelöst und entschlüsselt sind, quälen und verwirren sie den menschlichen Geist auf wundersame Weise, stürzen ihn in Zweifel und zerreißen ihn völlig. Überdies ist an die Rätsel der Sphinx immer eine zweifache Bedingung geknüpft: Zerfleischung für diejenigen, die sie nicht lösen, ein Königreich für diejenigen, die sie lösen. Denn wer weiß, was er wissen will, hat sein Ziel erreicht, und jeder Handwerker ist der Herr seiner Arbeit.

Die Rätsel der Sphinx sind nur von zweifacher Art: Rätsel über das Wesen der Dinge oder Rätsel über das Wesen des Menschen, und dementsprechend gibt es zwei Arten der Herrschaft, die als Belohnung für ihre Lösung winken: die Herrschaft über die Natur und die Herrschaft über den Menschen.

Denn die Herrschaft über die Dinge der Natur (imperium in res naturales) – über Körper, Heilmittel, mechanische Kräfte und zahllose andere Dinge – ist das wahre und höchste Ziel der Naturphilosophie (philosophia naturalis), auch wenn die Schulphilosophie mit dem zufrieden ist, was sich ihr darbietet und aufgebläht von ihrem eigenen Geschwätz die Dinge und die Werke ablehnt oder verachtet.

Das Rätsel, durch dessen Lösung Ödipus zum König von Theben wurde, bezog sich jedoch auf das Wesen des Menschen, denn wer einen tiefen Einblick in das menschliche Wesen getan hat, vermag sein Glück, fast wie es ihm beliebt, zu schmieden und ist zur Herrschaft geboren, wie denn auch zu Recht über die Künste der Römer gesagt wurde:

»*Tu regere imperio populos, Romane memento:*
Hae tibi erunt artes.«

[Du aber, Römer, gedenke – so wirst du leisten Dein Wesen –
Völker kraft Amtes zu lenken ...]

Es war daher sehr passend, daß Kaiser Augustus, sei es absichtlich
oder zufällig, eine Sphinx auf seinem Siegel trug, denn wenn es jemals einen herausragenden Politiker gab, so war er es, und es gelang ihm im Verlauf seines Lebens, mit viel Glück zahlreiche Rätsel zu lösen, die ihn, wenn er sie nicht mit großem Geschick und
schnell gelöst hätte, häufig in große Gefahr gebracht, wenn nicht
gar dem Untergang geweiht hätten.

In der Sage wird noch sehr schön hinzugefügt, daß der Leichnam
der besiegten Sphinx auf den Rücken eines Esels geladen wurde,
denn es gibt nichts so Spitzfindiges und Verborgenes, daß es nicht
von der langsamsten Auffassungsgabe begriffen werden könnte,
wenn es erst einmal gründlich verstanden und allgemein bekannt
gemacht worden ist. Es sollte auch nicht außer acht gelassen werden, daß die Spinx von einem Lahmen mit einem Klumpfuß besiegt
wurde, denn die Menschen pflegen allzu rasch und hastig zu den
Rätseln zu eilen, mit der Folge, daß die Sphinx die Oberhand behält
und der menschliche Geist mehr von Streitigkeiten zerrissen wird,
als daß die Menschen durch seine Werke und Wirkungen herrschen.

(Aus: Francis Bacon, *Weisheit der Alten*, herausgegeben und mit
einem Essay von Philipp Rippel, Frankfurt am Main, Fischer Taschenbuch Verlag, 1990, S. 72–75)

Anmerkungen

Vorwort

1 Milner, S. 261; vollständige Quellenangabe in der Bibliographie.

Kapitel I: Die Kehrseite der Neugier

2 Pandora zog in gewissen Abständen immer wieder die Aufmerksamkeit auf sich. Anfang des zwanzigsten Jahrhunderts zeichnete der expressionistische Dramatiker Frank Wedekind in seiner Lulu-Tragödie das Bild einer Femme fatale, deren sexuelle Gier eine breite Spur der Korruption und des Verbrechens durch die bürgerliche Gesellschaft zieht. Lulu endet als gewöhnliche Prostituierte und wird von Jack the Ripper ermordet. Wedekinds zwei Lulu-Dramen, *Erdgeist* (1895) und *Die Büchse der Pandora* (1904), spielen auf Goethes fragmentarisches Versdrama *Pandora* (1809) und auf Emile Zolas Roman *Nana* (1880) an. Alban Berg dienten Wedekinds Pandora-Dramen als Vorlage für seine unvollendete Zwölftonoper *Lulu* (1937).

3 Das hebräische Original disqualifiziert die modernen Übersetzungen in keiner Weise. In der hebräischen Genesis taucht sowohl bei 6,5 als auch bei 8,21 *yatzer* auf, abgeleitet von einem Verb, das soviel bedeutet wie »formen«, wie etwa beim Töpfern. »Konstrukt«, etwas »Konstruiertes«, wäre wahrscheinlich genauer als *imagination*. Dem Althebräischen fehlte es an abstrakten Begriffen für geistige Fähigkeiten. In Vers 11,6 über den Turm zu Babel findet sich ein anderes Wort, *yazam*, das soviel bedeutet wie »planen, ersinnen, aushecken« und im biblischen Hebräisch einen negativen Klang hat. (Für diese Hinweise bin ich Robert Alter dankbar.)

Angesichts des hebräischen Originals, des eigentlichen Sinns dieser drei Stellen und der Tatsache, daß wir uns allmählich als moralische Wesen verstehen (und genau das ist mein Thema), halte ich die englische King-James-Übersetzung mit *imagination* an allen drei Stellen für durchaus passend. Die Bedeutungsverlagerung ist gerechtfertigt, denn sie deckt sich mit der Intention des Buchs Genesis, die Problematik menschlicher Projektion aufzuzeigen. [Das deutsche Wort »Einbildung« trifft dabei sehr genau die Doppelbedeutung »Vorstellung« und »Anmaßung«; Anmerkung des Übersetzers.]

4 Das »Wie« soll heißen: Endliches Wissen um Wirkungen, nicht endgültiges Wissen um das Wesen.
[Der Autor zitiert hier eine englische Dante-Übersetzung von Dorothy Sayers, die den Zusammenhang noch klarer herausstellt und sich folgendermaßen übertragen läßt:
Begnügt euch mit dem Wie, ihr Söhne Evas,
Denn besäßet ihr die Macht, die ganze Wahrheit klar zu sehen,
So hätt Maria nicht empfangen müssen. Anm. d. Übers.]

5 Den Schmied, Erfinder und Künstler Dädalus ereilte für seine hohen Aspirationen ein traurigeres Schicksal als Psyche. Ihm wird unter anderem die Erfindung des Fliegens zugeschrieben. Der Erbauer des Labyrinths fertigte für sich und seinen Sohn Ikarus Flügel, um damit von Kreta nach Sizilien zu fliehen. Ikarus stürzte ins Meer, weil er sich zu nahe an die Sonne gewagt hatte, unter deren Hitze seine Flügel schmolzen. In der Geschichte Ovids übersehen wir in der Regel zwei wichtige Aspekte: Dädalus ermahnte Ikarus vor dem Start, auf einem mittleren Kurs zu fliegen. Und nachdem Dädalus seinen Sohn verloren hatte, verfluchte er seine Erfindungsgabe.

6 Man fragt sich, wie Montaigne das derbe französische Sprichwort »*N'essaie pas de péter plus haut que ton cul*« unerwähnt lassen konnte.
[In den gängigen Übersetzungen Montaignes und Pascals wird *portée* meist mit »Fassungsvermögen« wiedergegeben; dies deckt sich nicht mit der Richtung, in die der Autor den Begriff auslegt; Anm. d. Übers.]

7 Kenneth Alan Hovey verdanken wir einen erhellenden Artikel über die Entwicklung von Bacons Haltung in diesen Fragen und deren Bezug zu Montaigne.

8 Dies ist der Bericht eines John R. Green, der damals in Oxford studierte. Dreißig Jahre später erklärte Huxley, Greens Darstellung sei im wesentlichen stimmig, allerdings sei er sich sicher, nicht das Wort »fragwürdig« verwendet zu haben.

9 Huxley spielt mit seinem »Begriff« wahrscheinlich auch auf die Stelle in der Apostelgeschichte an, wo Paulus von einem Altar spricht, der »einem unbekannten Gott« geweiht ist (17,23).

10 Seine sieben Rätsel haben noch immer eine gewisse Relevanz: Die Existenz und das Wesen der Materie und der Kraft; die letzte Ursache der Bewegung; der Ursprung des Lebens; die Anpassungsfähigkeit der Organismen; der Ursprung der sinnlichen Wahrnehmung; der Ursprung des Denkens und des Be-

wußtseins sowie das Problem der Willensfreiheit. Einige seien vielleicht in Zukunft lösbar, aber nicht alle. Er klärte jedoch nicht, in welchem Maße diese *Insolubilia* ihre Unlösbarkeit der Natur des Universums oder aber der Natur des forschenden Geistes verdanken.

11 Rescher schrieb dieses Buch ein paar Jahre zu früh, um darin auch auf die Kontroverse um die Thesen einer »endgültigen Theorie« einzugehen, die Anfang der neunziger Jahre von Verfechtern des »supraleitenden Superbeschleunigers« und der Higgs-Teilchen aufgestellt wurden.

12 Siehe auch mein Buch *The Forbidden Experiment: The Story of the Wild Boy of Aveyron* (1980).

Kapitel II: Milton im Garten Eden

13 In diesem Kapitel stütze ich mich auf zwei ungeheuer fundierte und psychologisch scharfsinnige Deutungen: Arnold Williams, *The Common Expositor* (1948; besonders Kapitel VI über den Sündenfall) und Howard Schultz, *Milton and Forbidden Knowledge* (1955).

14 Hiob spielt einmal in einem flüchtigen Vergleich auf Adam an (31,33). Jesus erwähnt die Schöpfungsgeschichte, als er sich für die Monogamie und gegen die Ehescheidung ausspricht (Markus 10,6 und Matthäus 19,4).

15 Mit dem Thema befaßt sich auch Elaine Pagels in *Adam, Eve, and the Serpent* (1988). Ohne einen einzigen Verweis auf Ricoeurs eindrucksvolle Analyse handelt Pagels auf knappem Raum höchst strittige Fragen ab und verteidigt die gnostische Idee uneingeschränkter Willensfreiheit gegen jede Spur einer augustinischen Erbsünde. Sie scheint sich zu wünschen, daß Adam und Eva einfach verschwinden. »Vielleicht liegt die Kraft dieser archaischen Geschichte, aus der die Christen ein Moralsystem abgeleitet haben, darin, daß sie jeder Alltagserfahrung eklatant widerspricht.« (128) Pagels kann nicht begreifen, daß wir nicht nur die Willensfreiheit des einzelnen postulieren, sondern auch berücksichtigen müssen, was uns die Alltagserfahrung und auch die alten Mythen über die konkrete Kraft des Bösen in der Geschichte und in uns selbst zu verstehen geben.

Auch David Rosenberg und Harold Bloom lösen in *The Book of J* (1990) keines dieser Probleme mit ihrer Hypothese, daß der Teil »J« des Buches Genesis von einer Frau am Hofe des Sohns und Nachfolgers König Salomons verfaßt wurde. Auch diese beiden Autoren scheinen sich mit der Geschichte von Adam und Eva, so wie sie geschrieben wurde, nicht befassen zu wollen und sie statt dessen entmystifizieren und entschärfen zu wollen. »Wir haben keinen Grund, die Schlange für böse zu halten« (182), schreibt Bloom und behauptet des weiteren, daß er im Paradies keinen Schuldverdächtigen findet, außer vielleicht Jahwe selbst, der sich mit dem Verbot und der Versuchung seiner Kinder »einen Schnitzer« leistete (183). Bloom nimmt diesen Ereignissen ihre prinzipielle Bedeutung. »J's Geschichte über Eden ... ist alles andere als normativ, wie ich nachgewiesen habe. Sie ist kein moralischer oder theologischer Text und beansprucht keinen historischen Stellenwert« (187). Bloom geht hier genausowenig wie Ricoeur und Pagels auf *Paradise Lost* ein. Ihre Versuche, die Geschichte abzutun, wird von Miltons packendem Epos wie von einer Flutwelle weggespült.

16 Durch die Einführung dieser Episoden trennt Milton den Ursprung von Sünde und Tod ganz klar von den Handlungen Evas und Adams, die lediglich das Schicksal dieser bereits existierenden Figuren auf sich ziehen. Milton wandelt somit die augustinische Doktrin von der Erbsünde ab.

17 Es ist möglich, daß die Worte im siebzehnten Jahrhundert gleichlautend ausgesprochen wurden.

18 Wir dürfen auch nicht vergessen, daß die Kräfte der Restauration die puritanische Revolution, an der Milton sich beteiligte, des Ungehorsams gegenüber dem König und seiner göttlichen Autorität bezichtigte.

19 In diesen ruhelosen Momenten ähnelt Adam in Tonfall und Vokabular (etwa »Erfahrung«) ganz dem Odysseus in den Episoden, die Dante seiner Geschichte anfügt (s. S. 41).

20 Die volle Bedeutung von Miltons Interpretation des Sündenfalls erschließt sich erst, wenn man sie mit der Deutung eines großen Dichters vergleicht, der noch tiefer im Mittelalter verwurzelt ist. Im »Paradies« fragt Dante Adam, worin die erste Sünde bestand, die Gottes Zorn heraufbeschwor. In seiner Antwort klammert Adam Unersättlichkeit oder Neugier aus und nennt ganz klar den Ungehorsam gegen Gottes Verbot.

Nicht, daß ich aß vom Baume, wars an sich,
Mein Sohn, was Ursach für den Bann, den langen:
Nur dies, daß ich aus meinen Schranken wich!

(Paradies, XXVI, 115–117)

Das »Übertreten von Schranken« bei Dante ist streng kategorisch im Vergleich zu dem »Abschweifen« und Suchen nach »Erfahrung« bei Milton. Diese Begriffe bergen die menschliche Dimension der Sünde: Erkenntnis als Befriedigung der Neugier, der Gelüste des Geistes.

21 Nachdem Jesus die Pharisäer zurechtgewiesen hatte, sprach er zum Volk: »Nichts, was von außen in den Menschen hineinkommt, kann ihn unrein machen, sondern was aus dem Menschen herauskommt, das macht ihn unrein« (Markus 7, 15). Damit meint er, daß uns unreine Speisen, die wir essen, keinen Schaden zufügen; doch unreine Worte und Taten offenbaren die Verderbtheit, die in uns ist.

Kapitel III: Faust und Frankenstein

22 Roger Sherman Loomis hat die Entwicklung dieser Stoffe in *The Grail: From Celtic Myth to Christian Symbol* (1963) prägnant dargestellt.

23 Diese Unklarheit oder Mehrdeutigkeit hängt zum Teil mit dem Eigennamen zusammen. Im Deutschen ruft der Name »Faust« gängigerweise Assoziationen an Kraft, Trotz und Ehrgeiz wach. Im Lateinischen bedeutet »Faustus« dagegen »der mit Gunst Gesegnete«. Dieselbe Wurzel und Bedeutung hat übrigens »Prospero«, und es ist instruktiv, Shakespeares *Sturm* als Abwandlung des Faust-Stoffes zu sehen.

24 »*Hab ich's von dir, mein Schöpfer, denn erbeten,*
Daß du aus Lehm zum Menschen mich geformt?
Daß du mich aus der Dunkelheit hervor-
Zuziehen kamst, hab ich dich drum ersucht …?« (*Paradise Lost*, X, 936–9)

25 Im Mittelalter und in der Renaissance bedeuteten vierundzwanzig weitere Lebensjahre für einen reifen Mann eine beträchtliche Lebensverlängerung. Christopher Ricks unterstreicht die Bedeutung dieses Elements in Marlowes *Doctor Faustus*. Um das Jahr 1800 hatten sich die statistischen Verhältnisse wahrscheinlich so weit geändert, daß für Goethes Helden die höhere Lebenserwartung eine weniger zwingende Überlegung war.

26 Eine erhellende Darstellung findet sich im vierten Kapitel in Jane K. Browns *Goethe's Faust*.

27 So gesehen ähnelt Fausts Selbstgefälligkeit der Haltung vieler Figuren in den Romanen eines französischen Autors, der während derselben revolutionären Zeit schrieb. Man könnte in den gräßlichen Episoden in de Sades *Juliette* eine brutal entmenschlichte Karikatur Fausts sehen. Juliette schließt eine Wette, bei der es darum geht, ihre tugendhafte Schwester Justine zu übertreffen und zu überragen, und erobert ganz Europa, indem sie sämtliche Zwänge, Skrupel und Gefühle ablegt. Und die Götter feiern ihren Triumph, indem sie ihre geprellte Schwester mit einem symbolischen Blitzstrahl untergehen lassen. In Kapitel VII werde ich näher auf de Sade eingehen.

28 Stephen Jay Gould hat kürzlich argumentiert, daß Dr. Frankenstein als Wissenschaftler »gänzlich idealistische« Motive verfolgt, es allerdings versäumt, »die Verantwortung des Erzeugers« für sein Geschöpf zu übernehmen. Die zweite Aussage ist unanfechtbar, doch bei der ersten übersieht Gould, wie sorgsam Shelley (im 4. Kapitel) Frankensteins kurzen Anflug von Idealismus beschreibt, der bald wahnhafter Vermessenheit und wildem Egoismus weicht.

29 Der unermüdliche Nietzsche-Forscher Walter Kaufmann unterstreicht diese Verbindung. In der Einführung zu seiner *Faust*-Übersetzung schreibt er: »Goethes Widerstand gegen die ärgerliche bürgerliche Moral … ist ebenso vehement wie Nietzsches.«

30 Es ist bekannt, daß Nietzsche Emerson las, unter anderem wohl auch die typisch lyrische und verwirrende Passage aus *The American Scholar* über »das großartige Prinzip der Wellenbewegung in der Natur«: »Einmal denkt der

Geist, ein andermal handelt er, und jeder Schub erzeugt den anderen. ... Das Denken ist die Funktion. Das Leben ist der Funktionär. ... Eine große Seele wird stark im Leben. ... Dies ist ein totaler Akt. Das Denken ist ein partieller Akt.«

Dasselbe Motiv des Gegensatzes von Denken und Handeln prägt jede Seite in Nietzsches Abhandlung »Vom Nutzen und Nachteil der Historie für das Leben« in *Unzeitgemäße Betrachtungen.*

Kapitel IV: Die Freuden der Entsagung – Madame de La Fayette und Emily Dickinson

31 *Die Mühle am Floss* und *Die Prinzessin von Clèves* können als Hintergrundfolie für die beiden großen modernen Romane gelten, in denen die Erfahrung nicht ausgeschlagen, sondern wahrgenommen wird: *Madame Bovary* und *Anna Karenina.* In allen vier Büchern nehmen die Literatur und das Lesen entscheidenden Einfluß darauf, wie die Heldin auf die Liebe reagiert. Emma und Anna erliegen schon in jungen Jahren den Verlockungen sentimentaler Romane. Nicht so die beiden anderen Heldinnen. Die Prinzessin von Clèves hört bereits in ihrer Jugend warnende Geschichten über die Gefahren der Liebe unter den Adeligen am Hof. Und Maggie gibt Philip den Liebesroman *Corinne* zurück, ohne ihn zu Ende gelesen zu haben.

32 Wilsons Werk ist die erste und beste Studie über jene Richtung, die wir heute in Ermangelung eines passenderen Begriffs als »Modernismus« bezeichnen. Er nannte sie »Symbolismus«.

33 Ein zeitgenössisches Beispiel von Liebesverzicht ist dazu prädestiniert, im Roman oder auf der Bühne umgesetzt zu werden: Suzanne Farrell war jahrelang die Favoritin George Balanchines, sowohl in seinem New York City Ballet als auch in seinem Leben. Sie schlug es aus, seine Frau oder seine Geliebte zu werden, und stürzte sich ganz auf den Tanz. Ihre glaubhaft klingende Schilderung der lang anhaltenden Beziehung zeichnet das Bild einer modernen Prinzessin, der sich andere Wege eröffneten als der ins Kloster oder ins Grab. »Unsere einzigartige Beziehung hatte sich bewährt ... oft für uns beide; dem Vollzug der Liebe hätte sie wohl nicht standgehalten. Für viele Menschen ist der physische Aspekt der Liebe von großer Bedeutung, für uns war es jedoch nicht so. Unsere Interaktion war durchaus körperlich, aber sie fand ihren Ausdruck im Tanz.«

Mindy Aloff bezeichnete Farrell sinnigerweise als »Heldin ... ihrer eigenen Phantasie«.

Interessant wäre vielleicht auch ein Vergleich zwischen der Geschichte Balanchine-Farrell und dem Fall Edwards VIII., der 1936 auf den englischen Thron verzichtete, um eine geschiedene Bürgerliche zu heiraten. Claude Sautet erzählt in seinem Film *Un coeur en hiver* (1992) die Geschichte einer Frau, deren Liebe unbeantwortet bleibt, weil der Mann ihres Herzens an solche Gefühle nicht so richtig glaubt. Jede Figur und jedes Detail in dem Film, einschließlich der sinnlichen Musik Maurice Ravels, widerspricht indes seinem Hang zu emotionalem Isolationismus.

34 Der Hang zur Anspielung und Andeutung trug meiner Meinung nach auch zu den Entwicklungen in der bildenden Kunst vom Impressionismus und Kubismus bis zur abstrakten Kunst bei. (Siehe das Kapitel »Claude Monet: Approaching the Abyss« in meinem Buch *The Innocent Eye*.)

35 Emily Dickinson, *Dichtungen*, ausgewählt von Werner von Koppenfels, Mainz, 1995.

36 Meine Unterscheidung zwischen Wiederholung (Repetition) und Umwandlung (Transformation) entspricht den Unterscheidungen bei Hume in der Assoziation von Gedanken (Kontiguität und Similarität), bei Freud in der Traumarbeit (Verdichtung und Verschiebung) und bei Jakobson in der Poesie (Metonymie und Metapher).

37 *Himmel – ist was ich nicht erreichen kann –*
Der Apfel am Baume
So er hoffnungslos hängt –
Das – ist Himmel für mich –

Die Farbe der vorbeiziehenden Wolke –
Das verbotene Terrain
Hinter dem Hügel – das Haus dahinter –
Dort – ist das Paradies zu finden –

(Übersetzung Harald Stadler)

38 Camille Paglia hat sich mit diesem Briefwechsel befaßt, doch ihre häufig einseitige Interpretation der Schriften Emily Dickinsons wird hier regelrecht tendenziös. »Ihre Briefe an Lord wirken aufgesetzt und künstlich. Sie schreibt in der Stimme ihrer zwitschernden weiblichen Persona, die sie in geziemende Posen der Hingebung packt« (*Sexual Personae*, 670). Diese negative Deutung ist jedoch nötig zur Stützung von Paglias These, daß »die zur Gleichgeschlechtlichkeit neigende Emily Dickinson« im Grunde in der Persona eines sadomasochistischen Mannes schreibe und so eine Hierarchie schaffe, »welche die sexuelle Unterwerfung ihrer Bittsteller erfordert«.
Es ist bedauerlich, daß sich Paglia durch ihre Mißdeutung und Überschätzung des Marquis de Sade und ihr Bild von Emily Dickinson als eines sadistischen Charakters dazu verleiten läßt, zutreffende Erkenntnisse über die Bildersprache der Gewalt und Motive der Dominanz bei Dickinson zu überzeichnen.

39 Marcel Proust wußte um diese höhere Form des Epikureismus, welche die Vorstellung über die Befriedigung stellt. Letztendlich strebte er nach einer Verdoppelung der Erfahrung im Laufe der Zeit, doch sein Ausgangspunkt liegt sehr nahe beim Standpunkt der Prinzessin von Clèves und der Dichterin Emily Dickinson. »Nichts ist mir fremder, als in einer unmittelbaren Sinneswahrnehmung mein Glück zu suchen oder sogar in einer materiellen Ver-

körperung. Eine Sinneswahrnehmung, egal wie objektiv sie sein mag – ein Parfüm, ein Lichtstrahl – wenn etwas physisch gegenwärtig ist, ist es zu sehr in meiner Gewalt, um mich glücklich zu machen.« (Bibesco, 119).

Am Ende seines Romans *Auf der Suche nach der verlorenen Zeit* geht Proust noch einen Schritt weiter in seinem Bemühen, die Psychologie der bewußten Abstinenz zu erhellen. Er bezeichnet es als unerbittliches Gesetz, daß man sich nur das vorstellen kann, was abwesend ist (III).

Im Vergleich zu Prousts Deutungen finde ich Samuel Becketts Ausführungen zu dem Thema unhaltbar – »die Weisheit, die nicht in der Befriedigung, sondern im Ablassen von der Begierde besteht« (*Proust*, S. 6). Beckett wird damit weder sich selbst noch Proust gerecht. Keine der hier besprochenen Parteien, am allerwenigsten Madame de La Fayette und Emily Dickinson, propagiert ein »Ablassen«, das einer Form der psychischen Amputation gleichkäme. Sie stellen sich vielmehr eine Verlagerung der Begierde auf eine andere Ebene der Erfahrung vor, etwa in den Bereich der Erinnerung, der Meditation, der Phantasie, der inneren Inszenierung oder der Sublimierung.

Kapitel V: Schuld, Gerechtigkeit und Empathie bei Melville und Camus

40 Am Beginn von *Quatre-vingt-treize* schildert Victor Hugo eine spannende Szene, die in ein vergleichbares und dennoch ganz anderes moralisches Dilemma führt. Aufgrund der Unachtsamkeit eines Kanoniers auf einem Kriegsschiff reißt sich eine Kanone aus ihrer Laschung los, kracht über die Decks und verursacht massive Schäden, die das Schiff beinahe kentern lassen. Der Kanonier beweist Mut, indem er die Kanone wieder festmacht und somit das Schiff rettet. Der frisch ernannte Kommandeur an Bord zeichnet den Kanonier zunächst für seine Tapferkeit aus und gibt dann den Befehl, ihn wegen Nachlässigkeit im Kriegseinsatz erschießen zu lassen. Der Kanonier erhebt keinerlei Einspruch. Die Besatzung führt den Exekutionsbefehl murrend aus. Der Kommandeur beweist seinen Diensteifer, indem er genauso unerbittlich Recht spricht wie Kapitän Vere. Doch dies ist erst der Anfang der Geschichte.

41 René Girard argumentiert in seinem Aufsatz »Camus's Stranger Retried«, Camus habe in seiner Erzählung *Der Fall* (1956) »die implizite Anklage der Richter«, die in *Der Fremde* zum Ausdruck kommt, entschieden entkräftet. Ich teile Girards Auffassung, daß Camus in *Der Fremde* versucht, ein Verbrechen ohne Täter zu schildern. Rätselhaft ist nur, wie das Vorwort von 1955 die ursprüngliche Ambiguität in einer Christusfigur auflösen kann, während sich *Der Mensch in der Revolte* (1951) und *Der Fall* zunehmend von diesem romantischen Mythos des verfolgten Individuums distanzieren.

42 Robert C. Solomon analysierte sehr gründlich die Thematik des Lügens und der Selbstreflexion in der Figur des Meursault.

43 Im *Home Book of Proverbs* erscheint als erste Quelle Madame de Staëls *Corinne* (1807; »*Tout comprendre rend très indulgent*«), gefolgt von Verweisen auf Tolstois *Krieg und Frieden* (I, 1, 26) und Unamunos *Essays and Soliloquies*. Die älteste Quelle ist jedoch zweifellos das als letztes genannte deutsche Sprichwort: »Ein Ding ist nicht bös, wenn man gut es versteht.« In anderen Sprichwörtersammlungen findet sich: »*Péché avoué est à moitié pardonné*«, »Eine gebeichtete Sünde ist halb vergeben«.

44 Die gründlichsten Kommentare, die in den letzten zwanzig Jahren zu *Billy Budd* erschienen, stammen meist von Rechtsgelehrten. Der unbestrittene Tatbestand, daß Billy Claggart ersticht, stellt sich im Lichte mehrerer verschiedener Gesetzessammlungen höchst komplex dar. Der Vorfall bietet sich förmlich dazu an, unterschiedlich beurteilt zu werden. Im Gegensatz dazu befaßt sich Akira Kurosawas Filmklassiker *Rashomon* (1950), in dem es um Vergewaltigung und Mord geht, nicht mit der Frage, welches Gesetz auf den Fall anzuwenden sei, sondern mit den schwer faßbaren Fakten und letztlich mit der Frage, was ist Wahrheit überhaupt? Der vehementeste juristische Artikel über *Billy Budd*, Richard Weisbergs »How Judges Speak«, deutet den Roman konträr zu meiner Auslegung und greift dann unter Verweis auf die angebliche Böswilligkeit Kapitän Veres eine Entscheidung des obersten Gerichts unter Richter Rehnquist an. Laut Weisberg spiegelt Vere auf einer höheren Stufe Claggarts Rolle als ehrgeiziger Heuchler. So wie Claggart Billy, den hübschen Matrosen beneidet, so ist Vere voller Mißgunst gegenüber der heroischen, freien Führung Admiral Nelsons. Vere läßt seine Gehässigkeit an Billy aus, dessen Hinrichtung er mit juristischer Spitzfindigkeit und geschwollener Rhetorik rechtfertigt. In seinem letzten Abschnitt stellt Weisberg Vere als symbolischen Vorfahren Stalins und Hitlers dar.
Meiner Meinung nach ergibt sich die Rolle, die Weisberg Nelson beimißt, nicht schlüssig aus Melvilles peinlich genauer Erzählung. Weisbergs Entlarvung von Veres heimlichen Motiven und düsteren Ambitionen klingt fast wie ein Beispiel für das gegenteilige Sprichwort: Verstehen heißt verurteilen. Ausgewogener behandeln *Billy Budd* unter anderem Robert Cover und Richard A. Posner.

45 Ich glaube, »die Banalität des Bösen« und Meursaults Geschichte illustrieren Platons Begriff der »wahren Lüge«, den er im zweiten Buch der *Republik* behandelt. Das »Lügen mit Worten« mag ebenso zweckdienlich sein wie das Täuschen eines Feindes oder das Erfinden einer Fabel. Die »wahre Lüge« deutet darauf hin, daß derjenige, der ernsthaft glaubt, richtig zu handeln, »unwissend ist in bezug auf die höchsten Wahrheiten«. »Die wahre Lüge ist nicht nützlich; sie ist abscheulich.« Es nicht besser zu wissen, entschuldigt nichts, auch wenn es vielleicht vieles erklärt. Platon räumt dem Verweis auf die Aufrichtigkeit keinerlei Stellenwert ein, wie es sich für einen Philosophen geziemt, der meist alle Tugenden auf die Erkenntnis zurückführt.

46 Sowohl die Angst vor Verfolgung als auch das elitäre Gefühl, die Wahrheit sei heilig, sei eine verbotene Frucht, veranlaßte frühere Autoren, »zwischen den

Zeilen zu schreiben«, wie Leo Strauss es formulierte. Selbst ein Aufklärer wie Lessing war immer noch darauf bedacht, daß es Wahrheiten gibt, die nicht ausgesprochen werden können oder sollten. Im Anhang II geht es um »hermetisches Wissen« und das Okkulte.

Kapitel VI: Die Explosion des Wissens.
Naturwissenschaft und Technik

47 Nachdem die erste Testbombe in Alamogordo, New Mexico, explodiert war, zitierte Oppenheimer Verse, die seine Rolle und den historischen Augenblick so prägnant auf den Punkt brachten, daß viele Schüler sie noch heute lernen. Beide Zitate stammen aus der *Bhagavadgita*. Für den Explosionsblitz: »Mit Glanz die ganze Welt erfüllend, glühen deine furchtbaren Strahlen, o Vischnu!« Und für die pilzförmige Wolke: »Ich bin die mächtige Zeit, die den Untergang der Welt bewirkt; erschienen, um alle Menschen hier dahinzuraffen.«

48 Die Schlußfolgerung, daß Odysseus beides wollte, ließe sich durchaus vertreten. Denn als er, an den Mast gefesselt, an den Sirenen vorbeifährt, gewährt er sich eine Art von Erkenntnis ohne Verantwortung. Indem er sich auf diese Weise der vollständigen Erfahrung enthält, handelt er ähnlich wie die in Kapitel IV beschriebene Prinzessin von Clèves und die Persona von Emily Dickinson. Alle drei Figuren nähern sich der höchsten Daseinsprüfung – und halten kurz vor dem letzten beglaubigenden oder zerstörerischen Schritt inne. Indem sie davor zurückweichen, hoffen sie, die Freiheit der Phantasie vor allzu konkreten und bindenden Anwendungen zu bewahren. Sie erreichen so eine gewisse hochmütige Integrität.

49 J.W.N. Sullivans Buch *The Limitations of Science* (1933) enthält trotz seines Titels eine Darstellung der Verheißungen und Werte der Naturwissenschaft. Informative Überblicke über die wissenschaftsfeindliche Tradition finden sich in John Passmore, *Science and Its Critics* (1978), und in Gerald Holton, *Science and Anti-Science* (1993).

50 Zwei ausgezeichnete Bücher beschreiben die Kontroverse ausführlich. James D. Watson und John Tooze stellten ein fünfhundertseitiges Buch mit Originaldokumenten aus Wissenschaftszeitschriften, privaten und offiziellen Briefwechseln sowie Artikeln aus der Massenpresse zusammen. In *The DNA Story* (1981) sprechen die Vertreter beider Positionen mit ihren eigenen Worten ganz für sich. Das ist über weite Strecken eine spannende Lektüre. In *Genetic Alchemy* (1982) liefern uns Sheldon Krimsky (und David Ozonoff) eine genaue chronologische Erzählung und Analyse auf der Grundlage von Archivquellen und zahlreichen Interviews.

51 Im Jahr 1939 begann eine Reihe von Physikern, die in den Vereinigten Staaten Zuflucht gesucht hatten, darüber zu diskutieren, ob es notwendig sei, die Möglichkeit einer atomaren Kettenreaktion vor Nazi-Wissenschaftlern, die

ihr bereits auf der Spur waren, geheimzuhalten. Leo Szilard, Isidor Rabi, Enrico Fermi, Edward Teller, Eugen Wigner und Niels Bohr trafen sich mehrfach in New York und Washington, D.C., um über die politische und militärische Rechtfertigung einer freiwilligen Aussetzung des Grundprinzips der Offenheit in der Forschung zu beraten. Ihre Bemühungen waren nur von kurzer Dauer. Bevor sie beim amerikanischen Marineministerium und der American Physical Society Fortschritte erzielten, überfiel Hitler im September 1939 Polen und der Zweite Weltkrieg begann. Mit Roosevelts Entschluß, das Manhattan-Projekt ins Leben zu rufen, wurden sämtliche Forschungen zur Kernspaltung der Geheimhaltung unterworfen. Diese kurze Episode über freiwillige Beschränkungen bei der *Publikation*, nicht bei der *Forschung* selbst, wird anschaulich geschildert von Richard Rhodes, *The Making of the Atomic Bomb* (1986).

52 Um die Darstellung zu straffen, werde ich die Ausführungen der nachfolgenden drei Personen inhaltlich zusammenfassen: David Singer, der in einer Sozietät in Washington, D.C., und für die Hastings Institution arbeitete; Roger Dworkin von der Indiana University und Alex Capron von der Juristischen Fakultät der University of Pennsylvania.

53 Die Liste umfaßt Wissenschaftler von unvergänglichem Ruhm: C. D. Darlington, J. B. S. Haldane, J. S. Huxley, J. Needham, Theodosius Dobzhansky, C. H. Waddington.

54 Vgl. Marc Hillel und Clarissa Henry, *Of Pure Blood*. Die Recherchen dieser beiden französischen Journalisten hat Georg Lilienthal in seiner wissenschaftlichen Monographie erweitert und vertieft.

55 Ein Teil der Informationen in diesem Absatz stammt aus Vogel und Motulsky.

56 *Penetranz* bezeichnet das unterschiedliche Ausmaß, in dem ein Gen das Leben und Verhalten (den Phänotyp) des Individuums, welches das Gen trägt, tatsächlich beeinflußt bzw. bestimmt (Vogel und Motulsky, S. 84). *Epigenese* bezeichnet den Mechanismus, der auf einer bestimmten Entwicklungsstufe auf Zellverbände einwirkt und nicht vorhersagbare Abweichungen von einem Muster hervorbringt (Changeux, Kapitel 7). *Heterosis* bezeichnet die Erscheinung, daß sich Gene in unerwarteter, nicht-additiver Weise wechselseitig beeinflussen (Konner, S. 196). *Entwicklungsrauschen* bezeichnet die molekularen Zufallsereignisse in Zellen während des Entwicklungsprozesses; diese Ereignisse führen zu zunehmenden Abweichungen von der Norm (Lewontin, »The Dream of the Human Genome«, S. 34). Alle vier Begriffe bezeichnen Prozesse, die bislang noch kaum verstanden werden.

Kapitel VII: Der göttliche Marquis

57 In einem verschlüsselten Brief, den de Sade 1784 aus der Bastille an seine Frau schrieb, ist von »La Vanille und la Manille« die Rede, was sich anscheinend auf seine Schwierigkeiten mit der Masturbation bezog. Justine wird von

ihrem ersten Schänder, Debourg, verschont, »weil ihn seine Kräfte verließen, bevor die Opferung erfolgen konnte«. De Sade war darauf bedacht, seine Verbindung mit Constance Quesnet als rein platonisch zu beschreiben. Raymond Giraud zitiert anders lautende Belege und kommt zu dem Schluß: »Es scheint mir unmöglich, das nur leicht verklausulierte Eingeständnis der sexuellen Unzulänglichkeit zu mißdeuten.« Simone de Beauvoir meint, de Sade sei teilweise impotent gewesen.

58 Apollinaire liebte Übertreibungen und Entstellungen und gab einmal einen vollkommen fiktiven Bericht über Walt Whitmans Beerdigung als journalistische Reportage aus. In seiner überzogenen Einleitung zu de Sade spielen auch kommerzielle Interessen und die Freude am Ulk eine Rolle. Apollinaire hat jedoch auch umfangreiche Recherchen angestellt, um einen ernsthaft verfochtenen literarischen Standpunkt zu untermauern.

59 In den Schriften jener Zeit forderte Paulhan, mit der Verfolgung der Nazikollaborateure Schluß zu machen. Seine Argumentation ist inzwischen berühmt geworden. In der französischen Widerstandsbewegung engagierten sich viele Kommunisten, die vor dem Krieg die französische Republik stürzen und mit der Sowjetunion kollaborieren wollten. Jene, die nun der Kollaboration mit den Deutschen beschuldigt wurden, hatten sich zuvor als Widerständler im Kampf gegen Moskau engagiert. Wer konnte nun also die Moral für sich in Anspruch nehmen? Jeder – außer de Gaulle und seiner Truppe und nichtkommunistischen Widerstandskämpfern wie Paulhan selbst – hatte sich von dem einen oder anderen totalitären Feind korrumpieren lassen. Paulhans Appell zur Objektivität und Amnestie auf der Grundlage einer langfristigen historischen Perspektive mündet in eine moralische Hilflosigkeit beziehungsweise Entsagung, die auch den Aufsatz über de Sade kennzeichnet. Wir können Kriegsverbrecher nicht verurteilen, wenn sich andere womöglich genauso verwerflich verhalten haben, argumentiert Paulhan. Genausowenig, meint er, können wir de Sade verurteilen, dessen Werke uns alle zu seinen Komplizen gemacht haben. Verstehen heißt verzeihen.

60 Die Einleitung zu *Eroticism* enthält einige kühne Behauptungen. »Das Geheimnis der Erotik liegt darin zu verletzen. Erotik ist überhaupt die Domäne der Gewalt, der Vergewaltigung.« In den Anmerkungen erklärt Bataille, daß er damit sowohl körperliche als auch moralische Gewalt meint. »Erotik entspringt dem Verbot, sie lebt vom Verbot.« Diese scheinbar analytischen Sätze vermitteln eine programmatische Botschaft. Wenn *jedes* erotische Verhalten per definitionem Gewalt und Übertretung bedeutet, dann gibt es überhaupt keine pervertierte oder pathologische Erotik, genausowenig wie eine normale, gewaltfreie, liebevolle Erotik. Wie Kinsey (dessen *Sexual Behavior in the Human Male* von 1948 Bataille aufmerksam studiert hatte) wollte Bataille nachweisen, daß kein sexuelles Verhalten abweichend sei und daß alles erlaubt sei. Doch er braucht das Gefühl des Sündhaften, um den Reiz des Unanständigen zu bewahren. Ferner fällt bei Bataille ein starker physischer Ekel vor der Sexualität auf. »Der Körper ist ein Gegenstand; er ist abstoßend.« Er verbindet

erotische Handlungen nicht mit Fortpflanzung beziehungsweise Lust, sondern mit Schmerz und Tod.
Die schockierende Art, in der Bataille mit Frau und Tochter umging, hat Marcel Moré in *G. Bataille et la mort de Laure* dokumentiert.
Die reellste Darstellung sadomasochistischen Verhaltens in unserer Zeit stammt von dem Arzt und Psychoanalytiker Robert J. Stoller. Ausführlich und verständnisvoll beschreibt er die Gewalt in den SM-Lokalen in San Francisco. Doch auch nach zwanzigjähriger Recherche hat Stoller nicht die Perspektive verloren. In *Pain and Passion* (1991) betont er gleich zu Beginn, »das Verlangen, anderen weh zu tun«, sei nicht das Geheimnis beziehungsweise das Prinzip jeglicher Sexualität. Feindseligkeit und Verletzung in der Sexualität seien Ausdruck eines »abweichenden Verhaltens« und einer »Perversion« – ein Wort, an dem Stoller festhält.

61 Im Französischen bedeutet *moraliste* nicht so sehr »moralisierender Mensch« als vielmehr Autor von Reflexionen über die *conditio humana* und menschliche Sitten, wie etwa Montaigne und Pascal.

62 Übersehen dürfen wir nicht die melodramatischen Umstände der Kontroverse zwischen Camus und Sartre, während der dieser Aufsatz entstand. Ich bin überzeugt, daß de Sade für Beauvoir zum Analogon Stalins wurde. Sie erkannte das Grauen beider, war aber nicht bereit, es anzuprangern.

63 Die Tatsache, daß Paglia sowohl Barthes als auch Foucault in vielen Punkten massiv attackiert, hält die Autorin nicht davon ab, sich den beiden in der Rehabilitierung de Sades anzuschließen.

64 Seit de Sades »Weihe« erschienen und erscheinen zahlreiche Bücher und Artikel, die seinen Rang als »kanonischen« Autor untermauern sollen. In vielen Fällen läßt sich schwer sagen, ob der Kritiker in bezug auf die menschliche Natur zutiefst naiv oder unaufrichtig ist oder beides. Peter Cryle beispielsweise betont in *Geometry in the Boudoir* die literarische Tradition; er untersucht die »klassische erotische Literatur« als Gattung gemäß Gadamer, de Sades erzählerische Techniken des Zählens, Geometrisierens und Modellierens und befaßt sich auch mit der strittigen Frage der »Kanonbildung«. In dieser Studie, die de Sades systematische Verführung des Lesers mit den Mitteln des Schreibens klar zur Kenntnis nimmt, befaßt sich Cryle an keiner Stelle mit de Sades *Botschaft*, mit der Frage, was seine Lehren für unser Leben bedeuten. Cryle setzt sich vertrauensvoll mit Fragen der Form auseinander und ignoriert einfach die Herausforderung der Inhalte. Aufgrund solcher Ansätze hat de Sade inzwischen Eingang in die Lehrpläne vieler Colleges und Universitäten gefunden.

65 Stephen Michaud und Hugh Aynesworth, *The Only Living Witness*, S. 353. Die Verteidigungsmasche nach dem Motto »Der Teufel hat mich dazu getrieben« bezog sich nicht auf die Beeinflussung durch die Pornographie, sondern auf Bundys Theorien über seine gespaltene Persönlichkeit.

66 Der Anwalt Frederick Schauer hat darauf verwiesen, daß wir so viele Vorschriften und Einschränkungen im Bereich der freien Meinungsäußerung

hinnehmen, zum Beispiel in der Werbung, im Handel (unlauterer Wettbewerb) und in der Justiz (Meineid), daß wir die freie Meinungsäußerung umgekehrt als Ausnahme des allgemeineren Prinzips der Kommunikationsbeschränkung ansehen könnten.

67 »Boudoir« bedeutet »kleiner, eleganter Damensalon«. Die Bettszenen bei de Sade spielen sich nicht im Schlafzimmer ab, sondern auf der Couch.

68 In dieser Erzählung wird das Ende der Geschichte von *Justine*, das auf Seite 288 f. beschrieben wurde, abgewandelt.

69 Wir erfahren allerdings nicht, wie die Erneuerung vor sich gehen soll, wenn Fortpflanzung und Nachkommenschaft wider die Natur sind (s. S. 333).

70 Eine ähnliche Einstellung veranlaßte Michel Foucault am Ende seines Lebens dazu, zu behaupten und vielleicht sogar selbst zu glauben, seine SM-Ausschweifungen repräsentierten eine Form der Askese, ein heroisches philosophisches Experiment. James Miller beschreibt diesen Fall in seinem Buch über Foucault, interpretiert ihn meiner Meinung nach jedoch falsch.

71 Von den zahlreichen zeitgenössischen Werken über Moralphilosophie (zu denen auch Beiträge so ernsthafter Denker wie Alasdair MacIntyre, Iris Murdoch, John Rawls, Paul Ricoeur, Charles Taylor und Bernard Williams zählen) erwies sich für meine Zwecke eine historische Studie am brauchbarsten. Albert R. Jonsen und Stephen Toulmin zeichnen in *The Abuse of Casuistry: A History of Moral Reasoning* die Entwicklung der Kasuistik nach, mit der die katholische Kirche im Rahmen ihrer Sittenlehre moralisch richtiges Verhalten bestimmte. Insofern die Kasuistik eine ehrliche Fallmethode war, die mit gelebter Erfahrung zu tun hatte, bildete sie einen bewundernswerten Versuch, Prinzip und Praxis in Einklang zu bringen. Im ersten und letzten Kapitel ihres Buches erörtern Jonsen und Toulmin in aufschlußreicher Weise zeitgenössische Fragen, eben weil ihre historische Grundlage höchst solide ist.

72 Die informativste und untendenziöseste Geschichte der Sexualität ist meiner Meinung nach Reay Tannahills *Sex in History* (1980).

73 Pietro Aretino, der italienische Dichter des sechzehnten Jahrhunderts, der als »Geißel der Fürsten« galt und oft auch als erster Pornograph bezeichnet wurde, hat ebenfalls ein gewisses Anrecht, in diese Reihe aufgenommen zu werden. Sein Werk bestand zum großen Teil aus politischen Satiren. Seine *Ragionamenti*, Dialoge zwischen einer erfahrenen und einer unberührten Frau, sowie seine *Sonnetti lussuriosi*, die zu Holzschnitten von Liebesstellungen verfaßt wurden, eröffneten dem Zeitalter des Buchdrucks eine neue Ebene der Direktheit. Wegen seiner Gleichgültigkeit gegenüber moralischen Fragen spare ich ihn hier aus.

74 Robert Darnton und Lynn Hunt liefern solide Abrisse, ohne allerdings dem Hang zum Inflationären gänzlich zu widerstehen.

75 In knapper Formulierung findet sich dieser Gegensatz auch in einer Strophe des Dichters Théodore Agrippa d'Aubigné (1552–1630), die Baudelaire seinen *Blumen des Bösen* als Motto voranstellte:

On dit qu'il faut couler les exécrables choses
Dans le puits de l'oubli ou au sépulcre encloses,
Et que par les escrits le mal ressuscité
Infectera les moeurs de la postérité;
Mais le vice n'a point pour mère la science,
Et la vertu n'est pas fille de l'ignorance.

[Es heißt, man solle die Abscheulichkeiten in den Brunnen der Vergessenheit versenken und ins Grab verschließen; das durch Schrift und Druck wieder auferweckte Böse verseuche die Sitten der Nachwelt; doch das Laster hat keineswegs das Wissen zur Mutter, und die Tugend ist nicht die Tochter der Unwissenheit. – Übersetzung von Friedhelm Kemp]

Sollen wir das Böse verbergen oder sollten wir versuchen, es zu erkennen und zu durchschauen?

76 Eine ausführliche Übersicht über die Debatte mit zahlreichen Verweisen auf aktuelles Forschungsmaterial bietet Frederick Schauer, »Causation Theory and the Causes of Sexual Violence«, *American Bar Foundation Research Journal*, 1987.

77 Diese differenzierte Behandlung unterschiedlicher Teile der Bevölkerung wurde 1956 in Paris im Prozeß gegen den Verlag J. J. Pauvert wegen »outrage aux moeurs« mit der Veröffentlichung von vier Hauptwerken de Sades ausdrücklich – jedoch heuchlerisch – anerkannt. Sämtliche Entlastungszeugen bekräftigten, wie »wichtig« de Sades Werke seien, und bestätigten im selben Atemzug, daß die Verbreitung der vier Werke unbedingt eingeschränkt werden müsse. Pauvert selbst sprach sich dafür aus, die Verbreitung dadurch einzuschränken, daß man den Preis der Ausgabe heraufsetzte und die Bücher nicht in Auslagen zeigte. Diese Bücher sollten nur für Gelehrte und Intellektuelle veröffentlicht werden. Sades wichtigster Fürsprecher, Georges Bataille, trat sogar für noch stärkere Beschränkungen ein. Er stellte die Erfüllung gewisser Formalitäten zur Bedingung, etwa eine Genehmigung durch den Bibliotheksleiter (siehe *L'affaire Sade*). Rückblickend können wir nur vermuten, daß Pauvert und seine Freunde den Richter umzustimmen suchten, was ihnen auch gelang. Die vorgeschlagenen Beschränkungen verschwanden in kürzester Zeit. Heute sind die vier strittigen Werke überall in preiswerten Ausgaben erhältlich und werden in den Buchhandlungen der meisten westlichen Länder deutlich sichtbar ausgelegt. Bauchbinden und Waschzettel wollen dem Leser suggerieren, er kaufe große Literatur und grundlegende Beiträge zu Philosophie und Ethik.

Kapitel VIII: Die Sphinx und das Einhorn

78 Kapitel VI könnte so verstanden werden, daß die Technologie mit ihrer engen Verbindung zu Wissenschaft und Handel ein drittes großes »Drehbuch« darstellt. Doch für sich genommen stellt die Technologie keine Story dar; sie beruft sich auf den Fortschritt als tragenden Mythos.

79 Siehe dazu die folgenden Einträge in der Bibliographie: Jean-Pierre Changeux, Carl Degler, Troy Duster, Gerald M. Edelman, Gerald Holton, François Jacob, Evelyn Fox Keller, Daniel J. Kevles, Arthur Koestler, R. C. Lewontin, Jacques Monod, James V. Neel, Melvin Konner und Alfred Tauber.

80 »Alles Nützliche ist häßlich«, schrieb Théophile Gautier im Vorwort zu *Mademoiselle de Maupin* (1835).

81 Poe lästerte über »die didaktische Häresie« – ein Ausdruck, den auch Baudelaire übernahm.

82 Wordsworth bezeichnete die *Lyrical Ballads* im Vorwort (1800) als »Experiment«. Whitman nannte *Leaves of Grass* »lediglich ein Sprachexperiment«.

83 Paul Bénichou veröffentlichte eine Reihe von Bänden über die Geschichte des Künstlers als säkularer Priester.

84 Der Begriff »Schleier des Nichtwissens« bezieht sich hier auf einen realen und grundlegenden Aspekt unseres Menschseins, der zugleich eine Schranke und einen Schutz darstellt. Der politische Philosoph John Rawls verwendet denselben Begriff in einem ganz anderen Sinn, nämlich in bezug auf eine hypothetische Situation (Unwissenheit über den eigenen sozialen Status), die geschaffen wird, um die Fairneß bei der Verständigung mit anderen Mitgliedern der Gemeinschaft zu fördern. »Die Grundsätze der Gerechtigkeit werden hinter einem Schleier des Nichtwissens bestimmt«, schreibt Rawls im einleitenden Kapitel von *A Theory of Justice*. Er meint einen Zustand, der mental vergegenwärtigt oder künstlich herbeigeführt wird, um ein bestimmtes gesellschaftliches Ziel zu erreichen. Der »Schleier des Nichtwissens«, von dem ich spreche, bezieht sich auf einen Zustand, dem wir nicht entkommen, und läßt sich mit Platons Bild der Höhle vergleichen.

85 In der ersten Szene von *Faust II* wie auch in dem Gedicht »Zueignung« finden sich Anklänge an Motive des Aufsteigens (Flügel, Höhen) und des Lichts (Erhellung, Blindheit) aus Platons Parabel von der Höhle in seiner *Republik* und aus Dantes »Paradies«. Brittain Smith machte mich auf die Schleier-Metapher bei Goethe aufmerksam.

86 In Rousseaus *Emile* eröffnet der savoyardische Priester sein sechzigseitiges Glaubensbekenntnis mit einer ausführlichen Abhandlung über den Schleier des Nichtwissens. »Wir kennen uns selbst nicht, wir kennen weder unser Wesen noch den Geist, der uns bewegt; wir wissen kaum, ob der Mensch einer oder viele ist; wir sind von unergründlichen Geheimnissen umgeben.« Mein von Goethe entlehnter Leitspruch drückt dieselbe Haltung aus: »Individuum est ineffabile« klingt düster, zugleich aber ehrerbietig.

87 Fast ein Jahrhundert lang hat uns die Freudsche Psychoanalyse eingeredet,

daß das Unbewußte hauptsächlich dazu da ist, Erinnerungen zu verdrängen, die wir aus therapeutischen Gründen wieder ins Bewußtsein holen müssen. Revisionistische Schulen der Psychologie schreiben dem Unbewußten inzwischen keine verdrängenden, sondern produktive Funktionen zu. Viel von unserem Vermögen, zu denken und kreativ zu handeln, hängt wohl von der Existenz eines automatisch handelnden Selbst ab, über das wir keine bewußte, willkürliche Kontrolle haben. (Siehe Jonathan Miller.)

88 Dieser Tradition begegnen wir beispielsweise in William Blakes »Proverbs of Hell«: »Der Pfad der Ausschweifung führt in den Palast der Weisheit.« Wir werden wohl nie wissen, wieviel diabolische Ironie in diesen Worten steckt. Blakes folgendes »Sprichwort« geht sogar noch weiter: »Klugheit ist eine reiche, häßliche alte Jungfer, die von der Unfähigkeit umworben wird.« Blakes kühn klingende Formulierung erinnert an La Rochefoucaulds entsprechende Maxime, »Nicht die Tugend, sondern die Schwäche ist des Lasters Widersacher« (Nr. 445), und weist auf Nietzsches *Wille zur Macht* voraus, wo es heißt, alles Extreme übe eine verführerische Anziehungskraft aus. Der ungezwungene Ton verleiht diesen Maximen etwas Verführerisches, besonders für junge Menschen, wie Pater durchaus erkannte. Solche Maximen dürften indes kaum Kants Grundbedingung für eine wahrlich weise Maxime erfüllen, nämlich die, daß jeder sie befolgen können sollte. Würden die genannten Maximen von jedermann befolgt werden, hätte dies eine kaum noch erträgliche Gesellschaft zur Folge.

89 In einem ausgezeichneten Artikel über Platons Metaphilosophie beschreibt Charles Griswold das Dilemma auf präzise Weise: »Die Metaphilosophie führt uns entweder in einen unendlichen Regreß oder bleibt die Antwort schuldig.« Griswold zitiert auch die vollständige Passage aus Hegels *Logik*, die ich im folgenden zusammenfasse.

90 Mit dieser Behauptung stützt sich Brownmiller auf Jules Michelets *Histoire de France* (1833–1867), ohne ihn allerdings als Quelle zu nennen. Perrault-Forscher wie Jacques Barchilon und Günther Lontzen begegnen Michelets These skeptisch, denn auch er nennt keine Quelle.

91 Matti Maggeds *The Animal That Never Was* ist eine illustrierte Geschichte des Einhorns, in der auch die frühe Literatur zitiert wird.

92 Zu Huxleys Begriffsprägung siehe S. 55–60.

93 Siehe S. 46.

94 James liefert eine geläufige Variante: »*Tout savoir c'est tout pardonner.*«

95 Unübertroffen ist und bleibt A. O. Lovejoys prägnanter Artikel »Milton and the Paradox of the Fortunate Fall« von 1939.

96 Als Candide das Land Eldorado erreicht, kann er es nicht ertragen, daß an diesem behüteten Fleck statt Konflikt nur Seelenfrieden herrscht. Eine ähnliche, wenngleich komplexere Reaktion zeigt auch Gulliver, der bei seiner vierten Reise zu den vollkommen rationalen Houyhnhnms den Verstand verliert.

97 Siehe die Beiträge von Gershom Scholem und Moshe Idel.

Bibliographie

Klassische Texte, die in verschiedenen deutschsprachigen Ausgaben vorliegen, werden hier nicht eigens genannt. Bei Büchern fremdsprachiger Autoren, die in deutscher Übersetzung vorliegen, werden in der Regel nur die deutschen Ausgaben angegeben.

Abrams, M. H.: *Natural Supernaturalism: Tradition and Revolution in Romantic Literature.* New York: W. W. Norton, 1971.

L'affaire Sade. Compte-rendu du procès intenté par le Ministère Public. Paris: Pauvert, 1957.

Aloff, Mindy: »The Company He Kept«. *The New Republic*, August 1, 1994.

Alter, Robert and Frank Kermode: *The Literary Guide to the Bible.* Cambridge: Harvard University Press, 1987.

Apollinaire, Guillaume: »Der göttliche Marquis«, in: *Die Philosophie im Boudoir.* Herrsching: Pawlak, 1980.

Arendt, Hannah: *Eichmann in Jerusalem.* Dt. von Brigitte Granzow. München: Piper, 1986.

Artz, Frederik: *From the Renaissance to Romanticism: Trends in Style in Art, Literature, and Music 1300–1830.* Chicago: Chicago University Press, 1962.

Asimov, Isaac, et al. (eds.): *Machines That Think.* New York: Holt, Rinehart, and Winston, 1983.

Attorney General's Commission on Pornography. *Final Report.* Washington, D. C.: U. S. Department of Justice, July 1986.

Augustinus: *Bekenntnisse.* Dt. von Joseph Bernhart. Frankfurt/Main: Insel.

Bacon, Francis: *Über die Würde und den Fortgang der Wissenschaften.* Darmstadt: Wissenschaftliche Buchgesellschaft, 1966 (Reprint der Ausg. von 1783).

–: *Weisheit der Alten*. Hrsg. und mit einem Essay von Philipp Rippel. Frankfurt/Main: Fischer Taschenbuch Verlag, 1990.

Barlow, Nora Darwin (ed.): *The Autobiography of Charles Darwin, 1809–1882*. Bollingen Series. New York: Pantheon Books, 1958.

Barnstone, Willis (ed.): *The Other Bible*. San Francisco: Harper and Row, 1984.

Barthes, Roland: *Sade, Fourier, Loyola*. Dt. von Maren Sell und Jürgen Hou. Frankfurt/M.: Suhrkamp, 1974.

Bataille, Georges: *Histoire de l'érotisme*. Paris, 1951.

–: *Visions of Excess: Selected Writings 1927–1939*. Edited by Allan Stoekl. Minneapolis: University of Minnesota Press, 1985.

–: *Die Literatur und das Böse*. München: Matthes & Seitz, 1987.

–: *Die Erotik*. München: Matthes & Seitz, 1994.

Baudelaire, Charles: *Die Blumen des Bösen*. Dt. von Terese Robinson. München: Diogenes, 1982. (Zitiertes Gedicht »Das Unlösbare« dort S. 134–5.) – Das Gedicht von Th. A. d'Aubigné (Fußnote 75) ist deutsch wiedergegeben in: Charles Baudelaire: *Die Blumen des Bösen*. Dt. von Friedhelm Kemp. München: Deutscher Taschenbuchverlag, 1997.

Beauvoir, Simone de: *Privilèges*. Paris: Gallimard, 1955.

Beckett, Samuel: *Proust*. Zürich: Die Arche, 1960.

Bell, Millicent: »The Fallacy of the Fall in *Paradise Lost*«. PMLA. (September 1953).

Benedict, Ruth: *Urformen der Kultur*. Reinbek: Rowohlt, 1960.

Bénichou, Paul: *Le sacre de l'écrivain, 1750–1830*. Paris: Corti, 1993.

Berlin, Isaiah: *The Crooked Timber of Humanity: Chapters in the History of Ideas*. Edited by Henry Hardy. New York: Alfred A. Knopf, 1991.

–: »Historical Inevitability« and »Two Concepts of Liberty« in *Four Essays on Liberty*. New York: Oxford University Press, 1969.

–: *Introduction to* The Age of Enlightenment: The Eighteenth-Century Philosophers. Boston: Houghton Mifflin, 1956.

Berman, Marshall: *All That Is Solid Melts into Air: The Experience of Modernity*. New York: Simon and Schuster, 1982.

Bernstein, Jeremy: *Quantum Profiles*. Princeton: Princeton University Press, 1991.

Bettelheim, Bruno: *Kinder brauchen Märchen*. Dt. von Liselotte Mickel und Brigitte Weitbrecht. München: dtv, 1999.

Bibesco, Martha: *Au bal avec Marcel Proust*. Paris: Gallimard, 1928.

Bishop, Jerry E., and Michael Waldholz: *Genome: The Story of the Most Astonishing Scientific Adventure…* New York: Simon and Schuster, 1990.

Blumenberg, Hans: *Die Legitimität der Neuzeit*. Frankfurt/Main: Suhrkamp, 1966.

Boerner, Peter, and Sidney Johnson (eds.): *Faust through Four Centuries: Retrospect and Analysis*. Tübingen: Niemeyer Verlag, 1989.

Bronowski, Jacob: *Science and Human Values*. New York: Harper and Brothers, 1956.

Brown, Jane K.: *Goethe's Faust: The German Tragedy*. Ithaca, N.Y.: Cornell University Press, 1985.

Brownmiller, Susan: *Against Our Will: Women and Rape*. New York: Simon and Schuster, 1975.

Bugliosi, Vincent: *Helter Skelter: The True Story of the Manson Murders*. New York: W. W. Norton, 1974.

Bury, J. B.: *The Idea of Progress: An Inquiry into Its Origin and Growth*. New York: Dover Publications, 1955.

Butler, E. M.: *The Myth of the Magus*. Cambridge: Cambridge University Press; New York: Macmillan, 1948.

Camus, Albert: »Melville.« In *Les écrivains célèbres*. Paris, 1953.

–: *Der Mensch in der Revolte*. Essays. Dt. von Justus Streller und Georges Schlocker. Reinbek: Rowohlt, 1969.

–: *Der Fremde* Dt. von Georg Goyert und Hans Georg Brenner. Reinbek: Rowohlt, 1977.

–: *Der Mythos von Sisyphos. Ein Versuch über das Absurde*. Dt. von Hans Georg Brenner und Wolfdietrich Rasch. Reinbek: Rowohlt, 1999.

Carlyle, Thomas: »Coleridge.« In *The Life of John Sterling*. London: Chapman and Hall, 1851.

Carter, Angela: *The Sadeian Woman*. New York: Pantheon Books, 1978.

Cassirer, Ernst: *Rousseau, Kant, Goethe*. Hamburg: Meiner, 1991.

–: *Versuch über den Menschen*. Hamburg: Meiner, 1996.

Chambers, Frank, P.: *The History of Taste: An Account of the Revolutions of Art Criticism and Theory in Europe*. New York: Columbia University Press, 1932.

Changeux, Jean-Pierre: *Neuronal Man: The Biology of Mind*. Translated by Laurence Garey. New York: Pantheon Books, 1985.

Châtelet, Noëlle (ed.): *Sade: Système de l'aggression, textes politiques et philosophiques*. Paris: Aubier-Montaigne, 1972.

Chesneaux, Jean: *The Political and Social Ideas of Jules Verne*. Translated from the French by Thomas Wikeley. London: Thames and Hudson, 1972.

Clark, Kenneth: *The Nude: A Study in Ideal Form*. Bollingen Series. New York: Pantheon Books, 1956.

Collège de Sociologie (1937–39). Présenté par Denis Hollier. Paris: Gallimard, 1979.

Collingwood, R. J.: *The Idea of History*. London: Oxford University Press, 1946.

Cover, Robert M.: *Justice Accused: Antislavery and the Judicial Process*. New Haven: Yale University Press, 1975.

Cranston, Alan: »The Non-Event«. *The New Republic*, August 21, 1995.

Crocker, Lester G.: *Nature and Culture: Ethical Thought in the French Enlightenment*. Baltimore: Johns Hopkins University Press, 1963.

Cryle, Peter: *Geometry in the Boudoir: Configurations of French Erotic Narrative*. Ithaca, N.Y.: Cornell University Press, 1994.

Curtius, Ernst Robert: *Europäische Literatur und lateinisches Mittelalter*. Bern: Francke, 1954.

Dante Alighieri: *Die Göttliche Komödie*. Dt. von Friedrich von Falkenhausen (1937). Frankfurt/Main: Insel Verlag, 1974.

Darnton, Robert: *The Forbidden Bestsellers of Pre-Revolutionary France*. New York: W. W. Norton, 1995.

Darwin, Charles: *Der Ausdruck der Gemüthsbewegungen bei dem Menschen und den Thieren*. Nördlingen: Greno, 1986 (Reprint).

Davies, Sir John: *Nosce Teipsum*. 1599. See Sneath: *Philosophy in Poetry*.

Davis, Joel: *Mapping the Code: The Human Genome Project and the Choices of Medical Science*. New York: Wiley, 1990.

Degler, Carl, N.: *In Search of Human Nature: Decline and Revival of Darwinism in American Social Thought*. New York: Oxford University Press, 1991.

Descartes, René: *Discours de la méthode...* (Von der Methode des richtigen Vernunftgebrauches und der wissenschaftlichen Forschung). *Philosophische Schriften*. Hamburg: Meiner, 1996.

Dickinson, Emily: *The Complete Poems of Emily Dickinson*. Edited by Thomas H. Johnson. Boston: Little, Brown, 1960.

–: *The Letters of Emily Dickinson*. Edited by Thomas H. Johnson. 2 vols. Cambridge: Harvard University Press, 1958.

Dobzhansky, Theodosius: *Mankind Evolving: The Evolution of the Human Species*. New Haven: Yale University Press, 1962.

Dodds, E. R.: *The Greeks and the Irrational*. Berkeley and Los Angeles: University of California Press, 1951.

Donnerstein, Edward, Daniel Leinz, and Steven Penrod: *The Question of Pornography: Research Findings and Policy Implications*. New York: Free Press, 1987.

Donoghue, Denis: *Thieves of Fire*. New York: Oxford University Press, 1974.

Dostojewski, Fjodor: *Tagebuch eines Schriftstellers*. München: Piper, 1992.

DuBartas: *La Semaine*. 1578.

DuBois-Reymond, Emil: *Reden*. 2 Bde. Leipzig, 1912.

Duster, Troy: *Backdoor to Eugenics*. New York: Routledge, 1990.

Dyson, Freeman, J.: *Infinite in all Directions*. New York: Harper and Row, 1988.

Edelman, Gerald: *Göttliche Luft, vernichtendes Feuer*. München: Piper, 1995.

Eichner, Hans: »The Eternal Feminine: An Aspect of Goethe's Ethics.« Reprinted in *Faust* by Johann Wolfgang von Goethe. Translated by Walter Arndt. Norton Critical Edition. New York: W. W. Norton, 1976.

Elias, Norbert: *Über den Prozeß der Zivilisation*. Bern/München: Francke, 1969.

Eliot, George: *Die Mühle am Floss*. Dt. von Eva-Maria König. Stuttgart: Reclam, 1983.

Elster, Jon: *Ulysses and the Sirens: Studies in Rationality and Irrationality*. New York: Cambridge University Press, 1979.

Empson, William: *Milton's God*. London: Chatto and Windus, 1961.

Enright, D. J.: *A Man for Sentences*. Boston: Godine Publishers, 1985.

Evans, J. M.: *Paradise Lost and the Genesis of Tradition*. Oxford: Clarendon Press, 1968.

Forsyth, Neil: *The Old Enemy: Satan and the Comfort Myth*. Princeton: Princeton University Press, 1987.

Foucault, Michel: *Wahnsinn und Gesellschaft*. Frankfurt/Main: Suhrkamp, 1969.

–: *Die Ordnung der Dinge*. Frankfurt/Main: Suhrkamp, 1971.

Frazer, Sir James George: *The Golden Bough: A Study in Magic and Religion*. Abridged edition. New York: Macmillan, 1922.

Freud, Sigmund: *Totem und Tabu*. Frankfurt/Main: Fischer, 1976.

–: *Das Unheimliche*. Frankfurt/Main: Fischer, 1963.

Gadamer, Hans-Georg: *Wahrheit und Methode*. Tübingen: Mohr, 1975.

Gallop, Jane: *Intersections: A Reading of Sade with Bataille, Blanchot, and Klossowski*. Lincoln: Nebraska University Press, 1981.

Gardner, Martin (ed.): *Great Essays in Science*. New York: Pocket Books, 1957.

Genette, Gerard: *Figures II*. Paris: Seuil, 1969.

Ginger, Ray: *Six Days or Forever? Tennessee v. John Thomas Scopes*. Boston: Beacon Press, 1958.

Ginzburg, Carlo: *Clues, Myths, and the Historical Method*. Translated by John Tedeschi and Anne Tedeschi. Baltimore: Johns Hopkins University Press, 1989.

Girard, René: »Camus's Stranger Retried«. In *To Double Business Bound*. Baltimore: Johns Hopkins University Press, 1978.

Gombrich, E. H.: *In Search of Cultural History*. Oxford: Clarendon Press, 1969.

Goodchild, Peter: *J. Robert Oppenheimer: Shatterer of Worlds*. Boston: Houghton Mifflin, 1981.

Gorer, Geoffrey: *The Life and Ideas of the Marquis de Sade*. 3rd ed. Reprint, London: Greenwood, 1978.

Gould, Stephen Jay: »The Monster's Human Nature«. *Natural History* (July 1994).

Griswold, Charles: »Plato's Metaphilosophy: Why Plato Wrote Dialogues.« In *Platonic Readings/Platonic Writings*. Edited by Charles Griswold. New York: Routledge, 1988.

Guern, Darko: *Metamorphoses of Science Fiction*. New Haven: Yale University Press, 1979.

Gulik, R. H. van: *Sexual Life in Ancient China: A Preliminary Survey of Chinese Sex and Society from ca. 1500 B.C. till 1644 A.D.* Leiden: E. J. Brill, 1974.

Haeckel, Ernst: *Die Welträtsel*. 1899.

Hammer, Carl: *Goethe and Rousseau*. Lexington: Univ. Press of Kentucky, 1973.

Hanser, Richard: *Deutschland zuliebe*. München: dtv, 1982.

Hawking, Stephen: *Eine kurze Geschichte der Zeit*. Reinbek: Rowohlt, 1988.

Hayman, Ronald: *De Sade: A Critical Biography*. London: Constable, 1978.

Henry, Patrick (ed.): *An Inimitable Example: The Case for the Princesse de Clèves*. Washington, D.C.: Catholic University of America Press, 1992.

Hillel, Marc, and Clarissa Henry: *Of Pure Blood*. Translated by Eric Mossbacher. New York: McGraw Hill, 1976.

Hobbes, Thomas: *Leviathan*. Dt. von Jacob Peter Mayer. Stuttgart: Reclam.

Holbrook, David (ed.): *The Case Against Pornography.* La Salle, Ill.: Library Press, 1973.

Holton, Gerald: *Science and Anti-Science.* Cambridge: Harvard University Press, 1993.

Holton, Gerald and Robert S. Morison (eds.): »Limits of Scientific Inquiry«. *Daedalus* (Spring 1978).

Horkheimer, Max und Adorno, Theodor W.: *Dialektik der Aufklärung.* Frankfurt/Main: Fischer, 1986.

»The House of Sade«. *Yale French Studies*, no. 35 (1965).

Hovey, Kenneth Alan: »›Montaigny‹ Saith Prettily‹: Bacon's French and the Essay.« *PMLA* (January 1991).

Hunt, Lynn (ed.): *The Invention of Pornography: Obscenity and the Origins of Modernity, 1500–1800.* New York: Zone Books, 1993.

Hunter, C. K.: *Paradise Lost.* London: Allen and Unwin, 1980.

Huxley, Thomas Henry: *Life and Letters.* Edited by Leonard Huxley. 2 vols. New York: Appleton, 1900.

Idel, Moshe: »Mysticism«. In *Contemporary Jewish Religious Thought.* Edited by Arthur A. Cohen and Paul Mendes-Flohr. New York: Free Press, 1972.

Jacob, François: *Die Logik des Lebenden.* Frankfurt/Main: Fischer, 1972.

Jacobs , Louis: *Jewish Mystical Testimonies.* New York: Schocken Books, 1976.

Jayatilleke, K. N.: *Early Buddhist Theory of Knowledge.* London: Allen and Unwin, 1963.

Johnson, Barbara: »The Execution of Billy Budd«. In *The Critical Difference: Essays in the Contemporary Rhetoric of Reading.* Baltimore: Johns Hopkins University Press, 1980.

Johnson, Pamela Hansford: *On Iniquity: Some Personal Reflections Arising Out of the Moors Murder Trial.* New York: Scribners, 1967.

Johnson, Paul: *The Birth of the Modern: World Society 1815–1830.* New York: HarperCollins Publishers, 1991.

Jonas, Hans: *Gnosis.* Frankfurt/Main: Insel, 1999.

Jonsen, Albert R. and Stephen Toulmin: *The Abuse of Casuistry: A History of Moral Reasoning.* Berkeley and Los Angeles: University of California Press, 1988.

Kant, Immanuel: *Kritik der Urteilskraft.* Kants Werke, Band V. Berlin: Georg Reimer, 1908.

–: »Beantwortung der Frage: Was ist Aufklärung?« (1784). *Aufsätze zur Geschichte der Philosophie.* Hrsg. von Jürgen Zehbe. Göttingen: Vandenhoeck und Ruprecht, 1975.

–: *Werke in sechs Bänden*, Bd. 6. Köln: Könemann, 1995.

Katz, Jack: *Seductions of Crime: Moral and Sensual Attractions in Doing Evil.* New York: Basic Books, 1988.

Keller, Evelyn Fox: »Nature, Nurture, and the Human Genome Project«. In *The Code of Codes: Scientific and Social Issues in the Human Genome Project.* Edited by Daniel J. Keyles and Leroy Hood. Cambridge: Harvard University Press, 1992.

–: *Secrets of Life, Secrets of Death: Essays on Language, Gender, and Science.* New York: Routledge, 1992.

Kermode, Frank: »Adam Unparadised«. In *The Living Milton: Essays by Various Hands.* Edited by Frank Kermode. London: Routledge and Paul, 1960.

Kerrigan, William: *The Sacred Complex: On the Psychogenesis of Paradise Lost.* Cambridge: Harvard University Press, 1983.

Kevles, Daniel J.: *In the Name of Eugenics: Genetics and the Uses of Human Heredity.* Berkeley and Los Angeles: University of California Press, 1985.

– and Leroy Hood (eds.): *The Code of Codes: Science and Social Issues in the Human Genome Project.* Cambridge: Harvard University Press, 1992.

King, Martin Luther: *Testament der Hoffnung.* Gütersloh: Mohn, 1976.

Klossowski, Pierre: *Sade mon prochain, précédé du Philosophe scélérat.* Paris: Seuil, 1967.

Koestler, Arthur: *Das Gespenst in der Maschine.* Wien/München: Molden, 1968.

Konner, Melvin: *The Tangled Wing: Biological Constraints on the Human Spirit.* New York: Holt, Rinehart and Winston, 1982.

Koyré, Alexandre: *Von der geschlossenen Welt zum unendlichen Universum.* Frankfurt/Main: Suhrkamp, 1969.

Krimsky, Sheldon: *Genetic Alchemy: The Social History of Recombinant DNA Controversy.* Cambridge: MIT Press, 1982.

Lacan, Jacques: »Kant avec Sade«. In *Ecrits.* Paris: Seuil, 1966.

La Fayette, Marie Madeleine de: *Die Prinzessin von Clèves.* Dt. von Eva und Gerhard Hess. Wiesbaden: Dieterich'sche Verlagsbuchhandlung, 1949.

Lecky, W. E. H.: *History of European Morals from Augustus to Charlemagne.* New York: Appleton, 1870.

Legman, G.: *The Horn Book: Studies in Erotic Folklore and Bibliography.* New Hyde Park, N. Y.: University Books, 1964.

–: *Love and Death: A Study in Censorship.* New York: Hacker Art Books, 1949.

Lévi, E.: *Transcendental Magic.* 1896. Reprint, London: Rider, 1962.

Lewis, C. S.: *A Preface to »Paradise Lost«.* London: Oxford University Press, 1942.

Lewontin, R. C.: *Biology as Ideology: The Doctrine of DNA.* New York: Harper-Perennial, 1992.

–: »The Dream of the Human Genome«. *The New York Review of Books,* May 28, 1992.

–: Foreword to *Organism and the Origins of Self.* Edited by Alfred I. Tauber. Dordrecht: Kluwer, 1991.

Lilienthal, Georg: *Der »Lebensborn e. V.«.* Stuttgart: Gustav Fischer Verlag, 1985.

Loomis, Roger Sherman: *The Grail: From Celtic Myth to Christian Symbol.* New York: Columbia University Press, 1963.

Lovejoy, Arthur O.: *The Great Chain of Being: A Study of the History of an Idea.* Cambridge: Harvard University Press, 1936.

–: »Milton and the Paradox of the Fortunate Fall«. *ELH* 4 (1937), 161–79.

Lynch, Lawrence W.: *The Marquis de Sade.* Boston: Twayne Publishers, 1984.

Macpherson, C. B.: *The Political Theory of Possessive Individualism: Hobbes to Locke.* Oxford: Clarendon Press, 1962.

Mallarmé, Stéphane. *Œuvres complètes.* Bibliothèque de la Pléiade. Paris: Gallimard, 1945.

Mann, Thomas: *Der Tod in Venedig und andere Erzählungen.* Frankfurt/Main: Fischer, 1972.

Manuel, Frank E.: *The Broken Staff: Judaism through Christian Eyes.* Cambridge: Harvard University Press, 1992.

Martin, Andrew: *The Knowledge of Ignorance: From Genesis to Jules Verne.* Cambridge: Cambridge University Press, 1985.

May, George: *Les mille et une nuits d'Antoine Galland.* Paris: Presses Universitaires, 1986.

McGinn, Colin: *Problems in Philosophy: The Limits of Inquiry.* Oxford: Blackwell, 1993.

Megged, Matti: *The Animal That Never Was (In Search of the Unicorn).* New York: Lumen Books, 1992.

Meltzer, Françoise: »The Uncanny Rendered Canny: Freud's Blind Spot in Reading Hoffmann's ›Sandman‹«. In *Introducing Psychoanalytic Theory.* Ithaca, N. Y.: Cornell University Press, 1982.

Melville, Herman: *Billy Budd.* Dt. von Richard Möring (Peter Gan). Stuttgart: Reclam, 1984.

Michaud, Stephen G. and Hugh Aynesworth: *The Only Living Witness: A True Account of Homicidal Insanity.* Updated ed. New York: Signet, 1989.

–: *Ted Bundy: Conversations with a Killer.* New York: Signet, 1989.

Miller, James: *The Passion of Michel Foucault.* New York: Simon and Schuster, 1993.

Miller, Jonathan: »Going Unconscious«. *New York Review of Books,* April 20, 1995.

Milner, Richard: *The Encyclopedia of Evolution: Humanity's Search for Its Origins.* New York: Facts on File, 1990.

Milton, John: *Das verlorene Paradies* (1667). Dt. von Hans Heinrich Meier. Stuttgart: Reclam, 1968.

Monod, Jacques: *Leçon inaugurale.* Paris: Collège de France, 1967.

–: *Zufall und Notwendigkeit.* München: Piper, 1996.

Montaigne, Michel de: *Die Essais.* Dt. von Arthur Franz. Stuttgart: Reclam, 1976.

Moulton of Bank, Lord: »Obedience to the Unenforceable«. *The Atlantic Monthly* (July 1924).

Muller, Hermann: *Out of the Night: A Biologist's View of the Future.* New York: Vanguard, 1935.

Nagel, Thomas: *Mortal Questions.* New York: Cambridge University Press, 1979.

Neel, James V.: *Physician to the Gene Pool: Genetic Lessons and Other Stories.* New York: Wiley, 1994.

Nikolaus von Kues: *De docta ignorantia.* Leipzig, 1932.

Nietzsche, Friedrich. *The Philosophy of Nietzsche.* New York: Modern Library, 1927.

Nietzsche, Friedrich: *Die Geburt der Tragödie.* Stuttgart: Alfred Kröner, 1921.

–: *Jenseits von Gut und Böse.* Stuttgart: Alfred Kröner, 1921.

–: *Unzeitgemäße Betrachtungen.* Stuttgart: Alfred Kröner, 1921.

–: *Der Wille zur Macht.* Stuttgart: Alfred Kröner, 1921.

Oppenheimer, J. Robert: »Physics in the Modern World«, In *Great Essays in Science.* Edited by Martin Gardner. New York: Pocket Books, 1957.

–: »Tradition and Discovery«. *ACLS Newsletter* (October 1959).

Ovid: *Liebesgedichte.* Memmingen: Visel, 1996.

Pagels, Elaine: *Adam, Eva und die Schlange.* Reinbek: Rowohlt, 1991.

Pagels, Heinz, R.: *The Cosmic Code: Quantum Physics as the Language of Nature.* New York: Simon and Schuster, 1982.

Paglia, Camille: *Sexual Personae.* New Haven: Yale University Press, 1990.

Panofsky, Dora und Erwin: *Die Büchse der Pandora.* Frankfurt/Main: Campus, 1992.

Pascal, Blaise: *Gedanken.* Dt. von Ulrich Kunzmann.

Passmore, John: *Science and Its Critics.* New Brunswick: Rutgers University Press, 1978.

Peirce, Charles S.: *Values in a Universe of Chance: Selected Writings.* Edited by Philip P. Wiener. Stanford, Calif.: Stanford University Press, 1958.

Pico della Mirandola, Giovanni: *De dignitate hominis* (Die Würde des Menschen), 1488. Bad Homburg, 1968.

Platon: *Protagoras.* Dt. von Hans Wolfgang Krantz. Stuttgart, Reclam.

–: *Theaitetos.* Werke, Bd. 6. Darmstadt: Wiss. Buch-Gesellschaft, 1970.

Polanyi, Michael: »Life's Irreducible Structure«. In *Knowing and Being.* Edited by Marjorie Grene. Chicago: University of Chicago Press, 1969.

Posner, Richard A.: *Law and Literature: A Misunderstood Relation.* Cambridge: Harvard University Press, 1988.

Praz, Mario: *The Romantic Agony.* Translated from the Italian by Angus Davidson. 2d ed. London: Oxford University Press, 1951.

Propp, Vladimir: *Morphology of the Folktale.* Bloomington: University of Indiana Press, 1958.

Proust, Marcel: *Auf der Suche nach der verlorenen Zeit.* Dt. von Eva Rechel-Mertens. Frankfurt/Main: Suhrkamp, 1979.

Quinones, Ricardo, J.: *The Changes of Cain: Violence and the Lost Brother in Cain and Abel Literature.* Princeton: Princeton University Press, 1991.

Raggio, Olga: »The Myth of Prometheus«. *Journal of Wartung Institute 21* (1958): 42–62.

Randall, John Herman: *The Making of the Modern Mind: A Survey of the Intellectual Background of the Present Age.* Boston: Houghton Mifflin, 1926.

Randall, Richard, S.: *Freedom and Taboo: Pornography and the Politics of a Self Divided.* Berkeley and Los Angeles: University of California Press, 1989.

Rawls, John: *Eine Theorie der Gerechtigkeit.* Frankfurt/Main: Suhrkamp, 1975.

Report of the Commission on Obscenity and Pornography. New York: Bantam Books, 1970.

Rescher, Nicholas: *Die Grenzen der Wissenschaft*. Dt. von Kai Puntel. Stuttgart: Reclam, 1985.

–: *Forbidden Knowledge and Other Essays on the Philosophy of Cognition*. Dordrecht: Reidel, 1987.

Rhodes, Richard: *Die Atombombe oder die Geschichte des 8. Schöpfungstages*. Nördlingen: Greno, 1988.

Ricks, Christopher: »*Doctor Faustus* and Hell on Earth«. In *Essays in Appreciation*. Oxford: Clarendon Press, 1996.

Ricœur, Paul: *Symbolik des Bösen. Phänomenologie der Schuld II* (1960). Dt. von Maria Otto. Freiburg/München: Karl Alber, 1971.

–: *Hermeneutik und Psychoanalyse. Der Konflikt der Interpretationen II*. Dt. von Johannes Rütsche. München: Kösel, 1974.

–: *Die Fehlbarkeit des Menschen*. Freiburg/München: Karl Alber, 1989.

Rifkin, Jeremy: *Algeny*. New York: Viking, 1983.

Rosenberg, David and Harold Bloom: *The Book of J*. New York: Grove and Weidenfeld, 1990.

Rousseau, Jean-Jacques: *Träumereien eines einsamen Spaziergängers. Schriften, Band 2*. Hrsg. von Henning Ritter. München: Hanser, 1978.

Rousset, Jean: *Forme et signification*. Paris: Corti, 1962.

Russell, Bertrand: *Ikarus oder die Zukunft der Wissenschaft*. München, 1926.

Sachs, Curt: *The Commonwealth of Art: Style in the Fine Arts, Music, and the Dance*. New York: W. W. Norton, 1946.

Sade, Donatien-Alphonse-François de: *Œuvres*. Bibliothèque de la Pléiade. Vol. 1. Paris: Gallimard, 1990.

–: *Die Philosophie im Boudoir*. Dt. von Rolf und Hedda Soellner. Herrsching: Pawlak, 1980.

–: *Die 120 Tage von Sodom*. München: Willing, 1975.

–: *Juliette oder Die Wonnen des Lasters*. 2 Bde. Hrsg. von Bettina Hesse. Dt. nach der ersten deutschen Übertragung von Martin Isenbiel (d. i. Richard Fiedler) von 1906. Köln: Könemann, 1995.

Schauer, Frederick: *Free Speech: A Philosophical Enquiry*. Cambridge: Cambridge University Press, 1982.

–: »Causation Theory and the Causes of Sexual Violence«. *American Bar Foundation Research Journal* (1987).

Scholem, Gershom: *Zur Kabbala und ihrer Symbolik*. Zürich: Rhein-Verlag, 1960.

–: *Ursprung und Anfänge der Kabbala*. Berlin: de Gruyter, 1962.

Scholes, Robert and Eric S. Rabkin: *Science Fiction: History, Science, Vision*. New York: Oxford University Press, 1977.

Schultz, Howard: *Milton and Forbidden Knowledge*. New York: Modern Language Association, 1955.

Seillière, Ernest: *Le mal romantique: Essai sur l'impérilisme irrationnel*. Paris: Plon, 1908.

Senior, John: *The Way Down and Out: The Occult in Symbolist Literature*. Ithaca, N. Y.: Cornell University Press, 1959.

Shapiro, Robert: *The Human Blueprint: The Race to Unlock the Secrets of Our Genetic Script.* New York: St. Martin's, 1991.

Shattuck, Roger: *The Forbidden Experiment: The Story of the Wild Boy of Aveyron.* New York: Farrar, Straus and Giroux, 1980.

–: *The Innocent Eye: On Modern Literature and the Arts.* New York: Farrar, Straus and Giroux, 1984.

–: *Marcel Proust.* München: dtv, 1975.

Shearman, John: *Only Connect: Art and the Spectator in the Italian Renaissance.* Princeton: Princeton University Press, 1988.

Shelley, Mary Wollstonecraft: *Frankenstein oder Der moderne Prometheus.* Dt. von Friedrich Polakovics. München: Carl Hanser, 1970.

Sneath, E. Hershey: *Philosophy in Poetry: A Study of Sir John Davies's Poem »Nosce Teipsum«.* New York: Scribner, 1903.

Solomon, Robert C.: »*L'Etranger* and the Truth.« *Philosophy and Literature.* (Fall 1978).

Sontag, Susan: *Styles of Radical Will.* New York: Farrar, Strauss and Giroux, 1969.

Speer, Albert: *Erinnerungen.* Berlin: Propyläen, 1969.

Steiner, George: *In Blaubarts Burg.* Wien/Zürich: Europa, 1991.

Stent, Gunther S.: »Limits to the Scientific Discovery of Man«. *Science.* (March 1975).

Stevenson, Burton Egbert: *Home Book of Proverbs, Maxims, and Familiar Places.* New York: Macmillan, 1948.

Stoller, Robert J.: *Consensual S&M Perversions.* Washington, D. C.: American Psychiatric Press, 1975.

–: *Pain and Passion: A Psychoanalyst Explores the World of S&M.* New York: Pleneum, 1991.

Strauss, Leo: *Persecution and the Art of Writing.* New York: Free Press, 1952.

Sullivan, J. W. N.: *The Limitations of Science.* New York: Viking, 1933.

Swift, Jonathan: *Gullivers Reisen.* Dt. von Kurt Heinrich Hansen. Stuttgart: Parkland, 1975.

Tannahill, Reay: *Sex in History.* New York: Stein and Day, 1980.

Tanner, John S.: »»Say First What Cause‹: Ricoeur and the Etiology of Evil in *Paradise Lost*«. *PMLA* (January 1988).

Tauber, Alfred, I. (ed.): *Organism and the Origins of Self.* Dordrecht: Kluwer, 1991.

–: *The Immune Self: Theory or Metaphor?* Cambridge: Cambridge University Press, 1994.

Thomas, Lewis: »The Limitations of Medicine as a Science«. In *The Manipulation of Life.* Edited by Robert Esbjornson. Nobel Conference, no. 19. San Francisco: Harper and Row, 1984.

Tillich, Paul: *Liebe, Macht, Gerechtigkeit.* Tübingen: Mohr, 1955.

Tillyard, E. M.: *Milton.* New York: Dial Press, 1930.

Toksig, Signe: *Emmanuel Swedenborg, Scientist and Mystic.* New Haven: Yale University Press, 1948.

Trilling, Lionel: *Beyond Culture: Essays on Literature and Learning.* New York: Harcourt Brace Jovanovich, 1965.

Trusson, Raymond: *Le thème de Prométhée dans la littérature européenne.* Paris: Droz, 1964.

Villiers de l'Isle-Adam: *Axel.* 1890.

Vogel, F., and A. G. Motulsky: *Human Genetics: Problems and Approaches.* Berlin: Springer-Verlag, 1979.

Wade, Nicholas: *The Ultimate Experiment: Man-Made Evolution.* New York: Walker, 1977.

Walsh, P. G. (ed.): *Andreas Capellanus on Love.* London: Duckworth, 1982.

Watson, James D., and John Tooze: *The DNA Story: Documentary History of Gene Cloning.* San Francisco: Freeman, 1981.

Watson, John B.: *Der Behaviorismus.* Stuttgart, 1930.

Watt, Ian: *The Rise of the Novel: Studies in Defoe, Richardson, and Fielding.* Berkeley and Los Angeles: University California Press, 1957.

Weisberg, Richard: *Poetics, and Other Strategies of Law and Literature.* New York: Columbia University Press, 1992.

–: »How Judges Speak: Some Lessons on Adjudication in *Billy Budd, Sailor* with an Application to Justice Rehnquist«. *New York University Law Review* (April 1982).

Weiss, Peter: *Die Verfolgung und Ermordung Jean-Paul Marats, dargestellt durch die Schauspielgruppe des Hospizes zu Charenton unter Anleitung des Herrn de Sade.* Frankfurt/Main: Suhrkamp, 1964.

Wertham, Fredric: *The Seduction of the Innocent.* New York: Rinehart, 1954.

Whitehead, Alfred N.: *Abenteuer der Ideen.* Frankfurt/Main: Suhrkamp, 1971.

Willey, Basil: *The Seventeenth-Century Background: Studies in the Thought of the Age in Relation to Poetry and Religion.* London: Chatto and Windus, 1934.

Williams, Arnold: *The Common Expositor.* Chapel Hill: University of North Carolina Press, 1948.

Williams, Bernard: *Ethics and the Limits of Philosophy.* Cambridge: Harvard University Press, 1985.

Williams, Emlyn: *Beyond Belief.* London: Hamish Hamilton, 1967.

Wilson, A. N.: *The Life of John Milton.* Oxford: Oxford University Press, 1983.

Wilson, Edward, O.: *Sociobiology, the New Synthesis.* Cambridge: Belknap Press of Harvard University Press, 1975.

Wind, Edgar: *Kunst und Anarchie.* Frankfurt/Main: Suhrkamp, 1994.

Yeats, William Butler: *Werke I, Ausgewählte Gedichte.* Hrsg. von Werner Vordtriede. Neuwied und Berlin: Luchterhand, 1970. »Crazy Jane talks with the Bishop«/»Die tolle Hanne spricht mit dem Bischof«. Dt. von Werner Vordtriede.

Danksagungen

Mein wärmster Dank gilt den Freunden und Kollegen an der Boston University und anderenorts, die mich unterstützt haben, indem sie Geschichten vorgeschlagen, verzwickte Probleme diskutiert und Teile des Manuskripts kritisch gelesen haben: Harold B. Alexander, Horace Allen, Rémi Brague, Fredrick Brown, Jane Brown, Donald Carne-Ross, Kathe Darr, Joan Daves, Lewis Feuer, Abigail Gillman, Elizabeth Goldsmith, Wolfgang Haase, Kenneth Haynes, Geoffrey Hill, Evelyn Fox Keller, William Kerrigan, Roger Kimball, Joe Kirchberger, Jeffrey Mehlman, James Miller, Michael Prince, Christopher Ricks, Frederick Schauer, James Schmidt, Abner Shimony, Alfred Tauber, Rosanna Warren, Helmut Wohl und – durch dick und dünn – William Wise.

Dankbar bin ich auch den Colleges und Universitäten, deren Einladungen zu Vorträgen und Dozenturen mir die Gelegenheit boten, einzelne Teile dieses Buches zu erproben: Agnes Scott College, Baldwin-Wallace College, Boston University, Brown University, Indiana University, University of Iowa, University of Oregon (Humanities Center), University of New Hampshire und University of Vermont.

Personenregister

Kursiv gesetzt wurden Namen aus Mythologie, Religion und Dichtung.

James Burke

Gutenbergs Irrtum und Einsteins Traum

Eine Zeitreise durch das Netzwerk menschlichen Wissens. Aus dem Englischen von Harald Stadler. 394 Seiten mit 34 Abbildungen. Serie Piper

Was hat der einfache Kronenkorken, der eine Bierflasche verschließt, mit dem expandierenden Universum zu tun? Was verbindet die Dauerwelle, die der deutsche Friseur Nessler in London erfand, mit einem Luxusdampfer? James Burke zeigt, daß alles mit allem zusammenhängt und wir in einem dynamischen Netz des Wandels leben. Weil der deutsche Goldschmied Johannes Gutenberg sich im Datum irrte, entstand im 15. Jahrhundert der Buchdruck. So führt eine Reise vom Kohlepapier über Edisons Telefon und die Entstehung von Vorstädten bis zur Röntgenkristallographie und zur Entschlüsselung der DNA-Struktur. Die vielen überraschenden Fakten verbinden sich auf verschlungenen Pfaden zu einer höchst vergnüglichen Kulturgeschichte des Wissens.

Robert L. Wolke

Woher weiß die Seife, was der Schmutz ist?

Kluge Antworten auf alltägliche Fragen. Aus dem Amerikanischen von Markus P. Schupfner. 343 Seiten. Serie Piper

Warum ist der Himmel blau? Warum wird es wärmer, wenn es schneit? Und wie vor allem bekommt man Ketchup am besten aus der Flasche? Diesen und vielen anderen kniffligen Fragen aus dem Alltag geht Robert L. Wolke auf den Grund und gibt kluge und oft verblüffende Antworten. Und er bietet Lösungen für alltägliche Probleme. Mit witzigen Versuchen, die man gleich selber nachmachen kann.

»Hier kommt weder Wissenschaft noch das Vergnügen zu kurz.«
Wiener Zeitung

SERIE PIPER

SERIE PIPER

Ernst Peter Fischer

Aristoteles, Einstein & Co.

Eine kleine Geschichte der Wissenschaft in Porträts. 447 Seiten mit 26 Abbildungen. Serie Piper

Wer sind die Menschen, die in die Geschichte der Wissenschaft eingingen? Was wissen wir über ihr Leben, ihr Werk, ihre privaten Vorlieben und Gewohnheiten? Ernst Peter Fischer weckt in diesem Buch die Neugier auf die Wissenschaft und ihre »stillen Stars«. In sechsundzwanzig leicht und vergnüglich zu lesenden Porträts stellt er die Großen der Wissenschaft von der Antike über das mittelalterliche und moderne Europa bis in unser Jahrhundert vor. Er erzählt unter anderem von Bacon, Galilei, Kepler und Descartes, den vier Wissenschaftlern, die vor vierhundert Jahren die Wende zur Moderne möglich machten, und von Newton, Marie Curie und Albert Einstein. Ernst Peter Fischer zeigt, wie spannend die Geschichte der Wissenschaft und ihrer Protagonisten ist, wenn sie mit biographischer Neugier erzählt wird.

Ernst Peter Fischer

Leonardo, Heisenberg & Co.

Eine kleine Geschichte der Wissenschaft in Porträts. 361 Seiten mit 41 Abbildungen. Serie Piper

In unserem Alltag sind die Wissenschaften allgegenwärtig. Wer aber waren und sind die Menschen, denen wir die entscheidenden Forschungen verdanken? Der anerkannte Wissenschaftshistoriker Ernst Peter Fischer hat nach seinem erfolgreichen Buch »Aristoteles, Einstein & Co.« zwanzig neue Porträts großer Wissenschaftler geschrieben. Unter anderem erzählt er vom Universalgenie Leonardo da Vinci, der Naturforscherin und Künstlerin Maria Sybilla Merian, dem Mathematiker und Philosophen Gottfried Wilhelm Leibniz. Die Quantenphysiker Max Planck, Werner Heisenberg, Erwin Schrödinger und Wolfgang Pauli werden ebenso porträtiert wie Konrad Lorenz, Francis Crick und James D. Watson. In Fischers unterhaltsamer »wissenschaftlicher Hintertreppe« verbinden sich Vergangenheit und Gegenwart in den Geschichten berühmter Frauen und Männer.